父亲浩然
和他的朋友们

梁秋川　著

团结出版社

图书在版编目（CIP）数据

父亲浩然和他的朋友们 / 梁秋川著. -- 北京 ：团
结出版社，2018.1
　　ISBN 978-7-5126-5838-7

　　Ⅰ．①父… Ⅱ．①梁… Ⅲ．①浩然（1932-2008）—
生平事迹 Ⅳ．①K825.6

　　中国版本图书馆CIP数据核字(2017)第297771号

出　版：团结出版社
　　　　（北京市东城区东皇城根南街84号　邮编：100006）
电　话：（010）65228880　65244790 （出版社）
　　　　（010）65238766　85113874　65133603（发行部）
　　　　（010）65133603（邮购）
网　址：http://www.tjpress.com
E-mail：zb65244790@vip.163.com
　　　　fx65133603@163.com（发行部邮购）
经　销：全国新华书店
印　装：唐山新苑印务有限公司

开　本：170mm×240mm　　16 开
印　张：22.75
字　数：312 千字
印　数：4045
版　次：2018 年 1 月　第 1 版
印　次：2018 年 1 月　第 1 次印刷

书　号：978-7-5126-5838-7
定　价：56.00 元

引　言

梁秋川

　　父亲浩然在数十年的人生旅途中，曾结交下无数的朋友。他曾从这些朋友身上获取友谊、汲取力量、得到支持，他也曾给予了他的朋友们许多友爱和帮助。他的这些朋友几乎包含了社会的各个层面，既有著名的学者、艺术家，也有普通的编辑、工人、农民和士兵，更多的则是未曾谋过面却始终无私支持的读者……

　　笔者根据手中掌握的第一手资料，整理出《父亲浩然和他的朋友们》，以此记录下父亲浩然与朋友们的真挚友情。

2017 年 1 月 1 日

目　录

一生的农民兄弟——萧永顺

父亲浩然有许多朋友，朋友中的农村基层干部和普通农民又占着相当大的比例。在这些众多的农民朋友中，有的因为特殊的历史时期和种种原因，后来断了联系；有的则是断了联系后，在几年，或几十年后又重新建立起联系；有的则是自从相识，成为朋友后，就一直没有中断过交往，将友谊保持到生命的终了，萧永顺就是父亲这样的一个朋友。

萧永顺出生于 1925 年，比父亲年长 7 岁，是个地地道道的农民。他出生在穷苦农家，旧社会做过讨饭的花子，当过财主的小半活，给有钱人干过织布的佣工。他还是抗日战争期间的老民兵，1947 年参加了中国人民解放军，六年多的紧张而艰苦的战斗生活，使他从一个普通的农村孩子，锻炼成一个有觉悟的战士。在部队，他立过三次战功，受到过多次奖励。中华人民共和国成立后，他作为荣军回到家乡参加农业生产后，又在地方党组织的关怀和领导下，组织乡亲们成立了全乡第一个农业生产合作社。他从一个战斗英雄变成了率领众乡亲，朝着共同富裕的美好目标奋斗拼搏的一条好汉。几年后，在他的率领下，焦庄户村北的万亩荒山完全绿化，桃杏苹果和各种柴树茂密成林；村周围那昔日的胶泥地经过土壤改良，变成沃野；畜牧事业大大发展；村子里面貌一新；新瓦房一层连一层，食堂、托儿所、敬老院、俱乐部等等应有尽有……

萧永顺的家乡就是著名的京郊顺义焦庄户村。焦庄户位于北京城东北 60 公里外的燕山余脉歪坨山下，东南接唐洞村，西北靠大北坞，因姓而得名。在战争年代，焦庄户人依靠地道同日寇和国民党反动派进行了英勇顽强而又艰苦卓绝的斗争，给了敌人无情的打击；因而他们受敌人的摧残也最重。1948 年 11 月 10 日被解放区冀东十四分区授予"人民第一堡垒"的光荣称号。焦庄户地道战遗址能从 20 世纪 50 年代开始名闻遐迩，与父亲浩然有着密不可分的关系。

1954年6月1日，22岁的父亲从通县（现为通州区）专区地委党校调到《河北日报》，成为驻通县记者站一名年轻的新闻记者。那时，顺义还是隶属于河北省通县专区的一个县，因而自然也就包含在父亲的工作范围之内。

1954年10月，父亲来到顺义县（现为顺义区）采访，当时的县委办公室主任吴国柱接待了他。吴国柱听了父亲的采访计划后提供了两条线索：一是离着箭杆河源头很近的荣各庄，那里有一位老劳模，把互助合作工作开展得很出色，全村百分之九十的农民都加入了农业生产合作社；一是在该县最东北边紧靠大山的焦庄户村，村长萧永顺是一位打过仗、负过伤的复员荣军，他跟村支书比赛似地带领山民们搞互助合作组织，这会儿正进行小社并大社的酝酿和磋商，并且干得有声有色。吴国柱最后告诉父亲，两个村都属于先进典型，都是县委领导抓发展互助合作的重点，但是焦庄户不如荣各庄有名气；到哪儿去采访，由父亲自己决定。

如同天生的缘分，听完吴国柱主任的简要介绍，父亲立即就对焦庄户发生了浓厚的兴趣，就对那个复员的荣军产生出强烈的好奇心，所以他不假思索地选定了焦庄户作为这次采访的对象，而且吃过午饭就马上动身前往。

焦庄户距县城六十华里，一路上不是沙窝就是坡岗，加上老北风扬沙撒土，不仅施加阻力而且迷眼，非常难走。有很多地段自行车无法骑行，只能推着一步步吃力地跋涉，尽管那时父亲年轻，才22周岁，但也累得连呼哧带喘。虽然天气寒冷，汗水却顺着他的两腮往下淌，沿着脊梁背往裤腰里流，直到太阳大平西，才艰难地赶到怀抱河水、背靠山峦的焦庄户。

那时的焦庄户饱经贫困折磨和战争蹂躏，呈现出一幅破旧、瘫痪、没有生气的景象。街上没有一道整齐的墙壁，没有一座像样的房屋。石头院墙断的断，坍的坍。坯垒的住房，又低矮，又破烂。有几间古老的砖座瓦顶的屋子，跟一些孤零零地立着的房岔子掺在一起，更点缀出村庄的残败和苍凉。父亲在这样的情景中来到焦庄户，成为踏上这块英雄土地上的第一位新闻记者。

那时的记者，是一种很受人们尊敬的职业，走到哪里都会受到真诚的欢迎。当父亲浑身被汗水浸透，满怀热情地踏上这块英雄的土地上时，没想到竟在焦庄户这个小村庄，在复员荣军、农业生产合作社主任萧永顺这么个小人物面前遭到了冷遇，碰了个软钉子。当正在村里的区委副书记老崔把父亲领到热气扑面的屋里时，萧永顺正四仰八叉地躺在土炕上呼呼大睡。他被叫醒后，只瞥了父亲一眼，连招呼都没有打，就又翻过身去接着睡。老崔跑到街上买纸烟，父亲只得闷坐在一旁，独自看起自己随身携带的书籍。直到老崔转回来，再次把萧永顺叫醒，他才冷冰冰地问了父亲一句从哪儿来，抓起壶倒了一杯凉茶水，放到父亲身旁的炕桌上。

萧永顺这般的冷淡态度，使父亲感到犹如一瓢冷水泼向自己滚烫的心，他自从当了记者后还从未受到过如此的冷遇，虽然心里极为恼火，可又不便发作，只好在心里憋着气，于是采取了以冷对冷的办法，在此后的三天里，都没跟萧永顺正面说上一句话。

尽管父亲在萧永顺那里遇到了冷遇，但在当天夜间，还是参加了并社讨论会。小油灯在人群中跳跃着，那些农村的共产党员们虽然在高山上劳作了一整天，但是讨论起并社的问题时，情绪还是那样的饱满高涨。在热烈的争论中，人们心中火热，身上也不觉出了汗，许多人都脱光了膀子，父亲被这热烈的气氛所感染，也不自觉地加入到其中。

这个会给予了父亲很多启示，使他认识到对农业社会主义改造的复杂性；也使他认识到农村的党员干部无穷无尽的智慧，他们能从这千变万化的复杂中找出最合理、最能使人满意的办法来。

有这些党员干部，这些热情的同志们，只要自己能够紧紧地依靠他们，团结他们，听取他们的意见，那么，还会有什么难办的事情呢？还会有什么任务不能完成呢？父亲心中刚下乡来时那种紧张、沉重的心情似乎一去不返了。

夜是沉静的，也许是因为过度的兴奋，躺在炕上的父亲许久不能入眠。他听着窗外的风声，看着星斗的闪耀，一次又一次命令自己赶快入睡，明天好能继续工作。

在焦庄户采访的最初几天里，父亲结识了焦克诚、韩伯忠、韩德足等一些基层干部和普通社员，从他们口中得知也亲眼目睹了几件最能体现萧永顺品质和人性的"小事"，也得知了自己来的那天萧永顺态度"冷淡"的原因。原来那几天，萧永顺白天干活劳动，晚上前半夜开会商量工作，到了后半夜又带领社员到山上打草，为农业社增加点收入，连续几天下来，尽管年轻，但人毕竟不是铁打的，总会有个极限，已疲劳过度的萧永顺端着饭碗就睡着了，于是上演了那场让父亲感到受冷落的一幕。误会消除了，加上父亲的耳闻目睹，对萧永顺的崇敬之情再次升腾了起来。最后，本打算就待三天的父亲被留了下来，而且是永远地留了下来。父亲与萧永顺熟识了起来，他们开始更多、更亲密地接触，他们与村干部和普通社员一起商量土地入股，研究牲口作价，制定和修改各种条例。父亲还为即将诞生的新农业社起了社名——"东方红农业生产合作社"，执笔草拟了社章，并写出了多篇通讯和消息。

很快，父亲就对焦庄户没有了陌生感。父亲自己也说不清为什么会对这个地方产生了很浓厚的感情。他爱这里绵延起伏的山峦，爱这里金鸡塘流下来的清泉水；他爱这里的干部，尤其是稳重、镇静的青年社长萧永顺，直爽、果断的支部书记韩德足；他也爱这里的普通农民，那些肯听共产党的话，一直跟着共产党走过漫长的战争年代，又步入和平建设和社会主义改造道路的普通人。

有一天清晨，父亲去访问羊把式韩德有。在清澈流荡着的小溪旁，父亲与这个羊把式见了面。韩德有的个儿矮矮的，背有些驼，但说话的声音却沙中透着响亮。他们很快拉谈到一起。韩德有先谈了他的目前生活，又谈到他的过去和将来。他对于集体组织的无上感激，与对今后的无限信心，给了父亲很大启示。他清清楚楚地感到，社会主义萌芽在广大农民思想中的根蒂。直到快晌午，父亲才意犹未尽地跟韩德有告别回村。11 月 20 日，正在平谷县（现为平谷区）采访的父亲，利用空闲时间，根据这次采访写出了一篇题名为《韩德有入社以后》的通讯，发表在 1954 年 11 月 26 日的《河北日报》上。

时间在不知不觉中飞快地度过。10 月 31 日这天，是父亲来到焦庄户的第十天，他决定第二天返回通县记者站后，与十多位支委和干部难舍难分地畅谈到凌晨两点。但到第二天临分手的时候，却被萧永顺等人再三挽留，只得将返回的日期又往后推迟了一天。

11 月 2 日，父亲离开了这个使人留恋的村庄。骑到几十里外的白庙桥上，父亲仍在回头遥望，但是东北边的焦庄户已沉浸在晚雾中的茫茫的群山里，再也看不见那一张张熟悉而亲热的笑脸。父亲一边骑着车，一边不停地想，心情一会儿比一会儿沉重。萧永顺、老振兴、韩伯忠几个人的影子一个个地出现在眼前，似乎他们并没有离开自己……

父亲对这么快地产生并如此的让人难舍难分的这种友情，心里还存有一份疑虑：这是一时冲动呢？还是能够持久下去，贯彻我们的一生呢？夜里父亲像一摊泥般地躺在记者站的床上思索着，并使劲控制着自己思念的情绪，终于渐渐地进入了梦乡……父亲多次给萧永顺写信，邀请他到通县来做客。

这一年的 12 月 5 日，父亲决定第二次访问焦庄户。一夜也没很好睡觉的父亲，早晨五点半就起了床，摸黑骑车奔向顺义，一直到白庙桥天才亮。

父亲又回到这个魂牵梦萦、蜜一样甜的村庄！在萧永顺家没有找到人的父亲扔下自行车便往外跑，找了几个地方后，终于在后街上看到萧永顺远远地向他招着手，两个人紧紧地拥抱在一起。重逢的两个好友，没见面时天天想，如今见了面，却不知说些什么，只是你看着我，我看着你，心里甜蜜蜜的。

晚上，萧永顺没有像第一次父亲来时给他号房，而是住在了自己家，夜里，两个人伙盖着一条被子一同睡在土炕上。这一夜他们不停地说着心里话，直到天光大亮。

1955 年 1 月 6 日浩然与萧永顺

1955 年 1 月 6 日下午，父亲在通州采访归来回到记者站，一进大门，就同往日一样，到收发室找信，然后又到传达室看客人登记簿。突然，他在来客栏里发现了"萧永顺"这三个字。父亲激动起来，心似乎也要跳出来，高兴得像疯了一般跑到办公室，但是没有找到萧永顺。不一会儿，听到外边皮鞋声响，父亲跳出门外，果真是萧永顺来了。父亲紧紧地把他抱住，激动得不知说什么好。

洗澡，看电影，喝酒……夜里两个人睡在一个被窝里，说不尽的心里话。由于兴奋，父亲一夜也没有睡熟。

两个人在一起愉快地度过了两天。1 月 8 日早晨五点钟，父亲与萧永顺便起身，收拾好东西奔汽车站走来。当载着萧永顺的汽车要开动的时候，父亲难过得险些落下泪来。黑大的汽车渐渐地开远了，拉走了父亲的好朋友。

父亲一趟趟地往焦庄户跑，每次都住在萧永顺家的土炕上。他们彼此无保留地向对方敞开心灵的门扉，成为最贴心的好朋友。到了 1955 年冬，父亲深感焦庄户可歌颂、可宣传的事迹太多，而仅靠自己一人实在是力不从心，很难尽多尽快地写出来，便趴在萧家的炕桌上，一连气写了 13 封求援信，分头寄往《人民日报》《解放军报》《解放军画报》等报刊，呼吁他们尽快派人来采写。许多报刊收到信后立即给予积极的回应，派记者来到这个鲜为人知的小山村。随后，《解放军画报》发表的几版表扬荣复军人的图片，引起军界首长的注意，来到焦庄户实地参观，并发现抗日战争时期的地道仍有许多完好无损地保持着原貌。自此，地道战遗址几经开发修整，对国内外人士开放，焦庄户的名字被广泛地传播开。

1956 年 5 月 23 日，父亲出于对萧永顺、对焦庄户，对东方红农业社的深厚感情和深刻的了解，特意为这个农业社写了一个社歌，后又请人谱了曲：

歌唱我们的东方红

朝霞映红了东半天，
映红了河水映红了山，
映红了十二个优美的村庄，
映红了两千多个庄稼汉，
我们在共产党的领导下，
建成一个幸福的大家庭。

朝霞映红了桃行山，
我们把荒山来改变，
让绿荫覆盖着沟谷，
让牛儿羊儿爬满山，
果子香啊梨儿甜，
过去的荒山变成了花果山。

朝霞映红了金鸡塘，
轻轻地流水闪金光，
让河水灌溉稻田，
让那河水来发电，
电灯亮啊机器转，
过去的黑夜变成了大白天。

朝霞映红了大平原，

载重的汽车跑得欢，

把粮食运到工厂，

把机器运到田间，

棉花白呀谷子黄，

我们这里变成了米粮川。

让孩子们快活的生长，

让姑娘们像花朵一样鲜艳，

让我们的小伙子坚强勇敢，

让老人永远像青年，

就用我们两千多双手，

要把家乡来一个大改变。

1956 年 9 月，父亲从《河北日报》调到北京的《俄文友好报》，尽管离开了河北省，但他与焦庄户人的交往仍没有中断，继续保持着密切的往来。

1957 年，父亲的一些小说稿被《北京文艺》退回，编辑告诉他说，要敢于写暴露文学，这样文学之路才能走得长远……父亲冥思苦想，也没有写出一篇那样的文字。正在苦闷的彷徨中，来北京开会的萧永顺了解到这个情况后，对浩然说："萝卜青菜，各有所爱。你不用听他们那一套。他们不给你发表，我拿回去给社员念，我们喜欢这样的东西。"话语不多，却是最有力的鼓劲和启示，发挥出神奇般的作用。就在当天晚上，父亲在日记上写下八个字："大路朝天，各走一边。"这八个字成为一种信念，在以后的几十年间一直发挥着效力。于是，一篇篇歌颂新生活和新人物的小说继续写作出来，陆续发表在刊物上。萧永顺短短的几句话，不仅鼓舞起父亲继续写作下去的勇气，而且也成为他躲避开反右扩大化的几个重要原因之一。

父亲与焦庄户人不断往来，与那里的乡亲们保持着深厚的情谊，加深着相互的了解。父亲总是尽其所能帮助包括萧永顺在内的焦庄户的乡亲们，给予他们一些经济上的援助；而他也从中获得了许多素材，除了写出许多新闻报道以外，还创作了大量的文学作品，其中以萧永顺为原型的短篇小说就有《风雨》《一匹瘦红马》《从上边下来的人》《老来红》《一担水》等。但这些作品，随着对萧永顺了解得不断加深，却让父亲很不满足，觉得自己并没有把萧永顺完整地表现出来。1960 年父亲来到山东省昌乐县前东村下放劳动，成为这个村的第一任党支部书记，在领导社员们生产的过程中，经历了一场让父亲一生都难以忘怀的既是惊心动魄又是激动人心的麦收体验，获得了他第一部长篇小说《艳阳天》中的许多场景、意境和人物心态的素材，使得萧永顺有了一个用武的阵地和施展其本领的"载体"。尽管父亲在其一篇有关《艳阳天》的文章中说，在结构这部长篇小说以及写初稿的阶段，萧永顺曾作为小说主人公萧长春这个人物的具体原型，但为了丰富、深化、塑造好这一个"萧长春"，父亲几乎把他十几年在农村所熟悉的党支部书记、基层干部及荣转军人都调动起来：从这个人想到那个人，由那个人想到这个人，把这些人跟萧永顺"融化"在一起，使得萧长春这个人物形象在心目中越来越清晰、越来越活跃、越来越具体，以至成了一个真实的人，使父亲完全相信了他，感到这个人就出现在自己的眼前，必须马上用笔表现出来。随着作品起草、修改，到作品完成，故事情节都不是萧永顺一个人的了，只是还保留着他的精神、气质、个性特征等。尽管如此，许多熟悉萧永顺的人，都会认为萧长春就是萧永顺，比如萧长春熟练卷烟卷时的动

1962 年浩然与萧永顺在焦户水利工地小憩

作姿态；比如萧长春的身世；比如萧长春将自家并不富裕的粮食分给断顿的乡亲们时，他对萧老大说的那段感人肺腑的话语等等情节和细节上，都可以看到萧永顺的身影。萧长春这个人物的描写是成功的，使许多人都认为确有其人，以至于在后来的岁月里，许多人写信寄往京郊东山坞的萧长春。

经历了"文革"初期的暴风骤雨，父亲于1969年5月来到京郊房山县（现为房山区）周口店公社新街大队下放劳动。一天，父亲正在田里干活，一个社员过来告诉他，有一个人来找他。父亲来到田头看到来人却并不认识，原来这个人是受萧永顺的委托前来，并带来一封信。信是萧永顺写的，父亲迫不及待地打开信，上面除了说一些问候的话语外，还说过几天来看望他。在父亲热切地盼望中，萧永顺来到了新街大队，他还带来一大包酱肉，两个人边吃边聊，十分畅快，度过了愉快的几日。1972年，父亲的第二部长篇小说《金光大道》出版发行，请萧永顺在家里喝五粮液、吃肉丸饺子，以示庆贺。在吃饭的过程中，父亲才从萧永顺的口里得知，当年的那包酱肉并不是牛肉，而是萧永顺夫妇为了给父亲补养一下身子，将自家养的狗打死，酱好了送去的。深知父亲不习惯吃乱七八糟东西的萧永顺，为了让父亲高兴，能多吃一些，才谎称为牛肉。

从1977年底开始，在一年多的时间里，广东等地的几十家地方报刊陆续发表一些文章，对父亲及其作品进行了"批判"，使得父亲陷入了人生的低谷，情绪受到很大影响。萧永顺是第一个从偏远农村到家中看望父亲的农民朋友，他故意当着好多人的面大义凛然地开导父亲："没啥了不起，谁不知道你浩然是个什么样的人？你要有野心想当官，早爬上去了。说你犯了错误，我不敢打保票证明没有。说你反党，那是睁着眼睛说瞎话，成心整人。热爱党还热爱不够呢，凭啥反党呀！别泄气，你是从乡村来的，再回乡村去，从头开步，干出个实际样子，让党看看谁是真金，谁是粪土！"

当父亲能够再次下乡来到焦庄户时，萧永顺拿出能拿出的所有好吃的东西款待他，像办喜事儿似的把父亲在焦庄户和周围村的农民朋友都召集来，一同开怀畅饮。萧永顺的老伴儿很动情地对父亲说："他们要是开除你了，你就到我这儿来；如今我家孩子都大了，日子宽绰了，我能养活你写书！"

1986年底，父亲到河北省三河县（现为三河市）段甲岭镇挂职深入生活，萧永顺便成了那里的常客。岁月的流逝，焦庄户许多老朋友已经离开了人世，因而他

1990 年麦收时节浩然与萧永顺在段甲岭

们二人间的情谊就更显得弥足珍贵。在此后相当长的时间里，凡是父亲到京郊写作、小住，便把萧永顺接来同住，回忆过去的那些美好时光，畅谈当今的社会，他们仍是敞开心扉，无所不谈。父亲也时常专程到焦庄户看望萧永顺和其他一些健在的老朋友，看看焦庄户的新变化。

　　进入老年的父亲，仍从萧永顺的身上汲取写作素材，除了《我和农民朋友萧永顺》这样一篇回忆文章外，八十年代的《能人楚世杰》和《赵百万的人生片段》等作品里，都或多或少有他的影子。父亲与萧永顺的友谊，从 1954 年相识，一直保持到他们相继离开人世近半个世纪的时光里。

亦师亦友——翟向东

1954 年 6 月 1 日，父亲从通县地委党校调到《河北日报》驻通县记者站，成为一名新闻记者，向文学殿堂又迈进了一大步。

到通县记者站工作一个月后，父亲于 7 月 5 日来到当时的省会城市保定，参加《河北日报》举办的第三期记者训练班。这期训练班有学员三十多名，都是近期新选拔上来的年轻记者。社长、总编辑亲自为训练班授课，翟向东就是当时《河北日报》的副社长兼总编辑。

翟向东 1919 年出生在山东省平阴县平阴镇东三里村，1937 年参加革命工作，第二年参加抗日游击队并加入中国共产党。后主要从事报纸的新闻工作，《河北日报》就是由他主持创办的。

在这次训练班上，听了翟向东等人的授课，使父亲第一次听到"党报是党的喉舌"这个说法，认识到新闻记者职务的崇高、责任的重大；第一次知道几位苏联著名记者的名字，知道《真正的人》《绞刑架下的报告》这些享誉世界的名篇都出自新闻记者之手，从而使一直热衷于文学创作的父亲认识到新闻记者也能跟作家一样，可以用自己的作品影响千百万读者。在训练班学习期间，父亲还特意到新华书店买了《新闻教程》《斯大林时代的人们》等一大摞能使自己当好新闻记者的参考书，他从心里真正重视起新闻记者工作来。

父亲是在训练班上第一次见到翟向东，而且此后的一生都与他保持着联系。1955 年 6 月，父亲从通县记者站调到报社本部担任驻社记者，虽不可能与翟向东天天碰面，但要比在记者站时见面的机会多了许多。两个人是什么时间、如何认识的，因没有留下任何文字资料，也就不得而知了。

1956 年 9 月，父亲从《河北日报》调入北京的《俄文友好报》时，翟向东早已调任河北省委宣传部任职，已不再兼任《河北日报》的总编辑。几年后，父亲又调到《红旗》杂志社任编辑。在父亲留下的几十年的日记中，最早出现翟向东这个名字，是在 1962 年 8 月的一篇日记中。在这天的日记里父亲写道：

> 害重感冒，病了两天。赶上机关忙，两个上午又去机关抱病工作。接翟向东、冰心同志信。

在父亲日记中所记载这封来信中，翟向东写道：

> 这里文艺部的几个同志，最近写作情绪也高涨起来，我常向他们说："贫莫贫于无才，贱莫贱于无志"，鼓励他们立志在文艺创作方面有所成就，向你学习。
> 有空来天津玩吧，等待着你。

从父亲的日记和翟向东的来信里，可以看出翟向东对父亲是了解和有感情的；也可以推测出父亲虽然离开了河北，调离了《河北日报》，但仍与翟向东保持着通信联系。

1962 年 11 月，父亲为给百花文艺出版社修订小说集《珍珠》来到天津。8 日这一天，他应邀拜访了又开始兼任《河北日报》总编辑且办公地点已从保定搬到天津的翟向东，并一起吃了午饭。自分别后，好几年不曾再见过面，虽然有书信联系，但要谈的话依然很多；作为后辈，也有许多问题要向翟向东请教。尽管父亲修订稿件的工作十分紧张，但与老朋友、老领导的再次重逢，尽管一个白天没有工作，这一天过得却十分愉快。

1966 年父亲到北京郊区的怀柔县（现为怀柔区）得田沟参加"四清"运动，6 月 6 日这天，他从广播里得知翟向东调到北京任《北京日报》总编辑。能与自己以前的老领导在同一个城市工作，父亲从心里感到高兴，觉得这样向他请教一些问题就更方便了。没想到，"四清"结束，父亲从得田沟回到北京城里，还没有跟翟向东取得联系，再次见上面，"文革"的疾风暴雨就把父亲卷了进去，翟向东也受到冲击，两个人又被迫分开了。

1971 年，父亲开始创作他的第二部长篇小说《金光大道》。经过艰苦的创作，又几经修改后，第一部的书稿终于在 1972 年 1 月 14 日发排。出版社按照父亲的要求，印制了数百册的征求意见本样书，广泛征求社会各界人士，主要是工农兵读者的意见。父亲拿到征求意见本后，也给当时已调到河北省承德市担任市委副书记的翟向东寄去一本。4 月 21 日晚上，父亲疲惫地从出版社回到家，看到了翟向东写来的信。

翟向东的来信长达 19 页之多，给《金光大道》提出了十分宝贵和中肯的意见。父亲看了很受感动，立即赶回人民文学出版社，找到责任编辑许显卿，跟他谈了自己对翟向东所提意见的看法后，才再次回到家。等书正式出版后，父亲立即给翟向东寄去一册。翟向东收到

翟向东致浩然

后，除了写信给父亲打来"收条"外，还说把正式出版的与当初的征求意见本样书特意对照着又读了一遍；并热情邀请父亲在夏季时到承德去写作："七月的承德，无动辄一身大汗之苦。我热切地等待着你来。"

《金光大道》第一部于 1972 年 5 月出版发行后，父亲便急于开始第二部的创作，怎奈杂事缠身，没有开始动笔的条件和环境，心中十分焦虑。7 月 9 日晚上，父亲终于摆脱了杂事的干扰，应翟向东的邀请乘火车赶往承德。

翟向东在承德热情地接待了父亲，把他安排在避暑山庄里的烟雨楼中进行创作。

烟雨楼位于避暑山庄内的青莲岛上，四面环水，风景优美，是清朝皇帝乾隆依照江南嘉兴鸳鸯湖之烟雨楼所建，作为他避暑休闲读书的所在。父亲来到这里的时候，烟雨楼已被改为承德市委的招待处。

父亲来到的这天恰巧久旱降雨，冒着烟雨来到烟雨楼，"昔日帝王读书地，今朝农夫著新篇"，这一切都让父亲感到很有意思，最让他感到满意的，是这里的宁静，真是个写作的好地方。

在最初几天的写作间隙里，作为主人的翟向东陪同父亲观赏了京剧《龙江颂》的演出，游览了避暑山庄、普宁寺和被人称为"小布达拉宫"的普陀宗乘之庙等地。

在承德，父亲全身心地投入到《金光大道》的创作中，有这样好的写作环境和条件，对父亲来讲实在是太难得了。对这来之不易的写作环境，父亲实在不愿浪费，也不敢浪费分毫，在承德每天的工作时间都很长，即使生了病，也不敢有半点的懈怠，仍坚持着写作。由于每天字写得太多，劳累过度，开始胳膊觉得很疼，后来竟有些肿胀，在这种情况下，仍坚持着每天的创作。父亲抓紧时间进行着创作，完成了《金光大道》后三部的全部大纲和第二部的草稿。只因接到单位让他回京参加集中学习的电话，创作情绪被打乱，无法在静下心来，只得将第二部的结尾部分草草完成，留待以后再修改，便匆忙地赶回北京。

父亲从承德离开时，翟向东正巧到石家庄开会，没有赶上给父亲送行。从石家庄回来后，他立即给父亲写来一封信表示歉意。在这封信中，他提到父亲在承德时给这里的人留下了极好的印象，他们说父亲"没有架子，与招待处的服务人员处得很好"……翟向东与父亲能一直保持着联系、保持着友情，除了他看重父亲的写作才能外，父亲的人品和待人处事也应当是个重要的原因。在信中，他还提到在石家庄时，他曾看了省话剧院演出的话剧《艳阳天》，并对此剧提出了几点修改意见，希望父亲以后与剧院交流时，能做适当的修改。

回到北京的父亲，又开始处于忙乱的状态，再也无暇和条件顾及《金光大道》的创作。直到两个月之后，父亲才得以再次进入到《金光大道》第二部的创作中。因中间总是有社会活动穿插其中，不可能再赴承德去写作，只可在市内找地方进行创作，以便参加随时都可能到来的各类活动。但由于环境的嘈杂，使父亲根本无法安心创作，连续换了几个写作地点都不理想，最后来到北京出版社位于崇文门兴隆街的一个招待所，才算勉勉强强地安下身来。第二部的起草、修改工作是在断断续续中进行的，除了受到许多来访者不时地打扰外，还多次参加单位组织的学习会，给几个单位和地区的业余作者谈创作体会，数次参加外事活动，陪同外宾在北京和外地参观访问。父亲似乎是在利用业余时间进行着本应是正业的创作，仿佛又回到过去那种业余创作的时期，甚至都不如那个时期。经过半年多时断时续的艰苦创作，终于在1973年7月2日完成了对第二部草稿的第一遍修改工作。

在陪同外宾到广州参观访问时，父亲曾给翟向东写去一封信，在信中提到自己的忙乱，特别是外事活动对写作的干扰，向翟向东述说了自己的苦闷。收到信后，翟向东马上给父亲写了回信，对父亲说："总想趁还年轻，多为人民写点好作品，

1973年浩然（右一）与魏巍（左一）、翟向东（左二）在承德塞罕坝林场参观

这是你多年的志愿，我完全理解，但是目前的有些外事活动，避免不了，今后，也将难以避免，应有这个精神准备。"并给父亲出主意说："可否向领导这样讲：一般的外事活动少参加，特别是以'抓紧时间写出《金光大道》的二部、三部'为理由，让领导多给些写作的时间，因为，如隔得时间过长不能出版，这不好。国内读者盼望着，而且日本既已译了第一部，总是在期待着第二部的出版的。这样提出问题，领导上会安排些时间给你。"

为了能够尽可能地排除干扰，把《金光大道》第二部修改好，7月18日父亲再次应翟向东之邀来到承德。这天父亲刚刚登上火车，便下起雨来，一路上烟雨满山川，下午到达承德时，则雨过天晴。父亲再次入住烟雨楼，进行《金光大道》第二部的修改。

父亲在承德的工作进展顺利，到8月5日，便将第二部修改完一遍。也就在这天晚上，父亲偶遇来承德开会的魏巍，在第二天去拜访时，订下一同结伴到坝上草原参观访问的计划。

8月9日，在翟向东的陪同下，浩然与魏巍、杨啸、李学鳌等人一同乘车奔向塞罕坝草原。他们在草原上参观了牧场、马场、羊点，访问了基层干部、普通农牧民等。8月11日这天，父亲连续接到两次从北京打来的长途电话，要求他尽快返回北京，有重要的外事接待任务。无奈之下，只得匆忙结束了参观访问，于13日夜里赶回承德。在回返的路上，他们拜谒了1954年经原热河省政府批准，在隆化县清康熙皇帝波洛河屯行宫的旧址上修建的董存瑞烈士陵园。就在途经离烈士陵园不远处一条本来平静水浅的小河时，由于刚刚下过一场大雨，水流变得湍急，水也变深了。在涉水过河的时候，他们乘坐的一辆吉普车在河中央意外地熄了火，陷在河中。于是大家脱掉鞋袜，挽起裤腿，站在河水中将车艰难地推上了岸。这场有惊无险的过程，也给父亲等人留下了深刻的记忆，成为此次草原之行的小插曲。

《金光大道》第二部没有再印制征求意见本，因而父亲给翟向东寄去一份校样。由于翟向东的日常工作比较忙，完全是用了晚上下班后的夜间时间进行的阅读，有时候读到十二点，有时候读到凌晨一点多。每次阅读时，总是多次因书中的情节兴奋不已，也多次从眼睛里涌出泪水。书中的故事情节，把翟向东拉回到当年的斗争中，他完全沉浸在其中，仿佛又回到了当年。原本父亲定于10月12日前去承德听取翟向东等人的意见，但因故一拖再拖，直到15日下午，父亲才得与责任编辑许显卿专程赶到承德，听取意见。如同翟向东对《金光大道》第一部的意见一样，他的意见对父亲非常有启发，思路同时被打开，信心也鼓足了。

那个时期，翟向东经常要到石家庄开会学习，而他途经北京时，只要条件允许，总要和父亲见上一面，或一起吃饭、聊天，或一起小坐一下。父亲也多次利用到承德或附近地区的时机，前去看望翟向东。

翟向东始终关心着父亲，关注着父亲。在1979年调回北京前，只要有北京的来人，他就打听父亲的情况，有些人也不断地把所知道的情况转告给他。每当出差开会回来，翟向东也要在一大堆来信中先看看有没有父亲的来信，而收到新寄来的杂志，他也要先看看上面有没有父亲的新作品……

1978年，父亲受政治牵连，开始遭到一些地方报刊的点名批判，第五届全国人大代表资格被取消，陷入人生的低谷，心中十分苦闷。在这种情况下，翟向东对父亲则更加关心，表示出充分的信任，不仅用语言开导，到北京时，还拉上父亲一起看电影，用以散心，并偕同老伴一起到家中探望。父亲则利用翟向东在京期间，特意多次看望，还多次陪同好友一起去看望。

1979年3月，翟向东调《人民日报》任副总编辑，这让父亲感到十分高兴。两人虽然同在一个城市里，见面的机会看似多了不少，但是，父亲为了从跌倒的地方重新"爬"起来，埋下头去努力创作，先是在京郊通州苦写七年，后又到河北省三河段甲岭镇挂职，因此也无暇经常相聚谈心。

1981 年 4 月，河北人民出版社出版了《浩然短篇小说选》，翟向东为此书写了序言，成为第一个为父亲出书写序的人，也是唯一一个专门为父亲出书而写序的人。

1993 年，根据父亲同名长篇小说改编，并耗费父亲大量心血和时光的电视连续剧《苍生》拍摄完成，3 月 28 日在北京的文联大楼召开了关于该剧的座谈会，父亲专门邀请翟向东参加了这个会议。

同年，由父亲倡议的三河县文联成立。6 月 11 日下午，在三河县燕郊影剧院隆重召开了成立大会。参加这次会议的名人之多，规格之高，气氛之热烈，在三河历史上是空前的，在全国的县级单位也是绝无仅有的。在那天的来宾中，父亲在文艺界的好友就有几十位，包括贺敬之、魏巍、杨沫、管桦、柯岩、乔羽、于是之、石祥、赵丽蓉、马泰等人，当然，这其中也包括了翟向东，他以《人民日报》顾问的身份参加了这

1985 年 7 月 16 日浩然与翟向东合影

个成立大会。父亲也从此正式开始了他的"文艺绿化"工程。

父亲整日忙于他的"文艺绿化"工程，奔波在乡村与城镇，为农村作者作嫁衣，更是很少回到北京城里。尽管父亲很忙碌，但是也没有忘记翟向东这个老领导、老朋友。他利用回京城办事机会，时常去看望翟向东。一次得知翟向东在三河燕郊行宫宾馆主持中国公共关系协会培训中心的一个座谈会，便赶了去，与翟向东忙里偷闲的一起聊聊心里话。

1993 年 6 月，父亲的第二部自传体长篇小说《活泉》出版发行。由于种种原因，这部属于父亲九十年代代表作的作品，没有得到应有的重视，而翟向东得到赠书后，不仅抽时间做了认真的阅读，还写出了一篇评论文章，发表在 1994 年 9 月的《人民日报》上。

父亲与翟向东的关系，从领导与下属，老师与学生，发展到好朋友、老朋友。这种好朋友、老朋友的关系一直伴随他们走到人生的终点。

不"打"不相识——刘绍棠

父亲与刘绍棠一个出生在 1932 年，一个出生在 1936 年，都生长在冀东农村这块肥沃的大地上，两个人又几乎同时做起了文学梦。由于刘绍棠天资聪敏，勤奋好学，早就有了"神童"的美誉，而那时，仅上过三年小学的父亲正一边补习文化，一边练习写作。在五十年代初期，刘绍棠就成为父亲及许多人心目中一颗明亮的星。

父亲第一次与刘绍棠相见，是在《河北日报》当记者的时候，但这次相见，却给父亲留下了极为不好的印象。那时，大兴县（现为大兴区）还隶属于河北省，北京市一个代表团在那里慰问灾区，父亲在采访过程中结识了刚从师范学校毕业、分配到《北京日报》当记者的丛维熙。因为知道丛维熙是刘绍棠的好友和追随者，便向他表示要与刘绍棠交个朋友的愿望。丛维熙当即表示没有问题，并让父亲星期天到报社找他，再约上刘绍棠，两个人见见面。

星期天，父亲早早地从记者站所在地的通县赶到北京城里，来到《北京日报》，传达室的门卫告诉他丛维熙还没有来，于是便站在院子里等着。父亲从早上一直等到快中午，仍不见丛维熙的踪影。好在丛维熙的宿舍离报社不远，父亲便决定到那里去找他。进了丛维熙宿舍所在的胡同不远，父亲便看到他和另一个年轻人迎面走来。接下来，父亲在他自传体长篇小说《圆梦》中是这样写的：

那人胖胖的，有点儿黑，戴着近视眼镜；不用问，他一定就是刘绍棠。我高兴地喊一声"丛维熙"，随后大步地迎上前去。丛维熙见了我，微微发了一下愣，立刻停住脚步说："你说的事儿让我给忘了。"他指指身边那个胖乎乎的人介绍说："这就是绍棠。"我赶紧朝刘绍棠伸出手。刘绍棠看我一眼，伸手跟我握了握，客气地笑笑。丛维熙又说："他叫梁浩然，《河北日报》的记者……"刘绍棠脸上的笑模样像凝住了似的，他打了个难解其意的手势，眼神不再对着我,说:"我现在很忙,就连中央大报的记者采访我,也得事前约定时间。很抱歉,以后有机会约定时间再说吧。"话音一落,他就继续举步前行,不再理睬我了。丛维熙见此光景有些不好意思,追上前去想解释几句,可惜他本来就有点儿口吃的毛病,一着急更结巴起来;一句话没有说完,刘绍棠已经向东走出很远。见此光景,我的一腔热情都变得灰冷,就赶忙对难为情的丛维熙说了一句:"你们忙吧,我也有事。"说完就直往西走,头也没有再回。

按照现有的资料推测,这件事应当发生在 1955 年初。由于第一次见面就给父亲留下了不好的印象,因而在 1956 年 8 月召开的河北省青年业余文学创作者会议上,当得知刘绍棠不能来出席这次会议后,没有像有的代表那样而过分感到遗憾。而第一次见面所留下的印象,也成为父亲在以后很长一段岁月里认同别人对刘绍棠批判的内心依据,尤其认同批判他"狂妄自大和个人主义"。

1956 年 9 月,父亲从《河北日报》调到北京的《俄文友好报》,在一年后的反右运动中,刘绍棠被定为右派分子。

1957 年 10 月 11 日下午,父亲来到团中央礼堂参加批判刘绍棠的大会。在会场上,父亲看到刘绍棠坐在右边隔几排的位子上,低着头、塌着腰,样子有些落魄。

看到刘绍棠这个样子,父亲暗暗感到庆幸。父亲庆幸自己两年前没有与刘绍棠成为朋友。否则,你来我往肯定少不了;在农村长大的人,性情里有更多的实在,对朋友爱掏心里话,想说什么就说什么,如果兴奋激动起来,还会随意讲些"情绪性"的话……到如今搞运动算总账,自己怎么能够记得清楚?怎么能够说得明白?又如何洗白自己呢?

在这次批判刘绍棠的大会上,杨海波、茅盾、郭小川以及刘绍棠在通县潞河中学的入党介绍人 ××× 等人都发了言。

茅盾在发言中说:一个作家写出几篇较好的东西之后,再写的不如以前几篇了。这是因为他的生活经历少,思想水平不高。若是认识到这一点,他会走上一条正确道路,而刘绍棠他不正视这些,走上一条错误道路,即单纯追求"技巧"。

郭小川说:文学这个职业是光荣的职业,也是危险的职业。搞别的工作,每天都可以搞出成绩,而搞文学的可能一事无成。我劝大家不要过早决定这个职业。

刘绍棠的入党介绍人则揭发说:刘绍棠在中学念书那会儿,没成名时称他为"×

教师"，有了点小名气改称他为"×××同志"，及至成名入党了，他口吐狂言："共产党吸收我入党是共产党的光荣，如果不吸收我入党是共产党的损失！……"这个发言生动具体，很形象，因而很有打动听者的力量，给人的印象也就颇为深刻。

参加了那次批判大会后不久，父亲又在报刊上读到茅盾批判刘绍棠"堕落"为"右派分子"的文章……

由于在批判大会上听到那些所谓的揭发言论和在报刊上看到一些人的有关文章，影响和坚定了父亲对刘绍棠的看法，对他从一般印象到有了具体的观点，确认他是"个人主义大膨胀，发展到反党反社会主义"，而且这样的认识持续了二十一年之久。二十一年后，父亲与刘绍棠有了更多的接触，也有了较深的了解，才开始有所觉悟：

　　那时候，我们都是二十岁刚出头的小青年，都是正处于"幼稚可笑"而又自视很成熟、很了不起的年龄段，很容易有轻视别人的表现，又很受不了被别人轻视。没过多久，我也成了"名人"，也被"追星族"们纠缠得烦躁不安，于是不仅对刘绍棠，就是对冷照岭，也有了些理解和谅解。那天刘绍棠很可能把我当成"纠缠者"了，于是他连忙回避不迭。我当时没有办法证明自己与"纠缠者"不同。以后，甚至到了今天，被"纠缠者"和"非纠缠者""纠缠"得真假难辨、焦头烂额的时候，一定会有不少人因受到我的"冷遇"而怪罪，而耿耿于怀。这是无可奈何的事，"名人"有"名人"的难处呀！

听了批判刘绍棠的发言，读了批判刘绍棠的文章，使父亲对刘绍棠产生了固定看法的同时，心里也总是感到沉甸甸的，时时在心里警告自己：不要走刘绍棠的路子，不能学刘绍棠的样子，要老老实实地做人，规规矩矩地写作，选择最安全最牢靠的地方落脚和迈步，稳当地向前迈步，以便达到梦想成真的目的。

1962年6月18日晚，中国作协在东总布胡同22号组织在京会员联谊晚会，父亲与刘绍棠在这个晚会上不期而遇。那时，刘绍棠刚"脱帽"不久，情绪显得有些低落，让人看了有种自卑的感觉，而许多参加晚会的人对其也都唯恐避之不及。父亲见他显得很孤独，就主动攀谈了几句，没想到被刘绍棠拉住谈了一个多小时。在谈话中，刘绍棠对父亲讲，他想跳出文艺界的圈子，但又不想离得太远，打算去师范学院教书。父亲劝他不要去那里，要鼓起勇气重新做人。两个人最后一同离开了晚会现场，临分别时，刘绍棠约定要到家中去看望父亲，再深谈一次。在现有的资料中，没有查找到刘绍棠与父亲再次深谈的任何线索，不知是刘绍棠因故没有前往，还是因为某种原因父亲对这次深谈没作任何记载。

在那次晚会上，父亲主动与刘绍棠攀谈，并不是因为对他有了新的深入了解，从而产生了好感，如同若干年后两个人成为知心的好友，而是当时父亲认为"一个共产党员不应该怕与犯了错误的人在一起，而是应当接近他们，以自己的行动影响他们"。加之父亲是个热心之人，虽然觉得对于像刘绍棠这样犯过错误的人要有所"界线"，但还是应当热情对待，抱着希望。那个时候，父亲对刘绍棠的印象并没有任何改变，在后来的若干年里，当给业余作者做报告时，就经常把刘绍棠作为反面事例来告诫那些热衷于写作的人。

自从 1962 年后，父亲有十余年再也没有见过刘绍棠，等再次相见时，已到了七十年代末。

20 世纪 70 年代末期，父亲跌入人生的低谷，成为作家中唯一一个犯了"错误"的人，整日里待在京城的家中，没完没了地写着各种材料和检查。

父亲蒙受到不白之冤，无心也无法进行创作，虽然有各界朋友从全国各地络绎不绝来看望、劝慰，但他仍陷入深深的苦闷之中。就在这个时候，与他并没有过多交往的刘绍棠却敲开了家门。

刚刚得到平反的刘绍棠来到家里，让父亲既感到意外，也很感动，联想到当初刘绍棠蒙难时的滋味，心中涌出一股惭愧、内疚之情，不知说什么好……

刘绍棠是豁达大度的，也许是因为自己曾经蒙受过不白之冤，深知人在"落难"时的心理感受。父亲与刘绍棠从这一天开始交往起来。他们在以后的岁月里一同出现在同辈作家组织的聚会上；他们一同参加文艺界的某些活动；他们一同去看望前辈和同辈的作家；他们还时常到对方的家里聊天、做客……

随着交往的增多，两个人相互的了解逐步加深；了解的加深，又促使他们更加不断地交往。两个人从一般的朋友关系，逐步变成了好朋友。

父亲与刘绍棠有一个共同的特点，就是对业余作者，特别是农村业余作者真诚的关心和关爱。从 1979 年 2 月起，两个人经常相约一同到京郊的顺义、平谷、通县等地下乡，看望、辅导那里的青年作者，给那里的业余作者谈写作问题。他们还

1979 年 2 月 6 日浩然与刘绍棠在通县

一同与通县的有关人员商谈创办文学刊物《运河》等事宜。

1980 年 5 月，为了安心创作，更便利地接触农村和农民，避开"喧闹"的京城，父亲在京郊通县的县城里安了一个临时的"家"。这个临时的家，成为刘绍棠常来常往的地方。刘绍棠不仅常去那里看望父亲，还热情地邀请、陪同父亲到他出生成长的儒林村跟乡亲们见面。

1981 年夏季，父亲到东北访问、写作。8 月 18 日下午从沈阳乘火车来到长春，七个多小时的路程，使浩然感到很疲劳，可刚在长春宾馆住下，就接到好友、作家丁仁堂的电话，要他明日必须赶到白城。父亲曾于两年前在丁仁堂的陪同下访问过白城地区，是什么事情让丁仁堂如此急迫地让他立即前往？原来刘绍棠刚从齐齐哈尔去白城，丁仁堂正陪同他在那里参观访问，希望父亲也赶到那里，一同陪着刘绍棠。19 日早上，父亲乘火车赶往白城，与刘绍棠会合。在以后八天的时间里，父亲陪着刘绍棠再次到白城各地参观访问，并一同给那里的业余作者作了文学写作方面的报告。

1987 年 3 月，《长篇小说》上刊载了父亲反映新时期农村生活的长篇小说《苍生》，在社会上引起反响。6 月 3 日，北京作家协会、北京十月文艺出版社和《北京日报》文艺部联合召开《苍生》作品讨论会。闻知消息的刘绍棠主动赶到会场，并做了一篇热情洋溢的发言。刘绍棠对《苍生》的创作、发表，感到由衷的高兴，

1981年8月浩然与刘绍棠在吉林白城

他把朋友的成绩看作自己的成绩。

　　一个半月之后，刘绍棠完成了一篇题为《我与浩然》的短文。在这篇文章中，刘绍棠写道：

　　我和浩然，同时开始习作。他比我大4岁。起跑时，我跑在前面，后来他超过了我，现在是并肩前进。对于浩然和浩然的作品，我可以自夸是比较了解的。

　　浩然和我都是京东农家子弟，1947年解放区土改，浩然家划为中农，我家划为富裕中农。中农是农民阶级的中间阶层，有向上爬的，有向下走的。我家爱攀地主富农的高枝儿，浩然家跟贫雇农靠的近。因此，我俩的家庭影响便不同。浩然比我谦抑，我比浩然狂放；不同的性格气质，反映了不同的家庭影响。

　　浩然幼年父母双亡，只念过3年半书；寄人篱下，饱尝辛酸，是共产党给了他温暖和扶助，走上革命道路，做地方工作。我却自幼就被家庭和乡里娇惯宠纵，从小学到中学，从中学到大学，一直读书，事事如意，不懂人情世态。因此，我虽然在文化水平上比浩然高一点儿，但是浩然在生活阅历上比我丰富深刻得多。我比浩然有灵气，喜欢逞强斗胜；浩然实干，以韧性求发展。表现在我们的小说创作中，我爱写多情重义的女子和粗犷豪放的汉子，浩然则擅长刻画安分守己、吃苦耐劳的农民。

在选材上，浩然主要写山区，我始终写水域。在写法上，浩然是拙中见巧，我是以巧掩拙；他比我扎实，我比他讨俏。我们各有所长，各有所短，却不能取长补短。生就的骨头长就的肉，我们都已定型；只有自我完善，无法重塑金身了。

……

这几年，50 年代的老朋友中，我读浩然的作品最多。从 1979 年到 1987 年，8 年来浩然发表了大量的短、中、长篇小说，表现出深厚的创作实力。……

在这篇文章里，刘绍棠把自己跟父亲做了一番公正、真实地比较。正如文章开头所说，他们二人确实在并肩前行。那些年，刘绍棠同样发表了大量文章，十年间，出版了三十余部著作，同样表现出深厚的创作实力；他们还一同当选为中国大众文学学会副会长和北京作协副主席。在 1991 年 4 月 11 日召开的通县文联成立大会上，两个人都被聘为名誉主席。

1988 年 8 月 5 日，刘绍棠因脑血管疾病，被救护车送进医院救治，闻知消息的父亲，立即赶到医院看望。经过抢救治疗，刘绍棠虽然没有了生命危险，却留下了无法治愈的后遗症，被栓住了左半边身体。

1993 年 6 月 15 日，父亲也突发脑血栓，被送进医院治疗。虽经治疗脱离了危险，却被栓住了右半边身体。

在通县的一次集会上，两个被栓住半边身子的朋友再次相遇，刘绍棠笑嘻嘻地对父亲说："咱俩一左一右，失掉了两个半壁江山，合起来是整个江山，完好无损。我们宁可让别人打死，决不能让别人吓死。用半壁江山也要拼下去，再拼他三十年。"刘绍棠又向父亲畅谈了他的写作计划。他那侃侃而谈的神态，那雄心勃勃的气势，让父亲既感到高兴，也担忧他的健康，就劝他要多注意身体，不要赶任务，不要拼命。在说这话的时候，父亲就意识到刘绍棠定会把自己的话当成耳旁风，依旧还是要拼命的。

正如父亲所预料的，刘绍棠没有把父亲的叮嘱听进心里，依旧拼命地写作。一直抱病拼命的刘绍棠于 1997 年 3 月 11 日再次被送进医院，第二天凌晨便怀着几多

浩然和刘绍棠在通县与业余作者合影

满足、几多遗憾，以及那永不停歇的争强好胜的雄心与世长辞。

刘绍棠走了，父亲满怀悲恸，他以好友及治丧委员会成员的身份，抱病参加了刘绍棠的告别仪式，并很快写出悼念文章，发表在同年3月19日的《北京晚报》上。

父亲与刘绍棠从仅见过几面的一般关系，发展成为好友，并在余生中保持、呵护着这种友谊，是有许多内在原因的，既有偶然性，也有必然性。但是，有些人却不希望看到他们成为好友，在两个人都逝世后，仍在不断地制造着事端，挑拨着是非，蛊惑着不明真相的读者。有一位父亲与刘绍棠曾经的"朋友""口授"，由他人撰写了一篇文章，对父亲与刘绍棠及其相互间的关系进行了无中生有的诋毁。刘绍棠之子刘松萝在其撰写的一篇文章中，对父亲与刘绍棠的关系有过这样一段叙述："父亲与浩然先生的友谊是很多人无法理解的。父亲与浩然先生的理念和办事方式很不相同，也谈到过很多看法。但是，友谊就是友谊。父亲还有一个坚定的信念，就是与浩然先生都是来自农村，都是来自京东，都在写农民。总之，即使还健在，父亲也不会与浩然先生去争什么作协主席的。我们北方人，我们京东人有坦荡的一面：除了血仇之外，有多大的怨恨，只要对方道歉了，就会一笔勾销。这些，是有些文人永远无法理解的。看来，父亲与浩然先生才是真正的朋友：求同存异，忠诚。"除了刘松萝的这段叙述，相信细心的读者也会从父亲与刘绍棠的一些言论文章中，看出他们之间能够保持住友谊的某些端倪的。

45 年的老朋友——常庚西

常庚西 1932 年出生在革命老区太行山里的河北省平山县，直系亲属几乎都是共产党员，他很小也参加了革命工作，1948 年毕业于获鹿师范，曾在中共获鹿县委任职，因爱好写作，于 1951 年开始发表作品。

父亲与常庚西是同龄人，1949 年又同时爱好起写作，给团省委新创办的《河北青年报》写稿，前后脚被聘为这家报纸的通讯员。那时候，因彼此经常互读发表在报纸上的"豆腐块"，虽然没见过面，也没通过信，他们却好似很熟悉的老朋友。两个人当时都是生产"废品"的能手，有一次报社还错把常庚西的一篇退稿寄给了父亲。

大约在 1954 年底前后，常庚西调入《河北青年报》担任编辑，也就在这个时候，他才与父亲真正结识。由于两个人都是从乡村走出来的农家后代，都做着同样的"文学梦"，尽管见面的机会不是很多，却彼此相互关心，也很有感情，随着时间的推移，成为要好的知心朋友，并把友谊保持到生命的终结。

1954 年 6 月 1 日，父亲调到《河北日报》驻通县记者站，担任新闻记者。一年后又调到保定《河北日报》社本部，成为驻社记者。在事业上，父亲真可谓蒸蒸日上，由于稿件写得又快又多，采用率也极高，被领导和同事称为"快手"。

父亲与常庚西在保定相见、相识后，还通过常庚西的牵线搭桥认识了后来亲如兄弟的挚友杨啸。在此后的岁月里，命运如同一条看不见的绳索，将三个人紧紧地绑在了一起。

那时，杨啸正在保定银行学校读书，也爱好文学创作，经常给《河北青年报》投稿，并因此与常庚西相识。有一天，常庚西对杨啸说："你看到了吧，近来我们报上连着发表了几篇浩然的稿子。这个浩然，原来是《河北日报》社驻通县记者站的记者，现在已经调到《河北日报》社的记者部来当记者了。这是个非常好的同志，我们俩已经成了很好的朋友。你们俩也见个面吧。肯定，你们俩也会成为好朋友的。"杨啸听了自然很高兴，就问什么时候能跟浩然见面。常庚西说："最近几天，我准备要召开一次作者座谈会。在会上，你们就能见面了。"几天后，座谈会召开了，杨啸到的时候，父亲已经来了，正坐在屋子里。常庚西把杨啸叫过去，对父亲说："浩然！这就是杨啸。"父亲听了连忙站起来，紧紧地握住杨啸的手，说："啊！杨啸！庚西同志早已向我介绍过你了！"然后，就拉着杨啸坐在他的身边。就这样，父亲与杨啸相识了，并在以后的岁月里成为挚友。

到了 1956 年 3 月，父亲的记者生涯出现了波折与坎坷，因两次工作失误，由读者写信指出其报道失实而受到报社领导的严厉批评，被调到读者来信科，由一个人人羡慕的记者，变成了整日拆阅信件的职员。

在同事的提醒下，调离记者岗位的父亲在保定市后卫街租了一间小屋，与从农村接来了妻子和儿子同住。父亲在后卫街的小屋里开始"卧薪尝胆"、苦拼苦练小说的创作。

大约在 1956 年 7 月的一天，常庚西给父亲打来电话，告知他被推荐为"河北省青年业余文学创作者会议"的代表，并向他约稿，《河北青年报》准备编发一个专版，发表会议代表的作品。

当天夜间，父亲放下正在写作中的长篇小说，准备《河北青年报》专版的任务。由于常庚西要求文章必须短小，所以父亲把手头的存稿挑来挑去，选了一篇民间故事《沉石滩》，第二天上班时就寄给了《河北青年报》，在信封上还特意注明"常

1956 年 8 月浩然（前排左三）与常庚西（前排左一）、杨啸（后排左二）等青年文友合影

庚西亲收"。

不久后，正在出差中的父亲接到常庚西的电话，得知创作会第二天就报到的消息，立即返回了保定。到了保定，父亲直奔报社的办公室，却没有找到开会的通知，熬到第二天早晨上班，问遍同室的人，也没有人知道这件事，于是父亲只得直奔会议的签到处。

父亲在签到处颇费了一些周折才得到这样的答复："啊，对，《河北青年报》是推荐过你。后来我们筹备处征求你所在单位《河北日报》的意见，那边领导不同意你参加这个会……"

这一席话对父亲来说太感意外，好似隆冬天一瓢凉水直接泼到了头上，浑身一阵发冷。尽管父亲对这种被剥夺了参加会议的权利，丧失了相互交流学习的机会十分不满，但也很无奈。在父亲的一再坚持和努力下，终于有了一些转机：可以参加会议，但不是正式代表，仅仅是列席者，而且是一个"独一无二"的列席者。作为列席者，父亲可以参加所有活动，但不享受正式代表及服务人员、各地区领队的任何待遇。不仅一切都得自理，而且任何活动，事前也不会得到通知，全靠自己去打听。这样的条件是苛刻的、歧视的，甚至带有侮辱性质的，实在让人难以承受，但似父亲这样一个农民的后代，一个小小的草民，为了圆自己的文学梦，为了能跨入神圣的文学殿堂，也只能接受这样的条件。浩然用力咬咬牙，在接受了这个条件的同时，也暗自下定决心：我一定要立志争气，将来一定要把自己的名字堂堂正正地写在正式代表签到册上！

在会议进行中的某一天，常庚西手捧着一摞子报纸，发给每个参加会议的代表们。那是载有这次会议专版的《河北青年报》，父亲的《沉石滩》就刊登在上面。这个专版除了父亲的文章外，还有另外三个人的文章，不过那三个人的署名前写的是"会议代表"，而父亲的则是"会议参加者"。常庚西在给父亲报纸的时候，还特意说："你那篇也发了，还挺醒目的。"常庚西的这个举动完全是出于对父亲的同情和支持，而煞费苦心如此安排的。但他不会想到，这样的做法事与愿违，犹如往父亲那怒火燃烧的胸膛里泼了一瓢油。

这次会议闭幕后不久，北京的《俄文友好报》要调父亲到那里去工作。对此，父亲有些犹豫不决，一次趁杨啸来看望他，两人一起去找常庚西，想征求一下他的意见。

常庚西与父亲同岁，却显得比父亲成熟些，看问题也开阔。他非常果断地替父亲拿主意说："我认为你应该服从组织调动，去《俄文友好报》工作。北京是国家政治中心，也是文化中心，好多名作家都住在那儿，多接触接触他们，你的文学水平提高会更快。"

杨啸尽管比父亲和常庚西小，但做事很有主见，他也极力赞成父亲到北京去："调到北京，距离你熟悉的冀东农村不是远了，而是近了。当了全国性报纸的记者，还可以到全国走走，开开眼界。这两方面对你深入农村生活都有利。走吧，好机会千万不要错过呀！"

尽管父亲觉得他们两个人的话都很有道理，但仍然不忍心"一走了之"。直到后来发生了一件既是偶然又是必然的事情，才下定"走"的决心，来到北京。离开了河北，离开了在保定工作、生活的众多朋友。人虽然离开了，但父亲与杨啸和常庚西仍保持着通信联系，互通着各自的情况。但在后来的一段时间里，父亲与常庚西却失去了联系。

父亲到北京后，作品在报刊上接连发表，1958 年 5 月出版了自己的第一本短篇小说集《喜鹊登枝》，而常庚西却在 1957 年的反右运动中销声匿迹。

反右运动开始后，父亲陆续听到河北的一些朋友被打成了"右派"，又许久时间没有收到常庚西的来信，心中有些不安，便在给杨啸的信中打探他的消息，而此时已到内蒙古工作的杨啸也好长时间没有得到常庚西的任何消息，给他写了一封信也同父亲的去信一样犹如石沉大海，毫无回音。父亲放心不下，便托去保定办事又比较可靠的人打听，也没有得到多少消息。1958 年 5 月 14 日，父亲忽然接到《处女地》寄来的一封信，打开一看，却是常庚西写的一篇小说《山庄奇遇》。为什么会把常庚西的稿件退给自己，这让父亲有些百思不得其解，琢磨出的最后结果是常庚西在投稿时可能通知的杂志社如此办理。这些迹象，都使父亲得出常庚西已经犯了错误的结论，只是不知道错误的大小，而此时父亲与常庚西完全断了联系，只能到处打听他的联系地址。

大约在 1959 年，父亲与常庚西终于取得了联系，但是只收到他一封信后，就再次杳无音讯。父亲对常庚西常常思念着，不知道他的详细情况，而常庚西在来信中也不肯深谈有关自己的细情，这让父亲不好贸然跟他再次密切地来往，这对父亲来说真是一件难事。1960 年，父亲到山东省昌乐县下放劳动，那时，河北的省会已搬至天津，父亲在给杨啸的一封信里，希望他若有机会去天津，最好想方设法能与常庚西见上一面。杨啸按照父亲的嘱托，在 9 月底 10 月初利用回河北原籍探家的机会，特意绕道去天津找到了常庚西，并在那里住了一天多。杨啸在与常庚西的聊天中，把父亲对他的惦念做了转告，得知他的"问题"并不大，依然在《河北青年报》编辑副刊，心中十分高兴，把得到的情况很快写信告诉给父亲。

常庚西与杨啸在天津相见后不久，就离开《河北青年报》社，到天津河北区宜兴埠省委农场下放劳动。在天津的时候，常庚西曾跟杨啸说要给父亲写信去，不知是没有写，还是寄丢了，父亲一直没有收到，而父亲给他往农场写了信也不见回音。

7 个月之后的 1961 年 5 月 22 日，父亲终于收到了常庚西的来信。在当天写给杨啸的信中，父亲是这样说的："今天接到庚西的回信，欣喜异常。信称他们的农场最近要停办，他将去《河北日报》社工作。从信里看，他的情绪还很好，这是我最高兴的。老朋友总是老朋友，天涯海角也是心心相连，长期绝信，并没有使彼此的感情淡薄，反而是'日久人情浓'了。以后，我们俩要鼓励他拿起笔来。"

这一年的 8 月初，父亲到天津修改百花文艺出版社将要出版的作品集。这次来天津，父亲非常想与常庚西相见，但在现有的所有资料中却没有找到他们相见的任何记载，是常庚西仍在农场还没有调回，或是因故没有在天津，就不得而知了。而父亲在天津所听到的有关常庚西的情况，却是很不尽如人意的。父亲在天津时给杨啸的一封信中有这样一段话："这次来，很想看看庚西，和他谈谈心。一个人犯了错误，最需要鼓励和帮助，尤其是来自老朋友这方面的。不知是你向我，还是他向你隐讳了这样一个事实：庚西在反右斗争中犯了错误，成了右派，而今还未能摘帽子（首领刘艺亭倒先摘了）。从许多同志那里都得到了证实。"

11 月中旬的时候，父亲以《红旗》杂志社编辑的身份，再次来到天津组稿。在天津 4 天多的时间里，尽管工作很紧张，但仍与常庚西两次相会。大概从 1956 年浩然离开保定之后，他就与常庚西再也没有见过面，对这次久别重逢后的会面，父亲是很满意的。他们谈了很多，也谈得很深，常庚西把一切都述说了一遍，使父亲听了很受感动，对常庚西也更增强了信心。

自此以后，父亲与常庚西又恢复了交往，除了写信外，常庚西每年到北京时，都会来看望父亲；而父亲到天津时，自然也要找常庚西谈心聊天，每次都谈得很痛快。这种状况一直保持到"文革"开始之前。

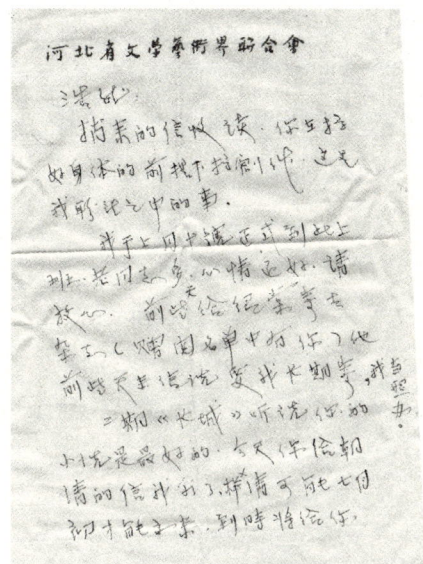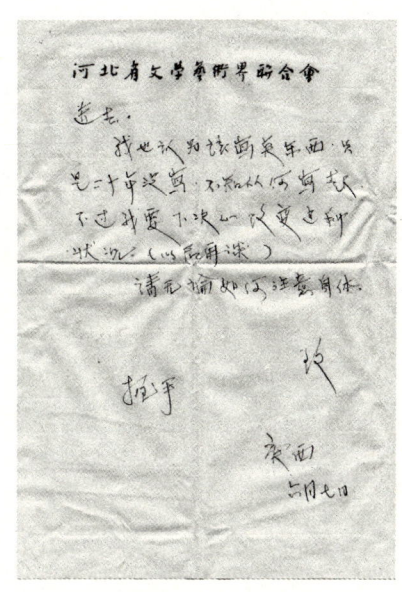

1979 年 6 月 7 日常庚西写给浩然的信

　　"文革"在 1966 年轰轰烈烈地开始了，常庚西戴着"右派分子"的帽子，日子自然很不好过；父亲虽然"根红苗正""历史清白"，但日子过得也不是很畅快。两个人虽然由于种种原因不能见面，但彼此仍时时牵挂。他们的再次见面，是在 1973 年 11 月。

　　1973 年 11 月 16 日，父亲正在北京市文化局的"读书班"学习，常庚西突然不速而至，这让父亲即感意外，又很兴奋，正如老话说的："有朋自远方来，不亦乐乎"。父亲与常庚西在餐馆里十分畅快的边吃边聊，一个晚上的时间很快就不知不觉地过去了。

　　"文革"结束后，"右派"基本上都被平反，但有关部门在翻阅了常庚西的档案后，却发现他无反可平。原来，当年常庚西被划为"右派分子"的材料上报后，上级机关并没有批准，但包括常庚西在内的所有人及其所在单位，都认定他已被划为"右派"，于是"享受"了"右派"的所有"待遇"，糊里糊涂地顶着"右派分子"的虚名，白白蒙受了 20 年的不白之冤。尽管如此，父亲与杨啸等好友，还是为他不再继续蒙受冤屈而感到高兴。

　　常庚西卸下了心中的包袱，更加愉快起来，在包括父亲在内的好友们的鼓励下，创作热情也很快恢复，许多中长篇小说相继发表出版。1988 年 5 月底 6 月初，父亲因事到石家庄小住两日，这两日都与常庚西相见相聚，而就在这一年，常庚西加入了中国作家协会。时光在无情地流逝，父亲与常庚西的年龄越来越大，社会活动也越来越多，尽管他们还保持着通信联系，有时对自己的工作问题常庚西也会写信给父亲征询意见，但他们见面的机会却反而越来越少了。

　　1994 年五一节前后，在河北文联担任领导职务的常庚西接连受到车祸和脑血栓的双重打击，瘫痪在床。1999 年 10 月，《河北青年报》在石家庄举办创刊 50 周年的纪念活动，通知父亲这个老"通讯员"前去参加。当会议结束后，父亲立即来到国棉三厂的家属宿舍看望已经瘫痪在轮椅上的老战友常庚西。让父亲没有想到是，这一次的会面，竟是自己与常庚西的诀别。2000 年，常庚西病逝，父亲痛失一位交往 45 年的好朋友。

尺素尽显兄弟情——杨啸

2008 年 2 月 20 日，父亲浩然因病在北京逝世。父亲的挚友杨啸得闻噩耗后，尽管对这个结果早有思想准备，但内心依然悲痛万分。因他当时的身体状况极为不好，根本不可能亲赴北京参加悼念活动，便派他的儿子小菲代表他来京参加告别仪式，随后又含泪写出了题为《半个世纪兄弟情》的悼文。这篇两万余言的文章，通过一个个感人的情节，向人们叙述了他们两人长达半个世纪的交往，字字句句都充满深厚的情谊和无限的怀念。

杨啸，原名杨瑞增，中国当代著名儿童文学作家，现为内蒙古文联名誉副主席、内蒙古作协名誉主席。他 1936 年出生在河北省肃宁县西甘河村，少年时代只上过两年多小学，11 岁时便因家贫辍学到解放区冀中军区办的一家工厂当工人。在工厂期间，他接触到许多中国古典小说和通俗武侠小说，在他幼小的心灵里埋下了文学的种子。中华人民共和国成立后，从杨啸的发展前途考虑，工厂把他送回学校继续读书；1952 年他考入了保定银行学校。在银行学校求学期间，杨啸爱上了新文学，开始学写一些稿件，并在 1955 年 2 月 28 日的《河北青年报》上发表了他的处女作鼓词《王家庄签名大会》。从此后，他的诗歌、鼓词等文章就经常发表在报刊上。也就在这个时期，通过《河北青年报》的编辑常庚西介绍，他与父亲相识，并很快成为至交。

1955 年 6 月，父亲从《河北日报》驻通县记者站调到当时的河北省省会所在地保定，成为《河北日报》的驻社记者。就在父亲调到保定的前不久，常庚西从基层调到同样在保定的《河北青年报》担任编辑。此时，杨啸正在保定银行学校读书。三个人就这样机缘巧合的先后来到了同一座城市中。

由于父亲和杨啸经常给《河北青年报》投稿，常庚西调到报社后很快同他们熟识起来。在交往的过程中，热心肠的常庚西对父亲与杨啸的印象都非常好，产生出让他俩相识，成为朋友的念头，于是便把这个想法分别讲给了父亲与杨啸。不久后，《河北青年报》举办一个作者座谈会，在常庚西的指引下，父亲与杨啸相见。常庚西事前已分别向他们介绍过对方的情况，虽然是第一次见面，但两个人却觉得好似已经相识很久，彼此已经非常熟悉，互相都感到格外亲切。

由于父亲与杨啸都来自农村，有着相似的身世，对农村生活有着共同的语言和感情，做着同样的"文学梦"，加上心性脾气也相投，尽管见面的机会不是很多，但两个人相互关心，相互理解，有着一种天然的感情基础，在一起时就倾心交谈，很快成为挚友。

父亲与杨啸在保定交往了一年左右的时间，到1956年下半年时，北京正在筹办中的《俄文友好报》来函，希望父亲去那里工作。父亲对此拿不定主意，便向虽比自己年轻却很有主见的杨啸征询意见。杨啸极力支持父亲到北京工作，他对父亲说："调到北京，距离你熟悉的冀东农村不是远了，而是近了。当了全国性报纸的记者，还可以到全国走走，开开眼界。这两方面对你深入农村生活都有利。走吧，好机会千万不要错过呀！"

于是，1956年9月12日，父亲来到北京，来到《俄文友好报》报到。此后，他们一个在北京工作，一个依然留在保定继续上学读书。他们人虽然分开了，但友情却并没有中断和淡薄，他们通过书信互通消息，相互勉励，相互帮助，在生活和文学道路上不断前行。

1957年4月初，父亲因在例行体检中发现患有肺结核，而住进位于北京西郊北蜂窝的《人民日报》工人疗养院疗养，并写信把这个"不幸"的消息告诉了杨啸。远在数百里外的杨啸，接到信后自然很焦急，但又无法前去看望，只能立即回信宽慰。4月下旬，已经结束期末考试的杨啸要实习两个月，而他的实习地点恰巧就在北京。到北京后，杨啸先写信与父亲联系好，便利用周日休息的时候来到当时还很偏僻、荒凉的北蜂窝。近一年没有见面的两个好朋友，一见面就兴致勃勃地谈论起来，他们除了谈论各自的写作情况外，也谈论了许多各自的生活，总之，是说不尽的心里话。杨啸在北京的两个月里，除利用休息日到疗养院看望父亲外，父亲还陪他专程到通县看望几个在那里生活、工作的共同的老朋友。

杨啸实习结束回到保定，很快就从银行学校毕业。类似保定银行学校这样的学府，中国人民银行当时在全国范围内仅开办了两所。按杨啸当时的条件，他可以留在老家河北，也可以分配到北京、天津等条件较好的地方工作。但那时的年轻人都非常积极上进，以"到边疆去，到最艰苦的地方去，到祖国最需要的地方去"为荣，年轻的杨啸也是如此。由于他看过一些描写内蒙古草原生活的文艺作品，对那里产生出一种难以抑制的向往和憧憬，便主动要求到内蒙古去工作并得到批准。

杨啸来到内蒙古，被分配到伊克昭盟，也就是今天的鄂尔多斯市工作，他立即写信将自己新的工作单位和地址告诉了父亲。父亲看到这封杨啸从内蒙古邮来的第一封信，心里自然是高兴异常的，很快给他写了一封长长的回信。父亲在信中写道：

> 请先接受我的祝贺吧。你好比一尾小鱼，从池塘里跃进大海洋。辽阔的天地供你游泳，惊涛骇浪把你锤炼，盼望早日见到你龙门之跃。
>
> 内蒙古草原是个大好的地方，有特色、有生活、有诗。你要爱它，深深地爱它。你所需要的一切，这儿都能取到，你的理想将在这儿得到支持。

除了祝贺外，父亲还对杨啸在生活、工作及创作上做了一番叮嘱，希望能给他一些参考：

> 但是，我要告诉你，一个革命者的生活道路，不会是平坦无阻的。尤其，对我们这些易于幻想的青年人来说，事实跟我们想的距离总是很远。我比你早一些投入这条道路，所以认识的多一些，告诉你，愿意你做一番精神准备，绝不是吓唬你。你除了准备承受幸福、欢乐，也要准备承受碰壁、摔跤、受罪，甚至于打击和委屈。只要你有了思想准备，而真的碰到时，又能正确和冷静地处理，这些就不会损害你，而对你有利。
>
> 到一个新的岗位，先不要忙着写什么东西。要先熟悉工作，熟悉情况——这些对你的创作也是有利的、必要的——不要一开始就留给周围的人一些不必要的印象，影响今后的活动。在工作中，除了团结群众，更要靠近党的组织，靠近本地的同志。这句话，虽是老生常谈，应用起来很不易。但是，对于自己还不了解和一般接触到的人，不要轻易把全部心腹都倾给别人。这是相当危险的——反击运动开展起来之后，我深深认识到这一点。我吃了这一般人的苦头，因无原则同一般人交往，受到指责。

　　我说了上述这些话，绝不是不相信你。你是个朴素而真诚的小伙子，你会比我生活得好。这些都当你生活中的参考。

　　杨啸在内蒙古大草原上扎下了根子。

　　1958年7月下旬，杨啸第一次从内蒙古回河北老家探亲。他原本打算路过北京时来看望父亲，由于在丰台换车且时间仓促，只得改为返回时再去。8月10日，杨啸第一次踏入父亲在北京的家门，第一次和我的母亲及三个兄姐见面，第一次住在家里；在以后的几十年里，无论是专程来京，还是途经，他则经常在家里住宿，与父亲谈天，探讨文学。杨啸这次本想看看父亲，住一夜，第二天就回内蒙古。没想到，一场暴雨、山洪冲毁了杨啸回返时的一段铁路，把他阻隔在北京。父亲得知消息后安慰他说："不用着急，多会儿路通了再回去。这样也好，你在这里多住几天，咱们可以尽兴地多聊聊！"就这样，杨啸在家里住了一周。杨啸曾留下了这样一段文字，记述了他当时的一些情景："从内蒙古回故乡探亲返回途中，在北京停留，到《俄文友好报》社看望浩然兄。浩然兄热情地挽留我在他家里住下，盘桓数日。每当他下班之后，我们俩便相对而坐，倾心畅谈；有时则外出散步，边走边谈。谈生活，谈创作，谈读书，谈各自的写作计划……常常是谈至深夜，话犹未尽。"这种"倾心畅谈，话犹未尽"的感觉，不仅在他们年轻的时候有，即便到了中年、老年也是如此。多年来，只要杨啸到北京，必定要想方设法与父亲会上一面，很多时候住在家里促膝长谈。我们几个子女们在年少时期，虽然对他们谈论的许多事情都不太明白，却很喜欢静静地在一旁听他们说话，常常是听着他们的谈话进入到梦乡，又在他们的谈话声中醒来，也不知他们是彻夜未眠，还是在清晨又开始了头天夜间没有谈完的话题。

　　8月16日中午，杨啸乘火车返回内蒙古。杨啸虽然人走了，但他的朴素、真诚、热情、可亲，给一家人留下了极好的印象，不仅父亲舍不得他走，就连母亲及其兄姐们也是如此。这朝夕相处的一周，使父亲与杨啸之间的感情和友情，更加深了一步。

　　杨啸与父亲有着深厚的情谊，在日后长达数十年的交往中，也与我们这些子女结下了深厚的感情。在我们的心目中，杨啸始终是个乐观、豁达、开朗的人，脸上永远挂着笑容，即便是在谈论一些让人生气的事情，也总是笑呵呵的，仿佛在叙述与己无关而又引人发笑的逸闻趣事。对于我们几个子女来说，"杨叔叔"就是杨啸的专用名词；父亲在对我们谈话或写信时，凡涉及杨啸，也必定用"你杨叔叔"而极少使用"你杨啸叔叔"这样的词。尽管与父亲有联系的杨姓"叔叔"不少，但我们却从未因此产生过混淆。几十年来，我们接听过无数杨啸打来的电话，他的第一句话总是"我是你杨叔叔"，到如今只有一点改变，就是从当初的"我是你杨叔叔"简化为"我是杨叔"。

父亲与杨啸，一个在北京，一个在内蒙古，分居两地，聚少离多，只能靠鸿雁传书，尺素传情。

杨啸性格开朗，始终保持着一颗"童心"。也许就因为这样的一颗"童心"，他才写出那些不仅让少年儿童喜爱，同时也受到成人赞许的儿童文学作品。因为这颗"童心"，也使父亲对这位远在内蒙古大草原上的挚友更多了一份牵挂和惦念。这在父亲致杨啸的那些书信中有着充分的体现。父亲虽然只比杨啸年长 4 岁，但投入社会生活的时间早许多，又从事多年的农村基层工作和新闻记者工作，因而经历的事情要多一些。父亲在文学创作中，始终坚守着"社会生活是文艺创作的唯一源泉"这一信念，不仅自己常年深入基层，也希望杨啸能为写出更多、更好的作品而经常不断地投入到火热的现实生活中。这在那些信件中是显而易见的。在漫长的岁月里，每当得到杨啸深入到农村或牧区生活、工作的消息，父亲便总是给予鼓励和支持，希望他更多的熟悉生活，更多的汲取养分，写出更多、更好的作品。

在父亲与杨啸的往来信函中，我们能够看到他们之间用纸笔的倾心交谈，能够看到挚友间的思念、友爱和深透的理解，能够看到相互间的无私帮助与支持，能够看到真情与真诚。他们之中任何一人取得点滴成绩和进步，都会引发对方的喜悦，而表示由衷的祝贺和肯定；任何一人遭受暂时困难和挫折，都会引起对方的忧虑，而发自内心地给予勉励和支持。

1959 年 1 月 21 日，父亲在他的日记中写道："读了杨啸昨天寄来的作品。最近他比较活跃，连续发表几篇东西，写的也很有气息。朋友的成就，哪怕一滴一点，对我都是鼓舞和鞭策。抽时间写信给他，提些意见。"

在那个时候，以及相当长的一个时期里，父亲与杨啸写出新作品，都要先寄给对方征询意见，相互探讨。无论是征询者，还是被征询者，都是认真坦诚地提出自己的看法，绝不包含一点敷衍的成分。这些新作品，有的是在报刊上刚登载出来的，有的则是尚未发表的手稿。他们对这些新作的看法，除了有机会面谈交换意见外，

1961 年 2 月 24 日浩然写给杨啸的信

很多都是在信件中表述出来的。诸如，父亲在看过杨啸《春》的手稿后，在复信中除了肯定它的优点外，还指出："这篇东西的中心思想不够突出，这种思想是作家的主观意图，也就是说，作家通过自己的作品里人物形象的塑造，企图告诉读者什么？也就是说，读者读过它之后，会得到哪些强力感染？其次，对事件安排和情节的选择也缺乏推敲，上庙会遇事，尤其拖拉机耕地那一场，显得陈旧、落套。而最主要的缺点，是人物的精神活动太少了。"杨啸在看过父亲《蜜月》的手稿后，在信中谈了自己的看法："小伙子画画的细节似乎未交代清楚，他画的是船呢，还是画的河呢，他画了回去做什么用，如果是为造船，恐怕像写生似的画回去是不行的。"《蜜月》修改发表后，杨啸又在信中谈了自己的感受："发表稿与原稿比生色不少，要完美得多了……对妈妈把男主人公锁在屋里的情节不够新颖，两个主人公虽然也很活，也很可爱，但不如《并蒂莲》《朝霞红似火》，不如那两篇更耐人寻味。"针对父亲的《姑娘和铁匠》，杨啸认为："人物性格有的刻画还嫌不足，比较明显的表现，铁匠作为一个重要人物，而他给人的印象却不甚鲜明。"对电影剧本《老支书高松山》的初稿，杨啸认为"有些人物的性格还不够鲜明，有些地方没有充分展开，整体看来还比较粗"。不仅是已经完成的作品，就是一些创作构想也在他们相互探讨的范围之内。1970 年底，父亲准备创作长篇人物传记《王国福》，杨啸得知创作构想后，详详细细给父亲写了五大条建议。当《王国福》写出了全部大纲和一部分初稿后，《人民日报》发文，不允许写真人真事，父亲便打算将其与以前草拟出的《金光大道》第一部合并。对父亲的设想，杨啸提出了自己的看法："对于《王国福》与《金光大道》合并，认为不合并为好，《王国福》已经搭起架子，也写出了前一部分，《金光大道》也同样，合并，则需要打乱后重新结构。如果将名字更换，增加些虚构情节，则可事半功倍。"1971 年底，父亲收到杨啸寄来的小说《红雨》的故事提纲，欣喜之余，立即复信，在人物设置、情节安排等方面提出了自己的设想。这样的实例是很多的，不胜枚举。

　　无论是对方创作的手稿还是已经发表的作品，他们阅览起来都十分的认真，甚至比校改自己的作品还要仔细。他们不仅相互了解对方的人，也十分了解对方的作品。1965 年 7 月，父亲将《艳阳天》第二卷的校样寄给杨啸，征询他的印象和意见。杨啸阅读后立即写来信。他在信中除了真诚的赞扬和热情的鼓励外，还详细谈到几点意见，其中一条是这样写的："在一卷中提到，在马立本当会计之前，韩小乐是会计，那么，在二卷中，撤了马立本，让韩小乐接会计时，韩小乐是否会对会计工作那样外行？（连算盘也不会打。）"这是一处包括编辑在内几十个看过稿子的人都未曾发现的纰漏。父亲收到杨啸的反馈后，很快给他回了信，在信中除了"夸奖"他"你对文学、对生活有独到的、高明的见解，对我的，还得加上个'透'字。"同时也"责怪"他，为了堵塞那个纰漏"你给我掠走了整整半个工作日。"

　　父亲在 1963 年 3 月号的《河北文艺》上发表了一篇题为《动听的笛声》的文章。这是父亲为杨啸第一部小说集《笛声》所写的评介文章，也是父亲五十年写作生涯中众多此类作品中的第一篇，而且是主动提出写的。在这篇文章中，父亲对杨啸以往的创作做了一个小结式的概括，对小说集中的作品进行了分析，成功之处做了具体的肯定，同时，也用相当的篇幅指出其中的不足，而且是那样的直接。按照一般人的想法，为同样是作家的好友所出版的第一本小说集做评价，实事求是是应该的，也是必须的。对其创作及作品中的不足之处，可以用各种方式在私下交换意见。在这种公开发表的文章中，应当多说长处，少说短处；多写成功，少些失误。即便在私下交换意见，对不足之处也应婉转道出，点到为止。父亲在这篇文章中对杨啸的不足之处却写得直截了当，许多人，特别是很多现在的人恐怕是难以理解的。

　　纵览父亲与杨啸时间跨度近50年的往来信件，其所包含的内容是极为丰富的，不仅谈论到文学创作，也涉及思想意识，而且涵盖到个人及社会生活的方方面面。阅读完这些信件，给人的最大感触应当是：在这些信中所谈及的所有问题，都是开诚布公、坦诚相见的，没有任何拐弯抹角、模棱两可、含糊其辞。

　　在父亲与杨啸的往来信件中，有多封涉及那篇《动听的笛声》。杨啸得知父亲要写这篇评价文章的意图后，在给父亲的信中写道："多指出些缺点，尤其是能够给我想出点解决的办法，是我当前迫切需要的。"这绝不是虚假的客气，而是发自于内心的真意。父亲先后4次对这篇文章进行了大的修改，仍不能使自己很满意。他告诉杨啸："稿子没有写好，花去的时间倒不少，真苦呀。这是我在这方面特别低能的表现。如果它在发表之后，直接或间接对你有一些帮助的话，那将是我最高兴的事，受了些苦，花了些时间，也是值得的了。""对于你的作品，是偏爱的，越这样，反而越觉得它们缺点很多。所以，文内好话说的不多。""花的时间不少，退堂鼓一个劲儿打，可是一想到你，就咬牙。不管怎么样吧，我做了我想做你需要我做，而我又能够做的事情，总还是值得高兴的。"

　　其实，那篇《动听的笛声》，只不过是父亲与杨啸之间书来信往的一种延伸和补充，是其中有关文学创作方面内容的一次汇集和公开。

　　父亲在与杨啸的长期交往中，不仅关心着他的文学创作，也关心着他生活中的方方面面，时常嘱咐于他。1962年杨啸结婚，父亲在给他的贺信中写道："今天是廿四日，是你的喜日后第一天，特意写信，为你们祝贺。希望你们'五一'节来京度'蜜月'，好吗？'娶了媳妇就是大汉子'了，对自己应当有更高的要求了。……家庭生活处理要得法。这样，它会成为你力量河流的一支小泉；否则，却是一条泄水沟。你要当个好丈夫，而她，我相信她会是个好妻子，两好并一好，你们生活是幸福的。……""文革"前夕，稿费一再降低，父亲在信中叮嘱杨啸"希望以后过日子手头紧一点，千万不可再挂上个生活负担的包袱。"一次得知杨啸的一些财物被窃后，马上写信劝慰，并询问是否需要寄去过冬的衣物或其他物品。

　　挚友间的关心、体贴，是应当的，也必然是相互的。父亲是个好动感情的人，有的时候很容易激动，杨啸几次在信中提醒："觉得这样不好，还是应当尽量克制。"父亲为圆自己的文学梦，为了在文学事业上不断攀登向前，经常处于"拼命"状态。日积月累，身体素质有了很大的下降，除了高血压之外，还经常有感冒等病症出现。

杨啸在致父亲的信中，总是询问他的身体状况，要他多加注意，不要过于"拼命"；有的时候在一封信中反复强调几次。这类的话语，从 20 世纪 50 年代，一直写到 21 世纪。二人见面时更是常常劝说父亲注意细水长流，多保重身体。1976 年春节，父亲因病住院，杨啸得知消息后写来一封一千余字的信，有关健康方面的话，占据了一多半，写得情真意切，在措辞上也较以往"严厉"了许多：

> 初二那天，我给您打了个长途电话，大嫂接的，说是您因血压高、心脏也不好住院了。尽管大嫂说您的血压已经下来了，让我不要着急，但是，我怎么能放得下心呢？这几天我一直惦念着您的病，不知现在怎样了？我想，您的病，完全是由于劳累所致。记得我多次对您说过，希望您要注意休息，劳逸结合，不要拼得过了头，可您总是对这个问题重视不够。……希望您无论如何，从现在起，接受教训，注意休养和治疗，要听医生的话，医生不让您写东西，您就要下狠心，把笔停下来。……我当然知道，对您来说，停下笔来休养，这将是一种很大的痛苦。但是，我想，这也需要毅力。如果需要这样，那就得咬着牙，横下心来这样做。我希望您这次要听我和同志们的话。

杨啸的这种关心、体贴，不仅反映在信纸和语言上，更体现在实际行动上。给人印象最为深刻的，是在一次酒席宴上，杨啸宁可自己喝醉，也不让父亲饮酒过量。那是在 1973 年 7 月间，父亲与杨啸、李学鳌一同到承德写作，偶遇一位曾在北京市文联"支左"，并与父亲相处很好的部队首长。在相聚的酒席宴上，这位首长让他的一个年轻下属频频向父亲敬酒。杨啸见此状很是担心，怕如此下去，父亲会不胜酒力，有损健康，便起身为父亲"挡酒"，与年轻的军人一口一杯地对着喝了起来……

由于志同道合、感情深厚，父亲与杨啸都渴望能经常相聚畅谈。在 1969 年 2 月 20 日的日记中父亲曾这样写道："春节期间，常常想

1964 年 3 月 20 日浩然和杨啸摄于北京

起杨啸，几次提笔要写信，却又千思万感心头聚，举笔无言难表达。不知他这段时间日子过得怎么样，更不知他对未来的道路怎么看，能坐在一起，畅谈上一个夜晚，那该多好哇！"父亲在给杨啸的信中总是询问他何时能够来京。杨啸则争取各种机会到京聚会。短暂而愉快的相聚，常常使人感到意犹未尽。杨啸在一封信里就这样表述过："来到北京之前，感到见了你们会有千言万语要说，及至见了面，却又感到一切都相互了解了，无须多说了；可是当一分开，却又觉得有很多话没有说完。"父亲的感受则是"你在时，还没什么，一走，心里总觉得很难过"。1970 年 2 月底某一天，浩然在焦急地等待着说好要来的杨啸，在等待中浩然信笔写下了如下的诗句：

> 春雪封路客来迟，
> 难得余闲作小诗，
> 老祖造字十二万，
> 只表心头半缕丝。

这一年的 3 月间，杨啸外调路过北京，而此时父亲正在京郊顺义县协助工作，于是便将他带到顺义的焦庄户，认识一下这块英雄的土地和生活在这里的农民朋友，了却一个十几年的愿望。"男儿有泪不轻弹，只因未到伤心处"，当第二天在顺义县城分手，看着杨啸登上了开往北京的长途汽车后，父亲想起他们的过去、现在和未来，抑制不住的泪水流了下来……

两个相隔千里的挚友能够在一起的机会和时间太少了，只能更多的通过书信来交流感情和传递信息，他们都极为盼望能经常不断收到对方的来信，隔段时间没有收到，便越加惦念。父亲对杨啸说："要在忙中抽暇写信给我，把你的生活、工作、写作情况细细说明。""希望不断地见到你的信，越长越好。"杨啸则说："每逢日子多了见不到来信，心里就空空荡荡的，挂念的很，明知您那里会一切顺利，可是却又不放心。"杨啸的一首《读广兄来信漫笔》的诗，表达出他收到父亲来信时的心情：

> 相见何难别何速，

此心日日系京都。
唯有一事聊堪慰：
鱼雁常传尺素书。

父亲有时因为格外忙碌，无法给杨啸写信；有时因为在创作上将有重要成果产出，尽管十分惦念，也强忍着，希望能使对方得到一个意外的惊喜。1971 年父亲写作《金光大道》时，曾两个月没有去信，使得杨啸万分惦念，不断写信询问情况；父亲强压着"预喜"的冲动，直到完稿才去信报喜，使得收到信的杨啸不仅喜出望外，更是喜上添喜。他们之间的很多通信，如果删去抬头和落款，一定能使一些不明就里的人认为是身居两地亲兄弟间的家书。

父亲与杨啸彼此间的惦念，使得他们常在梦中相会。两个人都曾经以诗来记录这样的情景。杨啸的诗是这样写的：

梦中常相见，
谈笑兴致浓。
醒来隔千里，
怅望满天星。

父亲的诗是：

燕山飞银雪，
塞外舞金沙，
路遥不相会，
梦里到君家。
灯下吐肺腑，
滔滔泻三峡，
忆旧增新勇，
展望长才华。
不为谋利者，

　　壮志在天涯，
　　愿洒男儿血，
　　培育朝阳花。
　　共盟移山誓，
　　并骑催战马，
　　命存笔在手，
　　老死不卸甲。
　　喜看金光道，
　　风景美如画，
　　百花盛开时，
　　忠骨染红霞。

　　父亲与杨啸的情谊，体现在方方面面，也经受了种种考验。在父亲处于人生低谷的时候，杨啸十分担忧他的身体和情绪，不断地写信劝导。而此时，也正有人打算借题发挥，到处煽动批判杨啸编写的《西沙儿女》电影剧本，想以此将他拖下水。杨啸对此毫不担心："因为这样，我倒可以与您患难与共了。"1978年春，杨啸当时所在的伊克昭盟，有人把矛头直接对准了他，大造舆论说："杨啸和浩然的关系不一般，浩然有问题，杨啸也肯定有问题……"在沸沸扬扬、声势汹汹中，有人甚至声言："浩然是已经倒定了！不打倒杨啸也誓不罢休！"在一次会议上，有人居然面对面地向杨啸质问他和父亲到底是什么关系。杨啸理直气壮地作了如下回答："以前，我从来没有大肆宣扬过，我和浩然是好朋友；那是因为浩然的成就很大，我不想借朋友的荣誉为自己的脸上贴金。现在，我要公开声明：我和浩然是好朋友。从青年时代起，我们就是好朋友。多年来，我们一直是无话不谈的好朋友。到北京时，我经常是住在他家……浩然到底有没有问题，你们给他做不了结论，我也给他做不了结论，那得北京市委给他做结论。可是，我现在可以公开地说：我认为，浩然没有问题，浩然是个好同志……"

　　在所收集到的父亲致百余人的信函中，写给杨啸的不仅是开始时间最早，数量最多，几十年从未间断过的，而且也是基本上完整保存下来的。

　　在"文革"最为激烈、最热闹的时期，人人自危，提心吊胆，不知什么时候就

1999 年 10 月 7 日杨啸到河北三河看望浩然

会被人揭发，或被"揪"出来，对他人当时的情况难于了解，更不可能及时了解，因而父亲同很多人中断了通信联系。有时偶尔接到一两封信，因害怕给别人"招灾"，也怕给自己"惹祸"，就没敢回复。但父亲和杨啸的通信却始终未断。这也从一个侧面反映出他们之间相互理解、信任以及关系密切的程度。

在父亲和杨啸的通信中，许多抬头和落款都没有用人们所熟知及惯用的"笔名"，而是使用鲜为人知的"原名"。杨啸是这样解释的：使用鲜为人知的原名作为抬头或落款，有时是因为感到这样更亲切；有时则是因为在那个年代，经常会发生信件被偷拆的事，一旦发生了这样的情况，不同的抬头和落款会使偷拆信的人不清楚是他们两人之间的通信。

在收集书信的过程中，许多父亲的老朋友不是没有留信的习惯，就是因为搬家或政治运动等原因而被销毁或丢失，而杨啸虽然也经历了几次大的搬家和政治运动，却把父亲写给他的信基本完整地保留了下来。杨啸对我们几个子女说：像父亲和他这样，从青年时代起直到老年，一直保持不间断通信这样的情况，是不多见的。这些信件，能基本完整地保存下来，是不容易的。在"文革"期间，有一度他所在的伊克昭盟两派斗争十分激烈，他随时有被抄家的危险，便把多年来的日记和一些珍贵照片，全都忍痛烧掉了。但对父亲写给他的信件，却无论如何也舍不得烧掉。当时，父亲的情况比他那里要相对稳定些，不大会有被抄家的危险；于是，就把父亲写给他的信和一些别的认为极为珍贵的资料，趁一次出差的机会，都带到了北京，由父亲代为保存。

父亲并没有把自己那里看作是最为保险的地方，而是把杨啸转移来的物品和杨啸等人写来的书信和一些书籍，分期分批地转存到蓟县农村的岳父家，直到"文革"后期，形势彻底稳定下来，才把它们又拉回到自己的家中。在后来的岁月里，这些书信被父亲从北京市内拉到了通州镇，又从通州镇拉到了三河。在三河，又跟随自己从"泥土巢"最后搬到了泃河湾，也因此才有了现在父亲与杨啸间的近五百封通信。无论是当时，还是后来；也无论是父亲，还是杨啸，他们都不会想到这些书信在现如今史料上的价值。他们当初费尽周折的将这些书信到处"转移"，为的就是自己心中的那份情，那份虽非一奶同胞，却情同手足的情。现在看来，这些长达半个世纪的往来书信，既有着相当大的文学价值、史料价值，同时也是半个世纪兄弟情的一个有力的佐证。

2013 年 12 月，《杨啸文集》由中国文史出版社出版，其中第 21 卷，就是杨啸在半个世纪中写给父亲的 299 封信件。《文集》出版后，曾有记者以《浩然、杨啸：创当代作家情谊之最》为题，专门撰文对父亲与杨啸间的通信做出如下评价：

> 从青春才子到皓首老者，当代著名作家浩然、杨啸一生相交相知，直至浩然 2008 年病逝，长达 53 年。半个世纪来，不论是顺境还是逆境，二人相隔千里，互通书信不断，除部分遗失的，仅保存下来的就多达 456 封，创下当代作家兄弟情谊之最。
>
> ……
>
> 记者了解到，能在半个世纪保持通信不断，除去部分遗失的保留下来 450 余封之多，浩然、杨啸应是中国乃至世界文坛的特例。这些通信既有兄弟惦念也有文章切磋，同时触及当时文坛作品与事件，具有一定的文学价值、史料价值，为当代文学留下了一个别样标本。

相逢恰是少年时——曹继铎

在文学道路上艰难跋涉的父亲，1954年5月在《河北日报》副刊上接连发表了两篇描写农村新生活的小说习作《两千块新砖》和《探望》，引起当地政府和报社的重视，被破格选拔到《河北日报》，在通县地区记者站当了新闻记者。这一年，父亲22岁。

一年之后的1955年6月，因工作成绩突出，在全国农业合作化高潮到来之际，父亲被调往保定《河北日报》社，成为驻社记者，从此驰骋在燕赵大地上。

有一次，父亲从太行山区采访归来回到报社，见平日清冷、形同虚设的篮球场上，有几个年轻而又陌生的人，正在那里玩篮球，使那儿显得异乎寻常的热闹。这几个精力充沛，球技亦佳的年轻人，引起了同样喜爱篮球运动的父亲的注目。跟记者科的同志一打听，才知道报社近期从各地区学校选拔了一批优秀毕业生，来充实编辑队伍，打球的便是他们。

曹继铎便是这些人中的一个。他曾先后担任过《河北日报》编辑、《建设日报》副总编辑、石家庄地区文化局副局长、石家庄地区文联副主席、石家庄地区作家协会主席，河北省散文学会副会长，《散文报》主编，石家庄市作家协会名誉主席等，但那时，他刚从河北保定师范学校毕业，在报社担任实习校对。

父亲比曹继铎年长三岁，相仿的年龄，好似有一种无形的吸引力，使父亲与那群少有世故、多有天真的年轻人很快相识，以曹继铎为首的几个人还对浩然这个报社中年纪最小的记者"崇拜"起来。由于"近朱者赤"的原因，迷上文学创作，正为成功而拼搏求索的父亲，渐渐地把他们几个也影响得立志要当作家。一有时间他们就凑在一起，谈文学，谈理想，谈他们共同的奋斗目标。从此，在办公室的灯光下，在省会保定的街头，在古莲池的泉水边，在郊野的青草地上，都一再地鸣响起他们议论探讨文学入门之道的热烈而又豪迈的声音……

相同的性情和爱好，随着时间的推移，使得父亲与曹继铎成为挚友。又是一年后的 1956 年夏季，父亲把在蓟县乡下生活的妻子杨朴桥和大儿子红野接来，在保定后卫街 6 号租了间仅有 5 平方米的倒座小屋。这间小房月租 5 元，逢雨便漏，一张双人床大的土炕几乎占据了整间房子，而曹继铎就成了这间小屋的常客。晚上，等一切都安静下来，妻儿在炕的一端横着睡下，父亲就在余下的一小块地方放个小炕桌，点着油灯照明写起小说，一写就是大半夜。就是在这样的环境下，父亲写出了《喜鹊登枝》《雪纷纷》《新媳妇》等二十余篇小说，还有后来报废的长篇小说《狂涛巨浪》初稿。

父亲的写作是极其刻苦的。曹继铎曾回忆 1955 年冬天他所见到的一件事："一个深夜，轮到我值夜班，我从编辑部办公楼路过时，突然发现一片漆黑的办公楼的东头一楼，有一间办公室亮着灯光，我走近了，透过玻璃窗，看到的正是浩然！他身披一件旧棉大衣，正在专心伏案工作，那情景，当即使我感动得热泪盈眶——只见他的眼睛肿得像桃子一般，已经难以睁开。他便用左手掰开左眼的眼皮，那么艰难吃力地用右手'爬格子'，桌子上放着盛满热水、冒着热气的茶杯，他不时用热气熏着红肿的眼睛，也不时用嘴嘘着哈气，温暖着快要冻僵的右手……后来，他告诉我，当时写的那篇小说，正是他的第一篇成名作《喜鹊登枝》的姊妹篇《春蚕结茧》。"在父亲的感染下，为实现自己的志愿，曹继铎以父亲为榜样，更加刻苦地练习写作，终于在 1957 年 4 月的《河北日报》上发表了自己的散文处女作《我的二大伯》。

1956 年 9 月，北京的《俄文友好报》要调父亲去当记者。走与不走，他迟迟不能下定决心，他实在舍不得离开河北省，舍不得离开《河北日报》，舍不得离开包括曹继铎在内的那些文友，还有他在后卫街的那间小屋……

当父亲要调到北京去的消息在报社传开后，许多人都冷漠对待，连有的领导对父亲也打官腔说："走不走，你自己考虑答复。"唯有曹继铎等几个小青年执意而真心地挽留，舍不得让父亲离开他们。曹继铎特意来到父亲的那间小屋里，直截了当地说："别去，要走就到下边去，咱们是农村长大的，调到大都市能体验什么生活？"他的话也正是父亲所想的。但是最后，父亲还是在种种主客观因素的影响下，到北京上任去了。

父亲离开了《河北日报》，离开了曹继铎，他们人分开了，但心却没有分离，几十年来除了书来信往不断外，只要来到对方居住的城市，便要想方设法见上一面。

父亲和曹继铎的友情是真诚挚切的，他们对友情也是十分珍重的，两个人虽然身在异地，却仍然时时关注着对方，每当看到对方在报刊上登载的新文章，都能引起他们对过去那段追梦时光的美好回忆。

曹继铎是信任父亲的，有什么问题也爱向父亲讲，征询他的意见，而父亲也会认真对待。

1957 年 7 月 19 日，正在疗养院疗养中的父亲收到曹继铎的一封信，在信中他谈到不满意《河北日报》读者来信部的工作，因为那儿不能体验生活，也不能及时解决入党问题，他要求到农村做教员。第二天，父亲很认真地给他写了封回信，先劝他安心本职工作，这对革命事业和本身前途，都是有好处的，如若他自己已能肯定到下边会比上边好，那就不要犹豫。收到信的曹继铎静下心来，经过思考后听从了父亲的劝说，在《河北日报》安心地工作下来。

1972 年初，曹继铎准备撰写一部反映水库题材的长篇小说《银浪滚滚》，但因为种种原因，信心不是很足。父亲得知消息后，立即给曹继铎写来信，想方设法给他鼓劲、出主意：

> "我认为你完全应当有信心写下去。干一番事情，尤其脑力劳动的事业，没有信心是不行的。因为信心可以增强毅力，毅力是实践的重要动力；有了坚强的毅力，持之以恒地实践下去，久而熟之，熟能生巧，理想的事情就能成功。
>
> 你也不要急躁。急躁常常是因为缺乏必要的信心所致。你写长篇应当'放长线'，从容不迫地写，长短结合地写，短篇经常不断，最后完成长篇，两者都有所得，起码得其一。"

这一年的五月中旬，父亲到石家庄观摩河北省话剧院《艳阳天》的彩排，在紧张的工作之余，推掉为他专门安排的午餐，专程来到曹继铎家，与他商谈那部长篇小说的构思、谋划。

曹继铎更是没有忘记他的这位老朋友，在父亲跌入人生低谷的时候，写来一封封鼓励的信函，当看到父亲发表在《人民文学》一九七九年四月号上的儿童故事《胖娃娃》后，立即写来贺信。曹继铎的贺信使父亲很感动，立即写去了复信，以示感谢。

曹继铎对与父亲浩然的交往和感情始终是难以忘怀的，他在 1983 年 6 月的一封来信中这样写道：

> 许久以来，我一直在怀念您，每每见到省作协的庚西、老《河北日报》熟悉的知己的同志，总要提到您。而且您作为我生活中的一部分，多年来一直占据着十分重要的位置，或者说，成为我生活中不可分割的一部分，这是不能以个人的或他人的任何意志所能转移的。我想大概这要叫生活的天赐我们之间的良缘吧。我总爱回忆起许多年前，我们在《河北日报》一起度过的那些令人毕生难忘的日子，那些您给予我的思想、生活、文艺等方面的启蒙教育和热切的关怀，把我引进了正确之路……

1983 年，正在上大学的笔者到石家庄实习，这是我有生以来第一次离开家人单独的"远游"。远在山东某地农村访问的父亲心里实在无法放心，便写信来问：是否到《建设日报》社找过曹继铎叔叔？他是我的好朋友，有什么要求，尽可提出。曹继铎从父亲给他的来信中得知消息后，马上主动联系我，到我的住地看望，询问工作、生活情况，有什么事情需要他帮助解决，并将我叫到家里热情款待。

1985 年 10 月，曹继铎为自己即将出版的第一本散文集《绿色赋》请父亲作序。父亲对给好朋友的作品写序是比较"怵头"的，因为在这样的文章里，既要爱护作者，也要尊重读者，同时做到实事求是，才能保持自己的"身份"；在文章中多加上只言片语都是不容易的。父亲希望自己每一篇这样的文章中都"真诚"，尽可能避开俗套的玷污。尽管如此，父亲还是爽快地答应了，放下自己紧张的写作，用了几天的工夫把书稿认真看了一遍，将序言写完。在序言里父亲这样写道：

> 曹继铎没有良机奇遇的幸运，也不善于钻营取巧。他把五十年代青年人那种"傻"劲儿保持得太多太久。他只会下笨功、出苦力地做事。而长悠悠的二十余载的报纸副刊编辑的职业，占去了他的时间，束缚了他的手脚，同时也延缓了他的艺术形象思维能力的发展和提高。但是，他既无怨言，也不气馁地在困难沙漠里跋涉不停。
>
> 人生经验的积累，早就一再告诉我："坚持就是胜利"。那么，曹继铎算

不算胜利了呢？诚然，他没有写出"轰动"的作品，也没有跻身于名流之行列。可是我们必须看到：三十年间，他采写了上千条新闻，阅读了上万篇稿件，编发了几百期副刊；与此同时，他拾拣、挤用了午休、睡眠，以及感冒发烧的病假时间，创作出一批散文作品，这些不都属于一个文学事业追求者的胜利果实吗？以曹继铎为标尺，量一量一九五五年我们那伙曾经发誓要一块儿为文学事业奋斗而在中途却步的同辈人，曹继铎尤其应该算个胜利者！

1993 年浩然与曹继铎于石家庄

曹继铎收到写好的《序》后，同家人一样激动不已，大声地朗读起来。在给父亲的回信中，曹继铎写道："当我们想到您的创作那么繁忙，时间那么珍贵，身体又不好，而且在外出三个月之后，积存那么多的稿件、信件，把别的放在一边，首先为我写序时，我这个富于感情的人，禁不住热泪盈眶了。"

1994 年 8 月，京华出版社出（再）版了《金光大道》一至四部，引发了社会上一些人对父亲，特别是对《金光大道》的"争议"，褒贬、毁誉不一。曹继铎对此自然也是十分关注的，他把一些报刊上的相关文章，有选择性地寄给了父亲，并在电话中与父亲进行了沟通和劝慰。父亲在给曹继铎的回信中这样写道：

……

早上电话上所谈之事，请记在心上。除《文论报》之外，凡见到有关《金光大道》的文章，都找一份给我。不要仅重视说好话的，谩骂的，人身攻击的，无聊无意义的文章都要收集，都要看。我要兼听，什么样的人说什么样的话都能心平气和地听。又不是判决书，怕它何来？就是"棍子"，如今我已是刀枪不入之人，伤不着皮肉，更不能使我伤心。俗语说"不挨骂长不大"，挨骂挨整对人都是锻炼，是人生推动力。七十年代末我若不被整得死去活来，就没有八十年代初的《男婚女嫁》，更不会有以后《苍生》的辉煌。

……

1995 年，曹继铎的作品讨论会即将在石家庄召开，父亲得知消息后心中有些快快不安。病卧在床的母亲需要父亲陪伴、看护；杂事缠身、身体欠安，竟连写一份书面发言稿，也难以打起精神。无奈之下，只得一边照看病中的老伴，一边断断续续地给曹继铎写了一封近两千字的"短信"。在信中，父亲回忆起当年他们在《河北日报》一起工作时那段美好时光，庆幸正当青春年少的他们，在那时就有了坚定不可移、不可改的志气。而这个志气，换来了今天的成功，换来了今天的好梦成真。最后，父亲给曹继铎提出了殷切的期望："希望你的作品讨论会能够开好，不要嘻嘻哈哈地热闹一场就过去。要认真地听听批评，特别要吸取点新观念。时代变了，诸多观念都应该有主见地更新，以便趁着还有创作激情的时候写一些高品位的精品。"

2000 年金秋十月，曹继铎刚从美国探亲归来，便专程赶往三河，看望自己日思夜想的挚友。父亲热情地款待了这位远道而来的朋友，并亲自为他安排住宿，表现出对老友特有的感情。

2004 年，在父亲病重期间，曹继铎与老伴专程从石家庄赴京到医院看望。已经失语的父亲望着曹继铎，竟哭了起来，曹继铎与老伴也忍不住流下了热泪。

正是在父亲的鼓励与帮助下，曹继铎成为一名有所作为的河北省著名散文作家。曹继铎在他的文章中不止一次提到："浩然及其作品是永远的，我同浩然的友谊也是永远的，我对浩然是永远感激不尽的……"

父亲曾对曹继铎说过这样一句话：种庄稼不一定都能有收获，如果不下种，那就绝对不能有收获。父亲与曹继铎用自己的行动验证了这句话，他们初衷不改，一往情深，一直执着地追求着文学上的成功。

张峻：低谷期帮扶浩然的那个人

张峻这个名字第一次出现在父亲的日记中，是在 1962 年 11 月 7 日："下午召开作家座谈会，主要是组稿，与会者有市和省直作家，承德的张峻也参加了。"从这篇日记的文字表述上分析，父亲对张峻应当是熟悉的，至少对这个名字不陌生。

其时，父亲在北京的《红旗》杂志社任文艺编辑，与文艺组副组长郑公盾一起来到那时已经划归于河北省的天津市，目的是为了给《红旗》组稿。他们除了拜访一些作家外，还分别召开了作家和评论家的座谈会。

父亲出生在河北，在河北生活、工作了二十余年，尽管 1956 年 9 月从河北调到北京工作，但与河北并未断了联系，跟那里的许多作家都很熟悉，保持着交往。8 日晚，父亲应约到作家张庆田家做客，那天晚上除了张庆田夫妻外，张峻是唯一的作陪者。

父亲与张峻是怎样相识的，第一次见面是在什么时间，在父亲的日记中没有找到记载，不过在父亲的自传体长篇小说《圆梦》中找到了依据。在《圆梦》中，父亲回忆起 1956 年列席"河北省青年业余文学创作者会议"的情景时写道：

> 让我特别高兴的是，组里有我的老朋友卢万全、杨啸、常庚西，还有新结识的王保春。在会上刚认识的同龄人张峻也很使我喜欢。他从刚撤销的热河省承德划过来，我们虽陌生，但我们俩都当过农村基层干部，都做报纸的记者工作，谈起话来很有共同语言。

但是，在张峻的一篇文章中，却给出另外一个答案。张峻那篇文章的题目是《我说浩然》，刊登在 2009 年 10 月 23 日的《大众阅读报》上，他在文章里描述了初次与父亲见面时的情景：

> 与他初次谋面是一九六二年初冬，浩然以《红旗》文艺编辑的身份回河北组稿。当时省会在天津，他下车就向张庆田同志打问我，正巧我在省文联，庆田同志就约我去他家给浩然接风。我们同车去尖山家属楼，浩然一见我如故友喜相逢，他欣然握着我的手："我早就知道你，咱俩的经历差不多，都来自农村，当过基层干部，又都办过报……"他微笑着说："六年前，庚西常向我说起你……"

文中所说的"庚西"，指的是时任《河北青年报》编辑的常庚西。父亲和张峻当时不仅经常向《河北青年报》投稿，而且与常庚西还是非常要好的朋友。

父亲与张峻的说法相差了 6 年，不知是谁的记忆发生了错误。不过这一点分歧，对他们最终成为好友是没有任何妨碍的。

那晚在张庆田家过的热烈而顺心，几个人推心置腹地侃侃而谈，气氛十分融洽。夜深了，张峻送父亲回住处，一路走着，一路继续聊着，临分手时，父亲一再叮嘱张峻，到北京时，一定要给他打电话。第二天，父亲便随郑公盾返回了北京。

几天后的 11 月 16 日下午，张峻真的来到了北京，而且来到《红旗》杂志社看望了父亲。因父亲要下厂校稿，只能小坐一会儿，简短地聊几句便分了手。父亲与张峻一个在北京，一个在河北，因而见面的机会并不很多。许多时候都是隔上几年才能见上一面。

1968 年 2 月，早已调到北京市文联的父亲为没有时间写作而烦闷着，为文联的运动究竟要怎样正确进行而焦虑着。20 日晚上，从故乡承德要到保定去的张峻来到家里，两个人多年不见，自然有许多话需要相互倾吐，不知不觉就聊到了夜里。

河北省话剧院 1972 年根据父亲的长篇小说《艳阳天》排演了同名话剧，为征求原作者的意见，特邀请父亲前去观看。5 月 10 日上午，父亲乘火车来到石家庄市。上次来石家庄，还是近 20 年前的事情，一切都发生了巨大的变化，使得父亲都不认识它啦。父亲被安排住进了省委招待处，当晚张峻和张庆田就赶来看望，三个人一直谈到深夜近 12 点。13 日晚上，父亲应邀到张峻家里做客，第一次见到张峻的妻子李桂芬。深夜，张峻送父亲回到招待处后，又继续交谈起来，直到很晚。

1974 年 2 月 2 日张峻写给浩然的信

　　1974 年以及 1975 年，张峻利用来京的机会多次来家中看望父亲；而父亲却因为紧张的写作和无法推脱的各类杂事无缘再到石家庄与老友聚会。

　　1976 年春节期间，父亲因病住进了医院，治疗了一个半月。出院后没有几天，得知张峻等河北朋友来到北京的消息后，便于 3 月 26 日的下午与部队作家马贵民一起到他们住的旅馆去看望，两天后张峻等人又来到家中做客、聊天。

　　这一年的 7 月 28 日凌晨，唐山发生了 7.8 级地震，波及北京，震感十分强烈，出于安全的考虑，父亲同许多单位职工一样，带着家属来到都是平房的单位避震。10 月 26 日晚间，正在北京电影制片厂改编剧本的张峻等几位河北朋友来到父亲的暂住地看望。几个人一边喝着酒，一边聊着天，不知不觉间又到了深夜。

　　11 月 10 日下午，父亲到民族文化宫观看将要被批判的电影《反击》。散场时非常偶然地碰到了张峻，于是两个人一起走回到父亲暂居的机关，喝酒、畅谈了一番。那段日子，社会上流传着一些有关父亲的谣言，让父亲听了既觉得不快，更感到烦闷，与好友的一番长谈，心情畅快了许多。

　　1977 年 11 月，父亲在北京市第七届人民代表大会上被选举为市革委会委员、全国第五届人大代表。当时的北京市委对父亲是了解的，也是信任的，但是社会上的个别人却紧盯着父亲的一言一行，寻找着下手的机会。在这年年底的一个较为重要的座谈会上，参加会议的父亲没有发言，因而在报纸发布的座谈会消息里发言者名单中自然也就没有父亲的名字。这本来是一件很普通的事，却被某些人认为是一种信号，于是南方某家刊物在延期到 1978 年 1 月才发行的 1977 年第 11 期、第 12 期以及 1978 年第 1 期上，连续刊发三篇"批判"父亲及其作品的文章。在此后一年多的时间里，据不完全统计，全国有三十多家地方报刊登载或转载了这类的文章，共计 40 余篇。迫于这种形势，避免造成被动局面，在没有发现新问题的情况下，北京市委提议取消了父亲的全国第五届人大的代表资格。父亲跌入到了人生的谷底……

直到 1978 年年底，父亲才算是基本上得到了解脱。他要从跌倒的地方再次"爬"起来，他要用手中的笔来证明自己的清白，他要再次开始进行文学创作。但是，久未写作，他的脑子似乎已经锈住了，根本无法深入到创作中去，因而只得先写一些短小的儿童故事来恢复状态。

1979 年 2 月 20 日这天，对父亲来讲是个值得纪念的日子：思路阻塞了近一年，早晨在床上忽然打开了。父亲从这一天开始动手搭长篇小说《男婚女嫁》，也就是后来出版单行本时将书名改为《山水情》的架子。父亲将这部小说作为自己的"翻身之作"。

按照公历计算，3 月 25 日是父亲的生日，他有意识等到这天完成了《男婚女嫁》的草稿。4 月底 5 月初时，正在新创刊的河北省大型季刊《长城》主持工作的张峻得知消息后，派父亲的另一好友、《长城》编辑潮清来京找到父亲，希望能在《长城》上发表这部小说，并限期一周将上卷交稿。父亲当时表示目前还只是草稿，希望做几次修改后在交给他们发表。张峻和潮清则认为在刊物上发表时粗糙一些问题不大，等出版单行本时再做细致的修改；这部长篇小说如能尽早发表，对消除一些不明真相之人心中的不良影响能起到积极的作用。面对两位老朋友的热忱与执着，让父亲感到"盛情难却"，只得答应了他们的要求，并在他们的"催逼"之下，加紧进行书稿的整理修改。

为了能使这部翻身之作尽快发表出来，父亲与张峻利用书信、电话多次联系沟通，尽可能地排除其他干扰，加快着修改和校对的进程。《长城》杂志在 1979 年第 2、第 3 期上连载了父亲的长篇新作《男婚女嫁》后，在社会上引起很大的反响。这部长篇小说，从写作、发表到出版单行本，以及电影的改编拍摄，从某些方面上讲，其过程是艰难而又艰苦的，经历了许多坎坷和磨难，但终于都冲闯了过来，让父亲再一次深深地感受到朋友间真挚友情的温暖，体会到友情的力量，对未来更加充满了信心。

1980 年 9 月 17 日的晚间，父亲接到一个电话，得知张峻的妻子李桂芬逝世，第二天一早他便跑到邮局拍去一封慰问性质的电报。几天后，父亲的一封书信又送到张峻的手中：

> 那天拍完电报回来，就想给你写封信，可惜，几次提笔，都觉得没有任何能够安慰你的语言，难以写下去。你知道，我是个软弱的人！
>
> 昨日跟学鳌在电话中联系，我们都认为你到北京来住几天，对你的心境、身体都有益处，不知道你怎么考虑。我现在什么也没写，多半住在通县，有时间陪你，所谓"打搅"之类的念头，你千万别有。
>
> 用科学的态度想开点，尽量快地投身到创作境界去吧！正如我在电文中所说的，"为了孩子和事业"，你得健康地活下去，还得努力地写下去！
>
> 我昨天回京接待刘国玺同志，今日下午返通县，差不多每周回一趟家。得便写信谈谈你目前的情况，告知我们何时可到北京来？

父亲真诚的问候和关怀感动了张峻，收到电报和信件后，在给父亲的回信中写道："在我生活中处于逆境之际，你设身处地的在为我分忧，使我感到朋友间的关怀、劝慰、鼓励是多么温暖、可贵……但家庭目前的实际情况使我又离不开……我将以最大的毅力摆脱目前的悲痛心境，振作起来，请你放心！"张峻没有马上来京"散心"，而是到了 12 月 2 日这天才来到北京。那时父亲正在郊区写作，得知消息后，第二天便赶回北京，与张峻相聚。

1983 年，父亲为农村读物出版社编选《中国农村小说大观》，张峻曾创作过不少优秀的农村题材小说，自然在入选之列。父亲在为张峻编写的作者小传中，对他及其以往的创作向读者做了一个简单而又全面的介绍：

> 张峻，是一位在燕山深处、长城内外那块土地上，土生土长的作家。
>
> 他 1933 年出生在河北省隆化县的一个贫苦农民家庭，1948 年参加革命

1985 年 7 月 16 日浩然与张峻

工作，当过区、县机关的文书，当过报刊编辑，现在河北省搞专业创作。他1953 年发表了第一个短篇小说《宋万义老头》，而踏上文学道路之后，那支笔一直写农村、写农民；他的作品也带着极其强烈的泥土气味。

正如绿叶、红花、金黄米谷，以及香的、甜的果子，都是从泥土里孕育出来的一样，张峻小说的土味儿里，也包含着生活的各种色彩和各种味道。他熟稔短篇小说的创作特点，很会从生活的高大参天的树木上，截取最能表现生活本质面貌的"横断面"，而加以艺术再现，使之自成境界、风趣盎然。在张峻的笔下，极少那种"中篇梗概"式的短篇小说。我们在他早期，中期和近期的作品里，各选一篇。从这三个戏剧性颇强的、独幕剧式的短篇小说中，我们可以窥视到张峻艺术手法的一些奥妙，学到写作技巧。

张峻的主要著作有短篇小说集《搭桥集》（1964 年百花文艺出版社出版）、《金鸡宴》（1979 年百花文艺出版社出版）和长篇小说《擒龙图》（1974 年河北人民出版社出版）。

父亲对张峻的小说是喜爱的。1979 年 10 月收到张峻寄赠的新书后，父亲在复信中这样写道：

> 惠赠的《大山歌》收到，当即又读了一遍《夜走黄土岭》。因为它是我接触你的第一篇作品，印象极深；二十多年后再一次"重逢"，感人的力量仍不减当年。我觉得它的主要功力在于"真切、质朴"。只有扎在生活土壤里的人，才能有这样的产品；编选旧作，我们自己也能醒悟一些道理；读这篇作品的感觉，起码告诫我们：要写好作品，就得跟农民的生活血肉相连，永不脱离！

纵观父亲与张峻的交往，虽然他们相识的时间不算短，见面的时候却很少，但他们彼此之间是信任和关心的，只有这样的人，才会在人生的旅途中成为知心的好朋友。

伯乐周雁如

大凡写作之人，都希望自己的作品能够发表出来；而作品的发表，就基本上要与责任编辑打交道。

1949 年，17 岁的父亲开始做起文学梦，半个多世纪的创作生涯，曾与无数的编辑打过交道，其中的许多人都不曾谋面，更不知姓名；而与其中的一些人不仅相识，而且成为了一生的好朋友。《北京文艺》的编辑周雁如就是成为好朋友的编辑中的一个。

根据互联网上的有关资料，周雁如 1927 年出生于山东省金乡县，1941 年曾任冀鲁豫湖西抗日中学学生、教导干事，中共冀鲁豫区党委文工团分队长，冀鲁豫文工团创作组副组长，冀鲁豫《大众日报》记者。1950 年，周雁如作为第一期学员进入中央文学研究所深造，1953 年毕业后留任中央文学研究所创作室从事创作，后调入《北京文艺》，一直在那里从事编辑工作，任编辑、组长、主任。曾获全国文学期刊编辑荣誉奖。1990 年 2 月因病逝世。

父亲与周雁如第一次打交道，是在 1956 年。

1956 年 8 月，河北省青年业余文学创作者会议在保定召开，父亲以唯一一个列席者的身份参加了这次会议。受谷峪等人发言的影响和启发，会议结束后不几天，父亲就根据新的创作思路，写出短篇小说《喜鹊登枝》，并满怀信心地送到了同城的《河北文艺》。出乎父亲的意料，本认为是成功之作的《喜鹊登枝》受到了极为不公正的待遇，连信封都没有拆开，就被判处了"死刑"。父亲愤然地从编辑部拿回稿件，回到自己的居所，划掉信封正面的《河北文艺》编辑部，在背面写上《北京文艺》四个字，便投进信筒，把它连同自己所怀的希望和所寻求的公平，一同寄往首都。稿子寄出不到十天，父亲便接到《北京文艺》编辑部的回信：

浩然同志：

你好！

寄来的小说稿《喜鹊登枝》，编辑部的同志都传看过了。小说写得真切、生动、新颖，具有浓郁的农村生活气息，我们大家都很喜欢。我们都认为它比你以前寄来的那篇《春蚕结茧》好。我们决定先发表《喜鹊登枝》，然后再发表《春蚕结茧》，不知你的意见如何。

希望你继续寄稿来支持我们。

如有机会出差经过北京，很欢迎你到编辑部做客。我们的地址是西长安街七号。祝你

撰安

《北京文艺》编辑部

父亲给《北京文艺》编辑部写了一封简短的回信，感谢他们的扶植和鼓励，告知他们自己已经调到北京的《俄文友好报》社，以后的通讯地址改在那里。父亲人还没有到达北京，《北京文艺》编辑部一封邀请串门的信就在《俄文友好报》记者部等候了。父亲到北京的第二天就迈进地处六部口附近的西长安街七号北京文联的大门口。到了编辑部，父亲才知道与他联系的是女编辑孙毓椿和周雁如，这是父亲第一次与周雁如见面。两位女编辑对父亲说：他的作品使编辑部的同志都很惊喜，说那是挂着露水珠、带着泥土味的好小说，鼓励父亲多给他们写，他们一定多提供版面。最后，两位女编辑还特意赠给父亲好几种学术报告会的入场券。两位女编辑的热情接待，使父亲心里暖乎乎的。父亲与《北京文艺》建立起更加紧密的关系，与周雁如也开始了延续几十年的交往。父亲的那篇被某些编辑没有看就"枪毙"了的《喜鹊登枝》，发表在《北京文艺》1956年11月号上，父亲的处女作诞生了。这部小说在父亲半个世纪的文学创作中，有着极其重要的地位，被称为自己的第一篇正式小说，曾选入到自己的20余部小说集和选集中。

1957年9月底，父亲开始起草短篇小说《真金不怕火炼》，一连起草了七个开头，每个开头都写了两三千字，但最后又全给"报废"了。10月1日的晚上10点，父亲起草完被他当时认为是得意之作的《真金不怕火炼》，修改两遍之后脱稿，寄给了东北的某家刊物。10月28日，这篇稿被杂志社退了回来，但在退稿之后，又

追来一封信索要退稿，并说将要在 12 期上发表。这让父亲深感疑惑。那段日子，家里和单位有许多事情，父亲的身体也多感不适，但仍没日没夜地为那家刊物赶任务，直累得头昏脑涨，直到将《真金不怕火炼》修改一遍后，寄了过去。但是，12月初的时候，稿子又被退了回来。这种近乎拿人开玩笑式的做法，让父亲大为不满。父亲将退稿交给了《北京文艺》的周雁如。

拿到稿子不久后，周雁如就打来电话，说她读了那篇《真金不怕火炼》的草稿，感觉很好，已交给编委审阅。一个被某刊物两次退稿的小说，却被周雁如看中了。

3 月 2 日，父亲又将《真金不怕火炼》修改一遍后送到了周雁如的手中。但是，这篇文章却并没有在《北京文艺》上刊登出来。为什么没有发表？目前没有找到有关的任何文字记载。根据现有的资料，这篇小说应当就是《艳阳天》最早的雏形，当父亲将再次修改过的稿子交给《北京文艺》后不久，就决定将这个短篇小说扩展为中篇小说，并在年底前完成。这种改变，不知周雁如在里面是否起了作用，如果起了，又起了多大作用？又过了不久，最迟不会超过 6 月底，父亲又决定将这部中篇扩展为长篇。

1960 年 4 月，父亲如愿以偿地来到山东省昌乐县下放劳动。在启程之前，父亲打算利用下放这个机会，好好地深入生活，充实自己的素材仓库，不再写作。但是火热的生活，使他无法压抑住自己的创作冲动，在火热的生活中他又开始了新的创作。在下放劳动的八个月期间，父亲与周雁如保持着书信联系，写出的大部分稿件也直接寄给了她。

1960 年 12 月 3 日，父亲结束下放劳动的生活回到北京，到京的第二天在家接待各方来客，第三天便趁到机关开会的机会，提前出发，来到《北京文艺》看望周雁如等人。

因中苏关系恶化，父亲所在的《俄文友好报》将要解散，今后的去向就成了一个问题。父亲为此有些焦虑，好友们也同样为此着急，都希望父亲能到一个有利于写作的好去处，许多人为此努力、帮忙，周雁如就是其中的一个。

周雁如接连写信给父亲，把北京文联的编制、人员及可能出现的问题等情况一一向父亲做了介绍，并给父亲出了一些主意。1961 年 1 月 25 日的中午，周雁如找到父亲，悄悄地告诉他说，为把父亲从中央单位调到北京市，市委文教部部长韦明亲自出马交涉，问题已经不大。希望将要实现，父亲心里很是高兴。但是，有一

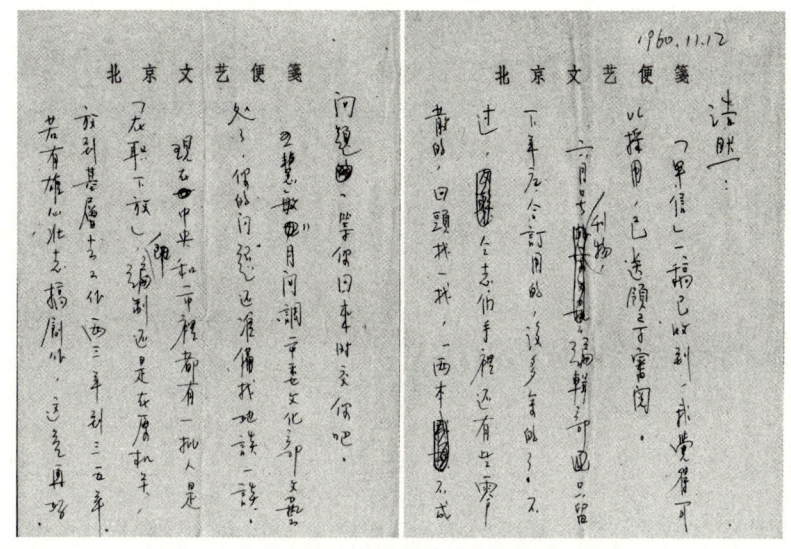

1960 年 11 月 12 日，周雁茹写给浩然的便笺

个大大出乎父亲意料的消息却在等着他。第二天早上，父亲接到人事科要将他调往对外文化联络委员会搞秘书性工作的通知。父亲当时对此提出意见。

父亲来到《北京文艺》编辑部，找周雁如告知了这个情况。周雁如立即给有关领导打过电话后，告诉父亲说，韦明已经直接同对外文化联络委员会副主任、党组书记张致祥谈过，也与对外文化联络委员会委员、党组成员周而复谈过，如果还不行，要直接找中宣部副部长兼文化部副部长的林默涵。周雁如要父亲先去报到，等候好消息。下午的时候，父亲来到对外文委干部处，一位刘姓处长告诉他是给副主任朱光当秘书，并头头是道地对父亲做了一番说服工作。刘处长的一番说教，让父亲难于再开口，到最后只得声明说：作为一个党员要服从党的需要，但希望党考虑我的各方面条件，应给予适当照顾。与刘处长谈过话之后，父亲又去见了朱光。朱光告诉父亲，因为他懂得文学，又能写作，所以需要他帮助自己写革命回忆录以及其他的一些工作。当着朱光的面，父亲没有提出任何要求。从当时的情况来讲，父亲之所以不愿意担任这个职务，既不是因为怕吃苦，也不是因为怕受累，而是认为自己还年轻，还不到 30 岁，各方面都不很成熟，需要在生活中锻炼提高，对能否干好这个工作有顾虑，怕自己给领导带来麻烦。

工作定下来了，给父亲提出一大堆难解的题目，这对父亲来说，既是考验，也是锻炼。但是，父亲心里还抱着一线希望，这线希望，就寄托在周雁如的身上。

　　周雁如在努力着，但是情况却又发生了变化，而这个变化，让刚刚平静下来的父亲又变得不平静了。4 月 11 日下午，父亲做完工间操回到办公室，朱光从他的办公室拿来一份干部处写的报告交给父亲，内称：原来中宣部文艺处要调父亲去，后来因北京市委需要，决定同意调入北京市；不知何故，《红旗》杂志社副总编胡绳又提出一定要调父亲到《红旗》编辑部去。因张致祥在这份报告上已批同意，朱光先批了"遵守上级意见。"后又改成："让中宣部手下留情，把浩然留在文委……"朱光对父亲极力挽留，希望他留在对外文委。父亲自己这时也拿不定主意，不知到底去哪里好，只有听候组织分配了。

　　为了能讨到一个实底，7 月 5 日吃过早饭，父亲来到《红旗》杂志社，接见他的是一个叫杜晓彬的女同志。杜晓彬告诉父亲说："这次调你到《红旗》来，也不是要你改行，领导这一点还是明确的。你对文学有兴趣，这方面又有前途，领导要照顾，让你在文艺组工作，多让你下乡。写了东西我们不能用，可以拿到其他刊物发表，这不必有顾虑，培养作家，在文联是一方面，在理论杂志也可以是一条腿。"听到这些话，父亲的心里踏实了，当时就答应调来。

　　事情到这里并没有结束。7 月 25 日，周雁如几次打电话给父亲，但都没有找到，最后只好留言说曾平同志约父亲到新桥饭店找他。没有找到有关曾平的生平，从现有资料上分析，他应当同韦明一样，都是北京市文化宣传部门的一位负责同志。7 月 26 日上午，父亲来到新侨饭店。曾平对父亲说，周扬已原则上同意他去搞专业创作，要他当时写一份申请，再由市文教部附文，递呈周扬，由周扬同《红旗》联系。离开新侨饭店后，父亲的心情并没有因此而感到轻松，反而更加沉重。两天之后，父亲给周雁如打电话，请她转告韦明，希望自己能找她谈谈。

　　按照周雁如的通知，7 月 31 日下午，父亲来到新侨饭店拜会韦明。在谈话中，韦明告诉父亲，周扬已同意他去搞创作，可不去《红旗》。

　　周雁如始终没有放弃努力，但还是没有获得成功，8 月 24 日，对外文委人事部门正式通知父亲：到《红旗》报到。8 月 28 日下午，父亲正式到《红旗》上班。

　　功夫不负有心人，三年后的 1964 年 9 月，父亲结束了业余创作，从《红旗》调到北京市文联，成为一名专业作家。父亲当年从中央单位调到北京市搞专业创作，周雁如在中间起了重要的搭桥牵线的作用，也费尽了心血。

周雁如是《北京文艺》的编辑，也是父亲第一篇正式小说的责任编辑。父亲与周雁如的关系既是作者与编辑的关系，也是朋友关系，他们彼此间相互了解并有着相同的信念。1964年3月19日下午，周雁如找到父亲，在谈话中约父亲一起下乡走走。父亲又何尝不想到乡下走一走，回到自己艺术和生命的根之所在呢，但那时毕竟做着编辑工作，又进行着紧张的文学创作，身不由己呀！

成为专业作家后，在时间上父亲基本能够自己做主了，于是，他和周雁如一同到顺义、房山等京郊农村，给那里的业余作者讲写作问题，为他们看稿件、谈修改意见；他们一同在编辑部接待各行各业的业余作者，向他们谈稿子的修改意见；他们一同参加一些企业有关文艺方面的活动……他们有着许多共同的朋友。

父亲一生中在《北京文艺》发表了五十余篇作品，除了《喜鹊登枝》《晌午》等几篇明确记载着周雁如是责任编辑之外，大多数都没有说明。周雁如是《北京文艺》众多编辑中与浩然联系最多的人之一，也是感情最深的几个人之一。父亲在《北京文艺》发表的那些作品，无论是否有文字明确记载着责任编辑是周雁如，那里面也一定或多或少地包含着她辛勤的劳动和汗水。

1990年2月15日下午，正在河北省三河深入生活的父亲在电话中得知周雁如因脑溢血逝世的消息，他永远怀念这位亲如大姐的老编辑。

仗义执言贾玉江也

　　"贾玉江"这个名字，看过父亲自传体长篇小说《圆梦》的人一定不会陌生，他曾多次出现在父亲描写《俄文友好报》的那段生活里，他是父亲那段生活中一个不可或缺的人物。

　　贾玉江原来是《山西日报》驻阳泉煤矿记者站的记者，组建《俄文友好报》时，从山西调到北京。他比父亲大两三岁，出身于干部家庭，脑瓜灵敏，性情豪爽，在什么场合都敢说话，对待同志热心肠，诚实，肯帮忙。他写起东西来笔头子也挺快，就是作风有点大大咧咧，说话随便，爱开点小玩笑，偶尔习惯成自然地冒出一些粗野的味道。

　　1956年9月，父亲从《河北日报》调到《俄文友好报》，不仅与贾玉江成为记者部的同事，而且也成为宿舍楼里的邻居，两个人虽然在脾气秉性上不尽相同，但关系却处得很好。父亲调到北京后，接受了过去在《河北日报》的教训，有关搞文学创作的事，基本上是"秘密活动"，起码不随便声张，在同事中间尽量不显露出来。因与贾玉江关系处的挺好，故而对他就不做隐瞒，什么事情都能对他说说。父亲在《河北日报》当记者的时候，受轰轰烈烈开展起来的农业合作化运动高潮的影响和感动，曾立志要给农村写史，要为农民立传，要把中国这场农业社会主义改造用手中的笔记录下来。于是，就利用业余时间开始创作反映这段生活的长篇小说《狂涛巨浪》，调到北京后不久，完成了这部小说的初稿，就近交给了中国青年出版社。在过后不久的一个周六，父亲接到中国青年出版社的一个电话，约他第二天到出版社二编室主任吴小武同志家里谈一谈那部长篇稿子的事情。父亲答应一定准时到达。中午在食堂吃饭的时候，父亲恰巧与贾玉江坐在一个桌上，就把这件事告诉了他。当父亲从贾玉江的嘴里得知吴小武便是自己一直崇敬的作家萧也牧，在心里便对将要独自去见他有些发忄术，便拉上贾玉江一同前往，以便给自己壮壮胆子。

第二天早晨，父亲在贾玉江的陪同下，如约拜访了萧也牧。这次拜访，父亲得到萧也牧许多具体有效的指导和帮助。

过了大约一年左右的时间，整风运动，骤然间变成了反击右派分子向党和社会主义进攻的斗争。幸好那时父亲因在例行的体检中查出患有浸润性肺结核，住进京西北蜂窝《人民日报》工人疗养所进行治疗，因而无论是单位的还是社会上的"鸣放会议"一次也没有参加，使他十分侥幸地躲过了这场灾祸。等他从疗养院回到单位时，反右斗争已经接近尾声。父亲暗暗地为不该遭难却遭了难的人惋惜，也暗暗地为自己没有遭难而庆幸。

父亲尽管躲过了被打成"右派分子"的厄运，却在运动最后的"洗手洗脸洗澡"阶段，还是煞有介事地被《俄文友好报》定为检查"个人主义"的重点对象，被扣上有"严重资产阶级个人主义""走资产阶级白专道路"的大帽子，罪名是"个人主义"，根据是"成名成家"的思想严重，甚至严重到"不可救药"的地步。在重重压力下，经过反复考虑，父亲不得不"口是心非"地承认自己有个人主义思想，不得不做应付式的"检查"。一次次地检讨，一次次地表示"改过"，然而总是不能被轻易放过。有两次在批评会上被"高明"的同志用"高明"的言辞给批评哭了，当时真想从此洗手，不再搞文学，只干"正业"，当个好新闻记者和好编辑。可是，一离开会场，父亲便旧态复萌，继续为自己确立的志向和目标奋斗。一次，贾玉江背后给父亲出主意说："他们这些不学无术的人，就像《金瓶梅》里的潘金莲一样，自己不生孩子，见人家生了就来气。他们就是嫉妒你，怕你成名。你就跟他们干。他们没捞到你啥材料，怎么不了你！"父亲也实在被那些人揉搓得难以忍受，就听了贾玉江的话。有一次找了个茬口，跟那些人大吵了一通。吵得满楼上的人都听见了。这一招果真灵验，父亲的检查终于马马虎虎地通过了。父亲渡过一道不死不活折磨人的关口。

然而"道高一尺，魔高一丈"，孙悟空是无论如何也跳不出如来佛的手掌心。整党整风运动结束，报社开始调整组织机构，十几名工作人员被"编余"，父亲就是其中的一员。在父亲得知自己被"编余"，将要被分配到《太原日报》当工业记者的当天晚上，找到贾玉江，向他报告这个突发的、天上掉下来的祸事。贾玉江听罢很生气，待了片刻，也只能爱莫能助地劝慰父亲几句。

参加过报社送行的酒席宴后，已经快半夜。父亲忧心忡忡地回到家，独坐灯下，思绪万千。思前想后，父亲无意间看到桌上一本作家出版社出版的由一位乡村教师所著的长篇处女作，便决定碰碰运气，将自己的那些小说也送到作家出版社，即使不能出版，也能跟他们建立起联系，以后到了太原，仍可以得到他们的帮助指导。

父亲拉开抽屉，找出刊有自己小说的几本杂志，撕下自己的作品，把一篇没有发表过的《老来红》原稿也加上，凑了 11 篇，并写了一封自我介绍的短信。第二天一早，父亲将小说稿送到作家出版社后回到报社，在院子里遇见了贾玉江，两个人一边说着话，一边上楼回家。上楼的时候，贾玉江劝父亲借调动工作的机会回老家去看看，非常贴心地给父亲算了一笔经济账，并指点父亲说：不用请假，跟他们随便说一声，然后开腿就走。

对于这位对劲儿的朋友的热心指点，父亲当然是言听计从。父亲依计而行，第二天便带着妻儿家小回故乡探亲。当 20 天后返回北京时，作家出版社同意出版小说集的信函已经在等着他。贾玉江最早看到那封信，怕有急事给耽误了，就先拆开看了，见是出版社同意出版父亲小说集的通知，便仗义执言，拿着那封信函直接找到了报社的最高领导，并对他说："你看看，作家出版社要给浩然出小说啦！这样的记者人才你们到哪儿去找？可是偏偏排挤人家，要把他给编余，真是岂有此理呀！"于是，父亲又被作为"人才"留在了《俄文友好报》。父亲的人生轨迹由此意外地被改变。

贾玉江对待同事、朋友，确实是热心肠的，性情也是豪爽直率的，他看到朋友身上的毛病也总是毫不留情，直言讲出来，而不会考虑其他的细节问题。从家乡回来没有几天，父亲便针对报社存在的某些问题，贴出了一张大字报。由于这张大字报没有把问题说清楚，父亲被贾玉江好一顿数落。贾玉江说父亲："你写小说写得那么流畅，写大字报怎么就说不明白问题呢？是没有兴趣，还是没下功夫？"还说："从调动工作这件事看，你的思想有问题………"直说得父亲头也不能抬。

父亲对贾玉江是心存感激的，对他的这位朋友也是敬佩的，尤其一辈子都不会忘记那一次的严峻场面，不会忘记贾玉江的大义凛然和无畏的精神，尤其是他对父亲这样一个同代人获得成绩所表现出来的由衷的喜悦和诚挚的支持。

那是 1958 年 4 月的一天早晨，父亲和办公室的其他人正围着桌子看报纸，贾玉江在一份《文汇报》上，看到巴人写的一篇文章，就欣喜异常地喊："喂，各位，这儿有巴人介绍浩然要出版的小说！……"

贾玉江一边躲着几个要"先睹为快"的同事伸出要抢报纸的手，一边说："嘿，嘿，别抢别抢，就这一份轮不过来，让我给你们念念听吧。"

贾玉江见大家坐稳准备静听，就大声朗诵起来。

就在贾玉江刚把文章念到一半的时候，坐在父亲对面的上司好似忍无可忍，突然间歇斯底里大发作，脸色苍白，二目圆瞪，举起他那厚而大的巴掌，用尽吃奶的力气，狠狠地往桌子上猛劲一拍，冲着贾玉江吼道："你居心不良！你煽动浩然骄傲自满！"所有的人都被他突然的举动惊呆了。贾玉江被那个上司一吼，只是略停一下，接着就好像一阵风吹过去那样很平静地说："我看这篇文章写得很精彩、很亲切，充满了对文学新人的爱护。所以我作个推荐，如果谁有兴趣，等会儿再细细地研读。我现在只把文章末尾那句话，给诸位念一念，请注意听。文章写道：作者是一直受党培养长大的青年，作品也大多在报刊上发表过，结成集子一看，倒显出他一贯的乐观主义的基调和明净流畅的心情，略为加一些工，付印了。我希望不久，它就像新媳妇似的出现在读者面前。"那个上司被气得抽身站起，冲出办公室。贾玉江只是瞥他一眼，接着用更高的嗓门重复地朗诵：

"……我希望不久，它就像新媳妇似的出现在读者面前。"

因中苏关系恶化，《俄文友好报》停刊，工作人员各走他方，父亲与贾玉江也分别调到了不同的单位，他们虽然不再是同事了，但依然是好邻居、好朋友。那个时候，父亲与贾玉江依然住在同一个宿舍楼上，经常见面，依然常来常往。有的时候家里来了农村的朋友，父亲也要请贾玉江过来一同陪着喝上一盅。

父亲与贾玉江在飞逝的时光中继续着交往，转眼间就到了1966年。"文革"开始一段时间后，贾玉江被单位的造反派关押，家人也不知他身在何方，整日生活在极度的痛苦之中。父亲得知消息后，自然也是十分焦急。按照父亲当时的思想认识，他也认为贾玉江确实犯了错误。父亲对贾玉江是了解的，基于这种了解，他尽管不知道贾玉江所犯错误的具体内容，但肯定这个错误一定属于人民内部矛盾，绝不会是敌我矛盾。在那段时间里，父亲的处境也不是十分好，但他还是依照自己的人性和做人的准则，对陷于危难中的朋友伸出援手，做了自己应当做的事情：他派了两个人，以外调的名义去看望贾玉江，并转告他无论受到什么样的折磨，都不要自杀，要活着。在派人去之前，父亲还特意问贾玉江的妻子钱晓梅有什么话要捎带，她说父亲要对贾玉江说的那些话就是她要说的。

在亲人和朋友的鼓励下，加上贾玉江性格开朗，他闯过了他人生旅途中的这道关口，等形势基本上恢复正常后被下放到干校参加劳动。1972 年 4 月，刚从干校调回北京的贾玉江就来到家中小坐，看望父亲。

1973 年，父亲从已经居住近二十年的东城老楼，搬到西城区居住，父亲与贾玉江虽然早已不是同事了，现在搬了家又不是邻居了，加上父亲的写作工作很重，又经常下乡，给两个人的交往造成许多不便，见面的机会自然就少了许多，但贾玉江的身影依然会出现在父亲的新居里。1977 年底，一些地方报刊在个别人的蛊惑和迷惑下，开始批判父亲及其部分作品，在随后的 1978 年，父亲第五届全国人大代表资格被取消，最终使父亲陷入人生的低谷。那个时候，形势将如何发展，能恶劣到什么程度，没有人能够说得清楚，有些人躲避唯恐不及，谁还肯主动蹚这个浑水呢？就在这样的时刻，好长时间没有登过门的贾玉江来了，并在此后一个相当长的时间里，贾玉江与妻子钱孝梅或单独，或一起多次到家中看望父亲。这种好朋友间的信任，这种精神上的鼓舞，成为父亲在日后重新崛起的重要动力之一。

2008 年父亲逝世后，贾玉江的长子贾龙代表他的全家参加了告别仪式，并送上一个花篮，以寄托哀思。2014 年年初的时候，钱孝梅又给我的大哥红野打电话说："遗憾的是当知道你爸在三河的地址时，你贾叔身体出了问题，不能和你爸相见了……老贾和你爸是好哥们儿，是无话不说的好兄弟。在他们人生旅途最困难时，都能伸出相助之手，难能可贵，无法忘怀……你爸是我们的恩人，这个恩情我和家人永世不忘。"

父亲与贾玉江的这些交往经历告诉我们：患难之中见真情，日久才能见人心。善人自有善报，只有恩恩相报，友谊才能够永久，才能在你危难的时候有人拉你一把，给予你帮助，才能使你绝处逢生。

浩然的文学指路人——萧也牧

　　1949 年中华人民共和国成立前夕，父亲从农村脱产后，仍在故乡蓟县工作。作为县区干部，经常分工包片，负责抓几个村的工作，其内容涵盖了方方面面。父亲负责的村庄多处于两河交汇而形成的两大洼地——青甸洼和太和洼。那里的农民曾对共产党夺取全国政权做出过很大贡献，当时虽然分到了土地，但因战争刚刚结束，创伤还没得到疗治，又连遭水灾，加上生产资料底子不厚，在生产和生活方面都相当困难，许多人连地都无力耕种。包片的干部不仅要保证所有的土地都要种上，还要保证不能饿死人。所以，在那些日子里，父亲的主要任务就是发放救济粮款，筹备种子，想方设法帮助农民耕种上土地。此外，还要处理一些父子、兄弟之间因要走不同的道路而闹分家等的家务事。在几年的时间里，父亲先是带领、帮助村里的党团员、干部和积极分子一起办互助组，建农业社，后又向他们宣传、贯彻"过渡时期总路线"和"粮食统购统销"等政策，不仅亲眼目睹，而且亲身参与了农业社会主义的改造。在那段日子里，父亲同农民中的那些积极分子们一样激情满怀，心无旁骛地投身于这场伟大的社会运动之中，与他们在并肩的战斗中建立起深厚感情。无论时光怎样流逝，那些记忆仍然是新鲜、强烈的，带着诗的情调，春天般的色彩，越回想越有味道。若干年后，当父亲怀着强烈的抑制不住的感情用艺术的形式再现那段生活时，常常觉得不是

萧也牧

在描写别人，而是在描写自己；包括像高二林、刘万那样的人在内，父亲都是带着手足般的情意描写他们，用当时的感情冲动和想法来塑造他们的人物形象。

1954年父亲调到《河北日报》当记者，先是在通州专区，后是在河北全省的农村进行采访报道，足迹几乎踏遍整个燕赵大地。到了1955年的金秋，如同势不可挡的洪流，农业合作化高潮轰轰烈烈地开展起来，感人心弦的动人事例屡见不鲜，时时处处都在激动着父亲那颗农民后代的心。在这种形势和心境下，父亲萌发起一个念头：在中华大地上，几千年来的农民如同散沙一般都是个体单干，中国共产党竟在短短的四五年时间里，就把他们变成了有组织的集体劳动者，千千万万的农民，都齐心协力地向一个共同的目标奋斗进发，这是古老的中国有史以来都不曾有过的地覆天翻的变化，这是人类历史上了不起的一次跨越！自己是农民的后代，当过农民，了解农民，跟农民有着血肉关系，又怀有文学上的远大志向，责无旁贷地应该给农村写史、为农民立传；如果能够用手里的笔，把中国这场农业社会主义改造记录下来，写成一部小说，一定很有意义；如果好梦成真，必定是生命的成功、人生奋斗的成功！

于是，父亲便根据自己在农村基层的工作经历和当记者采访、参观所得的资料，酝酿起这部小说，随后用了上百个晚间的业余时间创作出描写农村社会主义改造的长篇小说《狂涛巨浪》。当这部作品完成时，父亲已经调到北京的《俄文友好报》，将稿子就近交到中国青年出版社的收发室后，便到山西采访。

从山西采访归来不久，也就是1957年1月22日，父亲接到中国青年出版社一位未报姓名人的电话，约父亲第二天到出版社二编室主任吴小武家里谈谈对那篇《狂涛巨浪》的意见。放下电话后，父亲将此事说给记者部的同事朋友贾玉江，他们都认为出版社将要出版那部长篇小说。从贾玉江那里父亲得知"吴小武"就是自己仰慕已久的名作家萧也牧。

萧也牧这个名字父亲是熟悉的。萧也牧是一位文化名人，原名吴小武，萧也牧是他的笔名。萧也牧对社会主义文学事业中的小说创作与文艺编辑工作，曾做过不可取代也不应让人忘记的贡献。他的长篇小说《锻炼》在新中国成立初期的《中国青年》杂志上连载，这部长篇小说是作家描写知识分子与工农结合，塑造"活"的、"真"的知识分子形象的首创的典范。接着又在《人民文学》上发表了短篇小说《我们夫妇之间》，并很快被搬上了银幕。这部优秀的短篇小说，显示出萧也牧在艺术观念方面的探索和跨越。但是，就因为这种探索和跨越，使萧也牧成为中国当代文学史上第一个挨棍子的作家。遭到严厉批判的萧也牧初衷不改，仍保持着对共产党和革命的赤子之心和虔诚信念。他恢复了吴小武的原名，来到中国青年出版社干起编辑工作，苦干了十余年。丛刊《红旗飘飘》，长篇巨著《红旗谱》《红岩》的出版发行，都有他不可磨灭的功劳。

当长篇小说《锻炼》在《中国青年》杂志上连载时，正在农村基层当干部的父亲就断断续续地读过，觉得小说写得相当生动真切，只是没有看到作品头尾的部分，印象不具体。当了新闻记者以后，父亲又读过他的短篇小说《我们夫妇之间》。这篇小说被拍成电影公映后，得到干部、学生和知识分子的喜爱，引起轰动。也就是因为这部电影，招致了一场对萧也牧无情的批判，好多文艺界的名人口诛笔伐，指责萧也牧的小说是在散布小资产阶级思想，是无产阶级文艺战士进城以后经不住和平环境的考验，是向资产阶级投降的一种表现。当时，父亲曾见到许多报刊都发表了批评文章，虽然没有细读，却感到一股强烈的火药气味。女作家丁玲在《文艺报》上以书信形式发表的长文父亲倒是认真看过，给他的印象是语言温和，谴责的言辞掩藏不住作者对萧也牧境遇的惋惜和爱怜。虽然萧也牧及其作品受到严厉而无情地批判，但父亲却觉得他写得很真实，有人情味儿，也符合大众化的要求，看不出有什么毛病。尽管父亲认为那篇作品是积极健康的，怀疑它是不是真的有错误，同时也给他那正在成长着的艺术观刻下了永久的痕迹。父亲把萧也牧事件很自然地跟批判《武训传》、批判"胡风反革命集团"，以及批评方纪的《老桑树底下的故事》联系在一起，开始似懂非懂地知道了搞文学创作也有犯政治错误的危险，给自己往后的创作敲了警钟。萧也牧虽然在文坛上消失了，但他并没有在父亲的记忆里消失，在父亲心里他还是一个出色的小说家。那时的父亲还不知道挨批判的厉害和可怕，所以丝毫没有改变对这位写了好作品的作家的仰慕。在《河北日报》工作的时候，就常跟文友们以崇敬的心情谈论他；调到北京后，第一次逛东安市场的旧书店，发现一册单行本的《锻炼》，没看价钱贵贱，立即从书架取下买了。当时的父亲虽然不能说"如获至宝"，但确有一种获得难得的东西后的喜悦之情。

由于是第一次接触这样的一个大作家、一位大人物，父亲的心里有些发怵，于是便请贾玉江陪自己一同前往。

萧也牧的家与父亲住的地方距离很近，步行几分钟就能到。萧也牧家的那个院子很深，里边的旧式建筑物杂乱无章，贾玉江向一位正在院子里用自来水洗碗的老太太打听了一下，才绕来绕去，在院子的最深处找到了萧也牧的家。

父亲与贾玉江来到萧也牧的家，第一次见到他仰慕的大作家。萧也牧的衣着、长相与父亲想象中的大作家有很大差别，很出乎他的意料：萧也牧高高的个子，瘦瘦的，微驼的肩背，黑脸庞，如同印度人。一双不太大，却显得格外明亮有神的眼睛，以及厚唇阔口，都极富表情，让人感到亲切。一身蓝制服，不仅不很合体，还极不整洁，露着里边驼色的毛衣，袖口挂着被磨断的线头。猛然看去，像个刚下班回家的修理工。只有谈起话来热情和蔼、细声慢语，透露出一点文弱书生的气质。

萧也牧掐灭了还没有吸完的香烟，拿出父亲的那包稿子，在桌子上放下之前，先抻过一张旧报纸垫在下边，然后坐到父亲跟前，细声慢语地谈起对稿子的意见。他谈得直率、明确，而又自信。不仅对作品的结构、人物的设置这些艺术技巧问题谈得很细致，很启迪人，就是对内容，也就是对农村的生活和人物，同样谈得头头是道，很符合情理，让人无可挑剔，只能心悦诚服。最后他用更加诚恳的语调说："你的小说稿我看过了，乡土气息很浓，对生活有独到的感受；看得出，你有一定的艺术表现才能。但是由于实践少，经验不足，作品没有写成功，改起来费力气，而且希望也很小。我劝你先从搞短篇入门，多写些，像画家打下素描底子那样，练好基本功，再写篇幅长的作品。这样费力小，收效会大。……"

这是一次退稿的谈话，父亲却没有感到难堪，甚至没有丝毫的扫兴。萧也牧那平等的、诚恳的、坚定的态度征服了父亲，不知不觉中对他产生了一种很强的信任感。同时，父亲的写作热情、必胜的信心，非但没有减弱，反而有所增强。萧也牧好似知道父亲听了他的话在想些什么，就又说："你这部小说稿并没有作废，并没有白写，先放一放，集中精力多写些短篇小说，有了经验再改，是能够改成功的。即使不再改它了，另写新的长篇，创作这部小说的实践，对你的提高和进步也一定起了积极作用，起码你对原始的生活素材进行了一次提炼，想了很多问题，在艺术方面也增加了实践经验……"

谈话持续了一个来小时，父亲与贾玉江起身告辞，萧也牧和他的妻子李威一直把他们送到大门口。当父亲与贾玉江走出不远，发现自己的一条花格子围巾忘在了萧也牧家，便返身去取，结果又让萧也牧夫妇走了一趟曲里拐弯的路，再次相送到大门口。

在回家的路上，父亲与贾玉江又去了两家小书店，买了一套汝龙翻译的《契诃夫短篇小说全集》，选购了一些人民文学出版社出版的"五四"以来名家的短篇小说集，其中有父亲最喜欢的鲁讯小说、《萧红选集》和许杰教授专写农村题材的《铸炼集》，还有苏联作家安东诺夫的短篇小说集翻译本。回到家，父亲便将《狂涛巨浪》的手稿束之高阁，按照萧也牧的指点，从短篇小说入手苦练基本功。

父亲将萧也牧的教诲记在心中，开始专门、专心地写起短篇小说。1957 年 10 月中旬，接连几篇稿子都被退了回来，这让父亲感到很扫兴，甚至产生了些许的气馁。但是扫兴归扫兴，又不能不继续写。萧也牧曾对父亲说过：假若你一年写了一百篇，一百篇里只有一两篇好，这就是收获。想到这些话，父亲觉得自己只能这样干下去。发不发在它，自己苦干下去吧。父亲再一次鼓起继续写下去的勇气。

谈话归来的父亲，不仅对萧也牧这个人更加尊重，也更加关注他的作品，从中汲取养分。在这一年的一篇日记中，父亲就写道："……在四月号《北京文艺》上，读了萧也牧的《绵绵的秋雨》。这篇东西写得还算好，说它好，因为作者在小说里为我们真实的描绘出几个人物——有血肉、有个性的人物……"

1957 年 2 月，父亲在单位的例行体检中发现患有肺结核，4 月份住进北京西郊北蜂窝的《人民日报》工人疗养所。父亲到山西采访时，曾在长治潞安县采访过一些特殊的县、乡两级人民代表。这些人民代表的特殊性就在于他们是土改时候的地主、富农，以及这些家庭出身的子弟。父亲利用在疗养所休养的机会，根据当时采访到的生动素材和从前搞实际工作时有关这方面的材料积累，加以综合、概括和提炼，创作出一部题为《新春》的十万字的中篇小说。在这篇小说里，父亲写了几个地主和地主子女，土地改革被清算，被"扫地出门"，经过曲折的反复的痛苦和磨练，脱胎换骨变成新人，最后以一位优秀分子当选了县人民代表大会代表，胸前戴上光荣花，被全体村民敲锣打鼓欢送赴会为结局。父亲对这篇小说很满意，几经修改后寄给了萧也牧。萧也牧收到稿子后写来一封热情的回信，赞赏"作品的题材新，有深度"，是父亲"创作上的一个跨进"。在以后的一次电话中，萧也牧告诉父亲说：那部稿子有几个情节稍加修改，就可以出版；因最近会议多，太忙，等把手头的事情抓紧处理完，再商谈修改加工的问题……

由于那些天萧也牧要接连不断地参加各种会议，这件事就被拖了下来。不久后整风运动变成了反右运动，父亲经过身体复查，认为可以停止服药正常工作了，被报社从疗养所召回参加运动。就在运动告一段落的一个星期日，萧也牧突然给父亲打来一个电话，约定中午在某处街上碰面。父亲如约来到见面地点时，萧也牧已经等在那里。萧也牧告诉父亲在这次运动中他犯了错误正接受批判，并交给父亲一个纸包，说："你这小说，现在看有些危险，拿回去自己处理吧……"纸包里是父亲反右运动前写的那部中篇小说《新春》。父亲一直认为这部小说是赞扬共产党阶级政策的正确和胜利的，直到此刻，联想起在运动中发生的许多事情，才感到这篇小说的危险性。正处在危难中的萧也牧，如果想"立功赎罪"，无论将稿子作为罪证交给他所在的中国青年出版社，还是交到《俄文友好报》，父亲无疑都将被戴上右派的帽子。父亲和萧也牧分手后，立即回家将稿子一页一页地塞进煤火炉，直到全部都变成了灰烬。没过几天，父亲就听到消息说，萧也牧已在不久前被戴上了"右派"分子的帽子。萧也牧成为了"右派"，被撤销了编辑室副主任的职务；父亲安全地度过了险关。

大约在1962年9月的一天，已经久久断了联系的萧也牧来到家里，看望父亲。几年未见，萧也牧变得苍老了，更显得黑瘦，但两只眼睛却依旧显得炯炯有神；谈论起文学来，那副迷恋热切的劲头，尤其不减当年。萧也牧对父亲说："这几年你进步很快，让人高兴。你不是一举成名的。你是以大量的作品一点一点在读者的心中积累下影响的。"谈话不久，萧也牧就把话题转到此次来访的目的上，"我们出版社想给你出个选集，把可以保留的上等品挑出来，印一本，做个小结。我觉得你现在可以写长篇了，创作出一个代表作。"并以十分坚定的语气对父亲说："我认为水到渠成了，要有信心。"

萧也牧的鼓励，使父亲下了决心，年底时便请了创作假，开始动笔写《艳阳天》。

一年后的1963年9月17日，萧也牧带着他"偷偷"创作的两篇小说新作再次来到家里，请父亲看后给提些意见，他再修改。父亲被萧也牧的这种谦虚态度闹得很不好意思，不知说什么好，萧也牧倒越发诚恳地说："多年不搞创作，笨了，落后了，不承认怎么行呢？"不久后，父亲将看过的两篇小说稿和"意见"退还给萧也牧。

1963年12月，萧也牧亲手为父亲编定的《彩霞集》出版了，他给那本选集写下一篇热情洋溢的"编后记"。萧也牧在"编后记"中写道：

表现我们时代的新人，刻画新人道德品质的成长，是作者努力的目标，并且不间断地做着更深的发掘。因而这些作品都具有现实的教育意义。

在表现的手法上，作者也不间断地做着新的尝试。如《彩霞》《杏花雨》等篇，不论在人物的塑造上，情节的结构上，和作者初期作品相比较，也更趋简洁有力了。

大部分作品的背景，是作者的故乡。作品具有鲜明的北方农村生活特色。作品的语言丰富生动，很适合广大农村读者阅读。

1963年底到1964年初，父亲到上海修改电影剧本《朝霞红似火》时，将同名短篇小说扩充、修改为中篇小说，并有意交中国青年出版社出版。在后来的一段日子里，父亲与萧也牧、王维玲多次接触，交换修改意见，只是不知此书到后来为何没有出版，而且手稿也不见了踪影。

萧也牧给父亲写的最后一封信，是一封短笺式的贺信，大约只有一句话："你的《艳阳天》反映极好。等到全书出齐，我要好好读一遍。"可惜，没容三卷出齐，"文革"就开始了，萧也牧从北京被狂风暴雨卷携到河南的"五七"干校，经受了百般折磨之后，于1970年10月15日结束了仅仅五十二岁的生命！

1984年3月，浩然开始编辑《中国农村小说大观》第二卷，在其中收入了萧也牧的两篇小说。父亲亲自为萧也牧编写了作者小传。在小传的最后，浩然写了这样的一段话：

然而，萧也牧的名字是不会消失的。他为之编辑、加工的长篇名著《红旗谱》《红岩》不会消失。他参加筹创出版的《红旗飘飘》丛刊不会消失。他曾经给予一大群青年作者和编辑热情无私的扶植，是不会被忘记的。他用心血写下的、真实而艺术再现了生活的作品，至今仍拥有其忠实读者。《小兰和她的伙伴》《大爹》这两篇歌颂农村新人物的优秀小说，就是从1979年百花文艺出版社出版的《萧也牧作品选》中选录的。作家通过老年和青年两代农民对待生活、劳动、事业的种种不同态度的逼真刻画，显示萧也牧的思想多么深沉，生活多么扎实，艺术表现力多么纯熟！

是啊，萧也牧是不会被忘记的，不会被他的读者忘记，不会被他曾给予热情无私扶植的作者和编辑忘记，更不会被父亲忘记。在父亲的心中，萧也牧没有死，他永远是一个活着的人！

在父亲渐渐步入老年的时候，常有这样的遐想：假如当初没有萧也牧明确诚挚的指路，假如我不信不听他的劝告，依旧死抱着那部长篇稿子硬着头皮啃下去，我的艺术道路得绕多少和多长的弯子呢？此时的我，将是个什么状况呢？

父亲感谢萧也牧，永远怀念他！

郭小川：是领导更是朋友

对于全国的老百姓来说，1959 年是中华人民共和国成立十周年的喜庆日子，而对父亲而言，还有另外一件喜事在等着他。

当 1959 年的金秋时节飞快来临之际，艰难跋涉在文学之路上并苦苦坚持下来的父亲得到社会和组织上的承认，加入了中国作家协会。他入会的介绍人，就是时任中国作协党组副书记、书记处书记兼秘书长的郭小川。

郭小川比父亲年长 13 岁，他们同为河北人。郭小川的写作和发表作品的时间也比父亲要早许多年。郭小川在学生时代就积极参加抗日救亡运动，后参加八路军，历经抗日战争、解放战争以及清匪反霸和土地改革。在抗日战争时期，他就发表了一些宣传抗日，鼓舞人民斗志的诗篇。解放初期，郭小川随军南下至武汉，与陈笑雨、张铁夫合作，以"马铁丁"为笔名发表了大量杂文，可以说当时在全中国凡是看报纸的人，都是他们的热心读者。在他生前，出版了《平原老人》《两都颂》和《将军三部曲》等十部诗集。在诗人中，郭小川和贺敬之、张志民的诗，是父亲最为喜欢的。

只读过三年小学、半年私塾的父亲在创作上的起步是比较艰难的，他 1949 年 17 岁时做起文学梦，被家乡河北省的多家报刊聘为通讯员，直到 1950 年 10 月才发表第一篇文章《姐姐进步了》。父亲初学写作时，除了写一些通讯报道外，十分喜爱诗歌的创作，也曾在报刊上发表过一些，但后来却把精力几乎全部用在了写作小说上，一生中共出版了《艳阳天》《金光大道》《苍生》和自传体小说等 10 部长篇小说，13 部包括《西沙儿女》《弯弯的月亮河》《老人和树》在内的中篇小说和几十部短篇小说集、儿童文学集及选集等著作。

父亲第一次见到郭小川，是在 1957 年 10 月 11 日下午。不过，那次见面，郭小川是在台上讲话，而父亲则坐在台下，只是个会议的参加者，这次的见面，只能说是父亲看到了郭小川，而郭小川却未必看到了父亲，那时，他们还并不相识。那一天，中国作协和团中央在正义路青年团中央礼堂（后来此地改成北京卫戍区司令部）举行批判刘绍棠的大会，参加这次会的大约有一千多人，都是北京市内的文学爱好者和一些作家，《北京文艺》也给父亲寄来了入场券。父亲在会上听了作协领导杨海波、茅盾、郭小川等人的发言，使父亲受到了教育，而且震动了灵魂！

在这次大会上，茅盾说："一个作家写出几篇较好的东西之后，再写的不如以前几篇了。这是因为他的生活经历少，思想水平不高。若是认识到这一点，他会走上一条正确道路，而刘绍棠他不正视这些，走上一条错误道路，即单纯追求'技巧'"。

在当时来讲，郭小川的讲话让人心服口服。他从刘绍棠犯错误的思想根源入题，说刘绍棠犯错误的总根子是资产阶级个人主义思想的恶性膨胀，是从不知天高地厚的自高自大开始的，然后发展到目空一切，凌驾在党之上，发展成为反对共产党和毛主席的右派分子。他最后说："我们不允许这样的党员侵害我们的党；我们也不允许这样的作家危害我们的作家队伍！……"郭小川是个诗人，同时也是个政治家，他讲的每句话都铿锵有力，掷地有声，使每个听者的内心都发出鸣响，并在鸣响中颤抖，而不像某些人的发言那样，只能从听众那里引起阵阵的哄堂大笑。

郭小川的话，让父亲开头觉得他是在泼冷水，后来觉得确实有些道理，他的观点几乎全部被父亲接受。父亲不仅把这些话当作对刘绍棠的批判，也当作是对自己敲响的警钟，以至影响着以后几十年的艺术生命之路。郭小川的话引起父亲很大的心理波动，但他早下定了的决心，是任何东西都不能动摇的。

在当天晚上写给挚友杨啸的信中，父亲做了如下的表述：

> 郭小川的报告，在某种程度上讲是给我的创作泼了冷水，但是我很感谢他。他说："文学这种职业是光荣的职业，也是危险的职业。搞别的工作，每天都可以搞出成绩，搞文学可能一生一事无成。一千个从事文学创作的人，不见得有几个能搞出成绩。我劝大家不要轻易选择这条道路。"这种意思，是我老早就体察到了，而且在同你谈你今后工作时，我也曾嘱咐过你。但是那时我没有认识这么深。虽是泼了冷水，只是泼灭了我许多急躁的情绪和幻想，并没有动摇我的根本理想。

在这次大会后冬季里的一天，父亲在王府井新华书店门市部里碰见一位相识的杂志编辑，他正陪着郭小川逛书店。相识的编辑把父亲介绍给郭小川。郭小川不仅看过，而且很熟悉父亲的小说，他用有力的大手使劲儿握住父亲的手说："你的小说写得有激情，有中国气派，有大众化风格，很好！我真为我们作家队伍里又有一批新人成长起来打心眼里高兴！……"郭小川与父亲就这样相识了。

时间飞快地来到了1959年。进入八月后的一天，父亲忽然接到郭小川打来的一个电话："……你这会儿在文艺界和读者中间已经有了一定影响，很受大家的关注，所以我想介绍你加入中国作家协会为会员……"他用诗人的语言和诗人的热情，说了很多鼓励的话，像火把一般点燃了父亲的心。也就从那时起，父亲除了更喜欢郭小川的诗以外，也开始崇拜他这个人了。由郭小川亲自当介绍人，主动地打来电话要介绍父亲加入中国作家协会，也说明他对父亲寄予厚望。

8月28日，父亲收到了中国作家协会的会员入会申请表。看着手里的申请表，父亲心里是非常高兴的，但也感到自己肩上的担子更重了：要给读者拿出像样的作品来，否则就成了空头作家，那还不如不入会更合适。

10月底的一个阳光灿烂的上午，父亲登上王府井北大街的中国作家协会大楼，坐到郭小川的面前，从他手里接过标志着自己已经被组织、被社会认定是"作家"的证书，聆听他的教诲。

父亲坐在中国作协的大楼里，手里捧着作协会员证，心中万感交集。从1949年秋季里在蓟县大刀剪营做起文学梦，至今恰恰十年，这十年是漫长的、曲折的，也是坎坷的，自己这样一个农民的后代，一个只有三年半学历的基层干部，终于圆了当作家的美梦，跨进了文学殿堂的大门。然而，此时此刻，父亲那热血沸腾的心里却不只是满足和庆幸，因为他长了年龄，有了经历，知道了作家名称的含义和分量。如今迈进了文学的门槛儿，往后的台阶是什么样，又怎样攀登呢？

郭小川送给父亲一本他新出版的诗集，随即语重心长地说："……在我们这样的社会主义国家里，有诸多方面的优越条件，文学青年出版一本或几本书并不难，而写出一本既被今天的读者喜爱，又能使以后的读者也承认而流传下去的作品，那是非常不易的。你正年轻，一棵文学小苗刚出土，还在成长的过程中，还没有成材，还没到结出硕果的时期，往后的路途还长得很，还会遇到种种磨难，才有可能成熟起来。也有可能，到此就完结了，当一辈子作家队伍里的大路货。究竟是哪一个结果，这要看你怎么走。我希望你能有大抱负、大气魄，创作出大作品，将来当一个名副其实的大作家！……"

这些出自肺腑的语言，句句铭记在父亲的心头；这些话就是日后奋进的方向，父亲决心在这条无悔的路上默默地、勇敢地走下去。从学习锻炼的实践中父亲认识到，一个艺术求索者的勇敢，就是在任何情况下都不退缩，当20年后，父亲遭受到打击的时候，就是这样做的，最终从跌倒的地方又顽强的重新站立了起来。

父亲经过郭小川的介绍，加入了中国作家协会，而此后不久的11月底，郭小川却被迫在作协十二级以上党员干部会上作了一次检查。事情的起因是这样的：1955年，我国文艺界开展文艺思想大讨论，丁玲、陈企霞等人在大讨论中畅所欲言，大胆陈述了个人观点，结果被错误地定为"丁、陈反党集团"。作为作协党组副书记、秘书长的郭小川在作协机关的工作实践中，深感文艺界历史上有许许多多错综复杂的恩恩怨怨，也发现丁玲和陈企霞的实际情况并不像当年说得那么严重。他冷静、理智地思考这些问题，认为必须接受历史的沉痛教训，慎重处理丁、陈二人的问题。没想到，1959年庐山会议后，作协党组竟将郭小川同彭德怀挂上钩，使他遭受到重点批判。他的"罪名"是：在复查"丁、陈反党集团"中"经不起考验"，"形势发生变化时，由摇摆不定走向右倾"。郭小川终因有口难辩，而被迫做检查。其实，被迫做出检查的又何止是他一人，当若干年后，父亲因政治上的原因，陷入人生低谷时，不是也违背自己的心愿，被迫做出过检查吗？人在屋檐下，又怎能、怎敢不低头呢？这也许算是一种人生的悲剧吧？

1961年7月的一天，郭小川邀请父亲有时间时到中国作协来同他聊聊天。14日上午9时父亲来到郭小川在中国作协大楼内的办公室，两个人一直聊到中午。郭小川那天讲的许多话，父亲都感到十分宝贵，尤其是谈到一个作家观察和抓生活要用艺术家的眼睛和手。郭小川那天还对父亲说："我们这个时代需要杰出的作家，一个杰出的作家出现需要多方面的条件。"这句话，也给父亲留下了深刻的印象。

这一年的8月28日，父亲调到《红旗》杂志社文艺组任编辑。第二天下午，父亲就到作协看望郭小川，两个人又在晚上一同到诗人张志民家做客。那天在张志民家坐了近三个小时，郭小川和张志民都是诗人，主要的话题都是谈论诗。郭小川对许多现代诗人都做了一番分析，提出许多新的见解。他和张志民一样，都主张父亲多写。他说，一个艺术家每天都要写，每天都要想。他特别欣赏王汶石的短篇小说。那天晚上的谈话，给了父亲很多启发。

9月6日傍晚，父亲又与《红旗》杂志的领导吴介茗、徐荐结伴到郭小川家里做客，一直聊到晚间九时多才离开。吴介茗和郭小川是老同志，这一晚，他们谈了许多对父亲有启发的话。

1962年10月，郭小川到《人民日报》当了一名特约记者，此后几年，他北上南下，大大开阔了视野，处处感受到人民群众战天斗地、建设社会主义的极大热情。这些都使他激情满怀，创作热情高涨，创作发表了大量优秀的通讯、诗歌和散文，在写作生涯中进入了一个辉煌时期。而父亲在这一时期除了写作出版了他的代表作之一的长篇小说《艳阳天》之外，还创作发表了许多短篇小说，人也从《红旗》杂志社调入北京文联，当了专业作家。

"文革"开始后，父亲先是被推举为北京市文联革委会的副主任，后因执行"修正主义反动路线"被罢官免职，遭受了连续三个月的"批判"，经过"斗、批、改"，下放到京郊房山县接受贫下中农的再教育。而郭小川在此时则被造反派拉回到作协机关接受批判和审查，最后来到了中国作协设在湖北咸宁的"五七"干校。

下放了的父亲与到了干校的郭小川保持着通信联系，相互间通过书信通报着各自的情况。凡郭小川回到京城，也要主动通知父亲，如有可能就一定要见上一面，聊聊天；离开北京后，有时也要给父亲写封信通报一声。"文革"后期，由于写作任务重，社会活动多，父亲因为忙碌，有时不会主动给郭小川写信，但接到他的信，都会很快回复，两个人的关系一直保持在很好的状态。两个人之间不仅保持着联系，而且相互间也保持着信任。郭小川下放到干校后，他的两个女儿仍留在了京城，郭小川曾嘱咐过他的女儿，如果有什么事情，可以去找父亲和李学鳌帮忙。1971年时，长春电影制片厂准备拍摄彩色故事片《艳阳天》，不知是否是父亲向长影的剧组推荐了郭小川，《艳阳天》剧组的南吕将剧本交到他的手里，并邀请他撰写歌词。郭小川在给父亲的一封信中写道：

……南吕同志在我走的那一天找到了我，电影剧本已拜读，不错。电影化方面有新创，语言也生动……在目前情况下，应当说是一个好剧本。为之写歌词，无论从哪个角度讲，我还能推托吗？相反，心是够热的，恨不能马上就动笔，但时间是问题，而且需要精品，所以不忙。重要的是：我已请南吕同志通过组织，名正言顺地来搞，否则，总难免传出去，我怕反而不利于这个工作。我现在就先放着，以待她的回信。

……

由于事情过去已经久远，在电影片子上也没有标明插曲的词作者姓名，难以判定是否为郭小川之作。不过，从信中看，郭小川对接受这个"任务"是高兴的，也是心甘情愿的，而其中"无论从哪个角度讲"都包含着他与父亲的交情和感情这层意思。

应当说父亲与郭小川是感情至深的，1970年年底的时候，父亲从下放地抽调回城，在京郊大兴县大白楼村紧张地写作长篇传记《王国福》。当12月25日得知郭小川从南方"五七"干校回京休假的消息后，立即赶回城里，同挚友李学鳌一起前去看望，从下午一直聊到晚上。

他们之间的交往有时也就不太拘泥"小节"和客气。1971年1月11日，李学鳌给父亲打来电话，说郭小川要去大白楼看望。考虑到郭小川回京休假，需要办的事情很多，时间会很紧张，而且到大白楼的交通也不方便等诸多不利因素，就回答说：如果忙，就不要来了。正如父亲所预想的，郭小川没有去大白楼。郭小川在致父亲的一封信中，曾"抱怨"父亲在给他的《艳阳天》的第三卷的扉页上题了字，以至于他没有敢把书带回干校，只可摆在他京城家里的书架上，并提醒父亲《金光大道》出版后，要早些寄给他，扉页上别写字。

父亲对郭小川的感情是很深的，对他也是很关心的。在1月27日写给杨啸的信中，父亲写道：

> 全国作协的人还在湖北"五七"干校"整顿"，没有归期。前些天见到郭小川同志，他很好。去年六月被解放，现在搞专案，中央乐团想调他去，正在活动。对这个诗人我是抱着希望的。

1972年2月12日，浩然收到郭小川的一封来信，第二天便给他回了信：

小川同志：

读了你的信，听了学鳌的"描绘"，比较详细地知道了你的近况，我的喜悦心情是难以言表的。

昨日中午挤车到通县，夜八时赶至红旗剧场看评剧彩排（是任务，非看不可），近十一点吃上"晚饭"，而且还跟一位同志喝了二两烧酒——想用它代替安眠药片，好好睡上几个小时。回到住所，学鳌正焦灼地坐在灯下等我，一口气把你们相会的情形告诉了我。结果，我们两个都失眠了。四点钟他劝我吃两粒安眠药，我不想睡，没照他的意见办。如今是清晨六点，他可能在朦胧之中，我从床上爬起来，坐在这晨光初照的桌头，给你写这封短信。

要说的话非常多，到如今又似乎无须多说了。大概是前半个月吧，一位关心你的同志，知我们关心你，把你恢复了组织生活的好消息告诉了我们两个……从那时起，我觉得党已经给了你新的生命，我们就并起肩头，一同沿着革命的大道前进吧！

群众、朋友和领导，都不会忘记你。这点，我从许多文学爱好者对你津津有味地议论，想方设法地打听你的"下落"，甚至某些谣传等等现象上，都深深地体会到了。正因为这么多人关心你，才加重了我对你的关心。

人民需要自己的歌手，你、杨沫、柳青、志民（后两位近况不知）是能唱出无产阶级的歌的歌手。我们对你抱着希望，而且是抱着极大的希望。经过无产阶级"文革"的战斗洗礼，这种希望更有了坚固的基础和百倍的信心。这就使我那对你加重了的关心越发强烈。

希望你千万不要急躁，趁机会总结一下过去的经验教训，包括各方面的；做好准备，以便参加新的战斗，为党立新功。

我这一段十分紧张，春节不回家，继续战斗；加上，估计这几日看望你的人不少，不便谈心，跟学鳌商量，等过了节，致远同志回来，约个时间，聚会在一起，畅谈一番。你会谅解我的。

问杜同志和你的女儿好。

祝节日愉快。

握手！

浩然
二月十三日

那个时候，父亲正住在人民文学出版社院内，紧张地修改《金光大道》第一部。过了半个月后的 3 月 2 日下午，郭小川来到人民文学出版社看望父亲，两个人聊天、吃饭，一直到夜里十点半。让人想不到的是，这次会面竟是两个人有生之年的最后一次相见。此后，父亲在"繁重"的社会活动之余，紧张地进行着"业余"创作；郭小川又回到"五七"干校，两个人远隔千里，几乎没有了相见的机会。1976 年 10 月，郭小川在一次意外事故中不幸被夺去了生命。

1972 年 3 月 2 日这一面是不是父亲与郭小川有生之年的最后一面，依据手中的资料，回答应当是肯定的。但是在某位河南作家所著的《大师的背影》一书中，却描写了父亲与郭小川 1975 年在河南辉县相见时的情景，书中的描写真可谓是细致入微，绘声绘色，活灵活现的。事情真如其书中所描写的那样吗？

父亲 1975 年确实去过辉县。那是 5 月 12 日—29 日，父亲与北京电影制片厂导演水华等人到河南省辉县、林县参观访问，准备撰写一部电影文学剧本。在辉县的日子里，父亲与《大师的背影》一书的作者相识，并有所接触。父亲回到北京后，他的挚友杨啸紧接着也前往辉县、林县访问。

但在父亲当时的日记及与好友的通信里，都没有查到他在辉县曾见过郭小川的任何记载，如果真见过面，肯定会留下文字记载的，哪怕只有短短的一句话。杨啸对这个问题的回答更是明确的：按照你父亲与郭小川的关系和感情，如果他们在辉县见过面，肯定会告诉我的；而且我去的时候，也没有听说郭小川在那里待过。

郭小川之子郭小林在《南方周末》发表了一篇题为《父亲郭小川之死》的文章。在文章的最后，他是这样写的：

> 家父在河南的主要经历如下：1975 年 11 月 14 日抵郑州；11 月 18 日抵林县；11 月 25 日—12 月 2 日访辉县。12 月 2 日返回林县住入第四招待所，其间去县医院检查，发现中期脑血管硬化症。年底参加城关公社整党活动（旁听）。1976 年 1 月 8 日周恩来去世，家父写作《痛悼敬爱的周总理》，1 月中旬因病情加重，向中组部申请去洛阳治疗，不准。3 月 21 日住林县医院。6 月下旬出院，去林县宋家庄大队小住。7 月 2 日于会泳把持的文化部侦知郭小川在林县，派员寻至宋家庄，迫我父亲交代"问题"，父亲躲入蚕场。县医院医生证实他病重，于 7 月 4 日再次住院，回绝了来人的追索。7 月 5 日，为照顾父亲，我

一家调来林县。10月1日，父亲与亲友登林县九龙山。10月12日，发生了父亲生气从林县去安阳的一幕，他打算在安阳治眼睛后，去郑州跟河南省主要领导刘建勋道别，即回北京。

从郭小林的这篇文章中可以看出，郭小川到达辉县的时候，父亲早已回京半年有余，而且一生中仅去过一次辉县。可见，《大师的背影》一书的作者的描写是有偏差的，是因为记忆发生了问题，还是因为其他的原因而产生这样的错误，就不得而知了。

1978年初，广东的某刊物开始连续刊文，对父亲及其作品进行"批判"，形势也有着向不利的方面转化的迹象，父亲开始感到压力，显得有些苦闷。1月23日，正在农村插队的女儿春水回家休假，带来她从乡下买的一本《郭小川诗选》。父亲看到这本书，很是高兴。在父亲的心里，郭小川是个真正的诗人，自己应当多向他学习，特别是他受压制时那种不丧气的精神。

父亲没有忘记郭小川，更没有忘记他那些激动人心、鼓舞斗志的诗句。父亲在极度的困境中没有被压倒，他用自己的行为，自己的作品证明了自己没有辜负郭小川的希望，是个真正的作家。

天涯若比邻——沈仁康

如同绝大多数的作家一样，父亲第一篇变成铅字的作品也是发表在报纸上。

父亲在半个世纪的艺术生涯中，创作了1300余万字的作品，始终都在跟大江南北、长城内外的报刊编辑们打着交道，这些报刊中就包括《中国青年报》。

父亲是《中国青年报》的老作者，按照有关资料的统计，曾在这份报纸上发表过包括小说、散文等在内的7篇作品，时间主要集中在1958年至1962年的5年间，虽然数量不是很多，但却与《中国青年报》的编辑沈仁康十分熟悉要好。

沈仁康生于1933年，比父亲小一岁，江苏省常州市新路村人，出生在一个贫苦的农民家庭。1950年沈仁康考入北京大学中文系，毕业后在中国科学院原子能物理研究所任实习研究员，1956年调入《中国青年报》任编辑、记者，1961年底又调至广东省作家协会。沈仁康1953年开始发表作品，1980年加入中国作家协会，后被评为文学创作一级，曾出版过40余部包括小说、诗集在内的著作。

父亲与沈仁康何时相识的，现在已经无从考证，有文字记载的，则是在1958年6月。那时父亲正在北京的《俄文友好报》当编辑，利用业余时间进行着文艺创作。

1958年6月28日晚上，父亲应沈仁康之约，开始为《中国青年报》起草一篇小小说。由于父亲那时写大块文章习惯了，而且正酝酿起草一部长篇小说《真金不怕火炼》，也就是后来创作的长篇小说《艳阳天》的前身，所以写起短小精悍的文章，感觉很不顺手。也许正是由于这个原因，这篇小小说没有写成功，因为在父亲发表作品的记载中没有发现它的任何踪迹。

6月30日上午，父亲利用外出办事的机会来到《中国青年报》，与沈仁康仓促地谈了一会儿话。这是有记载的父亲与沈仁康的第一次见面。

那时，父亲住的是《俄文友好报》的宿舍，宿舍与单位在同一个大院里，门卫制度还是比较严格的，外人来访都要进行严格的登记。7 月 24 日傍晚，父亲刚刚端起碗准备吃饭，宿舍楼的传达室打来电话，说是沈仁康来访，父亲立即下楼把他迎了上来。两个人开始了畅谈，越谈越投脾气，越谈越兴奋，很快两个小时就过去了，两个人都感到没有谈尽兴，于是又同赴酒楼，一面饮酒一面谈话，两个小时又很快过去了，已经到了夜间，酒楼将要关门上板，两个人不得不分手告别。在两个人的畅谈中，父亲曾说到自己因为怕犯错误，时时心怀戒备，害得自己总是很紧张。沈仁康对父亲讲：不要怕犯错误，要防止，犯了，就要正视。经常挨一些小的批判对自己进步是有好处的……父亲从内心里同意沈仁康的这些观点。父亲是很喜欢同行的，从当时的情景来讲，他从沈仁康身上更感到"同行是冤家"这句话是没有道理的。

父亲与沈仁康很谈得来，希望能和他一起多谈谈话，而沈仁康也非常愿意同父亲有更多的交往，只要有机会，便一定要在一起畅谈一番。一次父亲在外面办完事回家，在公交车上巧遇沈仁康，热情好客的父亲当即把他请到家里，谈了两个多小时的"闲话"。第二天傍晚，沈仁康又与房树民和唐飞虎一同结伴来到家里做客，与父亲聊天、谈心。

虽然两个人认识的时间不是很长，走动却比较频繁，关系也处得比较亲密，已经成为要好的朋友。1959 年 5 月 23 日早晨，父亲接到沈仁康的一封信，告知他已到山东省莱阳县下放劳动。沈仁康到了山东，父亲依然留在北京，好朋友不能经常在一起谈话聊天，只可通过书信来弥补因分别造成的不便。两个人通过书信介绍着各自的近况。在现存的那个时期沈仁康的几封来信中，他对父亲诉说了下放劳动后的收获、心里存在的苦闷以及今后一段时间内的计划等，诉说着一些连妻子也不敢交流的心里话，真可谓敞开了心扉。由此也可以看出沈仁康对父亲是极其信任的。只可惜没有收集到父亲当时写给沈仁康的那些信件，想来也应当是如此的。道理很简单，因为父亲对待朋友向来都是以诚相见，以热相待的，这是父亲的行为准则；另外朋友间的信任都是相互的，一般不会出现对方向自己藏着掖着心里话，而自己却向对方开诚布公的现象。1960 年 4 月，父亲也来到山东省，在昌乐县前东村下放劳动。父亲自然也通过信件把这个消息告诉了沈仁康。而此时沈仁康刚刚结束下放劳动回到北京，得知父亲也到山东下放来到后，沈仁康很快给父亲写来回信，询问北京的家里有什么事情需要他们帮忙办，尽管来信说明，他们一定会尽力去办；

在京城的其他事情,也尽管来信。在整个下放期间,两个人继续通过信件保持着联系。

1960年12月3日下午,父亲结束了下放劳动生活,回到北京。沈仁康得知消息后,5日晚上便来到家里看望,继续着好久没有的畅谈。

在近一年的时间里,几乎每个月沈仁康都要来到家里看望父亲,而他们之间好像总有说不完的话,一谈便是许久。

1961年8月21日,沈仁康又来到家里,在谈话中说到青年诗人任彦芳要来拜访。任彦芳的名字父亲很早便知道,喜欢诗歌的他也读过不少任彦芳的诗,而且觉得他近来的诗写得很不错,很有才气,当下就向沈仁康表示欢迎他来。因为一些原因,任彦芳没有来拜访父亲,而是一个月后,父亲去看望了他。

9月29日的晚上,父亲来到沈仁康家会见了任彦芳,这是他们第一次见面。任彦芳的热情和坦率,给了父亲很好的印象。任彦芳比父亲和沈仁康小几岁,跟沈仁康一样也是北京大学中文系的毕业生,但要晚几届。他们那天谈得很投机,一直到深夜方散。

在以后的一个月里,或是父亲去看望沈仁康和任彦芳,或是他们到家来访。在交往中,父亲与任彦芳成为朋友,三个人还一同照了一张合影。尽管这一年十一月任彦芳调到长春电影制片厂,离开了北京,但是仍保持着书信来往。

11月27日下午,父亲接到沈仁康打来的电话,告知他今晚就要离开北京,调任广东作协。父亲接到电话后,特意前往车站送行,至此,两人分别,一南一北,

1961年10月6日浩然与任彦芳、沈仁康

只能通过书信保持着联系。

1967年11月，沈仁康从广州到北京外调，这是他离开北京后第一次与父亲重逢，而且这次会面，大概就是这两位好友最后的一次相见，当然，这在当时是所有人都不会想到的。那次，沈仁康在北京待了不到十天，而在这几天的时间里，两个人仍像过去那样多次见面、畅谈。诉说着心里话。在后来，沈仁康险遭横祸，便很少与外界联系，即便曾几次到京，因害怕给父亲惹来麻烦，也没有前来看望，两个人断了联系，这种状况一直延续到七十年代末期。

两个人尽管身居南北两地，自己新出版的作品也会相互寄赠。当然，遇到一些事情需要办理的时候更是想到对方。1983年1月底，父亲正在天津为百花文艺出版社编选《选集》，当得知女儿、女婿要到广州旅游的消息后，对子女总是牵挂于心的父亲自然是无法完全放心，总是担心他们到了人生地不熟的地方会碰到一些无法或不好解决的问题。这时，他自然想到了在广州工作的好朋友沈仁康。于是，父亲就开始给沈仁康挂长途电话，希望他能在孩子们遇到困难的时候，能给予一些帮助，只可惜那时的长途电话远远不如现在便捷，更没有随身携带的手机，这个电话始终没有挂通。当然，女儿、女婿在广州的旅游一切顺利，没有遇到过任何麻烦。熟悉父亲的人都知道，在一般情况下父亲是从不愿麻烦别人的，更不会向一般的朋友开口求助。在这件事情上，也许可以揣测出父亲与沈仁康关系与感情的深度吧？

李克明：从合作伙伴到知己好友

李克明，河北饶阳人，1925年3月10日出生，2011年8月7日逝世。他1941年参加革命工作，1946年开始发表作品，历任抗日根据地小学教员，冀中军区第八军分区卫生部文书、政治部通讯干事。中华人民共和国成立后，曾在《河北文艺》《华北人民》、天津人民出版社、百花文艺出版社等处担任编辑。1982年加入中国作家协会。

父亲与李克明相识，而且是好朋友。他们相识的时间，没有在父亲的文字资料中找到相关记载，但却在李克明的文章里找到了答案。

李克明在他发表于《天津新闻与出版》1990年第5期上的《〈珍珠〉和〈山水情〉》一文中，是这样描述他与父亲的相识：

> 五十年代初我在《河北文艺》《华北人民》编辑部工作时，互相之间就开始了文字交往。1951年他在蓟县团委工作时，我曾到他们单位所在地县城南大街路东胡同里采访他，可惜他下乡未归。1954年他到《河北日报》当记者时才第一次见面，他留给我的印象是：个子不高，作风朴实、白里套红圆圆的面颊总是浮着微笑，说话慢言细语，腼腼腆腆的像个"大姑娘"。

李克明文中的那个"他"，指的就是父亲浩然。

对照李克明的人生轨迹，在父亲的写作生涯里都可以找到与李克明相关的信息。李克明1950年至1952年在《河北文艺》担任编辑期间，父亲曾在1951年的时候在《河北文艺》上发表过两首诗歌，等李克明1952年调到北京的《华北人民》后，1953年5月20日，父亲被聘为该刊的特约通讯员；在李克明任职期间，父亲共在该刊上发表过诗歌8首、通讯、小说各一篇。因父亲和李克明均已离世，已无法查明父亲当初在《河北文艺》和《华北人民》上发表的那些作品及被聘为《华北人民》的特约通讯员与李克明是否有关系。

1958 年 8 月 1 日，作为中华人民共和国最早建立的文艺出版社之一的百花文艺出版社在天津成立。不久后，他们就专程派了两位编辑来到北京的《俄文友好报》编辑部找父亲，而已经调到百花文艺出版社的李克明就是这两位编辑之一。李克明见到父亲后说："我们是新成立的出版社，很愿意出些文学新人的作品，所以把你的短篇集子列入选题计划。"这对当时还没有完全入流的父亲来说，实在是有些诚惶诚恐。李克明的这几句话，不仅使父亲听来倍觉亲切，而且对这家出版社也产生一种可信赖、可依靠的念头。父亲向李克明表示，愿与"百花"好好合作，一定尽力支持出版社的工作。虽然父亲当时手头有一部已经编好的小说集稿件，但已经交给其他出版社，于是约定下一部小说集一定交给"百花"出版。

李克明约稿后不久，父亲便得到领导的批准，到山东省昌乐县下放劳动。在临走之前，父亲因还没有完成几篇小说，下放劳动又至少一年，答应给"百花"的书稿还不知何时可以完成，所以写信给出版社，对自己的失约表示歉意。出版社收到信后很快写来回信，表示理解，在信中还提醒父亲说：下乡注意补充些生活，会把要写的作品写得更好些，还可以发掘些新的题材，让未来的小说集更富有时代感。这些话对父亲很有启发。同时觉得欠出版社的情，因而一直把完成小说集的任务记在心中。1960 年底父亲结束下放劳动返回北京，1961 年初，父亲将近两年创作、发表的小说整理出个小说集，定名为《珍珠》，并将稿件寄给了百花文艺出版社的编辑部。

《珍珠》中所收的作品，大部分都是父亲那两年以农村生活为素材创作的。李克明看过稿件后，感觉作品"语言清新、朴素、洋溢着浓厚的乡土气息，人物（尤其是有着崭新风貌的农村妇女）形象鲜明。"父亲在附信中，对自己"交稿迟了"表示"歉意"。对于这样一位重诺言、守信用而态度又如此谦虚、诚恳的作家，让包括李克明在内的编辑部成员都十分感动。

1961 年 7 月，李克明为书稿的事专程到京，于 12 日、13 日两次找父亲商谈。

《珍珠》的书稿处理得很快，当终审完毕时，责任编辑周艾文通知父亲：如果作者愿意，可利用画家插图作画的空隙来天津做些文字润色工作。于是，1961 年 8 月 2 日这天下午，父亲乘火车来到天津修改润色稿子，第一次迈进百花文艺出版社的大门。父亲受到出版社的热情接待，第二天上午便开始正式工作。父亲先同副社长孙武川、编辑部主任徐柏容以及李克明、周艾文等人进行了座谈，他们对稿件提了许多中肯的意见。下午，父亲便按他们的意见修改润色稿子。

浩然紧张地进行着工作，为了能有张有弛，不过于劳累，6日晚上李克明特意陪同父亲到"天外天"一游。

对于父亲这次的天津之行，李克明在他的文章中是这样介绍的：

　　浩然很快地来了，并且带着他的一个儿子。父子俩就住在原锦州道出版社旧址办公楼最下层的一间地下室里。编辑和作家本来就有"多出书，出好书"的共同愿望，何况我们之间又是"老熟人"，所以，几次交谈，气氛都十分融洽而愉快。浩然向我们讲述了这些作品的创作经过以及下乡的感受；还给我们介绍了作品中人物的原型。我还清楚地记得，他说：《珍珠》这个人物的原型是他在客店里认识的一个赶大车的"女把式"，原名确实叫珍珠，不过内容是经过提炼和丰富了的，所以不是"真人真事"，他谈笑风生，乐观开朗，完全没有了在保定初会时那种腼腼腆腆的"大姑娘"神态，但给人的印象仍是那样朴实和善，他每天和编辑、校对、工人们一块排队买饭、找座，和大家一块儿边吃边聊，交了很多"朋友"。每天晚饭之后，常见他携带儿子漫游于和平路、劝业场，领略都市风光。或独自散步在海河之滨，望着潺潺流水像在思索什么。当时传达室大个子老李，几次挑着大拇指对人说："看人家这个作家，北京下来的，一点架子也没有，好样的！"

在天津的工作完毕后，父亲于8月9日夜里回到北京。他在天津过了一个难忘的、愉快的、有成绩的暑假。在天津的那几天里，父亲不仅把小说集《珍珠》中的16篇小说逐篇修饰一遍，还创作了两篇新作：《蜜月》和《晌午》。

父亲的短篇小说集《珍珠》于1962年6月由百花文艺出版社出版。这部书的出版，成为他们之间真诚合作的开始（1961年4月出版的《农民文艺小丛书·一匹瘦红马》忽略不计），在此后的30余年间，百花文艺出版社出版的父亲作品集近20部。

"文革"开始后，两个人断了联系，李克明被迫离开了出版社，下放到天津郊区农村，而父亲也磕磕绊绊、战战兢兢地过了十年。尽管他们十余年没有再见面，但父亲却始终没有忘记他的这位朋友，不时地通过天津的其他朋友打听李克明的情况。

"文革"结束后，父亲从文学界的"红人"，一夜之间就变成了文学界的"罪人"。主要罪名是："文革"期间写了小说《西沙儿女》和《百花川》。地方报刊发表了近四十余篇批判文章。有一大市的报纸"旗帜"最为鲜明，最高的"纲"上到"反党小说"。在国家最高权力机关的会议上，父亲被取消了第五届全国人民代表大会的代表资格，跌入了人生的低谷。

也就在这样的时刻，刚刚从冤假错案中解脱出来的李克明，于1979年4月24日来到北京，来到家里，看望父亲这个老朋友。

父亲立志要从跌倒的地方爬起来。作家的生命是他的作品，新的作品显示他的真实品德和新生。父亲相信这个观点，遵照这个观点咬紧牙关奋力地实践。遭难后不到一年的时间里，他完成了长篇小说《男婚女嫁》的创作并发表在河北大型文学刊物《长城》上。父亲的一些朋友和忠诚的读者看到小说后，都高兴地说：又看到了浩然，看到一个新姿态的浩然。

《长城》在1979年第2期上刚刚刊出《男婚女嫁》的上部，父亲在长春电影制片厂的朋友导演孙羽、编剧肖尹宪等人便要改编成电影剧本，将其搬上银幕。由于下部要在第3期上发表，所以只好等着刊物打出校样后，才给"长影"寄去改编。肖尹宪等人快马加鞭地干了起来，一切都进展的格外顺利。这对父亲来说，应当算是一件大好事，没想到这个好事却惹来一个意想不到的麻烦。

原来已同意出版《男婚女嫁》的中国青年出版社，因担心出版在电影的后边，而对父亲这样一个在当时来讲不走红、倒了霉的作家又不肯作为急件处理，因而取消了出版计划。而另外几家出版社也因为同样的原因，提出要等书发行后才可公演的要求。电影正在顺利地拍摄中，出版社这样苛刻的条件，父亲是无法办到的。

因百花文艺出版社1976年9月出版了父亲的中篇小说《百花川》，在"文革"结束后让他们背了"黑锅"、受了株连，在当时的处境下，父亲没好意思再找他们，而"百花"却主动伸出了手。"百花"如何得知消息的，有两个不同的版本：一个是李克明在1990年2月的一篇文章中说，他是从父亲的老朋友、主持《长城》日常工作的张峻口中得知；另一个是父亲在1988年2月的一篇文章中说，是他的老朋友、天津作家刘怀章将消息透露给同在一城的李克明。出现这种情况，有三种可能性：一是父亲的记忆有误；二是李克明的记忆有误；三是张峻和刘怀章都曾和李克明提过此事，但经历了十年左右的时光，父亲和李克明只记住了其中的一位。尽管父亲与李克明已经相继离世，张峻与刘怀章却依然健在，但让两位80来岁的老人回忆近四十年前的一件"小事"，应当是件比较困难的事情，而且似乎也没有这个必要。作为父亲的老朋友，无论是张峻还是刘怀章，他们在危难的时候，都曾给予了父亲许多精神上和实际行动上的帮助，我们只要记住这一点就足够了。李克明得知消息后，觉得应该对与"百花"保持着良好关系的父亲伸出热情之手，便立即找到当时的总编辑林呐请示并做了研究。经过一番计算后，认为书稿作为"急件"处理，完全有可能赶在电影公映前出版。于是，李克明在1980年4月28日这天，与编辑刘国玺一同专程赶到了北京，来到了家里。他们向父亲转达了编辑部的决定：把《男婚女嫁》作为急件发，一定出在电影的前边。他们还说："我们过去都走了弯路。我们再次走在正路上，共同多出好作品。你是我们的老作者，互相都了解，要合作下去。"百花文艺出版社的这个举动，不仅给父亲解除了忧患，更重要的是使父亲增加了前进的信心和勇气。在当时那种"绝难"的情况下，父亲能对这些老朋友说什么呢？只有奋力写作，用实际行动来报答他们，来证明自己。5月12日，父亲将易名《山水情》的《男婚女嫁》校改完成，14日中午，百花文艺出版社的编辑郑荣华从父亲手中取走稿件返回天津，立即投入到编稿工作中。

1980年9月，《山水情》出版发行，抢在了电影公映之前。《山水情》虽然不能称作父亲在某个时期的代表作，但它是父亲"跌倒"后写作、出版的第一部长篇著作，也是"百花"经历了"文革"重建后出版的第一部反映现实生活题材的长篇小说，在父亲的写作生涯中占有重要的地位；父亲1984年12月出访日本时，曾作为礼物送给了那里的友人和学者。

父亲与李克明保持着交往，或写信，或在李克明来北京时，前去住地看望他。

1982年李克明写给浩然的信

1981年底的时候，父亲将新近完成的中篇小说《弯弯的月亮河》交给了百花文艺出版社。作为编辑部副主任的李克明认真审阅了稿件，提出了许多中肯的修改意见。父亲对大部分意见作了吸收，对稿件进行了修改；对一些没有采用的修改意见，对李克明作了详细的解释，说明了不能修改的理由。经过几次的修订润色，此书于1982年9月出版发行。这部书是"文革"后，父亲在"百花"出版的第一部中篇小说。

《山水情》一版一印

为出版《浩然选集》，以及进行创作和治疗身体上的疾病，父亲在1983年、1984年及1987年几次"长住"天津。在天津的那些日子里，父亲与李克明暂时同在一个城市，尽管工作繁忙，但也不妨碍他们的常来常往。他们有时与朋友们一起聚会，有时一起给文学讲习班的学员上课；有时父亲到李克明家里做客，有时李克明则到父亲的住处前去看望。

李克明对父亲是始终关心的，也是十分关注的，1988年8月19日的《天津日报》上就刊发了他与劲草合作撰写的有关父亲近况的文章——《甘于寂寞 安于农村》，文章发表后引起了广泛的关注。

1992年8月，父亲到天津办事，尽管在那里仅待一天，来去匆匆，但仍抽出时间给已经离休在家的李克明打去了一个问候电话。

父亲与李克明之间的友谊是真挚而纯洁的，历经了数十载时光岁月的考验，他们始终在心中牵挂惦念着对方，也唯有这样，才能算是真正的好朋友。

叶圣陶：长达三十年的忘年交

叶圣陶生于 1894 年，父亲生于 1932 年，两个人虽然相差三十八岁，却是忘年交，从相识开始，交往了近 30 年。他们见面次数不多，书信往来也不频繁，但他们的交往却感人至深。

1958 年 5 月，父亲的第一本著作《喜鹊登枝》由作家出版社出版，这是让父亲感到十分欣喜的事情，而更让父亲喜出望外的事情还在后面。

这一年 7 月的一天，父亲在单位的图书馆里翻阅报刊，在《人民日报》上的广告栏里，看到《读书》半月刊第十四期的目录，里边有一条人民教育出版社社长、五四新文学运动的元老、大作家叶圣陶评介《喜鹊登枝》一书的文章。父亲看罢，立即丢下报纸骑上自行车就往邮局奔，到那儿买了一本十四期的《读书》，坐在营业厅的椅子上就急不可待地阅读起来。

叶圣陶所写文章的标题是《新农村的新面貌——读〈喜鹊登枝〉》。在文章的开头，叶圣陶写道："读这本短篇集子，我觉得像这几年到外地去参观访问一样，心里充满着兴奋和喜悦。作者浩然在'后记'里说：'这些东西，比起当时的运动，比起运动给我的感受，实在太渺小了。'这个话当是真的。但

《读书》半月刊 1958 年刊载叶圣陶文章

是光就收在集子里的十一篇短篇看，已经可以从多方面见到，在被革命唤醒的新农村里，人的面貌是怎样焕然一新，人与人的关系是怎样发生自古未有的变化。作者是凭他深入生活的经验写成这些短篇的，所以使读者得到仅仅参观访问未必能得到的领会。说实在的，读完这本书，我对作者非常感佩……"

叶圣陶这般的夸奖和肯定，使初入文学之门的父亲大喜过望，异常欣慰和感激，心里美滋滋的。过了大约半年左右的时间，父亲收到作家出版社主编、《喜鹊登枝》责任编辑巴人的一封信，他在信里说："叶圣陶已写了介绍《喜鹊登枝》文章，你大概也看到了。老作家是不容易称许人的。看来，他很欣赏你的作品呢！希望你做更大的努力！提高自己对生活的认识，从思想，从精神境界的深处去理解我国这个英雄时代的英雄人民，那你是会做出更大的贡献的。我这样相信着。……"看了这封信，父亲越发认识到这些老前辈对自己重视的分量和意义，决心好好地生活，刻苦地写作，做出新的成绩，往最高目标攀登，使自己为农村写史、为农民立传的好梦成真。

父亲与叶圣陶老人的第一次相见是在何时呢？

1959 年 9 月，父亲的第二部短篇小说集《苹果要熟了》由作家出版社出版。父亲拿到样书后，主动给叶圣陶寄去一本，并附去一封信，恳请他批评。这封附信，就是父亲写给叶圣陶的第一封信。叶圣陶收到书和附信后，很快写来了回信：

浩然同志：

惠书并尊集《苹果要熟了》，今日收到，敬谢厚贶。

集中各篇，我读过者不多，容徐徐读之，细细领略。我绝不善于作文艺批评，偶书所见，不过一个普通读者之水平而已，作者观之，或将失笑。然《喜鹊登枝》中，有数篇确然使我心折也。

如有机会遇见，彼此相识，倾谈一回，当为快事。

敬礼

叶圣陶

十月六日午后

当父亲看到"如有机会遇见，彼此相识，倾谈一回，当为快事。"一句时，萌发起拜谒叶圣陶，当面聆教的念头，于是又写了封求见的信。11月9日下午，父亲如约来到叶圣陶的家，来到他家二门外倒座房西头的会客室，第一次与叶圣陶见面。父亲在当天的日记里写道：

> 过午一时半，拜访老作家叶圣陶同志。老人家是那么热情，那么诚恳，他的许多话都深深地印在我的心里。从谈话中我也看的出，老前辈对于我确实抱着很大的希望，我绝不应当辜负他们。

1960年4月，父亲随中苏友好协会的下放干部到山东省昌乐县东村大队下放劳动。经过一段时间的劳动实践，对农村现实生活有了些新的感受，对以往的创作有了些反省，对叶圣陶那一次当面教诲的话有了些领悟，于是就利用一天晚上没有会的机会，写信给叶圣陶倾吐一番。不久后，父亲收到了叶圣陶写来的复信：

浩然同志：

　　来信收读。您把我看作熟朋友，详细告诉我您的心情和近况，我很感动。

　　我羡慕您。我如果也能在基层做些事，那多好。参加参观访问，究竟是走马看花，不能说毫无好处，可是好处不多。

　　我常有这么个想头，也曾经朝别人说过，在工厂在农村的同志，即使写惯文章的人，最好把写文章的事忘掉，专心一意地做工务农。换句话说，不要像古人"寻诗"那样去"寻文章"，待文章非来找我不可的时候自己来叩我心的门。我这个意思只是空想，绝非经验之谈，写给身在农村的您，请您证验它是否有点儿中肯。

　　如有空闲，希望再给我来信，我乐于读您的信。

敬礼

叶圣陶

五月二十四日清晨

在下放劳动的几个月时间里，虽然父亲与叶圣陶还有书信往来，却因为种种原因大部分都没有保留下来，每当回想起来，都令父亲感到遗憾不已。

1962 年 12 月 1 日浩然与叶圣陶在高等教育出版社

　　1961 年 8 月底，父亲调到《红旗》杂志社文艺组任编辑。两个月后，父亲随同文艺组的两位组长徐苈和郑公盾一同拜访了叶圣陶。这次拜访，就父亲个人来说有两个收获：一是叶圣陶答应为父亲即将出版的选集写一篇序言；后因叶圣陶过于繁忙，而出版社又急于发稿，因而没有完成这篇序言。另一个是叶圣陶对父亲讲，他主张短篇小说要短，而万字长的东西实在不像短篇；父亲从中得到启发，决定以后在短篇小说的创作中应当在"短"上下功夫。

　　1962 年父亲一共与叶圣陶见面三次。一次是在 2 月 2 日下午人民文学出版社的茶话会上，父亲在茶话会结束临走时才见到叶圣陶；一次是 9 月 10 日上午，父亲给叶圣陶送去自己新出版的小说集《蜜月》，请他提意见；一次是 12 月 1 日上午，父亲到人民教育出版社拜望叶圣陶，在谈话中说到自己将要创作一部长篇小说，但未具体谈题材和题目。

　　1962 年 12 月 26 日，父亲信心十足地来到北京西山八大处作家休养所，住在 27 号房间，正式开笔写作第一部长篇小说《艳阳天》。这部长篇小说的第一卷首发在《收获》1964 年的复刊号上，为适应杂志的版面，刊发时做了很大的删节。2 月 28 日傍晚，正与几位好友在家小酌的父亲接到从《收获》转来的叶圣陶的信：

浩然同志惠鉴：

　　接到《收获》而后，即读大作《艳阳天》，迄于昨日，十五章读毕。此作可谓足下创作上之大进展，我喜不能禁，欲写一信致意。数年间之深入农村，潜心学习，于此足见收获之大。方针政策，农村中之两种矛盾，我皆知之甚浅，然观大作，亦能断其认识之真，体会之切。所叙若干人物，皆有血有肉宛然在目。深足感人之场面不一而足，我辄思之久久，然后读览下文。文辞亦大胜于前，循而诵之，饶有余味。此非仅技巧之事，根源还在于思想认识。根深乃能枝茂，源远乃能流长，理固然也。篇末有附语，请读者提意见。我只欲提一点，作者说明人物性习与心理状态之处，似稍嫌其多，可否作适当之删汰。此宜于叙写行动与对话之时宛委表达之，俾读者自为领悟。再者，足下此作势必传入广大农村，为农民之读物，而多作说明，其方法来自外国小说，恐未必为群众所易接受。浅见不定有当，聊供考虑耳。全书何时完成？我深盼其早日印出，获观全豹也。据闻足下近在上海编电影剧本，未知确否。就《艳阳天》而推之，足下诚适于编电影剧本。若已有所成，愿先闻其大概。不知尊寓何在，此书托收获社转至，想必能从速达览。余不多陈，即颂著安。

叶圣陶
二月二十三日上午

　　父亲自从 1962 年 12 月 1 日在人民教育出版社与叶圣陶一别后就再也没有联系过，如今看到叶圣陶对《艳阳天》如此赞赏，心中感动之极，更得到了一种力量。《艳阳天》第一卷出版后，特意给叶圣陶寄赠了一册。收到书后，叶圣陶又给父亲写来一信：

浩然同志：

　　承惠《艳阳天》印本，感谢之至。观尊题时日为 10 月 5 日，而昨日方送到，不知何故。上月见报上载广告，即往新华书店购买，答称业已售罄，乃求之于文学出版社，购得一部。抽暇细观，于昨日终卷。此视刊于《收获》者加详，所叙之事不过数日，而以土地分红为题，历叙各人之生活经历与思想意识，我以为可谓尽得其真际。实为佳作，自信非过誉。与丁秋生之《源泉》，钟涛之

《大甸风云》，鼎足而三，同为今年问世之佳作。毕之时，颇怀不知下文如何之想。第二部谅已着手，不识几时脱稿也。何日有暇，希顾我一谈。即致敬礼。

叶圣陶

十一月三日晨

于是，11 月 16 日这天，父亲再次来到家中拜访、看望叶圣陶老人。

1965 年 2 月 1 日是农历除夕。这天晚上，《红旗》杂志的一位朋友给父亲送来一幅字。这幅字是叶圣陶主动为父亲写的。父亲看了十分高兴，当即悬挂于墙壁之上，并给叶圣陶写了一封信，表示感谢。

由于在此之后，父亲一直忙于《艳阳天》二卷、三卷的创作，完成之后又急急忙忙地赶往北京怀柔县得田沟参加"四清"，"四清"工作刚刚结束，回到北京市文联，文化大革命已然开始，整天忙于参加运动，接着又被下放到北京市房山县接受贫下中农的再教育，之后又被抽回市内，开始紧张的《金光大道》的创作，因而无暇再与叶圣陶联系。

1972 年 2 月 13 日，浩然收到从《北京新文艺》转来的叶圣陶的来信。在断了消息的那几年，叶圣陶曾想出种种办法寻找父亲，但可惜只是设想，而没有付诸行动，当他见到《北京新文艺》1971 年试刊号上刊登的父亲新创作的短篇小说《雪里红》后，即将信寄往《北京新文艺》转交。在信里叶圣陶写道："好些年想着您，如今探知确实信息了，其欣慰恐非您所能充分料想的……"知道父亲正在创作第二部长篇小说《金光大道》，故而在信中提出："我偏爱您的作品，亟盼早日阅读。我很想讨个差使，我为您看校样。我自信我的校对工作能力是不错的。您如果要我看，我必认真校对，从速逐批交还，不误印刷厂的进程。如是，我的早日阅读的愿望达到了，这是最大的欢慰。"

当时的叶圣陶已经七十八岁高龄，看到这封如此

叶圣陶致浩然

热情、感人的来信，怎能不让父亲激动呢？父亲约上挚友李学鳌，当晚就去拜访了叶圣陶，并送去《金光大道》第一部的征求意见本，恳请他多批评指教。那天晚上，他们一起畅谈了一个半小时，父亲向叶圣陶谈了在解放初期和在农业社会主义改造过程里，自己的亲身生活体验、感受，以及《金光大道》选材和构思的一些想法。在十天后的一封来信中，叶圣陶讲述了自己对浩然的来访及对《金光大道》的印象：

> 前些日子承您和学鳌同志来看我，一小时半的畅谈，其乐为近年来所少有。
>
> 《金光大道》看到此刻，已经看到第 360 页。估计再一星期可以看完（不是看，我是不出声地念的）。
>
> 您告诉我的创作的想法和自定的高标准，我听了，自问也还记得。拿记得的这些来衡量所看的一页一页的书，我认为您是实现了这些的。为此我向您致衷心的祝贺。您展示了开国以来农村两条路线斗争的场面，复杂，深刻，精密……还有好些形容词可说。
>
> 您叫我尽量提意见。我不客气，提的意见不算少，不过全是枝枝节节的细小问题，有些是我南方人不习惯不了解您所用的北方话。不管错不错，我都记在书页旁边，候您考虑。

这一年的春节叶圣陶都没有过安生，闭门谢客，批阅《金光大道》第一部征求意见本。他在书上做了几百处眉批，指出不少语句的错误。

叶圣陶那封主动要求为父亲校对稿件的信，轰动了整个人民文学出版社，也感动了诸多老编辑。责任编辑许显卿得知叶圣陶对征求意见本多有批示时，更是激动不已，要求父亲引见、介绍，拜访叶圣陶老人。父亲写信向叶圣陶提出此要求，得到叶圣陶表示欢迎的回信后，于 3 月 1 日上午与许显卿一同拜访了叶圣陶。这天他们从上午九点一直谈到十一点半，叶圣陶把所能想到的细小问题都说了一遍，而父亲则介绍了《金光大道》第二部的梗概。5 月 6 日的晚上，父亲再一次来到叶圣陶家拜访。

《金光大道》第一部在当年的五月出版了，只可惜当时在人民文学出版社掌握大权的军代表思想极"左"，看了叶圣陶批阅过的书稿，不仅拒绝参照修改，还出言不逊，说叶圣陶不懂得革命新生活，不懂得劳动群众语言，如果照叶圣陶的意见改动了词句，"就不像正常人说的话了"。对此，父亲愤愤不满，但又惹不起而无可奈何；更怕被叶圣陶知道后生气而不敢言明，此事不了了之。结果白费了叶圣陶老人的心血和时间！那本叶圣陶修订过的征求意见本，父亲一直珍藏着，每逢翻看，都使父亲无限感慨，心潮起伏，联想多多。

叶圣陶对父亲是赞赏的，对父亲的作品更是喜爱的。在叶圣陶与其长子叶至善1972 年 2 月 15 日至 6 月 21 日四个月的通信中，就有近 20 封信涉及父亲或其作品。叶圣陶在信中写道："浩然来看我了，10 年不见，快谈一个半小时，他是前晚来的，因为谈得兴奋，到此刻我还有些疲惫。他的创作态度与创作企图真是高，我听了全都赞同，这样的人还没见过第二个。""我看浩然的小说，看到一百七十页，很不错。""因为看浩然的小说放不下手，破例地延到今天作复。""这部小说真是比历史还要切实生动。我不大佩服人，对这个人我真有些佩服了。""《金光大道》中旬可出，印数惊人。……我可以尽先得到十册，我向'人文'说我买，大概还是要赠送。""现在外国人要见作家，我国常令浩然出去交谈。这个人的确拿得出去。""书中写世故人情极通达，有些寓意之处有深味，我在旁边批几个字称赏。过些日子还想看它一遍。"

叶圣陶的长子叶至善比父亲还要大，年长十四岁，集编辑、作家为一身，他当时正在干校劳动，在给叶圣陶的信中也多次谈到父亲和《金光大道》，同样不乏赞赏之意："真希望浩然这样的人，多来看看爹爹。""《金光大道》，我本来嫌它字数太多，不想看。随手翻了两节，觉得有点意思，就从头看起。昨天下午到现在，抽空就看，居然看将近一半。浩然的短篇，看过一些，觉得也平常；这一本真是大有进步，不论从内容和语言来讲，都拿得出手。""我搞过'四清'，看的时候觉得书中的人物和事件在我去的农村都有点影子，可要说出和书中相当的一个人或一件事来，就办不到。""《金光大道》四天内忙里偷工夫看完了。确实写得很好。""我看到有些段，很有些激动。""爹爹的十五本《金光大道》，其中一定有寄给小沫和永和的，我去信一定叫他们认真看，并念给老乡听。""有人看了说：这是目前长篇中最好的一部，也是浩然的作品中最好的一部，这个说法应该说是公允的。其中有些好的段落，一般只看情节的人是很容易忽略过去的。"从 1984 年叶至诚致父亲浩然的一封信中，也透露出叶至诚同叶圣陶老人一样，对父亲浩然及其作品的喜爱并在信中对自己与父亲浩然做了一些方面的比较。叶至诚写道：

　　您的大作我是仰慕已久的，过去的作品几乎全部读过，近年来的新作因为文艺刊物极多，读得不全了，最近拜读了《赵百万的人生片断》，仍是十分钦佩。……

　　我感到兄和我大有不同，我的生活圈子比较窄，大多在家庭、学校、机关里打转，等到重新有了创作的欲望，检验一下自己可写的东西其实不多。兄长期在农村生活，对中华人民共和国成立后农民的种种变化了解是颇显透彻的。家父过去时常拿兄作为榜样，教导我必须真正熟悉自己所写的各种人物，可惜我长时处于为中心服务赶任务的情形之下，无法付诸实践。

　　1974 年 5 月，《金光大道》第二部出版，父亲第一时间就寄赠叶圣陶。叶圣陶收到书后，立即复信表示感谢，并提出"久不相见，颇望得一回晤谈，借聆近怀，广其知闻。我多闲，只需足下有兴且有空，无论何日均可。"那个时期，父亲正受到江青的重视，接触过几次之后，大有"伴君如伴虎"之感；同时，既要写作，又要参加社会活动，尤其是外事活动，终日忙乱异常，因此没有及时给叶圣陶复信。在没有收到复信的情况下，叶圣陶又于 9 月 25 日、10 月 5 日写来两封信。在信中叶圣陶写道："盼赐复而不获，闻人言，足下不在京中，又有谓方在广州撰《西沙儿女》者，则亦安之。昨见报载，知近日在京，因赶写此信。""第二部业已读毕，非常激赏，以为胜于第一部，足下之意图，我大略能揣摩之。而笔下之功力又足以副其意图，此则并时作者尚鲜能企及。新出长篇，我虽未能尽观，所观颇不少。人或询及，我辄推《金光》，自以为非阿其所好也。《西沙儿女》之《正气篇》亦已读过，未知下一篇已脱稿否？"并说"意欲邀足下来我处一叙，略备酒肴，奉庆第二部之成功，并谈叙二三小时，俾我长其见闻"。

　　10 月 6 日父亲收到叶圣陶的信后，不敢也不愿在拖延，把急需办的事情赶紧处理一下，不急需办的一律推迟处理，就匆忙来到东四叶圣陶的家。那天他们谈的很高兴、很畅快。这是父亲最后一次到叶圣陶家拜访。

　　10 月 16 日晚上，叶圣陶写给父亲一封信，这是父亲收到的叶圣陶的最后一封信："六日惠临，异常高兴，几年不见，得闻倾谈，如饮甘露。所谈关于创作之种种，无不深契于心。知足下忙甚，但总望忙中抽暇，慰我夙愿，来共小饮闲谈，不求太久，得二三小时即可。日期候来书定之，午间或晚间均可，绝无所为，唯在兴致，想足下必不嫌其无聊而却之。"叶圣陶几次来信相约共饮之事，父亲一则不忍心叨扰年迈的老人家；二则忙于参加社会活动和赶写《金光大道》第三部稿子，终于没有如愿。

1976 年 1 月 31 日是大年初一，家里一天都人来人往客人不断，其中一位客人就是叶圣陶的孙子，他送来老人为父亲写的一幅字，上面抄录着叶圣陶的一首旧体诗。

一晃十余年又过去了，1988 年 2 月 25 日下午，父亲接到北京作协打来的一个电话，被告知有一封唁函：叶圣陶先生逝世了！放下电话，父亲默默无语，想了许多、许多……他与叶圣陶老人的交往、老人家的音容笑貌再一次地浮现在脑海。他决定无论如何也要参加遗体告别仪式，也要再与老人见上一面。

四天之后的下午，父亲来到八宝山革命公墓大礼堂，参加"叶圣陶同志遗体告别仪式"。在这天的日记中，父亲写道：

> 还是当"好人"好。那么多人来跟他老人家告别。礼堂外排成大队。我站在第三个拐弯处，将近一小时，我才进入礼堂。这期间，《人民日报》一记者拉我采访，让我说几句感想。我说："叶老不仅教我怎样当个好作家，也教我怎样当个正派的人。叶圣陶是我们这一代作家的榜样，也应该是年轻一代作家的榜样。他的作品和他的人品，将永远地活着！……"说到这里，我哽咽，极力抑制，没有掉下泪来。
>
> 进来礼堂，我远远地看到了他，他还是那么慈祥。我再忍不住泪水。《苍生》如早出来，或者发表时不删去七万字，我和叶老还会见一面！

从 1978 年初开始，一些地方报刊或刊发或转载批判父亲及其作品的文章，在不久后第五届全国人民代表大会的开幕式上，又被宣布取消代表资格，父亲跌入了人生的低谷。为了从跌倒的地方重新爬起来，父亲立下了"甘于寂寞，安于贫困，深入生活，埋头苦写"的誓言，来到京郊县城小镇，一住就是七年，写出了数百万字的文学作品。1987 年 3 月，预示着父亲在文坛上再次崛起的长篇小说《苍生》刊登在《长篇小说》第十三期上。在刊物上发表的时候，为了适应版面，删去了七万字，父亲打算等书出版后，拿着样书再扬眉吐气地去拜访叶圣陶，再去向老人汇报自己的成绩。等拿到样书后，父亲考虑到，叶圣陶这个近百岁的老人拿着一本厚厚的书阅读，一定相当吃力；不如等电视剧拍摄完成，给老人送去录像带观看，会很省力而且轻松。没想到，就在电视剧本正在紧张地改编时，父亲却得到了叶圣陶已经故去消息，阴差阳错地失去了与老人再见一面的机会，这怎能不让父亲心痛不已。

参加完叶圣陶的告别仪式往回走的路上，父亲就打定主意，等心绪稳定下来，一定要好好写一篇回忆文章，记录下自己对叶圣陶伟大人格的怀念和缅想之情，寄托自己的一片哀思。只可惜，由于健康及其他方面的原因，这篇文章一直未能动笔，它像一笔沉重的债务，压在父亲的心头上。

在叶圣陶逝世五周年前夕的 1992 年 12 月 6 日，父亲心情沉重地开笔起草《怀念叶圣陶》。父亲一边回忆着与叶圣陶的交往，一边起草着文章，一直写到了夜深人静。

自从 1958 年叶圣陶看到《喜鹊登枝》，表现出对父亲的厚爱、关心和重视后，一直对父亲进行鼓励、支持和扶植。这种殷殷之情，不仅流露在他给父亲的那些书信里，在为数不多的几次见面中，也都有更为强烈的表示。父亲从心里感激叶圣陶，随着时间的推移，也越发尊敬他。父亲总认为，对一位伟人的最大尊敬，莫过于珍惜他的时间，所以从来不敢轻易打搅叶圣陶。他们之间的书信往来并不繁，过从亦不太多，但是彼此心心相印、情深义重。几次中断了联系，都是叶圣陶主动地寻找父亲，这让父亲诚惶诚恐，而且始终也没敢答应一起小酌一下的要求。

数十载在文学之路上求索、跋涉，身为记者、编辑、小说作者的父亲，居住在京城，走遍了大半个中国，几乎跟所有文学界的名流巨匠都接触过，但在父亲的心目中，叶圣陶是一位人格品德最为高尚的贤明！

张志民：患难之交

父亲浩然与诗人张志民是何时相识的，按照他在一篇文章里的说法，是在二十世纪五十年代末期。父亲在文章里是这样写的：

> 我与张志民相识在五十年代末，那时候，我在《俄文友好报》任记者，他早已是蜚声诗坛的著名诗人。他的长诗《王九诉苦》《死不着》和正在陆续发表的组诗《公社人物》，对于在创作道路上摸索探求的我，很有启发和鼓舞作用，于是北海东邻的陟山门九号他的住所，就成为我常去求教的去处。叶圣陶和巴人两位对我出版短篇小说集《喜鹊登枝》发表赞赏的文章，张志民得知后十分高兴，写信嘱咐我："对名家的肯定和表扬要特别珍视，要作为继续前进的动力。"他把同时代人的进步和成绩，都看成自己所得到的进步和成绩。

父亲是1956年9月调到《俄文友好报》的，而巴人和叶圣陶有关《喜鹊登枝》的文章，分别发表在1958年4月和7月，因而从文章中的表述可以推测出，父亲与张志民相识的时间应当是在1956年至1958年之间。只可惜目前没有查到他们具体相识时间的明确记载。

按照相关资料的介绍，张志民，当代著名诗人，生于1926年，直隶宛平人。他于1938年在平西参加抗日革命工作，1940年入抗大四分校学习，1941年加入中国共产党，1946年开始发表散文和诗歌等作品，1953年加入中国作家协会，曾先后任群众出版社副总编辑，《北京文艺》主编，北京作家协会副主席，《诗刊》主编，中国作家协会驻会专业作家，中国诗歌学会副会长，中国歌谣协会会长，北京诗歌研究会会长，中国诗书画研究院名誉院长。

张志民是一位有风格、有成就、有影响的优秀诗人，他的作品思想深刻，具有民歌特色，语言朴素、练达、通俗。富有生活气息和革命激情。

父亲很喜欢张志民的诗歌，在《俄文友好报》工作期间，几次向张志民约稿，要把他的诗歌介绍到苏联和其他东欧的社会主义国家，每次他都把稿件准时交到父亲的手中；张志民也很喜欢父亲的小说，时常关注着报刊上发表的文章，当然，父亲有新书出版，自然也是要签赠给他的。张志民看到父亲发表在报刊上的文章，感觉写得很成功的，就一定要写信鼓励父亲一番。1959 年 8 月 18 日，《人民日报》副刊上刊发了父亲的短篇小说《月照东墙》，张志民看到后，当天就给父亲写来一封信：

> 今早在副刊读到你的短篇小说《月照东墙》，读后很感动，写此信给你。我觉得这篇东西写得很好，干净、简练，也真实深刻。很希望你常写些好的短篇出来。

1958 年 3 月 20 日，父亲所在的《俄文友好报》记者部撤销，临时调到整风办公室协助工作，后调到编辑部做编辑。由于从记者变为了编辑，父亲失去了下乡采访、生活的机会，而农村又是父亲生命与艺术的根之所在，其苦恼和痛苦的程度可想而知。父亲把这种苦恼和痛苦向张志民做了倾吐。当父亲打算利用"干部下放劳动"的机会，到农村去，到农民中去，对农村的新生活有个全新的深入了解，张志民闻之极力支持。1960 年 4 月 8 日，父亲终于如愿以偿地来到山东省昌乐县前东村下放劳动。在下放期间，尽管工作、劳动都十分紧张，但父亲仍与张志民保持着书信联系。

因中苏关系恶化，父亲所在的单位《俄文友好报》要解散，于是提前结束了下放劳动，12 月 3 日从山东昌乐县回到了北京。父亲把一些急于办理的事情处理完毕，12 月 12 日便去看望了张志民。

父亲不仅独自常去看望张志民，有时也带着自己的好友一同去。1961 年 5 月 14 日，这天是星期日，父亲与从内蒙古来京的两位好友作家杨啸、张长弓带着自己 4 岁的次子蓝天一同游览了北海公园，在公园内吃过午饭后，一起出东门到家里拜访了张志民。

1961 年 8 月 28 日，父亲调到《红旗》杂志社文艺组任编辑。29 日下午，父亲到中国作家协会的办公大楼看望郭小川，在谈话中两个人约定晚上一同去看望张志民。那天晚上，他们在张志民家坐了近三个小时，谈话的内容虽然主要是"诗"，但给了父亲很多启发。在他们的谈话中也涉及父亲的创作，张志民同郭小川一样，也主张父亲要多写。

1962年3月3日，父亲先去看望了好友管桦夫妇后，来到张志民的家。那段日子，张志民正患肝炎，情绪极为不好，好友的来访，体己的宽慰，使得心情好转了不少。

这一年的年底，父亲请了创作假到北京西山八大处作家休养所创作自己的第一部长篇小说《艳阳天》。在动笔之前以及写作过程中，父亲既有创作的冲动，又因种种原因而有些惴惴不安。许多好友都给父亲鼓劲加油，从而最终完成了创作并取得了成功，而张志民就是这些好友中的一个。

1966年"文革"开始的时候，父亲已经调入北京市文联，而张志民则在群众出版社担任副总编辑。6月20日，父亲在北京市怀柔县得田沟村结束了"四清"工作回到北京市文联，参加"文革"运动。让父亲与张志民始料不及的是，他们都被不自觉地卷入到这滔滔的洪流中，经历了一场一生都难以忘怀的磨练。

在"文革"初期的某一天，父亲从别人口中得知群众出版社形势很乱，而张志民在那里担任要职，不知情形如何？于是，便跟好友李学鳌念叨起来，并当即决定去看望。午饭后，父亲与李学鳌趁街上来往行人稀少的机会，来到张志民的家。走进那熟悉的静悄悄的院里，父亲第一眼看到小小年纪的张宏，就问他："你爸爸在家吗？"张宏呆呆地看看父亲，也不回答，就直奔西屋，小声朝里边招呼："姥爷，有人来了。"张志民的老岳父应声走了出来，同样用小心而又紧张的神色回答父亲："昨个早晨他去上班，至今没有回来。"父亲见状，只好要了一张纸，写张条子留给张志民；告诉他，自己和学鳌前来探望，请他回来后给自己打个电话。

父亲和李学鳌都不知道，就在他们来的头一天，张志民受到迫害，被抓进秦城监狱，完全失去了自由。这个电话，父亲一直等待了近五年！

张志民从秦城监狱出来时，父亲正在创作他的第二部长篇小说《金光大道》。这一天，张志民与妻子付雅雯一同来到家里看望父亲。好朋友多年不见，再次相会自然是很高兴。在谈话中，张志民对父亲说："我想找个工作，自己不能写了，我可以帮助年轻人写作，总得为党工作呀！"

后来，张志民调到《北京文艺》，主持那里的工作。张志民来到《北京文艺》

工作，父亲在其中起到多大作用，因没有找到任何文字记载，而当事人也都过世，现在恐怕已经很难知晓。

张志民获得自由后，与父亲恢复了被迫中断的交往，不是自己单独或偕同妻子来看望父亲，就是父亲前去看望他。因张志民调到《北京文艺》，两个人在工作上的接触也开始多了起来。

1975年12月9日，张志民来到驻扎在蓟县的坦克师，找暂居在这里写作的父亲，研究《北京文艺》连载《三把火》的事情，受到父亲的热情接待。第二天，父亲陪着张志民游览了蓟县大佛寺，然后又到父亲少年时居住的王吉素村以及刘吉素的岳父家小坐，最后来到潘庄子父亲的姐姐家。在潘庄子吃过午饭后，张志民告辞回到北京。张志民回到北京后，写来一信，告知稿子刊发的准备情况，一再向坦克师的领导及父亲亲属的热情招待表示感谢。并像个老大哥一样叮嘱父亲"一定要注意身体，要有适当的运动，每天到外边走走路，不能总关在屋子里写"。而这种注意健康、劳逸结合的话，几乎每一封信中，张志民都会写到，可见父亲的身体状况，作为老朋友的张志民始终是惦念和关心着的，而且也是最为担心的。

1976年6月15日下午，父亲从上海起草完电影剧本回到北京，第二天上午，张志民就和老编辑周雁如一同来到家里，找父亲商谈《北京文艺》选登《金光大道》的事情。

7月16日下午，张志民同北京市文化局的领导石敬野等人再次来到家里，商量组织《北京文艺》编委会的问题。

9月9日，毛泽东主席逝世，父亲作为治丧委员会的成员之一，隔两天便要到人民大会堂守灵，而在这个时候，张志民也因病住进了医院。9月11日早上，父亲到人民大会堂守灵，下午回来后，又赶到医院，看望住院的张志民。

这一年的10月，中国在政治上发生了一

1977年2月16日，张志民写给浩然的信

1987 年春浩然与诗人张志民在十渡

件大事——"四人帮"被揪出来。随着"四人帮"的倒台，社会上慢慢开始流传起有关父亲的风言风语。好友们对父亲是信任的，父亲对自己更是有信心，但对此也难免会产生出一些烦恼。而在此后的一段时间里，父亲与张志民的接触更多了。他们在一起聊天，有时一聊就聊到深夜；他们一起在市内或郊区参加一些活动；他们或独自或带着自己的妻子到对方家里做客……这种"频繁"的接触一直持续到八十年代初期。

为了"埋头苦写"，父亲于八十年代初期来到京郊通县的小镇上生活、写作，创作出数百万字的新作品；1986 年底的时候，又到河北省三河县段甲岭镇挂职，深入生活，很少回到北京市内，而张志民则在这一年的 4 月调离了北京作协。父亲与张志民各自忙碌着各自的事情，接触少了许多，但两个人依然能通过仍在北京文联工作的张志民的妻子傅雅雯了解到对方的情况。

1987 年 1 月 16 日上午，父亲与已经调到《诗刊》担任主编的张志民来到京郊房山的十渡，参加"绿谷文苑"文学社的成立大会。在那次的成立大会上，父亲与张志民同时被聘为"名誉"社长。

11 月 5 日上午，父亲来到林业部招待所参加河北省的《电视文学》创刊一周年座谈会，与张志民再次见面。这大概是两个人有生之年的最后一次会面。

1993 年，父亲第一次中风，健康状况呈现出快速下降的趋势。深受病痛折磨的父亲，在听到张志民和身体一直很好的妻子付雅雯都染病在床的消息后，总想等自己身体略好些，回北京去看看他们。不料身体状况总也不见有明显的好转，加之自己倡导的"文艺绿化"工程正在轰轰烈烈地开展，总也没有合适的机会前去探望，事情就拖了下来。

1998 年初，父亲突然接到张志民之子张宏的电话，沉痛地告知他父亲逝世的消息。尽管父亲几年前就已经知道张志民身患绝症，对这位自己十分尊敬的老朋友去世而有精神准备，但是听到他的死讯时，仍然心痛不已。

父亲的编辑朋友——周艾文

1961 年 1 月 1 日的中午，紧张创作一上午的父亲，到街上走走散散心，顺便把自己新编好的小说集《珍珠》寄给了天津的百花文艺出版社。

3 月 23 日上午，百花文艺出版社编辑周艾文来到家里，与父亲商谈出版小说集的事情。

这是有记载的周艾文与父亲第一次相见，就这样，他成为父亲在天津结识最早的编辑之一，也是后来逐步发展为要好朋友的编辑之一。

周艾文是浙江人，比父亲浩然大两岁，出生在 1930 年。1949 年参加了中国人民解放军，中华人民共和国成立后到北京新闻学校学习，毕业后先分配到天津市新闻出版处，后又调入天津市文化局出版科。他的编辑工作是从天津美术出版社开始的，在那里担任编辑组组长，曾先后在天津人民出版社、百花文艺出版社工作，最后调入浙江人民出版社，一直干到副编审。他 1947 年开始发表作品，1985 年加入中国作家协会，1987 年在浙江病逝。

在周艾文来家的当天晚上，父亲便根据与周艾文商谈的结果，把已经发表的作品集中了一下，以备重新挑选整理。

这一次见面是不是父亲与周艾文的第一次相见，以前是否曾有过通信，因两个人都已经去世，又没有找到相应的资料，现在已经不得而知了。但依据周艾文致父亲的一封信中所谈及，两个人的相识应当是 1959 年，不知百花出版社成立后，进京找父亲约稿的两个编辑中，除李克明外，另一个是否是周艾文。

1961 年 8 月 2 日中午，父亲应周艾文的邀请，乘火车抵达天津，修订《珍珠》的稿件。父亲被安排住在百花文艺出版社的一间空房里，周艾文热情地接待了他。

到达天津的第二天，父亲便投入了工作。上午与出版社的副社长孙武川、编辑部主任徐柏容以及编辑李克明、周艾文等人座谈，他们对《珍珠》的编选等问题，提出了许多中肯的意见。父亲下午便根据这些意见修改稿件。

在以后的几天里，父亲边修改书稿，边起草新的文章。尽管那时正值酷暑，父亲仍抓紧时间进行工作，有时一干就是深夜。完成改稿任务后，父亲于 8 月 9 日的夜间回到北京。

父亲回到北京，周艾文通过信件向父亲通报着书稿处理的进展情况。

这一年的 10 月，周艾文到北京出差，22 日到家中看望父亲。可惜因父亲外出而没能相见。第二天傍晚，周艾文再次来访，与父亲在家中共进晚餐，一直畅谈到深夜。

10 月 31 日，父亲收到了《珍珠》校样，因要到唐山出差，而没有顾上看，直到 11 月 4 日下午回到北京，才开始校对，到 6 日才看完。14 日这天，百花文艺出版社的插图画家张德育送来了《珍珠》的插图和封面，让父亲选看。

转眼间到了 1962 年。6 月份的时候，周艾文再次来到北京，19 日中午到《红旗》杂志社看望父亲，晚上则来到家中做客，两个人又谈到深夜。

7 月 18 日，父亲见到了《珍珠》样书。这部书与北京出版社同年 3 月出版的由父亲所著的《蜜月》是姊妹篇，收录了 1959 年至 1961 年一年多时间里创作的十六篇短篇小说。书中有数幅张德育绘制的精美彩色插图，封面的设计也十分精美，只是没有注明出自何人之手，大概也是张德育所绘。这部书责任编辑的名字虽然没有标注在书上，也没有找到相应的文字记载，但根据现有资料分析，这个人一定就是周艾文。

父亲与周艾文书来信往，保持着联系。周艾文来北京出差，总会来看望父亲，父亲要么在外面餐厅请他吃饭，要么在家中招待他，两个人边吃边聊，经常一聊就到了半夜，有时就住在家里。父亲到天津公干，即便与百花文艺出版社没有关系，也要与周艾文见见面。1962 年 11 月初，父亲以《红旗》杂志编辑的身份到天津组稿，不仅与周艾文相见，还在他的陪同带领下，游逛了自由市场；临走的那天上午，周艾文来为父亲送行，还一同去看望了另一个朋友。

周艾文是个直爽的人，有话就直接说出来，从不披着藏着。1962 年 4 月《河北文学》刊发了父亲的短篇小说《杏花雨》，周艾文看到后，给父亲写来一封信，他认为这篇小说是不成功的，如果把这个题材用散文写出来，反而会比小说要好得多。他认为父亲发表在同年 1 月号《山东文学》上的《妻子》，则是一篇得力之作。

不知父亲是否听从了他的意见，在将《杏花雨》收入到集子里的时候，做了较大的修订。1962年10月，上海的少年儿童出版社出版了父亲的儿童文学选集《小河流水》。大概是出于责任编辑的个人习惯，在编辑时将每篇文章篇后所注的写作年月全部删去。周艾文看到这本书后，认为这样很不好，并对父亲坦诚地说了自己的想法。周艾文是唯一一个，至少是最早一个说出这种想法的人，他的这种看法与父亲不谋而合，因而父亲对《小河流水》中的每篇作品写作时间又作了一番"考证"。

周艾文是个热心肠的人。1962年12月，父亲给他写了一封信，告诉他自己故乡蓟县的姐姐将在近期到天津看病，人生地不熟的，请他能给予一些方便，费心照顾一下。收到信后，周艾文立即做好了相应的准备……周艾文不仅在未出版和已出版的著作上给父亲出了不少的主意外，也曾与父亲一起修改过其他稿件。1965年10月，人民文学出版社出版了一个兄弟俩撰写的长篇小说《山村新人》。为了鼓励文学新人，父亲特意写了一篇读后感。对于这类文章，父亲并不是十分擅长。文章写出后，正巧周艾文来到北京，在他前去看望父亲时，父亲便请他一同进行了一番修改，此文后来发表在1965年12月4日的《光明日报》上。

1966年，"文革"开始了。在最初的两年里，周艾文大致没有受到多大的冲击，因为他都曾来到北京，看望了父亲并谈了许多心里话。1968年6月13日下午，父亲在北京接待了两位从百花文艺出版社来外调周艾文的人。1969年5月底，"斗、批、改"学习班结束后，父亲到京郊房山县下放劳动，接受贫下中农的再教育。在父亲下放的前后，周艾文也被迫到了农村，因而也就再没有机会到北京与父亲相会。

周艾文的长子周婴戈曾在一篇文章中回忆了"文革"期间的一段往事："浩然在那时对我们家是颇多同情的，我去北京浩然家拜访，浩然妻子听说我是周艾文的儿子，就一把把我拉进怀里。"从这段回忆中，也可以看出周艾文与父亲及其家人的熟悉程度。

尽管父亲与周艾文在"文革"中后期没有再见面，但他们的心是相通的，依然在相互关心着。大约在1975年底或1976年初，很少求人办事的父亲给浙江省文化局做领导工作的熟人史行写去一封信，希望他对已经回到浙江故乡的周艾文恢复工作的问题能有所帮助。只可惜，文化局与出版局是两个系统，史行只能向出版局的领导通报情况；此外，周艾文还没有落实政策，各种关系还在天津，若是调动，还要涉及全家的问题，存在许多困难，即便提出来调动，在省委审批时，也难以通过。

这件事情也只能不了了之。

父亲与周艾文再次相见，已经是 1978 年了。粉碎"四人帮"之后，周艾文回到了百花文艺出版社，1978 年 7 月 7 日来到北京，来到家里看望父亲。两个人多年未见，自然有许多话要说，周艾文这天住在了家里，两个人谈了许久，也谈了许多。周艾文将这次与父亲相会的情况通报给远在内蒙古的、父亲的挚友杨啸。杨啸听说父亲的情绪和身体都还好，心中得到很大的宽慰。周艾文重新回到出版社，到北京出差的机会自然就又多了起来，每次到北京，而父亲又恰巧在京，两个人必定要见上一面。

周艾文是重友情的。1978 年 10 月 19 日，在周艾文的联系下，父亲来到河北省廊坊市写作，到达的时候，周艾文已经在那里等候。在来廊坊前，由于一夜没有睡好，血压高得使父亲感到头脑痛胀，但送他的汽车已经来了，他不愿意改变已经定好的行程，更何况周艾文正在廊坊等他，于是强撑着上了汽车。等到了廊坊，父亲就开始大量呕吐，打针、吃药，折腾了半天加上半夜，周艾文自然也是跟着一阵忙活。第二天早起，父亲感到身体略好，于是便与周艾文到街上走走，到晚上时看望自己的一个老友，并在那里吃了晚饭。10 月 21 日上午，父亲又与周艾文骑自行车到董常甫大队，看望民间文学工作者张士杰。张士杰在整理、推广义和团的故事方面曾做出过很大贡献，父亲则与他是第一次见面，周艾文是否是"引荐人"不得而知，但可能性是很大的，因周艾文与张士杰很熟悉。让人没有想到的是，两个月后的一个清晨，年仅四十八岁张士杰被心脏病发作夺去了生命。下午回到廊坊市内后，父亲送走了在此陪伴自己三天的周艾文。同样让人没有想到，也不可能想到，这次父亲与周艾文的会面，竟也可能是两个人在世的最后一面。

1982 年夏季，周艾文向单位提出调回老家浙江。在临走之前，他特意到北京找父亲辞行，可惜父亲下乡未在家，两个人没有见上面。在 1983 年 6 月周艾文写给父亲的信中，他写道："……我们自 1959 年相识，至今也有二十余年，尽管遭遇各有不同，但还没有断了联系。我对你的热忱、直率、勤奋，一直永记不忘，作为我自己日常言行的鞭策。"

周艾文回到浙江，来到浙江文艺出版社工作，一直干到副编审的位置。调回浙江后，他来北京的机会少了，而父亲为了严格地实行自己"甘于寂寞、埋头苦写"的座右铭，也很少待在京城，因而两个人就几乎没有了再次相会的机会，只能通过信件或电话保持着联系。

　　1987年9月11日，父亲收到了一封特殊的信函，那是周艾文的逝世讣告。浩然手里拿着讣告，想着仅比自己大两岁的老友英年早逝，当时的心情是可想而知的。那时，父亲正在紧张地为自己的新作《苍生》做最后的一遍校订，无法脱身前去参加告别仪式，他只能在心里默默地祝愿老友一路走好！

父亲永远的遗憾——周立波

振林同志：

寄来的《中外儿童文学作品选》（上）收到，谢谢。

这本书的编排和装帧都很好，从印刷角度看，也够水平；如果把它放到书店公开出售，也不会遭到近时许多文艺书籍那种可怜的、滞销的命运吧？读到这本书的人得感谢你的辛勤劳动了。

如果可能的话，再寄给我一本，当作礼物转送给一位正研究儿童文学的青年。

有一件事，现在解释一下，大概不算过早了。即：我没有听从您的意见，在立波同志逝世前去看望他，尽管那些日子里我常常怀念他，盼他恢复健康。原因是当时我的处境很不好，北京文联的某些人，利用我的一点过失在作家中间煽动仇恨，把我丑化得不人不鬼；估计立波同志会是他们宣传的对象。那么，病中的他，会怎么看待我，我突然而至，将带给他什么？如果在那里碰到我不想见到的人，又该怎么样呢？所以我没有去看他，而且永远都看不到他了。……

如今给你做这样的说明，你会谅解我吧？立波同志深深地留在我的记忆里，将来等我有了写回忆文章的资格之日，再倾吐吧！

文代会后我一直待在北京，终天客人来往不断，没办法坐下来写作，十分烦闷。过些天，打算找个地方躲起来。

有便常写个信来。

顺颂

安好！

浩然

（1980年）一月八日

这是父亲写给作家好友、时任《小溪流》杂志主编金振林的一封信。信中所说的"立波同志"就是著名作家周立波。从这封信里，我们除了能感受到朋友对父亲的真切关心外，还能看出父亲在当时的处境和心境，看出他内心的苦闷和遗憾，看出他对老作家周立波的思想与怀念。

周立波，中国现代著名作家、翻译家。1908 年出生在湖南益阳县双石桥清溪村，早年在上海劳动大学读过书，1928 年开始写作，1934 年参加"左联"，同年加入中国共产党。抗战爆发后作为战地记者走遍华北前线，1939 年到达延安，任教于鲁迅文学院艺术学院，后主编《解放日报》文艺副刊。1942 年参加延安文艺座谈会，1946 年去东北参加土改工作。曾写作出版过《暴风骤雨》《山乡巨变》等著名篇章，他的小说清新秀丽，别具一格，擅长描写农村中的生活，乡土气息浓郁，为广大读者所喜爱。

在父亲从文的旅途中，不仅与周立波相识，有过交往，而且在学习写作时，就把周立波当作不曾谋面的老师，而且是被父亲始终崇敬的真正作家。

1954 年 5 月 5 日，喜爱文学创作，在通县专区地委党校作教育干事的父亲，从新华书店里购买回一套《暴风骤雨》，这即便不是父亲第一次接触到周立波的作品，至少也是拥有的第一套他的著作。书是人民文学出版社 1953 年 7 月版的，标价是 21500 元（旧币），这对当时的父亲来说，确是价格不菲，但他还是买了回来，认真阅读起来。

1955 年 5 月，周立波的第二部长篇小说《铁水奔流》出版，尽管这是一部反映工业题材的小说，但父亲仍然还是买回来进行阅读。

在初学写作的阶段，赵树理、柳青、孙犁和周立波这四位前辈作家的作品给了父亲很多影响。他最早喜欢赵树理的风格通俗，又因为爱好诗歌，觉得学习他的手法有点受拘束，感情难以抒发。继而喜欢孙犁的语言优美，他的短篇具有诗情画意的特点，一段时间过后，又觉得他的调子有些"软"，对自己想要表现激烈斗争的生活和叱咤风云的英雄人物不太适应。于是，父亲又喜欢上柳青作品的"硬"度、扎实、深沉和气魄，同时，喜欢周立波的质朴和语言，尽管不太赞成他过多地滥用方言土语，但这的的确确是他的特点。最后，为了打造出个"我"来，父亲决定从他们每个人的风格中学到一点所喜爱的特长：赵树理的故事性，柳青的深沉，孙犁的抒情，周立波的质朴及汲取运用群众语言的技能。这个"我"，在父亲的作品中逐渐地显现出来。

1958年，周立波的第三部长篇小说《山乡巨变》出版，已经调到北京《俄文友好报》工作的父亲又立即购买回来，利用工作和写作的空隙，抢时间把它读完。那个时期，父亲打算把近年出版的一些长篇都浏览一遍，一方面为了工作，在《俄文友好报》上介绍，另一方面也给自己将要写的长篇打基础，同时，他也确实喜爱周立波的小说。

父亲开始与周立波有所接触，还是在《红旗》杂志社担任编辑的时候。

1961年8月，父亲调到《红旗》杂志社，担任文艺编辑。在《红旗》工作的三年间，为了组稿，父亲几乎拜访结识了文学界的所有名家，特别是结识了赵树理、柳青、孙犁和周立波，在与这几位前辈作家交往的过程中，他们说过许多有见地、有意义的话题，对父亲极有帮助。

这一年的8月30日下午，父亲到周立波家拜访组稿，恰巧他夫人林兰也在家。这是父亲与周立波第一次会面，谈得十分融洽。在谈话中，周立波一再向父亲强调：不要离开故乡，要多去，不要放弃；冀东是个好地方，他非常喜欢那个地方。父亲也劝周立波到蓟县去落户。

在此后的一段日子里，父亲又多次到周立波家，但不是他不在家，就是稿子还没有写好，直到10月27日下午，才从他家取来一篇题名《一个星期日》的稿子。稿子到手后，父亲又多次到周立波家去交换修改意见，并在《红旗》副总编辑胡绳召集的文艺组作品讨论会上，谈了自己对周立波所写稿子的看法。

在《红旗》的那段日子里，父亲亲自组稿和编发了周立波的《李大贵观礼》和《在一个星期天里》。是否还组稿编发了其他文章，因没有资料佐证，就不得而知了。

1962年，父亲应《中国青年报》之约，写了《给周立波同志的信》一文，刊登在5月26日的报纸上。在这篇以公开信为方式的文章里，父亲谈了自己从事文学创作活动的经过；强调作家深入生活，与人民群众打成一片的重要性；代表广大青年作者，向周立波提出了一系列有关创作方面的问题。不久后的《中国青年报》刊发了周立波的答复文章。周立波的这篇的文章，还差点成为父亲一部新作的代序。

那是1962年7月底，父亲给周立波写信，希望他为自己的一部新作写一篇序言。

8月4日，周立波写来了回信：

　　浩然同志：

　　　　来信收到了，我很高兴为尊集作序。不过，最近没时间，又要下乡去，一下乡，得忙一阵子，怕耽误了出版的时间。我记得，我们曾在报上发表过关于你的写作的通讯。如果那能够代序，就很好。如果需要我新作一篇，时间又可以延到三四个月以后，请你来信吧。

　　　　在业余时间，你能写这样多东西，足见你的勤奋的程度。

　　　　专此布复。并致

　　敬礼

周立波

八月四日

　　不知到底是什么原因，父亲的新著中既没有序言，也没有代序。

　　自从父亲1964年调离《红旗》杂志社后，就一直没有见到过周立波，直到1977年。

　　1977年8月13日晚上，父亲来到北京饭店，参加宴请中岛健藏为首的日本文化代表团，周立波也参加了这次活动。见到十几年未曾见面的周立波，看到他那苍老的面容，父亲心里有一种说不出来的滋味。这是父亲与周立波的最后一次会面。

　　1979年9月25日，周立波因病在北京逝世。在周立波因病住院时，父亲得知消息后，却因为本文开头那封信中所说的原因没有前去看望。29年后，父亲也因病在北京逝世。两位已经逝去的老人，不知在天国里是否再次相会，不知是否又在一起畅谈文艺创作，不知周立波是否明了父亲当初没去看望他的苦衷？

故交刘怀章

刘怀章是河北青县人，出生在 1934 年 11 月 19 日，与父亲同属冀东老乡。

刘怀章曾读过私塾，上过师范，在县里担任过团县委宣传部部长、县委政研室干事、县报总编辑。1959 年从中国人民大学新闻系毕业后，到《河北文学》任编辑，一直干到编辑部负责人；后到《新港》、《天津文学》《艺术家》编辑部任职。他 1955 年开始发表作品，1982 年加入中国作家协会，出版了《激流》《小小浪花飞》《小河湾》《五彩河》《耿长锁的故事》《一个村庄的变迁》等著作。

在父亲的相关资料里，没有查到他何时与刘怀章相识，但在刘怀章的一篇文章中却找到了大致的答案。刘怀章在他《我所知道的浩然》一文中，是这样描述的："我与浩然相识，起始于 20 世纪的 50 年代中期。我当时在一个县的县委工作，浩然是《河北日报》的记者。……他到我工作的县采访，自然要与县委做文字工作的人接触、联系，有时还邀我陪他到被采访单位，协助他了解情况。"

父亲 1954 年 6 月 1 日从通县专区地委党校调到《河北日报》驻通县记者站，任记者，在通县专区所辖范围内采访。1955 年 6 月调到保定《河北日报》社本部，成为驻社记者，足迹开始遍布河北全省。1956 年 9 月，浩然离开河北，调到北京的《俄文友好报》。

按照刘怀章有关与父亲相识的描述，如果他五十年代中期在家乡青县供职，属于沧州或天津而不归通县管辖，那他与父亲相识的时间肯定是在 1955 年 6 月后父亲成为驻社记者的那段时间。追寻父亲的历史足迹，他确实以《河北日报》记者的身份曾于 1955 年夏季去青县采访过，写作发表了《在周官屯进水闸工地上》等几篇有关青县的新闻报道，而那时刘怀章正在青县县委工作。这也从另一个侧面佐证了刘怀章文章内容的可靠性。

在最初相识的那些日子里，父亲给刘怀章留下的印象是极好的。刘怀章认为父亲"这个人政策水平高，对农村生活的方方面面极为熟悉，采访时问得很详细。而且采访之后，一晚上就把稿子写成了。他先叫我看稿子，字写得工整，俊气，笔力很重。他的这些表现，叫我打心眼里佩服"。而在相识多年后，刘怀章更加感到父亲的天性就是"真诚、善良、聪慧、勤奋"。

刘怀章到北京"人大"上学后，就与父亲断了联系，等再次见面时，已是几年后的1961年。

1961年8月2日，父亲利用即将调入《红旗》前的空隙，应百花文艺出版社之邀到天津修订他的小说集《珍珠》。也就在这次到天津的一周时间里，他与在《河北文艺》工作的刘怀章再次相会。这年的11月20日，父亲以《红旗》杂志社编辑的身份再次来到天津组稿，当天晚上就到《河北文学》编辑部与刘怀章等人交谈。

在不断的交往中，了解逐渐加深，父亲与刘怀章从一般的朋友变为好朋友。

刘怀章在《河北文学》工作期间，父亲从1961年9月到1963年3月，共在上面发表了《苗壮的幼苗》《杏花雨》《永远歌颂》和《动听的笛声》四篇文章。"文革"中，刘怀章调入《天津文艺》工作，父亲自1973年6月至1975年3月，又在《天津文艺》上发表了《赶猪记》《欢乐的海》和《学习典型化原则札记》三篇文章。由于没有当时的文字记载，不知刘怀章是否为它们的责任编辑，或与他有多少关系。

在"文革"后期那几年，刘怀章常有来北京的机会，而每次来几乎都要与父亲相见，经常是先聊天，后吃饭，吃饱喝足再接着聊，一聊就是深夜，有时聊的太晚了就住在家里；而父亲因事到天津时，刘怀章也总是陪同着。

"文革"结束后，父亲本来也是感到欢欣鼓舞的，没想到却受到政治上的牵连，在一夜之间从"红人"变成了"罪人"。一些地方报刊发了四十余篇批判文章，最高的"纲"上到"反党小说"。在国家最高权力机关的会议上，被取消第五届全国人民代表大会的代表资格，父亲陷入人生的谷底。

父亲自己遭了难，在心情极为恶劣的情况下，却仍然惦念着远在异地的好友。当时，由于种种原因，刘怀章在天津也遭受到一定波折，因而凡是天津来人看望父亲，他总要打听刘怀章的消息。当听到刘怀章的"官"丢了以后，立即给他写信：

> 知你从"领导岗位"的泥沼中拔出身子，要集中精力写作，我由衷地高兴。把图章交给文艺界那些渴望权力的人们吧，我们只要"笔"！

1974年9月2日摄于秦皇岛东山。
左起：杨啸、刘怀章、浩然、马联玉、刘国喜、高维晞。

希望你振奋起精神，写！写！党要求我们这样的人写出好的作品，人民要求我们这样的人写出好的作品，我们自己的品格也要求用好的作品来作证！

……

你从下边回来，如想到京郊找个安静地方写作，我当帮忙。对此有何想法，请来信。

父亲不喜欢当官，也自认没有当官的本事，而且一贯认为当官必然要影响到写作，而写作则是父亲的第二生命，因而，他也希望他的好朋友刘怀章也能够专心的进行写作，而不要被官场上的那些琐事所干扰。

凡来自天津的客人，不管是知道父亲与刘怀章关系的，还是不知道的，都对父亲说："怀章是好人，没事儿。"听到这样的回答，自然使父亲感到欣慰，但在内心深处，对刘怀章的处境和心情依然是惦念和有些担忧的，依然想方设法对其进行宽慰。父亲在当时写给刘怀章的一封信中这样写道：

其实这用不着谁来回答，我心里早有数，也是我们彼此间永远信任的根本原因。我所担心的是你的情绪。因为我的情绪总不好，影响了身体，也影响了工作，就估计你也不会把冤枉顺顺溜溜地吞下去。如今既然"全都过去了"，那就也把"它"暂时地从我们脑海里抹掉，以便心里干净，有利于写作。中国文艺界野兽成群，不仅吃我们这样的人，他们还互相吞食；跟他们争短长，没力量，没意义，也不会有结果，还是躲到场子外边，埋头写作吧！

一年多之后，父亲从一个朋友信中又得知刘怀章官复原位，在给朋友的回信中写道："你大概已给怀章打了电话。他又复回官位，作品写完没有呢？我倒希望他当个作家，也许难办到。问他好吧。"

第一封信中，应当说父亲明确指出了对"当官"和"写作"的看法，而最后这封信里则显示出对刘怀章再次当官些许的无奈情绪，父亲对好朋友的写作情况总是很关心的。

1979 年 6 月 6 日上午，几年没有从天津到北京出差的刘怀章终于再一次来到北京，再一次来到家里看望父亲。好几年没有见面，两个好朋友畅快地交谈着，把积攒了几年的心里话倾诉给对方，聊了整整一个白天。

父亲在人生的旅途中遭受到"打击"，是顺势就地卧倒，靠过去的名声苟延着活下去，还是从跌倒的地方挣扎着"爬"起来，继续"为农民而写"，继续前行？父亲面临着抉择。

"作家的生命是他的作品，新的作品显示他的真实品德和新生。"父亲相信这

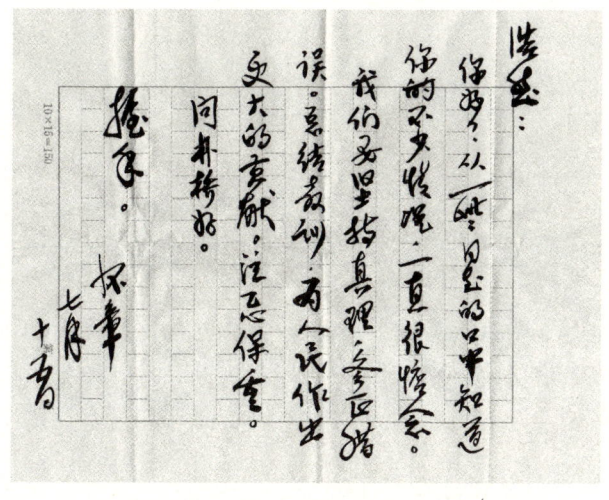

1978 年 7 月 15 日，刘怀章写给浩然的信

个观点，立志要爬起来，要遵照这个观点奋力地实践，写出新的作品来。在遭难后不到一年的时间里，父亲创作完成了新的一部长篇小说《男婚女嫁》，在河北的大型刊物《长城》上分两期刊发出来，父亲的新老朋友和忠诚的读者看到后都很高兴，因为他们又看到了浩然，看到了一个新的浩然，看到了一个全新姿态的浩然。

长春电影制片厂的几个朋友看到杂志上发表的《男婚女嫁》后，决定立即上马改编为电影。就在电影已经开拍之时，原来打算出版这部小说的中国青年出版社却给父亲出了一个难题：因担忧书出版在电影公演之后，决定不再出版这个著作。电影在顺利地拍摄中，是不可能停下来的，无奈之下，父亲又找了几家出版社商谈出版事宜。但在当时的形势下，有哪家出版社肯把父亲这样一个起码属于不走红的、倒了霉的作者的稿子当"急件"发排呢？

父亲为此几乎陷入"绝难"的境地。一直关心着父亲的刘怀章偶然得知这个情况后，立即告知百花文艺出版社父亲的另一位好友李克明。李克明马上请示当时出版社的总编辑林呐；得到赞成的答复后，立刻与刘国玺专程到北京取书稿。

父亲与百花文艺出版社可谓是老朋友了，但是这次他却没有主动找他们，原因就是他的《百花川》曾让他们背了"黑锅"、受了株连，而不好意思再给他们出难题。但这次百花文艺出版社却主动伸出了援手。

在众多好友的真诚帮助下，百花文艺出版社把《男婚女嫁》的稿件按照急件处理，不到半年的时间就印制完成，改名为《山水情》，终于出版在电影公演前。

父亲与刘怀章继续交往着。刘怀章每次来北京，总是要到家里来做客。两个人似乎总有扯不完的话题、说不完的话。而父亲到天津时，自然也少不了与刘怀章相聚。

在20世纪80年代里，父亲因修改书稿、进行创作和治疗身体上的疾病，到天津"长住"了数次。住在天津的那些日子里，刘怀章除了独自到父亲的住地去探望外，也陪同一些朋友前来看望父亲；还常把父亲请到家中做客、聊天，陪同他看望其他一些朋友。而在许多人"宴请"父亲的酒席上，自然也少不了刘怀章的身影。

刘怀章对父亲的小说是喜爱的，几乎遍读所有发表、出版过的作品。喜爱的原因，是因为他觉得父亲把小说里的人物刻画得有血有肉，个性鲜明，形象丰满；故事编排得也十分巧妙，曲折；语言生动朴实，口语化，大众化，让人百读不厌。因而，当他调入《新港》后，父亲自然又成为他的重点约稿对象之一。那几年，浩然在《新港》上发表了《机灵鬼》《老队长的婚礼》《赵百万的人生片断》《成功的秘诀是持之以恒的刻苦努力》等许多重要作品，其中《机灵鬼》还获得 1979—1983 年《新港》小说奖。《老队长的婚礼》在《新港》1983 年第 4 期上发表后，刘怀章很快就写出评介文章《简评〈老队长的婚礼〉》，发表在当年的《文艺报》上。

虽然在《新港》上发表的文章在绝对数量上不是很多，但在父亲文债高筑的情况下，能如此也实属不易。当然，这与刘怀章有很大关系，除了他与父亲私交紧密的原因之外，他也是"逼债"逼得最紧的人之一，有时闹得父亲在"还债"之前，都不好意思给他写信。

大约进入九十年代初期，自动直拨长途电话才开始时兴起来，而在此之前，人们最常见的联络方式还是通过信件。在现存的父亲致刘怀章的信件中，包括 1975 年 6 月 20 日至 1997 年 6 月 18 日 22 年间的 20 封信件，其中八十年代的有 12 封。在这些信件中，除了谈论稿件、作品外，还谈了自己的一些近况，更说了一些心里话以及对朋友的挂念。

1993 年 3 月 19 日，父亲到河北省廊坊市参加影视家协会和电视片制作中心成立大会，刘怀章等人也从天津赶来参加这次会议。这是有记载的父亲与刘怀章最后一次见面。

2008 年 2 月 20 日，父亲在病床上经历了 5 年的疾病折磨后，离开了他钟爱一生的文学，离开了他那些忠诚的读者，离开了他那些相交多年的好友。尽管父亲离开了人世，但刘怀章这个重感情的人，是不会忘记父亲的，他们是永远的好朋友。

给庄户人编故事的秀才——赵树理

　　赵树理、柳青、孙犁、周立波曾被誉为描写农村生活的"四大名旦"和"四杆铁笔"，他们四人始终是被父亲崇敬的真正作家。

　　在初学写作的阶段，赵树理、柳青、孙犁和周立波这四位前辈作家就成为父亲未曾谋面的启蒙老师，他们的作品给了父亲较多的影响。1949年，17岁的父亲喜好起文学，读到的第一个短篇小说就是赵树理的《小二黑结婚》。

　　父亲一边做着文学梦，一边自觉地学习以赵树理为"创始人"和主帅的山药蛋派的经验。其中家喻户晓的《三里湾》、鲜为人知的《卖鸡》、轰动一时又遭不公正贬谪的《结婚》，都曾是父亲学写入门的范文。

　　1956年9月，父亲从保定的《河北日报》调到北京的《俄文友好报》，年底时，他第一次跨出河北省界，到山西去采访。采访完毕返回北京的路上，父亲在山西太谷搭上一辆没有篷顶、没有盖儿的公共汽车，在那黄如浓雾的烟尘中行驶了差不多一天，才到达长治地区所在地潞安县。在路上，同车的一个白胡子农民老汉对父亲说："前边不远就到了赵树理的老家。"父亲故意好奇地问他："赵树理是什么人呀？"老汉很自豪地回答："呀，那是给俺们庄户人编写故事的秀才！"听到从老农民嘴里发出的这样赞美夸耀的声音，父亲心发热，眼发潮，暗想：到了将来的什么时候，冀东的老乡们能否知道有一个名叫浩然的人也是给他们写故事的呢？得到农民这样的理解和承认，那将是自己人生奋斗的成功，是美梦成真！

　　正当父亲信心满满地在文学创作的道路上蹒跚前行之时，多变的文艺界的气候，又突然大变。父亲的几篇自认为比已发表的有所长进，同时也得到"留用"通知的小说新作，却以"这种歌颂新人新事的东西没有意义，没有生命力"为理由被陆续退回来。同时得到警告：作者如果不改车易辙变歌颂现实为暴露现实的话，等于走进死胡同。一位搞文艺批评的人跟父亲贬谪赵树理的小说是"政治图解"，是

"短命的宣传品"；同时把马烽的作品嘲讽一通，说《结婚》开了一个"编造的先例"等等。在这样的情况下，父亲感到前途渺茫，十分痛苦。正在这时，一位农村的基层干部来看望父亲，他翻着那些被退回的稿子说："不用听他们那一套。他们不给你发，我拿回去给社员念。我们喜欢这样的东西。"这句话给了父亲启发和极大的鼓励，重新鼓起了继续走下去的勇气，并且沿着这条路，一直走了下来。赵树理、束为、马烽等先行者们笔下"新人新事"的艺术形象，如同父亲记忆里的火花，时时闪光发亮，永未熄灭。

父亲能够与他所敬佩的赵树理结识，从某种意义上讲，应当得益于他担任了《红旗》杂志社的文艺编辑。

1961年，《红旗》杂志社决定发表文学作品，成立了以徐荇（笔名铁马）为组长，郑公盾为副组长的文艺组，并把父亲调了过去，任文艺编辑。父亲一边从事编辑工作，一边进行文艺创作。他向作家们组稿，几年间几乎拜访结识了文学界的所有名家，特别是结识了赵树理、柳青、孙犁和周立波。在与这几位前辈作家交往的过程中，他们说了许多有见地、有意义的话题，对父亲极有帮助。而周立波的《李大贵观礼》和《在一个星期天里》、杨朔的《雪浪花》，以及赵树理在《红旗》上发表的散文《地方戏与年景》，都是父亲亲自组稿和编发的。

1961年8月30日下午，父亲到北京大佛寺赵树理家拜访组稿，因赵树理到东北去了而未遇。9月26日下午，父亲再次拜访了赵树理，这位老作家朴实、厚道又可亲，给父亲留下了极其美好的印象。那时候，赵树理被定为写"中间人物"毒草的代表，在与他的闲谈中，父亲讲起那年在他家乡的旅途中，那位老农民为他流露出的自豪感。赵树理听了后沉默片刻，自言自语似的说："我的作品，那些坐在洋楼上的人说东道西顶个屁用！农民说话才算数。我听他们的！"这句话和他说这句话时的神态，印在了父亲的脑子里，父亲也一直以这句话作为衡量自己作品成功与否的标准。

从赵树理家出来后，父亲又去拜访了另一位老作家。这位老作家与赵树理迥然不同的做派，更使父亲感到赵树理的热情和平易近人。

这是资料中记载的唯一一次父亲与赵树理的会面，也许他们真的只见过怎么一次，但赵树理却永远留在了父亲的心里。

1970年9月，赵树理在山西病逝，但父亲并没有因为他的离去而忘记他，在

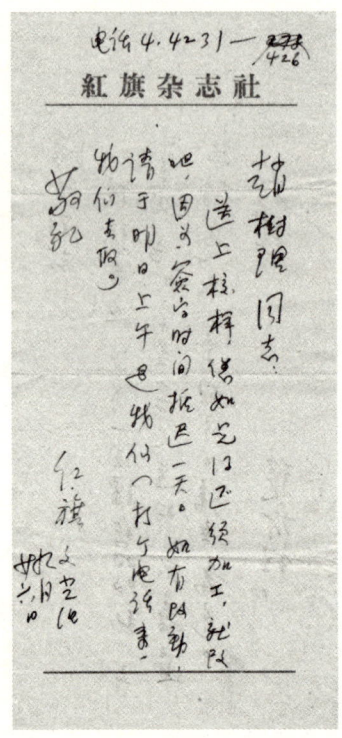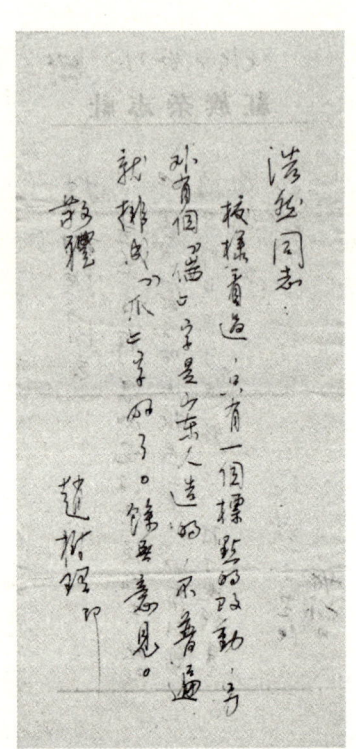

浩然与赵树理的文字往来

和朋友闲聊时，仍会提及他和他的作品。在军旅作家胡世宗 1975 年 3 月 7 日的日记中，就记载着父亲对他说过的这样一段话：

> 赵树理也是熟悉农民的，他基本上是批判现实主义，他写的是农村中典型的中间人物，只有《套不住的手》冒了个火星，一闪就没了。在《卖烟叶》里有浪漫主义。

1983 年，父亲应约为农村读物出版社编选《中国农村小说大观》，第一卷便是以山药蛋派而闻名的山西作家的作品，而赵树理则排在第一位。由于赵树理早已去世，父亲亲自为他挑选了三篇可读性强的短篇小说代表作：《登记》《"锻炼锻炼"》《卖烟叶》，并为其撰写了作者简介。这个简介是一个小说作者而非理论家或评论家的个人感性认识，代表着他的真情实感。在这篇简介里，父亲是这样写的：

赵树理是描绘新时代农村生活的艺术大师。

一九四二年毛泽东同志《在延安文艺座谈会上的讲话》发表以后，解放区众多的文艺工作者纷纷下乡与农民结合，文艺创作很快掀起一个高潮。于是，在戏剧方面产生了《白毛女》等等，在诗歌方面产生了《王贵与李香香》等等；优秀的小说也产生一大批，而赵树理的作品是其中的佼佼者，此后二十年一直是众家之冠。在中国农村，凡是喜欢瞧瞧书、听听戏的人，可以说没有不知道赵树理的。

他一九○六年出生在山西省沁水县尉迟村一个农民家庭。少年时代不仅做过农活，还当过肩挑小贩。一九二五年考入山西长治第四师范初级班上学，只有两年，就因为闹学潮被开除，接着被监禁，又回返农村当小学教师。在抗日战争的烽火年代，他在乡里做宣传和民政工作。即使后来当了报刊的编辑，仍住在农村。中华人民共和国成立后他进了北京，担任专门给工农大众看的通俗文艺刊物《说说唱唱》的主编，很快便返回太行山区参加合作化运动。直到一九七○年逝世，可以说他一辈子没有脱离开农村和农民；他做到了长期地深入生活，他对农村和农民真正达到了熟悉的程度。因此，他在四十年代写出了代表作《小二黑结婚》《李有才板话》《李家庄变迁》等著名的小说；五十年代写出全国头一份反映农业合作化的优秀长篇《三里湾》；六十年代写出了引起轰动的《锻炼锻炼》《卖烟叶》等。

赵树理熟稔中国民间艺术，继承中华民族的文化传统；他的小说是地地道道的中国气魄、中国味儿的！他主张"尽量照顾群众习惯写"，并认定"我以为只要能叫大多数人读，总不算赔钱买卖。"于是，他的作品赢得了最广泛的群众。他说："作家得讲良心说真话，不写也不骗老百姓！"

前几年工人出版社出版了《赵树理文集》、山西人民出版社出版了《赵树理小说选》，那里边篇篇都鸣响着一个正直作家的心声。

在父亲的心目中，赵树理是真正的正直作家，是描绘新时代农村生活的艺术大师。

"顶天立地"——贺敬之

1961年8月28日，父亲来到《红旗》杂志社报到，成为文艺组的一名编辑。

作为一个编辑，除了要编稿外，向作家们约稿也是一个非常重要的工作。为了向杨朔约稿，父亲打电话与之联系，得知他正在北戴河疗养后，便于这一年的9月13日乘火车来到北戴河作家疗养所。在疗养所，父亲见到了杨朔，也同时认识了正在此处疗养的贺敬之。虽然父亲对贺敬之这个名字早已熟悉，不仅能随口唱出其所作词的《南泥湾》《翻身道情》等歌曲，对其所执笔创作的《白毛女》更是耳熟能详，但与他见面，这还是第一次。

贺敬之是现代著名诗人和剧作家，1924年出生在山东峄县贺窑村的一个贫苦农家。1939年贺敬之在四川参加抗日救国运动，开始创作诗歌和散文，1940年到延安，进入鲁迅艺术学院文学系学习，1941年加入中国共产党。1945年，在毛泽东主席《在延安文艺座谈会上的讲话》的感召下，贺敬之与丁毅执笔创作了我国第一部新歌剧《白毛女》，这部歌剧的创作，成为我国新歌剧发展的里程碑。在中华人民共和国成立后，贺敬之先后担任了中国戏剧家协会书记处书记，中宣部文艺局局长、副部长；文化部代部长等职。

父亲来到北戴河的第二天，也就是9月14日的上午，与贺敬之进行了一番交谈。贺敬之平易近人，保持着山东人那种质朴、直率、爽朗的性格，给父亲留下了很好的印象。在晚上作家的一个小聚会上，大家都即兴表演了一些小节目：李准唱河南梆子，冯牧唱京剧，贺敬之唱民歌……

从这次相见、相识以后，父亲与贺敬之开始了虽不频繁，却很亲密的联系。

1966年，"文革"爆发。大约是到了1967年底，父亲听说贺敬之遭到了批判，心里十分惦念。1968年1月6日晚上，父亲与挚友诗人李学鳌一起，偷偷来到贺敬之家，看望他和他的妻子柯岩。不知是不是就在这一天，父亲与柯岩见面、结识，在以后的交往和接触中结下情谊，成为好友。在当时的形势下，以及思想认识水平，父亲与李学鳌都认为贺敬之确实犯了错误，因此在与贺敬之的谈话中，都鼓励他勇敢地修正错误，成为无产阶级歌手。第二天下午，父亲与李学鳌又特意到中国作协看贺敬之的大字报，以及许多群众对这份大字报的表态。

贺敬之对父亲也同样是十分关心的。1972年5月，父亲的第二部长篇小说《金光大道》出版，贺敬之得到书后很快便阅读完。由于父亲给他人的赠书极少有文字记载，因而贺敬之所阅之书是否为父亲所赠，无从考证。6月12日晚上，父亲约上杨啸、李学鳌等几个挚友，一同来到贺敬之家，听取他对《金光大道》的意见。

"文革"结束后，贺敬之担任了一些领导职务，同时还要进行诗歌创作，忙忙碌碌。父亲则先是为了从"跌倒"的地方重新站立起来，而努力创作，后又为扶植农村业余作者而来往奔波。尽管两个人都很忙，但仍能在一些文艺界的活动中见面交谈。

也许是由于把毛泽东主席《在延安文艺座谈会上的讲话》都当成自己前行的指路明灯，都义无反顾地追随着这面光辉的旗帜；也许是都生于农家，有着类似的成长经历，父亲、李学鳌与贺敬之成为要好的朋友。只可惜，由于心情不畅，疾病缠身，李学鳌于1989年9月6日英年早逝，终年五十六岁。9月16日，在八宝山革命公墓为李学鳌举行了告别仪式，父亲与贺敬之都来到公墓，对他们共同的好友做最后的诀别。

左起分别为：贾芸、浩然、贺敬之、冯骥才

1987 年 5 月 20 日，中国大众文学学会在北京民族文化宫召开成立大会。大会宣布，中宣部副部长贺敬之任名誉会长，马烽任会长，父亲等人任副会长。

为了进一步的深入农村生活，远离喧嚣的城市，父亲于 1986 年底来到河北省三河县，在段甲岭镇挂职副镇长。进入新的时期后，三河县的经济发展很快，但文化事业却始终处于贫瘠状态，这让父亲难以心安。经过父亲的提议倡导和不懈的努力，三河县文联于 1990 年 6 月 11 日在三河县燕郊镇召开了成立大会，许多知名人士都应邀到会表示祝贺。这个成立大会，参加的名人之多，规格之高，气氛之热烈，在三河的历史上是空前的，在全国的县级单位也同样是绝无仅有的。那天到会的文学艺术界知名人士，除了魏巍、杨沫、管桦、马烽、乔羽、于是之、赵丽蓉、马泰等人之外，自然也少不了贺敬之和他的妻子柯岩。在这次大会上，贺敬之做了热情洋溢的讲话。他在讲话的最后说道：要顶天立地，这个顶天立地不仅是对于我们三河县基层的文艺工作者是这样的，对我们所有的文艺工作者也是这样的，上靠天：马克思列宁主义毛泽东思想；下靠地：人民群众。这个问题是对我们至关重要的事情。要顶天立地才能够顶风傲雪，要靠天靠地不信邪，顶风傲雪，这样我们的社会主义文艺就必然能够天长地久。这段话，不仅是贺敬之的心声，也是父亲等一大批文艺工作者的心声。

1991 年，六十七岁的贺敬之在体检时被确诊为肺癌，需要实施手术。患病的贺敬之由于已近古稀之年，心力交瘁，体力不支，因而向中央提出辞去中宣部和文化部的领导职务，并得到批准。离开了领导岗位的贺敬之每天以书为伴，养花养猫，练习书法，一般情况下，很少参加社会活动。

1990 年 6 月浩然与贺敬之在三河文联成立大会

贺敬之闹病后的两年，也就是 1993 年，父亲突发脑血栓，虽经医院抢救，住院一个半月之后病愈出院，但身体状况却大不如以前。父亲以抱病之躯，被无可奈何地拉来扯去参加各种社会活动，根本无法静心休养，也无法进行自己想做的创作，似乎比以往更加忙碌了。

由于以上的情况，父亲与贺敬之见面的机会更少了，甚至可以说几乎是没有了，但两个人仍不时的打个电话，相互问候一下。

2008 年 2 月 20 日，父亲卧床五年之后，在北京病逝。2 月 28 日上午，在八宝山革命公墓东礼堂举行了告别仪式。由于健康的原因，贺敬之与柯岩没有出席这个仪式，以个人的名义敬送了花圈。

2011 年 12 月 11 日，父亲的好友，贺敬之的妻子，著名女作家、女诗人柯岩在北京病逝，享年 82 岁。

贺敬之至今依然健在。2015 年 9 月，在世界反法西斯胜利七十周年之际，有记者采访了已然 91 岁高龄的贺敬之。作为晚辈的我，唯有祝愿父亲生前的这位老友快乐，长寿，再长寿！

北戴河海岸的《雪浪花》——杨朔

　　杨朔出生于 1913 年，山东省蓬莱县人。他是中国现当代著名作家、散文家，曾任中国保卫世界和平委员会副秘书长，亚非团结委员会副主席，亚非人民团结理事会书记处的中国书记（常驻开罗）。他青年时期曾在哈尔滨学习外国文学，抗日战争爆发后参加了革命。他曾写出过不少脍炙人口的小说和散文，歌颂新时代、新生活和普通的劳动者是他作品的主基调。杨朔一生创作成就巨大，其散文最为突出。他的散文，充满革命激情，结构严谨，语言精练、含蓄，极富诗意，被后人们公认为中华人民共和国成立后第一流散文作品。杨朔曾经说过："我在写每篇散文时，总是拿着当诗一样写的。我向来爱诗，特别是那些久经岁月磨练的古典诗章。""好的散文就是一首诗。"他写的《雪浪花》被誉为诗化散文，是散文中的佳作，被收辑到学校的语文课本中。这篇散文佳作在《红旗》杂志上首次发表，跟父亲浩然有着直接的关系，它是由父亲亲自组稿编发的。

　　1961 年 9 月 1 日，时任《红旗》杂志社文艺编辑的父亲与正在北戴河休养的杨朔通了电话，约他为《红旗》写篇散文。杨朔爽快地答应了。

　　9 月 13 日清晨，父亲乘 65 次快车，赶往北戴河作家疗养所。在这里，父亲除了见到他要找的杨朔，还结识了闻捷、李纳、贺敬之、朱寨、菡子、朱丹、贾芝、华山等诸多的作家。

　　大概是杨朔也非常喜欢民间艺术，热情好客的他在父亲到达北戴河后，特意买来当天晚上的票，邀请父亲一同去观看皮影戏。自幼喜爱地方戏曲并深受其影响的父亲已多年没有看过皮影戏了，便十分高兴地与杨朔一同前去观看。这门比之以往已有了很大升华的民间艺术，把父亲又带回到丰富多彩的童年时光。

　　父亲在北戴河度过了十分愉快的 7 天，他与杨朔一起下海游泳，一起漫步在海滩、码头，还一起乘车沿海边进行了一番游历。

在北戴河作家疗养所，父亲与许多作家都进行了交谈，而谈得最好、时间最长，也最为畅快、深入的，则是与杨朔。几番畅谈，使父亲得到一种力量，使他更加明确追求，无休无止地追求，是摆在自己面前的一个重要任务；父亲的信心被鼓得足足的。在几天的接触中，父亲愈发感到杨朔是一位和蔼可亲的老作家，暗下决心要努力地向他学习。

9月19日，父亲带着杨朔那篇业经修改过的散文《雪浪花》手稿和自己在北戴河起草完成的小说集《蜜月》的后记及散文《车厢里》回到北京。《雪浪花》在《红旗》杂志文艺组受到大家的赞赏，第二天便发排了。

《雪浪花》的写作与发表，给杨朔带来了一定的光彩，但在几年后的"文革"中也给他带来了一些麻烦。父亲与他的好友、军旅作家胡世宗就曾说过这种麻烦。在胡世宗1981年6月5日的日记中，记载了如下的内容：

> 浩然讲到杨朔，《雪浪花》中的"啃"，是浩然建议改为"咬"的。"文革"期间，批斗杨朔，说这个"咬"字表现了对社会主义的仇恨。外调时，浩然坦荡地说这个"咬"字是他建议改的，他原来是用了一个"啃"字。

从《雪浪花》发表的一年后，父亲就开始创作他的长篇小说代表作《艳阳天》，接着就从《红旗》杂志社调到北京市文联，成为专业作家。大概在北戴河与杨朔见过那一次面之后，父亲与他就没有再见过面，因为在父亲的日记和书信中都没有找到与杨朔再次会面的记载，直到1966年7月。

1966年6月27日，亚非作家紧急会议在北京举行。在会议结束的7月9日晚上，周恩来、康生、陈伯达、陶铸举行宴会，父亲与杨朔都应邀参加，在宴会上两人同坐一桌，在一起陪同一位坦桑尼亚外宾。这是父亲与杨朔最后一次会面。两年后的8月3日，杨朔含冤去世，那一年，他仅55岁。父亲与杨朔的友情开始的较晚，因种种原因见面也很少，但这位早逝的长者却同他的作品一样永远活在了父亲的心中。

相见恨晚的同乡至交——管桦

相信五十岁以上的人对《小英雄雨来》这本书一定不会陌生，至少是有印象。这本书的作者就是管桦。

管桦是现代著名作家、诗人，原名鲍化普，1922年1月生于河北丰润县女过庄。父亲1932年生于赵各庄矿区。丰润县和赵各庄同属于唐山，两个人可以说是真正意义上的同乡。因为家境贫寒，在叔父的资助下读完高小后失学。1940年参加革命，第二年到冀东区的《救国报》任随军记者，开始在报刊上发表文章。后在剧团工作，写过歌词和剧本。中华人民共和国成立前夕，创作了《小英雄雨来》的第一章，中华人民共和国成立后，完成了全书的创作。这部优秀的中篇小说成功地刻画了雨来机智勇敢地与日寇进行斗争的英雄形象，深受读者的喜爱，小英雄雨来成为整整一个时代全国少年儿童心目中的英雄。在这部书的创作过程中，还受到著名作家周立波的热情支持和鼓励。1957年，管桦响应党的号召，回到冀东家乡落户，1963年调北京市文联。2002年8月17日在家乡逝世，享年81岁。

父亲在《红旗》杂志社任文艺编辑时，与管桦相识并建立起友谊，而且把这种友情保持到终生。

1961年8月29日下午，父亲到管桦在北京的家去组稿，不料想却扑了空。

10月9日下午，父亲再次前往，终于见到了管桦，这是两个人的第一次见面。在交谈中，父亲请管桦为《红旗》写篇小说。管桦爽快地答应了。不久，管桦回到乡下的家里，在走之前，曾邀请父亲一同前往，父亲因工作上的原因，未能成行。管桦在后来的一封信中对未能一同到女过庄深表遗憾。

小说写出后，管桦原定寄给父亲，凑巧要回京办事，便决定亲手交给父亲。

10月30日，管桦来到《红旗》杂志社，将他新完成的小说稿《葛梅》交给父亲后，便又返回他落户的家乡。

父亲很快看完管桦的稿件，决定 11 月 1 日到唐山找他，具体谈谈修改意见。

在去唐山见到管桦前的整个过程里，父亲遇到了一连串不愉快的事情：天一直都在下着雨，让人的外出行动感到极为不便；要处理许多事情，显得有些忙忙乱乱；没有买到火车票，等到上了火车，又误点，到唐山时天已完全黑了，找不到任何交通工具；忙乱中，粮票、钱、工作证全部被盗；等到了唐山地委时，已经过了下班时间，好不容易才找到人，住进唐山饭店……好似一切都预示着这一天不应当出门，让父亲感到有些沮丧。

第二天地委派车把父亲送到女过庄，见到管桦后父亲的情绪开始好转。父亲与管桦都显得有些"相见恨晚"的感觉，好似有说不完的话。当时，黄色的菊花正在怒放，鲜艳得煞是好看，让人看了顿感身心愉悦。就在这样的心情下，父亲被管桦领着在女过庄里参观、"游览"了一番。到了晚上，管桦在里间屋改写《葛梅》，父亲则在外间屋根据白天获得的一个素材，拟出了短篇小说《喜期》的草稿。两个人写一会儿，聊一会儿，吃一点儿胡萝卜，又接着写，再接着聊。夜间十一点，他们躺在床上准备睡觉，没想到却一直聊到第二天的凌晨两点半。

为了送父亲回城联系车辆，管桦三日几乎打了一个白天的电话，直到下午才终于打通，说好当天来车接，但等到夜晚也没有来，两个人决定明早骑车到唐山市内。

早上五点两人起床，吃完早饭便各骑一辆自行车上路了。往唐山市内赶路的时候，天还没有亮，灰蒙蒙的天，灰蒙蒙的地，灰蒙蒙的路，他们边骑边聊，不知不觉中迎来了朝霞，又接出了太阳，在不经意间竟与唐山地委派来接父亲的车擦肩而过而毫无知觉。不到八点两个人来到唐山交际处，立刻乘车到火车站，父亲带着修改过的《葛梅》搭乘上快车返回北京。

父亲在女过庄起草的短篇小说《喜期》刊登在《中国青年》1962 年第一期上。管桦很喜欢这篇小说，不仅觉得有纪念意义，而且读起来也倍觉亲切。

对于这次会面，给管桦留下了美好的记忆，他在后来写给父亲的一封信中说："这次来草舍虽时间很短，但谈得十分愉快而有益。"

从此以后，两个人的交往越来越多，相互间书来信往，管桦回京时，也必定要打电话告知父亲，约定时间见面，他们一同进餐，一同参加某些文艺方面的座谈会。因特殊情况而没有见上面时，便会感到十分遗憾。

父亲对管桦是敬重的，对他的作品也是关注和喜爱的。1961 年 12 月 23 日写给挚友杨啸的一封信中，就有这样一段话："请看一下《长江文艺》十月号上管桦同志的《雁池》，那篇东西对你改这篇小说会有启发。《雁池》里的人物有特点，留给人的印象是深刻的。"这段话虽然字数不多，但也可以让人体味出更多的内容。

父亲与管桦的交往在不断增多，关系也越来越密切，相互间也尽自己所能给予对方支持和帮助。1964 年 9 月，父亲调到北京市文联，成为专业作家，也与管桦成为同事，交往也就更多、更方便了。

时间转眼就到了 1966 年，这时候，政治形势越来越趋向严峻。

2 月 22 日这天，文联的专业作家们开了一天会，开展批评与自我批评。父亲很重视这个会议，把它作为一次小的整风看待，希望能回过头来检查、总结一下自己这一段的错误和缺点，使自己有所前进。在这次会议上，父亲还提出了管桦到越南去的问题。关于这件事，许多人都在背后议论，说管桦怕苦、怕死，才装作有病不肯去。这件事，不仅在北京的专业作家这个圈子里，而且在外边也传开了。父亲觉得这样很不好，应当在组织的会议上揭开这件事，请领导澄清一下，不要再背后议论。

"文革"开始后，父亲和管桦都被不自觉地卷入到政治的漩涡中。在这场触动灵魂的急风暴雨中，两个人始终站在一起，相互关心，相互帮助。

1966 年的 7 月 8 日，上级派下来的工作组宣布北京市文联无产阶级文化革命委员会筹委会成立，父亲与管桦都被推举为这个委员会的成员。7 月 26 日，正式选举筹委会时，父亲和管桦再次当选。

8 月 26 日这天，母亲杨朴桥给文联打来电话，告知父亲有一个人在家属楼里散布谣言，说她的家庭出身是地主。父亲听了非常气愤。管桦得知消息后给了父亲很大的支持，亲自到家里去了一趟，找到造谣人，制止了她散布谣言的行为。

父亲与管桦的关系虽然密切，在方方面面有许多一致的东西，但对某些具体问题的认识却存在一定的分歧，这常常让父亲为此苦恼着。

8 月 8 日，管桦在革委会提议把他从教育局得来的包括周恩来总理在清华大学的讲话在内的几份报告材料进行传达，结果引起了革委会的一场小争论，父亲一是怕来源不可靠，二是怕影响文化部的统一安排，没有同意。经过一番争论后，决定传达周恩来总理的讲话，而毛泽东主席的信则需要等等再传达。

有一次革委会学习了一天"十六条"，回头看前段时间组织的大辩论时，意见

1966 年浩然与李学鳌、管桦合影与天安门广场

发生了明显地分歧。父亲等人认为：中央这个决定主要精神是放手发动群众，大鸣大放、大辩论、大字报，彻底揭发已经暴露和还没有暴露的右派分子，也就是黑线人物；在这中间，使群众受到锻炼和考验，发展和壮大"左派"队伍，培养出一批非常革命化的革命接班人。而管桦等人却认为：中央这个决定就是大鸣大放，爱放什么放什么，这样可以让牛鬼蛇神跳出来，以便一网打尽。结果自然是谁也没有说服谁。难道真是自己的想法错了？父亲反复地读着"十六条"，反复地思考着，无论怎么琢磨还是觉得自己的看法对。父亲感到自己被副主任这个职务束缚了手脚，不能按自己的真实想法说与做，很是苦恼和着急。

1967 年 1 月，新成立的"北京市文联造反派联络站"夺了革委会的权，全面领导北京市文联的"文革"。革委会被宣布解散，因执行"修正主义反动路线"，父亲与管桦等几名原革委会成员被勒令老老实实交代问题，不仅被罢免了官职，还遭受到连续三个月的猛烈"批判"。

被"批判"了一段时间后，父亲也开始觉得包括自己在内的革委会确实犯了错误，认错了人，站错了队，走错了路，确实需要认真检查。有了这样的认识后，父亲开始替管桦着急。按照当时的想法，父亲觉得管桦对自己的错误太不以为然，对自己估计得太高，架子放不下。父亲认为管桦这样下去会自找苦吃，会因他的固执，而不能受到应受到的教训；希望他能起来揭发自己，这样，自己会感到更高兴，更轻松一些。

在产生这种想法的第二天晚上，父亲与管桦一同走着回家。在路上，父亲"触"了管桦一下，希望他能快点转变。

在此后的一次批判会议上，管桦作了一个发言，检查了自己的问题。这时的父亲对管桦是既爱又不满：爱他，主要是因为他的才；不满他，是因为有些思想不一致。父亲希望管桦能在"文革"的烈火中充分烧烧，否则，他是危险的。父亲希望管桦的资产阶级思想，他的资产阶级文艺思想，在这次"文革"中应当大破，来个彻底破产，而后获得一个新生。

也就在这次会议上，有人提出父亲、管桦和李学鳌是一个小集团，是"卑鄙"的一伙。父亲听完此话吃了一惊，"惊"过之后，心里倒也平静了，似乎明白这大概是"核心"问题了，也明白了自己的几次检查为何无法"过关"的真正原因。

尽管如此，父亲仍感到管桦的问题本来并不严重，可是他的抵触情绪太大，从而增加了对他处境的担心。

没完没了的"批判"，没完没了的"检查"，没完没了的当面的造谣诬陷，使得父亲无法再忍受，终于在忍无可忍的情况下，起来造了"造反派联络站"的反，并在1967年4月22日中午，与李学鳌成立了自己的战斗组织——"红色文艺战士造反队"。两天后，也就是24日便吸收管桦参加，三个人一起十分愉快地研究了今后的"战斗"方案。5月20日到故宫午门前参加完纪念"在延安文艺座谈会讲话"发表25周年大会后，又一起到中山公园漫谈以后怎么按《通知》、"社论"的精神紧抓大方向。

虽然在运动中有许多不顺心的事情，但是父亲与管桦仍能苦中找乐。

9月29日下午，父亲与李学鳌来到管桦家，约定第二天动身到父亲的故乡蓟县走一趟。他们三个人都觉得此行是很有重要意义的。可是到了第二天，李学鳌却没有按约定好的时间到管桦家。如同上天的特意安排，头天夜间从内蒙古到北京的杨啸给父亲打来电话。得知杨啸来北京的消息，三个人自然是兴奋异常，等与杨啸见面后，立即决定改变原计划，四个人一起去蓟县并立即出发。十一点半他们从京城骑自行车出发，到晚上七点半才赶到父亲姐姐家所在的蓟县潘庄子。

四个知心的好朋友在父亲的故乡忘记了烦恼，度过了丰富、愉快而又难忘的几天假期。他们先后去了潘庄子、刘吉素、王吉素几个和父亲关系密切的村庄；他们到盘山烈士陵园拜谒；他们还到父亲度过难忘少年生活的三郎寨走了一趟，在父亲曾经干过农活的山坡地上席地而坐，愉快地聊着天。三郎寨可以说是父亲走上革命道路的起点，二十年后重返这个地方，父亲产生了颇多的感想。晚上，他们像当地的农民那样盘腿坐在炕上，一边吃着花生，一边聊天，还一起写起诗来。

10月4日是他们返京的日子。这天早上他们吃过饺子就骑车出发了。他们一路走，一路讨论诗，下午五点多坐在燕郊一家餐厅里吃饭的时候，也没有停止这种讨论。六点多酒足饭饱后，他们又愉快地赶路，到北京已是夜里十点。

老天爷是公平的，正如他常常在人们的甜日子里不断地掺杂一些苦味一样，在人们的苦日子里，也会常常添加些许的甜味。父亲与管桦、李学鳌、杨啸在蓟县度过一个甜蜜难忘的国庆节后的几个月，又有一件喜事降临。1968年2月，管桦的大儿子应征入伍，成为一名光荣的人民解放军的战士。父亲和几个好友闻知消息后，十分欣喜，特意赶去为他送行，喝酒庆贺。

尽管父亲在忍无可忍的情况下，造了"造反派"的反，不用在被逼迫着没完没了地做检查，处境有所改善，但是某些人仍在暗地里关注着他的一举一动，随时准备发动再一次的"攻势"；或者进行一些旁敲侧击、指桑骂槐的活动。

1968年6月，某些人连续给管桦贴出大字报，提出要对管桦进行审查等问题。父亲觉得，每个人都有私心，都应当狠触灵魂；对任何人提出的审查要求，都应当抱着欢迎的态度，但是，必须以执行毛主席的革命路线为前提。这些人贴出的一些大字报，名曰是批判管桦，实际上是将矛头指向父亲。父亲感到这些人很卑鄙，下流之极。父亲特意把管桦约到北海，做他的思想工作，希望他能从大局出发，正确对待，用自己的行动不使局势恶化下去。当然，父亲对管桦能否接受他的意见是没有把握的。

随着军宣队和工宣队先后进驻北京市文联，1968年10月10日，北京市革委会决定撤销北京市文联这个组织机构。经过8个月的集中学习和"斗、批、改"，1969年5月31日，父亲与管桦一起来到北京市房山县下放劳动。尽管两个人不在一个下放小组，工作、生产也都很忙，但到县城开会时也还有相见的机会，见面时自然是有说不完的话，有时一聊就到了深夜，在这个时期，他们还同时通过书信保持着联系。

1970年1月，父亲被借调到北京市革委会农村工作组工作，暂时离开了下放地房山县，仍与管桦保持着书信联系。

6月25日，父亲接到管桦寄来的一份材料——那是他最近写的一个典型人物的材料。父亲看后立即给管桦写了回信并提出修改意见。

7月20日，北京市革委会的人给父亲往顺义县打来电话，要他推荐原文联能写王国福展览会解说词的人。父亲立即想到了管桦等人，于是推荐了管桦、李学鳌和姚欣三人。推荐完毕，与父亲没有什么关系了，但这件事却引起父亲心里的一丝郁闷。对于父亲来说，这丝郁闷是老毛病了，几年没有写作品，停笔太久，他太想写了。

几天后，父亲为给市革委会送材料，从郊区回到市内，特意到招待所看望了管桦和姚欣，他们因父亲的推荐在这里参加王国福事迹展览的筹备工作。

这一年的11月，父亲接到市委布置的一个写作任务，撰写一部王国福的传记小说。12日父亲来到王国福的故乡——大兴县大白楼村。这里的一切都是陌生的，幸好管桦、姚欣二人住在这里，给了父亲许多方便之处。当天晚上父亲便跟管桦、姚欣二人交换意见。在接下来的几天里，管桦和姚欣要么跟父亲一起采访有关人员，要么就向父亲介绍已经了解到的情况。26日，父亲得到市委的通知说，已决定调管桦去写焦庄户。相聚了不到半个月，两个人再一次分开了，但是只要有机会，他们还是经常相聚的。

11月29日下午，父亲来到管桦家，与几个朋友一起吃饭、聊天。由于聊的十分尽兴，忘记了时间，不知不觉就待到了很晚，早已没了公交车，只好住在管桦家。

12月20日，父亲从大白楼回到城里家中，管桦不速而至，又有几个朋友相继来到。于是，又是一番喝酒、吃饭、聊天。在聊天的过程中，父亲给他们讲了自己对《王国福》写作的构思。

时光飞逝，父亲与管桦都在创作与社会活动中忙忙碌碌。1976年10月粉碎了"四人帮"，一年多后，父亲开始受到江青的政治牵连，先是受到一些地方报刊刊文"批判"，后来迫于某种压力，第五届全国人大的代表资格也被取消。经历了生活上过多的磨难后，父亲没有就地卧倒，也没有"破罐破摔"吃老本，而是艰难地从跌倒的地方爬起来，而后艰难地大步前行。

父亲在创作上大步前行，作品一部部的创作发表出版，"官运"之星似乎也开始闪烁、明亮。而管桦则与父亲并驾齐驱，并给予了父亲很多支持。

1988年11月30日，北京作家协会第二次会员代表大会召开。12月2日上午预选作协理事，父亲是 53 名代表中得票最多的一个——获得参加投票的 90 余人中的 80 多张赞成票。在下午的大会选举中，父亲的得票又名列榜首：88 名代表参加会，一张废票，父亲得票 80 张。这样的结果，人们都理所当然地认为父亲会成为新一届的作协主席。然而，父亲出于种种考虑，觉得这个职位必须要让！

在晚上的主席团会议上，父亲第一个发言，推荐管桦为作协主席。由于父亲的推荐和其本身的名望，管桦成为北京作协新一届的主席，而父亲成为副主席。

在 1989 年 1 月底 2 月初的北京市第五届文代会上，父亲与管桦又被一同选举为北京市文联的副主席。

在 1990 年 5 月 5 日的北京作协专业技术职务评审会议上，父亲与管桦又一起以满票被评为一级作家。

进入九十年代末期，个别人针对父亲反映十七年农村生活的作品和"文革"中的所谓"政治问题"，掀起一股"争议浩然"的波澜。这些人"与时俱进"，甚至连父亲的书都没有看过，便根据自己的需要，随意开始剪裁、嫁接，拼凑起"罪状"来，而这样的文章竟也能在某些报刊上发表。对这些"醉翁之意不在酒"的言论，父亲看在眼里，一概不予理睬，不予回应，他坚信"乌云遮不住太阳"，"作家靠作品活着，作品靠真实活着"。针对这种情况，对父亲以及中华人民共和国成立初期我国农村情况都非常熟悉、已是北京市文联主席的管桦却无法再忍受，终于拍案而起，仗义执言了。管桦为了澄清是非，于 1999 年 6 月 24 日给中共北京市委领导写去一封信，阐述了对当时"争议浩然"现象的看法。管桦在信中指出，"（1）作品问题。批浩然表面是对作品，实际是对中华人民共和国成立以后共产党领导农民走集体致富道路的否定，他们把反映互助合作的作品与后来我们党的人民公社、大跃进混为一谈。……互助合作化的功劳是不能抹杀的，它是我们党领导农民走集体致富道路的一种探索，它是带领农民都富裕起来，绝不是要把农民推向苦难的深渊。互助合作化巩固了我国新民主主义革命的成果，它彻底粉碎了以土地私有制为基础的封建的生产关系，这种粉碎封建生产关系的革命，即使在资本主义国家也是要搞的。我们的互助合作化运动是为我国实现工业化、现代化提供了坚实的基础。我们今天的以家庭联产承包为主要形式的生产方式也正是在当年我们搞互助合作化的基础上进行的，它与中华人民共和国成立前即互助合作化以前一家一户的单干最大的区别就在于现在农民的土地是属集体所有，这正是当年互助合作化的

浩然与管桦合影

功劳。他们表面是批浩然作品，实际是对我们党 17 年农村工作的彻底否定。邓小平同志主持下的《关于建国以来党的若干历史问题的决议》对我党 17 年的工作已有了科学而准确的评价和结论。（2）关于"文革"中浩然的所谓政治问题。粉碎'四人帮'后，北京市委和中央对浩然进行了认真的调查核实以及他自己的认识是做了结论的，浩然任北京市作家协会主席，是北京市全体作家代表大会民主投票选举出来的，是北京市委认可的。他们攻击浩然当北京市作协主席是极'左'，这是否定我党对知识分子的正确政策。"

　　这封信引起了很大反响，先是被中共北京市委宣传部的《宣传通讯》刊载，接着又被河北省的《名家》转载。河北作家、浩然研究专家刘国震也在他的《管桦为浩然仗义执言》一文中指出："这封信，澄清了一些大是大非问题，批驳了某些人错误的政治立场和对于历史与文学的无知与偏见，指出了他们攻击浩然的实质所在，受到中共北京市委的肯定。人们也通过这封信，看到了这位正直的老一辈革命作家实事求是的勇气和坚持真理的高尚情怀。"

李学鳌：永远活着的"红五类"

　　怀揣美好梦想的父亲在向文学殿堂艰难跋涉的旅途中，几个工农出身的写作者成为他奋力追赶的目标，工人诗人李学鳌便是其中的一个。他们的榜样力量，对父亲所起到的鼓舞作用，是不可估量的。

　　按照阴历来说，父亲与李学鳌都出生在1932年，不过一个出生在年头的二月，一个出生在岁尾的腊月。李学鳌出生在太行山深处一个小山村的贫困农家。抗日战争爆发后，他的家乡成为八路军的抗日根据地，李学鳌参加了儿童团，做起站岗、放哨、送信等等的抗日工作。他自幼好学，但因家境贫寒，无缘读书学习，直到村里办起一个简易的抗日小学，才得以上学识字。14岁时，李学鳌离开家乡，到了晋察冀边区印刷厂当了排字工人，16岁加入中国共产党。1949年，李学鳌随工厂来到刚刚和平解放的北平，他如饥似渴地在工人夜校学习文化知识，写出许多反映工人生活的快板、小故事、诗歌等，登在工厂的黑板报上。1952年5月，李学鳌在印刷机旁第一次阅读到毛泽东主席《在延安文艺座谈会上的讲话》，从此更加清楚地认识到文学对革命事业的重要性。于是，他拿起笔来，把工人们的心里话，用诗歌的形式表现出来。同年，他的两首诗《写信慰问志愿军》和《光荣的任务》刊登在《北京日报》上。此后，李学鳌的诗作就屡屡出现在北京的主要报刊上，成为新中国第一代卓有成就的工人诗人。

　　从父亲和李学鳌早年的那些经历中可以看出，他们有着很多的相似之处，就连第一次阅读到毛泽东主席《在延安文艺座谈会上的讲话》，都几乎是在同一年的同一时期发生的。也许就因为这些原因，使得他们之间有着一种天然的不解之缘，尚未谋面就心怀好感；也成为他们日后形成挚友关系的基础。

　　早在父亲把李学鳌作为榜样，当成追赶目标之时，他们一个在河北，一个在北京，能够见面的机缘微乎其微。1956年父亲调到北京工作后，虽然一直很想与李学鳌

1972年浩然与李学鳌在人民文学出版社

相识，却始终没有得到机会。1959年4月15日，《北京文艺》编辑部打来电话，邀请父亲参加他们举办的在京作家春游活动。父亲接到通知后，很想在这次活动中与李学鳌见面相识，便打去电话，约他同行。李学鳌因工作太忙，不好意思请假，而无法参加此次活动。这让父亲十分失望，也使他们第一次见面的时间向后推延了两年多。在1961年12月19日北京市文联组织的"岁末联欢会"上，父亲才第一次与李学鳌相识，随着相互联系和了解的增多、深入，感情日渐加深，最后发展为挚友。

1962年，李学鳌从工厂调入北京市文联，两年后，父亲也来到这里，两个人成为同事。他们之间的友谊之树在随后不久发生的那场"文革"的风风雨雨中深深地扎下了根子。

"文革"开始后，父亲和李学鳌都因历史清白被工作队推选为北京市文联革委会筹委会的成员，接着又被工作队指定为北京市文联临时党组成员。半年后，他们这两个"革命同志"，被北京市文联的"造反派"打成"刘、邓资产阶级反动路线"的执行者，遭受到夜以继日地揭发、批判。

在那被批斗得焦头烂额、狼狈不堪、十分难熬的倒霉日子里，在那大势所趋的情形下，李学鳌表现得一直不那么"驯服"。尽管他也在会场上听着那些"批判"，但决不承认自己执行了"反动路线"。面对"批判"，李学鳌不是横眉冷对，就是插言辩白或反驳，软硬不吃，闹得"造反派"没有办法对付他。结果使得批判会没完没了地开下去，父亲等人也得跟着陪绑。

"文革"进行到最激烈的时候，作家们都必须"触动灵魂"的"斗私批修"会开得让人晕头转向。在会议上，一些人痛心疾首地咒骂自己的肮脏和丑恶，而轮到李学鳌发言时却跑了题。他当着众人的面，郑重其事，而又泰然自若地讲起他的苦难家史和个人光荣成长史。他的发言被打断，被训斥为"不分香臭的评功摆好"，受到个别谈话和轰炸式的会议"帮助"。当时，"造反派"的势头正猛，给他们撑腰的宣传队掌握着生杀大权，李学鳌处在一种十分不利和危险境地中，这使得父亲很为他担忧，就利用一次饭后散步的机会劝告他：应该设法应付过去，免得被揪住不放。不等父亲把话说完，李学鳌就气恼地声明："我们得实事求是，不能为了过关讨好，就给自己栽赃。"父亲继续开导："大家都批判的名利思想，你没有吗？"李学鳌回答："我是为革命写诗，不是为个人名利。这两者有根本上的区别。我们得分析分析，不能全批全骂。一个作家就应当有为革命为人民立功建业的荣誉感。爱护自己的名声，就是爱护自己的人品人格。谁也不能损坏我的名声，我更不能自己糟践自己。那样太自私，太可耻……"在以后的会议上，李学鳌仍然讲他的那一套。工作队对他这样一个"工人出身""历史清白"软硬不吃的人毫无办法，最后只能不了了之。李学鳌被有些人无可奈何地送了一个外号——"红五类"。

在共患难的逆境中，父亲与李学鳌的交往越来越密切，感情也越来越深厚。运动轰轰烈烈进行之时，他们结伴尽自己的力量保护一些老作家；他们结伴为了同一信念组织了自己的革命"战斗队"；他们结伴冒着风险到家中探望正受"冲击"的郭小川、贺敬之、张志民等人；他们结伴到京郊农村参加劳动、采访、辅导农村业余作者；他们结伴共同创作，在1968年1月1日的《人民日报》上发表了特写《闻风而动的人们》，这篇文章是两个人数十年创作生涯中，唯一的一次合作的作品……

在因执行"资产阶级反动路线"受批判时，文联的一对夫妻"造反派"曾在会上提出：浩然、管桦和李学鳌是一个小集团，是"卑鄙"的一伙。企图将矛盾性质往"敌我"方面转化，定性为"反党集团"。对于这种无稽之谈，他们的目的当然不会实现。父亲和李学鳌、管桦虽然不是什么"小集团"，但他们的关系确实很亲密，这种亲密关系是建立在对理想信仰的共同追求和人品人格相互了解基础上的。1967年9月底，脱离被连续批判、检讨处境不久的父亲与李学鳌、管桦商定，这一年的国庆节一起到父亲的故乡蓟县度过。他们三人都认为此行有着重要的意义。一切都好似上天的有意安排，临出发的那天早晨，因李学鳌有事迟到，未能按时启程。就在这个时候，头天晚上才从内蒙古来北京的父亲的另一个挚友杨啸出人意料地给父亲打来了电话。杨啸此时来到北京，对父亲、李学鳌和管桦三个人来说，不啻喜从天降。尽管当4个好朋友会合在一起时已近中午，他们仍决定立即出发奔蓟县。80多公里的行程，4个人边骑着车，边畅快地聊着天，晚上7点多才到达目的地。在故乡，父亲带着杨啸、李学鳌、管桦三个人到西潘庄、刘吉素、王吉素等与父亲有着特殊关系和感情的村庄里探亲访友，到盘山烈士陵园拜谒、游历，还登上了父亲度过难忘的少年生活的三郎寨半山坡，看父亲少年时代亲身耕种过的土地和看护过的果树园，听父亲给他们讲述少年时代的生活；他们还悠然自得地在山坡草地上半躺半坐地摄影留念。他们在一起谈天说地，吟诗论文。他们在乡村度过了轻松愉快且终生难忘的4天。他们太高兴了，在回北京的路上，他们一路走，一路继续兴致勃勃地谈笑，谈几天来的见闻、趣事，谈论文学创作，预想这场"文革"会在何时结束……总之，他们有着说不完的话，完全把当时社会上的混乱情形忘到了九霄云外。他们走了10个小时，才回到京城。虽经一百多里的长途跋涉，却丝毫没有倦意。

北京市文联被撤销后，父亲于1969年到京郊房山县周口店公社新街大队下放劳动，李学鳌则下放到位于北京南郊南苑的北京第二轧钢厂当了轧钢工人。人虽然暂时分离了，但心还是在一起的，他们保持着经常的通信联系，都时常惦念着对方，盼望着对方的来信。李学鳌曾在一天的日记中写道："非常高兴地接到浩然、管桦从房山县革命委员会寄来的信，读着信，比见面还亲切。"而李学鳌写给父亲的信中，更显示出思念之情。在1970年3月22日的一封信中，李学鳌写道："此刻，我又把你在顺义给我写的信读了一遍，心中老是热乎乎的。这几天老盼着你回来的消息，希望见见面，再好好谈一阵，但一直不知你今在何处？何时回京？你哪天回京？有空？通知我一下。"而在4月8日的一封信中则写道："今天是我入党廿周年的日子，多么想和你谈谈心啊。这些天忙得什么也顾不得想。今天我到北京钢厂印材料。此刻，那份改了几十遍的倡议书正在印刷，耳边响着隆隆的印刷机声，我坐在排字间的案头给你写几行字，想写的很多，可不知从哪儿写起。心里很激动。但是激动过劲，又有点平静了。此时，印刷机正在转动，我的心也在转，在走，走到了顺义南彩的农舍里，谈呀，说呀，没个够。想拿起电话筒给你打个电话，可又怕找不见你。说了些什么呢？我自己也不知，这些天太缺觉了。今晚印好材料，估计二三时可睡。明天脑子清醒了，再写点什么吧。"

1970年6月底，父亲乘长途车换乘几次来到位于京郊密云的沙厂铁矿，看望已被抽调到北京市冶金局政工组工作并正在矿山采访、写作的李学鳌。两个分别许久的朋友重逢，有着说不完的心里话，白天没有谈完，夜间又在矿区铁路旁聊到很晚才回屋休息。两天后，父亲打算告辞回城，在李学鳌极力挽留下，只好又住了一天。那一天，淅淅沥沥地下着小雨，依依惜别之情，更使心中的惆怅之感油然而生。

在如此的心境中，父亲给李学鳌作了一首小诗，其中两句是："临窗并坐观风雨，相嘱行路倍小心。"词句中所包含的深意与深情，是不言而喻的。

1970年8月5日早晨，下了一夜的狂风暴雨停歇了，雨过天晴，一片艳阳。就在这天上午李学鳌突然来到正在京郊顺义县南彩公社协助工作的父亲的住所，望着自己的好友不期而至，父亲很是惊喜，放下正在写着的材料，同李学鳌聊了起来，他们聊着自从上次分别后各自的生活和工作，聊着已经停笔好几年的文学创作，聊着双方都感兴趣的一些话题……吃过午饭后，父亲又带着李学鳌来到箭杆河边，坐在依然有些潮湿的河堤上，望着流淌不息的河水，没有任何干扰地继续着没有谈完的话题，他们一直聊到傍晚，李学鳌才依依不舍的坐车返回了城里。

父亲与李学鳌的感情至深，其中一个很重要的原因，是因为他们之间有着太多的相似之处和共同点。除了早年间的那些经历外，他们还有着共同的理想，共同的抱负，共同的写作目的。无论在何时何地，何种境遇中，他们都不愿放下手中的笔。他们的人生和文学之旅都坎坷不平，充满着荆棘和艰险。父亲在1967年9月24日的日记中有这样一段话："傍晚，学鳌打电话来。他要求几个月时间写东西。本来可以答应他，又怕这样不好。几年来他是受压制的，一直没有得到写作时间。"李学鳌曾受到怎样的压制，因何一直没有得到写作时间呢？在李学鳌1969年6月4日的日记应当能够给出一定的答案：

> 我原是干印刷的。从14岁起在印刷厂干了16年。后来领导上调我到文联来当作家，可是并没有给写作时间。到文联不久，文联领导说："工业部门正搞'五反'，很重要，你去参加吧。"于是到工业部门待了一年，还未及写什么，领导又说："'四清'开始了，很重要，你去参加'四清'吧。"于是我又去搞"四清"。回来参加了半年机关的文艺整风。援越抗美斗争任务来了，要派文艺干部随部队出国参加战斗。领导说："随军出国参加战斗，很光荣，也很危险，这也是对一个党员的考验。你去有没有困难？""没有困难，我坚决去！"于是又随部队到越南去了半年多。从越南回来已是1966年1月了，还没坐下来写，领导上又说："西南建设很紧张，你去那里3年至5年。"于是我又去西南参观、认门牌。回到文联机关已是1966年5月，"文革"开始了。……

父亲与李学鳌还有一个共同的特点，就是在他们以及其他的好友身上都没有那种流传久远的"文人相轻"的陋习。他们之间相互探讨创作问题，相互征询对自己作品的看法；他们坦诚相见，心口如一。他们对好友在创作上取得的成绩，发自内心地感到高兴，对遇到的困难，不由自主地产生忧愁。

1968年10月15日，北京市文联被撤销，作家们开始集中"斗、批、改"。父亲与李学鳌来到北京西郊教育行政干部管理学校，参加"斗、批、改"学习班。一天吃过晚饭，父亲和李学鳌到学校的桃园里散步聊天，不知什么引起他们又谈起创作问题，谈到对这个事业有没有信心的问题。在以往的一些聊天中，父亲从李学鳌的言谈里总觉得他的劲头不足，因而为他的写作有些担忧，但是他在这次的聊天中却表现得很有信心、有劲头，这让父亲从心里替他高兴。

1971年1月7日，正在京郊大兴县大白楼村紧张撰写长篇人物传记《王国福》的父亲收到李学鳌寄来的一份《光明日报》，那上面发表了他的一篇散文。父亲看着报纸上李学鳌的文章，让他既高兴又羡慕。高兴的是好朋友不仅在嘴上表示很有信心、有劲头，在行动上也是如此而且还出了成果；羡慕的是自己目前虽然也正在紧张地进行着创作，但何时能完成，何时才能与读者见面，都还是个未知数。就在这一年的5月，他们一起重新返回文学创作岗位，调入北京市文化局创作评论组。几个月后，他们又先后住到人民文学出版社，进行文学创作。

在出版社的那段日子里，父亲和李学鳌时常一起讨论各自的创作。在最初的时期，李学鳌又开始显得犹犹豫豫，深入不进去，成了父亲的一个精神负担。对此，父亲只能对他进行鼓励，希望他能够写得顺利，并在心里打定主意，无论如何也要促他写成功！不久，李学鳌打开了思路，顺利地写下去了，父亲由衷地为他高兴。在以后的几年间，父亲

六十年代末期浩然与李学鳌在北京文联大门前

和李学鳌、杨啸又相伴着在人民出版社兴隆街招待所和承德避暑山庄进行写作。

父亲和李学鳌等好友间的关系是亲密融洽的，相处起来无拘无束、随便自在，有的时候还开一些略带孩子气的玩笑。

20世纪70年代的一天，父亲与杨啸等几个好友在家里聚会，李学鳌姗姗来迟。在等待他的时候，似乎是杨啸首先提议替他"创作"一首诗，于是几个人便你一言我一句地"凑"了起来，抄写在一个当时义利食品厂出产的"甜圆面包"的纸包装袋上；也许就是因为受了这个包装袋的启发，所有"诗句"都紧扣在"甜圆面包"这个主题上。"诗"是这样写的："甜圆面包甜，甜圆面包圆；甜圆面包真甜，甜圆面包真圆。李学鳌作"。当李学鳌来后看到他的"佳作"时，笑得前仰后合，其他的人也都捧腹大笑，这几个大人就像是一群天真烂漫的孩童，开怀大笑。尽管这件事情已经过去了几十年，当时在场的人也有许多已经作古，但每当回想起那时的情景，仿佛就发生在昨天，仍能感受到那种欢快、愉悦、亲密的气氛。

无论是对待成年人还是孩子，李学鳌都能自然而然显露出他的诚恳和热情。笔者小时候，常随父亲到李家串门做客，由于常来常往，早已没有了生疏感和拘谨感，自在而随意丝毫也不会客气，但每到吃饭的时候，李学鳌和他的妻子李淑英总是要热情地询问我爱吃什么菜，劝我多吃，并不断地给我往碗里夹菜。李学鳌夫妻发自内心体贴和照顾，不仅使得他们自己不能很好地进餐，也使得父亲与李学鳌无法正常的"边吃边聊"，有时也会使我感到不能很随意。尽管父亲一再申明不希望他们如此地特殊照顾我，但仍然回回如是。最后父亲只能无奈的戏言道："一到吃饭的时候，李学鳌两口子就开始'哆嗦'。"几十年过去了，笔者和李学鳌相处时的许多情景都还能清晰地在头脑中映现出来：他带着我到郊区看望正在那里写作的父亲；他带着我在节日里去游园；他和父亲带我一起到农村参观、采访。特别是坝上草原之行，更使我难以忘怀。那是1973年的夏季，应时任承德市委副书记翟向东的邀请，父亲与李学鳌、杨啸一同赴承德进行文学创作；学校放暑假后，我也到了那里。8月初，在翟向东的陪同下，我随着父亲等人到塞罕坝草原参观访问。我跟随着他们采访草原上的农牧民，参观御道口牧场、塞罕坝林场和红山军马场等地。由于父亲接到北京市委让他速回北京的电话，不得不提前结束这次的坝上之行。在回程的路上，大雨后的山洪致使河水上涨，我们乘坐的吉普车在河中央意外地熄了火。由于我前几天因扁桃体发炎曾经发过烧，李学鳌怕我沾凉水而引起病情复发，就脱了鞋，

浩然与李学鳌和孩子们在一起

卷起裤腿，把我一直背到了河岸上。

　　李学鳌的自尊心和荣誉感相当强，不能容忍他人对他名声的诋毁和玷污。在品德和生活小节上，他对自己要求也十分严格，有时不免有些小心翼翼的拘谨。就在他拘谨起来的时候，也显露出一种可爱的纯真。这反倒使父亲增加了对他的崇敬之情。在20世纪80年代初，李学鳌的肝部开始患病，尽管不传染，但他仍十分注意着每一个细节，注重着他人可能产生的感受。那个时候，他经常和一些朋友到家里来聊天做客，但每次来，他都不再用家里的杯子喝水，无论别人如何劝说解释，他都坚持着这一点；不管朋友间的谈兴多浓，一到吃饭的时候，他就要告辞。尽管有时被强行留住，但他总是在趁人不备的时候偷偷"溜走"。面对固执的李学鳌和他固执的行为，父亲只能无奈而又"生气"地说一句："这个人哪！"

　　1986年11月9日的晚上，父亲接到李学鳌打来的电话。李学鳌告诉父亲，他正因肝炎住院，但是不让父亲现在去看他，等他好些，有兴致说话，或不行了再来。他还对父亲说：咱俩得有一个活着，好好地活着，给咱们这一代工农作者争气。李学鳌的话不仅让父亲心里很难受，也感到了一些凄凉。

　　李学鳌后来又住了几次医院，父亲也多次前去探望。在医院的病房里，面对前来看望的父亲，李学鳌大发议论："建国几十年，我们出了那么多好作品，怎么能够全都一笔勾销呢？甚至连老祖宗的文化传统都给骂得狗屁不如。这要干什么？他们不是也在大讲创作自由、百花齐放吗，为什么只许他们自由、只许他们放，而民族的东西，老百姓看得懂、喜闻乐见的东西都排斥？乌七八糟的东西倒给吹上天……这样的全盘否定、良莠不分，绝不是哪个人的悲剧，而是整个文坛的悲剧……"听了李学鳌的话，使父亲的心里深感沉重，同时更增加了忧虑。

1989 年 9 月 6 日，年仅 56 岁的工人诗人李学鳌因病去世。

李学鳌的长女李海鸥通报这一不幸消息的电话是我接的，由于太过于突然，又是第一次经历这样的事情，我不知也想不起来应当说些什么得体的话，只是机械地"嗯嗯"地答应着。那天海鸥说了很多，许多话现在已经记不清楚了，但是有两句话却刻印在我的脑海中，而且永远也不会忘记。她说："告诉浩然叔叔，我母亲身体很好，不要为她担心；让浩然叔叔不要太难过，一定要保重好自己的身体！"这两句表面上看似简单，略显客套的话，包含着海鸥代其父亲转达的强烈期待和愿望。对其中的深意，随着时光的流逝，我内心的感触愈发深刻。父亲没有辜负李学鳌的期望，没有给他们那一代工农作者丢脸，经过奋斗，在文坛上第二次崛起。而且始终没有放下手中的笔，直到再也拿不动为止。

那几天，父亲正巧到承德参加一个活动，无法取得联系，直到 9 月 10 日回到他暂居的河北三河县段甲岭镇，才得知这一不幸的、出乎意料的消息。

9 月 16 日，父亲起早从段甲岭赶回北京，参加好友李学鳌的告别仪式。当父亲来到北京八宝山革命公墓的休息室里，看到李学鳌的妻子李淑英时，想到自己与李学鳌交往的那些往事，忍不住地痛哭起来，专程从内蒙古赶来吊唁参加告别仪式的杨啸见状，赶紧强行将父亲拉到了另一间休息室。父亲因李学鳌的去世难过上火，血压陡然升高。杨啸见他因血压高而满脸通红，对他说："你血压这么高，就不应该来了！"父亲说："学鳌走了，我就是爬，也要爬来见他最后一面。"

对于李学鳌的早逝，父亲认为是因他内心怀着"深深重重的苦闷，以至于这苦闷最后压倒了他……学鳌是揣着未解的哀怨和忧困死去的。"

李学鳌去世后，父亲并没有及时写出悼念文章，这不是他不愿写、不想写或没的可写，而是因为他们交情最深、交往最多的阶段是在"文革"期间，而这段时间却忌讳太多，几次动笔都半途而止；勉强写出，又唯恐对不起他的这位老朋友。直到 1992 年，父亲才连续写出《李学鳌还活着》《回忆学鳌二三事》两篇悼念追思文章。在这两篇文章中，父亲对他这位挚友的评价是："李学鳌是中华人民共和国成立后我们党培养出的第一代颇有成就的著名诗人。他几十年如一日地坚持实践毛泽东文艺思想，坚持深入火热的斗争生活，坚持对诗歌艺术的探索与攀登，发表过大量的抒情诗和叙事诗。学鳌的诗，学鳌的成功，记录下时代的最强音，推动了诗歌事业的发展；同时，也给众多的工农大众中的文学爱好者树立了榜样，增强了实现理想的信心。李学鳌还活着，凡是对祖国有过奉献功绩的人，都不会被遗忘！"

2000年，作为北京作协主席的父亲，又硬撑着病体主持召开了"李学鳌纪念会"。

在李海鸥、李海燕和李海波姐弟三人为他们的父亲所撰《太行山的儿子——诗人李学鳌的文学道路》一书即将付梓之际，父亲应约为这部书作了序。在序言的最后，父亲写道：

> 李学鳌同志，共和国不会忘记你，人们不会忘记你。
> 我们将永远在一起，为社会主义的事业放声歌唱！

是的，他们会永远在一起，会永远结伴为社会主义事业放声歌唱！

从未言谢过的导师——巴人

在父亲半个世纪的写作生涯中，共出版了八十余种著作，而他的第一本书，就是作家出版社 1958 年 5 月出版，前后三次印刷，共发行五万册的短篇小说集《喜鹊登枝》。这部书的责任编辑就是时任作家出版社总编辑的巴人。

巴人的原名叫王任叔，生于 1901 年，是中国现代作家和著名文艺理论家。在 20 世纪二三十年代，他的小说就风靡一时；1924 年他加入共产党，开展革命斗争；抗战期间，他跟郁达夫一起在南洋坚持对敌斗争，在华侨界颇有威望。中华人民共和国成立后，巴人任我国驻印度尼西亚首任全权大使，卸任回国后，从 1953 年担负起作家出版社和人民文学出版社的领导工作。他最为有名的著作就是写于 1939 年至 1940 年的《文学读本》，1949 年海燕书店再版时，改名为《文学初步》，1953 年修订后，又以《文学论稿》为名，由新文艺出版社再次出版。这部书是我国较早出现的文学理论著作，论述和材料都比较全面，并努力用马列主义的观点解释文学领域的各种问题。这部书多年来出版、再版数次，屡出不衰，流传广泛，影响极大。父亲自然也是这部书的忠实读者。

巴人是父亲初学写作时期所知道的第一个文艺理论家。那时父亲在农村基层当干部，一边补学文化，一边练笔写作。1951 年，父亲在通县专区参加团地委举办的短期训练班，就在学习期间，与下乡工作的《中国青年报》记者唐飞虎相识，这是父亲平生见到的第一位记者。在交谈中，父亲询问写作的窍门，唐飞虎对父亲说："窍门儿，就是成功作家们的成功经验，即多写、多读、多生活……读作品，也要读点理论，比如文艺理论家巴人同志有一本《文学初步》，就很通俗易懂，读一读可以学到许多创作的基本知识……"这是父亲第一次听到巴人这个名字。

训练班结束后不久，父亲下乡到蓟县别山镇，在一位文化教员的桌子上发现一本海燕书店出版的《文学初步》，便借来阅读。后来，父亲用节省下来的伙食费，在县城里买到一本新文艺出版社出版的《文学论稿》，又重读一遍。当时，父亲的理解能力比较低，生吞活剥了那本 490 页的厚书，很久都处于一种似懂非懂的状态。但在几次阅读后，父亲那幼稚而又空白的头脑里不知不觉地印下了诸如"艺术起源于劳动""艺术作用于社会和人民"，还有"形象""典型""风格"，以及"语言艺术"等等许多基本知识的概念，父亲开始用严肃的态度对待文学创作的学习和钻研。

1954 年 6 月，父亲调到《河北日报》任记者。1956 年春节期间，父亲利用假期再次细读巴人的《文学论稿》。因为有了一些生活写作的实践经验，此番重读这部书比以前的那些次读，显得容易理解，读起来更觉得有意味，感受也更加深刻。父亲从短篇小说试笔，写农村"爱社如家"的好饲养员，"一心为公"的监察委员，"破旧习、立新风"的新式的青年妇女，"勤俭办社、大公无私"的好干部。由于写的内容都是父亲以往在农村、在农业生产合作社里的所闻所见，而且是受了感动的东西，加上读巴人《文学论稿》获得的理论指导，所以新写出的小说在思想和艺术上都有了明显的提高，父亲的作品上了一个新的境界和层次。

1956 年 9 月，父亲从《河北日报》调到北京的《俄文友好报》。几天后，他得到一沓听报告的票，其中一张就是巴人主讲鲁迅先生思想发展问题的。父亲怀着激动的心情，专为看一眼受过其教益、未曾谋过面的巴人，东扑西撞地找到中山公园音乐堂。只可惜那天的座位离主席台很远，没有看清巴人的面孔，又因辨别语音的能力差，扩音器的质量也不好，对他那一口浓重的宁波话没有听懂几句，很感到扫兴，也颇为遗憾，甚至有些难过。

1957 年，在中国的大地上开始了轰轰烈烈的"反右"运动。运动结束时，父亲被以"不务正业"，总想写小说为罪名，推上重点检查"个人主义"的位子。好不容易熬过了关，又被列为"编余"人员，要被分配到遥远而又陌生的《太原日报》当工业记者。

在报社的饯行宴上，父亲多喝了几杯，很晚才回到家。他独自苦闷地呆坐在写字台前。看着写字台上的那些书、稿，心里忽然一动，想把一些已经发表过的短篇小说，交给出版社去碰碰运气。于是，父亲挑出 11 篇小说稿，匆忙地写了一封自我介绍的信，第二天早起就送到作家出版社的收发室。

1958 年 3 月，父亲在等待鉴定和调令时，收到作家出版社一封信：

浩然同志：

你的短篇小说集《喜鹊登枝》，我们决定采用。

我们想打破过去的"内容说明"的那套办法，希望作家自己写一点前言、后记，谈谈写作经过或发表些什么意见。为此，特请您能于最近写些什么，寄给我们，以便于三月内发稿。

此致

敬礼

作家出版社第一编辑组

三月三日

过后父亲才得知，这封第一编辑组的信是巴人亲笔写的。

一位名叫贾玉江的记者同事得知消息，出于对父亲的同情，拿着这封信去找报社领导，指责他们不该把父亲"编余"，领导也觉得把个能出书的记者"编余"了可惜，于是父亲被留在了报社。

接到出版社的信，父亲正考虑"前言"或"后记"如何写的时候，一天上午，

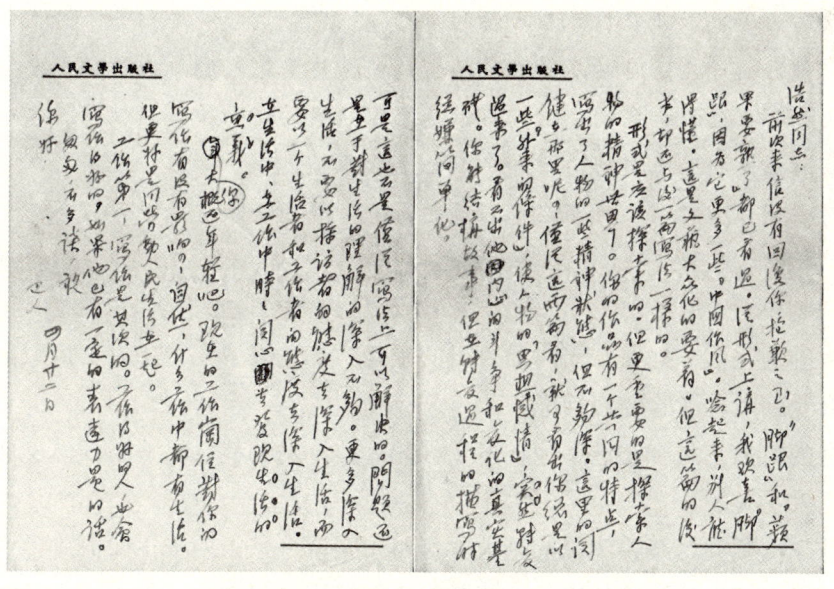

1958 年 4 月 22 日，巴人写给浩然的信书信

忽然接到巴人亲自打来的电话："……我要亲自给你当责任编辑。你有什么意见就跟我说吧。……"

喜出望外的父亲激动得几乎说不出话来，放下电话立即给巴人写了封信，诚恳地要求他给自己的作品指指毛病，表示愿意修改后再出版。巴人收到信后，立即给父亲写来复信。

为了父亲第一本小说集的出版，巴人开始频繁地给父亲写信。每当他在那些还显幼稚的文稿上改动一个字，都要写信说一说，这不仅仅是为了通知父亲改了什么地方，而且还告诉父亲为什么要改动这些词汇。父亲反复地读着这些信，并找来原稿与巴人加工的地方前后连起来看，获得很大教益。巴人这种字句推敲、一丝不苟的认真负责精神，对父亲影响是深远而长久的，父亲始终都在努力地学着他的样子做。

巴人诚恳地指导，使父亲很感动。作为思想深远的理论家巴人，对年轻作者关怀备至，也对年轻作者有着透彻的了解，对父亲的下一步早有预料，并及时地写信警告：

> 你是有写作才能的。文章风格清新可爱，对新事物有敏感。你这小说集中，确实写出了我国新农村的新人物的新面貌。
>
> 以后，你应注意的是对人物的新的精神要更深入的加以挖掘，使每一个新人物都有自己的鲜明的个性。不仅是表现一般的新面貌和新精神。在这里，就需要有强大的艺术概括力量和丰富的生活基础。
>
> 希望你继续写。可能在你写作的再一步提高和跃进的时候，会遇到一些困难，或者写得更差了。但不要失却信心，突破这关，就会百尺竿头，更进一步！

巴人的这些话，把父亲当时最急需的东西，都送来了：自信心，进取的方向，以及将会受到困难考验的精神准备。

不久的后来，父亲知道了他那本《喜鹊登枝》的书稿，是非常偶然又非常奇巧地到了巴人手里的。

在作家出版社当小说编辑的诗人方殷对父亲说，巴人对上下班制度遵守得非常严格，每次上班来就认真地工作，一刻都不空闲度过。有一天他上班来的时候，不小心把腰扭伤了，一坐下来就疼痛难忍，只得回家休息。回到家的巴人又不忍让时间白白空过，就给编辑部打来电话，让送一点短小的、看着方便又轻松的书稿给他看。总编辑是审阅定稿的，偏巧当时没有巴人要求的那种书稿。就在这时，父亲的《喜鹊登枝》经编辑初审后送到了总编室，于是就被当作让巴人"随便翻翻"、消磨时间的书稿送了过去。靠着被窝枕头半躺在床上的巴人拿起稿子，第一篇就是看着最轻松的《新媳妇》。巴人看了十分喜欢，一气看了全部书稿的一半。他立刻给编辑部打电话详细询问作者的情况。当他知道父亲是一个二十多岁的青年作者，并且是谁都不知道的一名新手时，就越发有了兴趣，看完整个稿件就主动提出要亲自担当责任编辑，亲自编选、加工和校对。

四月七日的《文汇报》上，发表了巴人撰写的《读稿偶记》，这是一篇向读者推介《喜鹊登枝》的文章。在文章中，巴人写道：

> 小说共十一篇。每篇都透露着新生活的气息，自己好像置身于新农村里，看到了一个个精神饱满、积极、勇敢而又活泼的青年男女，也看到了一些笑逐颜开、正直、纯良、从旧生活和旧思想中解放出来的年老的一代。所有小说的基调是充满乐观主义的精神的，是新生活的颂歌。读了以后，好像自己也下一次乡了。

巴人在这篇文章的最后写道：

> 作者是一直受党培养长大的青年，作品也大都在报刊上发表过，结成集子一看，倒显出它一贯的乐观主义的基调和明净流畅的心情，略为加一些工，付印了。我希望不久，它就像新媳妇似的出现在读者面前。

事前，巴人并没有告诉父亲他写了这样一篇文章。在这篇文章里，巴人给了父亲许多诚恳的鼓励，寄托了殷切的希望，对父亲起到了很大的鼓舞作用。父亲把它作为前进的力量，而没有作为自满的资本。

在许多同事都为父亲高兴的同时，也引起了某些人的"不满"，父亲的顶头上司就是其中的一个。别的同事为父亲取得的成就感到高兴时，他说别人无聊。当巴

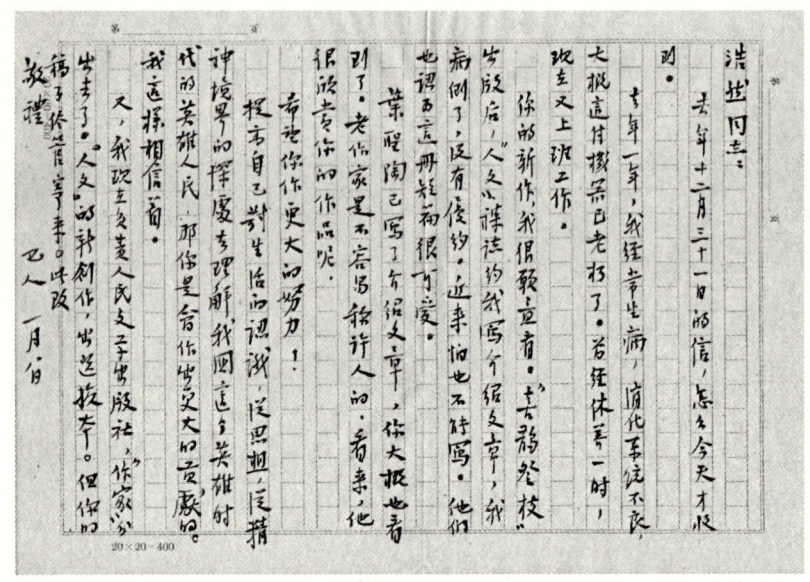

1959 年 1 月 8 日，巴人写给浩然的信

人写了推介文章，他又说巴人的手段是卑劣、可耻的，写的文章言过其实；说巴人正搞小集团，培养私人势力，他要写信抗议；并且向别人了解："梁浩然为什么写东西这么快，是不是有抄袭行为？"……然而，这位顶头上司既没有看过巴人的文章，也没有看过父亲的小说。

《喜鹊登枝》在 1958 年 5 月出版，这年的《读书》第十四期上就刊登出叶圣陶的《新农村的新面貌——读〈喜鹊登枝〉》一文。父亲对这一篇文章的写作、发表同样不知情，只是偶尔翻阅报纸时，看到登载的广告才知晓。巴人和叶圣陶两位文学前辈的热情推荐，如同给《喜鹊登枝》插上了翅膀，很快就在新华书店里销售一空。而在当时如上海的《萌芽》、武汉的《长江文艺》、西安的《延河》等等很有影响的文艺杂志，也都纷纷给父亲发来约稿信。原来几家有来往的杂志则对父亲更加信任，几乎是寄稿必登，大多数篇章都排在头条，或排在显著位置。父亲可以说是一炮打响。

小说集出版后，巴人仍关心着父亲，保持着通信联系。当父亲在创作的追求和迈越的时候，陷落难关，最后终于得以闯过，这跟巴人的提示是分不开的。报社的个别领导，对父亲写小说极为不满，不仅不给父亲提供各种可能的便利，还处处制造一些人为的障碍，使父亲与正在不断发展变化着的现实生活发生脱节，素材仓库日渐干涸，这使父亲极为苦恼。有一次给巴人写信，父亲诉说了这种苦恼，也发了一通牢骚。巴人很快就回了信，对父亲进行了十分有力的指导。巴人是文艺理论家，他不作居高临下的姿态，不讲空泛的大道理，而是同父亲站在一起，使用一些能听得懂、看得明白的语言，设身处地帮父亲得到切实的解脱。他写道：

> 工作与创作，有时是会发生矛盾的，尤其是坐办公室的工作是如此。创作者必须生活在人民中间，以便不断丰富生活，吸取新的人民的思想感情。但在不能完全解决这矛盾的时候，我认为有两个办法（一）经常下去和劳动人民多接触一些，并在我们参加劳动的制度下争取下去参加。（二）此外以一定时间来积累生活，并在工作中多多注意关于劳动人民生产建设等等的报道（间接生活），加以深思熟虑，选取其中最有意义的生活，着手创作。这样可以做到少而精。不至于看到一点就写一点，流于肤浅了。这就是力求提高一步。

> 你是有创作才能的，特征是你的语言艺术是有基础的；但还须从古典文学作品吸取一些词汇。同时，你的创作构思，即编造故事情节是有本领的。但还须丰富生活基础。我倒有个想头，你现在还应该多下工厂，和工人同志多接触。对农民看来你是比较熟悉了。但你作品中还没看到有工人阶级特征的农民，而这正是我们农民将来发展的前途，农民也是要工人阶级化的。而在城市里工作，接触工人同志怕还是容易的吧。

> 你在写中篇很好。可是要避免其中的材料有在短篇里用过的，同时，人物的刻画也须更集中，更有代表性。

巴人的主意具体又切实可行，父亲按照做了，果然见效。

父亲的第二部小说集《苹果要熟了》的书稿也是经巴人的手转给作家出版社的，只不过巴人那时实在太忙，没能抽出时间看。

为了促进组织上准许父亲借助参加劳动的制度，获得下去生活的条件，巴人又在给《人民文学》杂志写的《略谈〈喜鹊登枝〉及其他》的评论文章中，突出地谈论了父亲深入生活、补充生活之急需。

父亲要求下放劳动的请求得到批准，一方面是因为父亲的态度坚决，另一方面是借了巴人的光——报社的领导看了他的文章。父亲如愿以偿地在山东省昌乐县生活了八个月，创作素材的仓库得到很大的充实，回京后一年多的时间里，就写了《珍珠》《蜜月》和《小河流水》三部书中的大部分篇章。父亲在内心对巴人十分感激。

1962 年 6 月 17 日，父亲拜访了他第一部书的责任编辑，也是第一个写文章评论他的巴人。虽然父亲的住家与作家出版社很近，骑自行车用不了十分钟；距巴人的家也同样很近，但这却是他们通信五年后的第一次见面。早在给巴人寄《喜鹊登枝》后记稿子的时候，父亲就凭着年轻人的热情和心气，曾在附信中写了要求跟巴人会面的话。巴人回信说：

> "因为我社近来反浪费反保守很紧张。而我又是运动业务一手抓，实在很少时间。"

看罢这句话，父亲极为后悔，暗自思忖：巴人同志身负重任，搞领导工作，搞编辑工作，还要写作，够忙的了，不该再额外地增加他的负担；巴人同志对我是那样关怀，那样地费心帮助，不该再让他满足我不必要的要求，而浪费他的时间。父亲想：对自己所尊敬的人，没有比尊重他的时间更为尊重的了。从此以后，父亲再不跟巴人提见面的事。

当父亲正按照巴人的指导，在昌潍平原劳动生活、开掘创作源泉之时，巴人却遭了厄运，以宣扬"人性论"为罪名而受到猛烈的批判。父亲给他写信安慰，却没有得到他的回音，等返回北京时，才知他已经离开文艺界，到东南亚研究所"研究"历史去了。

回到北京的父亲又接着给巴人写信。巴人也开始复信，仍同以往一样，鼓励、指导父亲提高思想水平和艺术表现能力，继续写作，而极少谈到他蒙受的屈辱。直到这时，父亲才再一次提出跟他会面的要求。

巴人给父亲回信说：如今我的时间倒很宽余，而你会很少空隙的；我们来往密切起来，于你的处境和进步弊多利少，还是让我多看你的作品吧。

父亲这次没有听巴人的话，带上一本新出版的小说集，来到巴人位于宽街的家。两个人坐在小院的西屋里一起谈起心来……

此后，父亲与巴人又有几次会面。虽然巴人被排挤出文学界，但他仍然关心着文学界老作家的攀登和新作家的成长情况。每次会面，他都要提出一大串名字，向父亲探询他们的近况。

1964 年 9 月，父亲的第一部长篇小说《艳阳天》出版，不久后，他就带上一本来到巴人家。父亲当时极为忙乱，当天还要参加一个活动，因而急促地敲开门后没有进屋，就把签了名字的书递给巴人。巴人揭开书的封面，眯着眼看着，说声"出来了，有四十多万字"。巴人的眼睛红了，湿润了，如同他们第一次见面时那样，他没让泪水流出来，而是冲着父亲微笑。熟料想，这竟是父亲与巴人的最后一次会面。

"文革"开始后，父亲常常骑着自行车从巴人的家门口经过。父亲估计到巴人的处境会很不好，就没有再给他写信，更没敢冒失地去看望他。每次从那个门口经过，都听不到里边有任何声响，也不见有人出入，显得格外地安静。有几次父亲故意跳下车子，慢慢地推着走，希望能够赶巧碰见巴人或进或出地在那个安静的门口出现，这样就可以非常"自然"地凑到一起谈谈话，但是这个愿望却始终没能实现。当一天下午父亲再次经过那儿的时候，发现那独扇的、油漆剥落的小门上贴上了封条！

身患多种疾病的巴人被强行遣返至浙江奉化的老家，1972 年 7 月 25 日夜，病逝在家乡，享年 71 岁。几天后，这个消息就传到北京，人民文学出版社的两位编辑又分别把这痛心的消息传给了父亲。从那个时候起，父亲就暗自打定主意：一定要写一篇关于巴人的文章，来寄托自己的深切怀念。

可惜，当时不敢写，过后不便写；等到这两层顾虑都可以打消的时候，又感到不好写，也难以写好。其原因就在于父亲对巴人知道得太少，了解得太少！

1979 年巴人被平反昭雪，6 月 20 日将在八宝山举行追悼会。父亲从小道得到消息后，主动打电话要求参加巴人的追悼会。父亲生平第一次来到那个专门跟死者叙旧话别的地方，最后一次跟巴人"会面"。父亲默默地望着黑幕上悬挂的巴人遗像，默默地望着他那双智慧的、善良的眼睛。父亲心潮起伏，想了许多许多，可惜却再不能把这些说给巴人听了，他听不到了……

父亲想对巴人说的许多话里边，有一句就是感谢他。过去不论是面谈还是写信，父亲都不曾对他说过一个"谢"字。不是父亲不感激他，而是没觉出有说这类话的必要。父亲与巴人之间所有交往，都是按照解放区兴起的老革命传统，顺理成章，理所当然，极为一般和平常。只有到了知天命的年龄，父亲才对巴人说出"恩重如山"的话。而父亲也如同当初巴人对待自己一样，扶植、帮助年轻的作者们，特别是到了晚年的时候，宁可牺牲自己已经为数不多的创作时间，也要无怨无悔地进行这项"事业"。父亲能做到这一步，与巴人当初的影响是有关联的。

1982年4月，巴人的儿子王克平从上海给父亲写来信说，今年是他父亲巴人逝世十周年纪念日，希望父亲能写一点纪念文字。在信上他说：

> "我也想写篇短文，但不知从何写起……虽有强烈感情，却始终不能下笔……"

父亲对这句话深有同感。

收到信后的4月21日，父亲在他保留下来的信件中寻找巴人的来信。由于父亲的居室狭小，无法盛放更多的东西，每年都要处理掉大量的东西，这其中也包括许多来信。不幸中的万幸，父亲找到了他一直没有舍得销毁而保存下来的巴人来信。

父亲用了两天的时间，起草、修饰完一篇题为《怀念巴人》的纪念文章，这才给王克平写了封千余字的回信：

克平同志：

> 几秒钟前，我在《怀念巴人》的短文末尾，写上最后一个标点；否则，我觉得无颜给你回这封信。
>
> 当今中国之文坛，不是文以文为贵，甚至不是文以人为贵，而是文以权贵，以势贵，以帮伙和血缘为贵！所以你父亲很难立刻获得最公正的评价；你我之辈，着急、苦恼都无济于事。一些有点力气的朋友奋力争取，把该变成铅字的遗稿变成铅字，借此保存下来，是目前最现实，亦是可实现的目标，最终将有益于日后，所以从你信中得知《巴人选集》已发稿，听人文出版社的谢明清、许显卿同志讲，你父亲的一部未行世的长篇小说就要与读者见面，我是十分高兴的。
>
> "千年的文字会说话"。让先人自己留下的文字继续留存，将来替他自己说公道话，这比任何纪念文章都会有力量的。
>
> 但纪念文章也要写。同时代人，特别是有交往者的回忆文字，是故者为人

为文的佐证，会被后人重视和利用的。

在文艺界，我本身是个弱小者，被人摔倒，正在挣扎爬起，于是更加弱小无力。想对你父亲的文化遗产的保存和推广方面做些事情，难以从心，甚至前两年写篇关于他的短文，也觉得"不便"，如今不写不行了，却又发生了如你信中所说的"不知从何写起"。我只好尽可能地用朴素无华的语言，表述实实在在的事情和感情，这会比慷慨激昂，却空泛无物的官样文章有用处些。

此文是应谢明清同志之约写的，他可能用来配合你父亲的小说，在《当代》上发表。等看到后，望有所批评。

对整理你父亲的资料问题，我无此经历，也没经验介绍给你，但我想，目前最紧要的是保存好已有的资料，不要使其随着日月而消灭，具体做法，等有机会见面时，听听情况，咱们再商量，好吗？

建议你现在就勇敢地提笔写对你父亲的回忆文字。可以每天想点，记点，先不要考虑把它变成文章，更不要应付报刊的临时需要，甚至可打定主意，暂不发表。趁你还年轻，记忆好，距逝去的岁月不太久远，补充、印证事实的人活着的还不少，等等有利条件在，赶快做这项事情。只要备下料，终能利用，否则其损失将难弥补。你以为对吗？

我一直住通县，血压高，经常感冒，家务事多，创作任务压得重，情绪也就不太好。下午回北京，星期日再转回来。有事仍请往家里写信，能及时收到。

匆匆

握手

　　　　　　　　　　　　　　　　　　　　　　　　浩然

　　　　　　　　　　　　　　　　　　　　　　　　四月廿三日

这篇《怀念巴人》发表在《当代》1982年第4期上。文章发表了，一项"任务"完成了，但是父亲对巴人的怀念和感恩却没有停止，许多事情是无法用文字来表述的，也是无法表达完全的。

1986年，父亲应王克平和《新文学史料》之约，又创作完成了另一篇怀念文章《巴人同志指导我学习创作》，发表在《新文学史料》1986年第3期上。由于刊物对文章的字数提出了要求，因而父亲对个人的情况和感想写得极少，这不能不说是一种遗憾。

1986 年 10 月 6 日，有关部门在浙江宁波将举行巴人学术讨论会，向父亲发出邀请。父亲十分愿意出席这个会议，但由于写作和其他杂事缠身，无法前往，只得写了一封贺信来表达自己的心愿。

父亲与巴人到底是什么关系，是师，是友？是普通，是亲密？恐怕没有几个人能说得清楚。还是让我们用父亲文章中的一段话来回答并结束此文吧：

尽管巴人同志在我步入文学之门的阶段，曾经给予我热情的扶植、无私的帮助，可以说"恩重如山"，但是我跟巴人同志并没有多么亲密的私交，在他生前与死后，我从来不曾轻率地对他以师生相称和炫耀。我们之间的关系是极为普通的：是一位革命长者对一个后辈，一位著名的文艺理论家对一个爱好文学的青年，一位出版社编辑部领导对一个无名作者的一般来往。

恰恰因为这样的普通和一般，才特别显示出巴人同志的高尚和热忱，表现了他对推进祖国社会主义文学事业的强烈的责任心，才越发使我珍视他的扶植与帮助，使我对他永志不忘！

最可爱的人——魏巍

1973年7月18日，父亲应《河北日报》工作时期的老领导、承德市委副书记翟向东的邀请，与挚友杨啸、李学鳌结伴来到承德写作，住在位于避暑山庄里的当时已经改为招待所的烟雨楼。8月5日这天，父亲在稿纸上写完最后一个汉字，轻轻地舒了一口气，放下了手中的笔。至此，《金光大道》第二部的起草工作算是完成了，父亲感到浑身一阵的轻松。当天晚上，要在烟雨楼给客人们放映新拍摄完成的电影《战洪图》，刚刚完成一项艰苦工作的父亲也需要放松一下身心，更何况《战洪图》是一部农村题材的新影片，他自然要去观赏一下。当父亲来到放映场地时，在观众里发现了他的一位老朋友：魏巍。这真让父亲有些喜出望外。

说起魏巍来，凡是看过《谁是最可爱的人》那篇著名通讯的，没有不知道他的大名的；凡是知道魏巍的，又有多少人不知道那篇著名的通讯呢？

魏巍比父亲整整大一轮，出生在1920年，也是属猴的，河南郑州人，童年时曾在一所免费的平民小学读过几年书。1937年抗战爆发后，魏巍便来到山西前线，加入到八路军中参加了革命，他曾在延安抗日军政大学学习，毕业后赴晋察冀边区，此后一直在部队做宣传工作。

父亲与魏巍相识在1962年1月3日。那天早晨，父亲以《红旗》杂志社编辑的身份，专程来到北京的解放饭店拜访魏巍，请他为《红旗》写稿。他们在这一天相识并开始交往，逐渐成为好友。

在烟雨楼观看《战洪图》后的第二天上午，父亲来到魏巍居住的、同在避暑山庄内的畅远楼看望他。魏巍此次来承德，是参加在这里召开的北京军区通讯工作会议。他们已经多年没有见面了，此次会面自然要有许多的话说。在愉快的交谈中，魏巍请父亲到通讯会议上跟与会者们谈谈如何搞好创作的问题，他们还决定几天后一同到坝上草原去做一次参观、采访。在一起吃过午饭后，父亲告辞回到烟雨楼。

8月8日上午，父亲在魏巍的陪同下，来到北京军区通讯工作会议上谈了自己的创作体会，一直到下午五点，这天的会议才结束。

8月9日上午9时，在翟向东的陪同下，父亲、魏巍、杨啸、李学鳌等人分乘几辆吉普车，从承德市内驱车奔向塞罕坝草原。在以后的几天里，他们参观了草原上的军马场、林场、牧羊点……与基层干部、农牧民座谈、访问。父亲是第一次来到真正的草原，观赏到草原美妙的风景，他感到草原太美了，而与草原上的人接触后，他则深深感到草原上的人比草原本身更美，美得超出了他的想象，这些美给父亲留下了深刻的、美好的印象。只可惜来到草原的第三天，也就是11日这一天，父亲连续接到从北京打来的两个长途电话，催促他第二天赶回北京，以便接受一个重要的接待任务。无奈，父亲等一行人只得匆忙地结束了参观访问，告别了草原和在草原上生活、工作的人们，于13日夜里赶回承德。在回返的途中，他们还拜谒了1954年经原热河省政府批准，在隆化县清康熙皇帝波洛河屯行宫的旧址上修建的董存瑞烈士陵园。就在途径离烈士陵园不远处一条本来水很浅，也很平静的小河时，因刚刚下过一场大雨，不仅变得水流湍急，而且也变深了。在涉水过河的时候，一辆吉普车在河中央意外地熄了火，陷于河水中。于是大家脱掉鞋袜，挽起裤脚，站在河水中将车艰难地推上了岸。这场有惊无险的过程，也给父亲和魏巍等人留下了深刻的记忆，成为此次草原之行一个令人难忘的小插曲。

1973年8月坝上草原浩然与魏巍、李学鳌、杨啸等

父亲赶回北京后，才知道根本就没有什么重要的接待任务，而是党的第十次全国代表大会将要召开，北京市委让他赶快回来参加这个重要的会议。因那时无论是开全国党代会，还是人代会，召开之前是绝对保密的，所以才如此告知父亲。

1974年5月27日，经过日夜苦战，父亲终于完成了中篇小说《西沙儿女·正气篇》的创作，有了点空闲时间，于是便与杨啸、李学鳌约好一起去看望魏巍。31日上午，三个人来到魏巍位于北京西山的家，这时距那次草原之行已过去近9个月，几位好朋友再次相聚，自然是一番畅谈，在魏巍家吃过午饭后才告辞回到市内。

这一年的11月22日，父亲从杂事中暂时脱身，来到密云水库管理处，开始了《金光大道》第三部的创作。因种种事务的干扰，三次来到密云水库，三次被杂事干扰而被迫中断，创作几乎无法正常进行，一晃的工夫一年就要过去了，这让父亲十分苦恼。魏巍得知这个情况后，伸出了援助之手，为父亲在军队里联系好一个藏身写作之处。1975年10月20日，父亲来到位于故乡蓟县仓上屯的52891部队，部队首长专门安排一位名叫马贵民的宣传干事负责照料他在生活与创作等方面的事宜，给父亲的创作提供了许多便利。

父亲在故乡的军营里终于能够静下心来继续创作《金光大道》第三部，以每天至少两章的速度向前推进，几次达到过日写四章，曾连续多天日完成两万多字。为了充分利用这来之不易的安宁环境和创作激情，尽管时常累得腰酸手痛、头晕耳鸣，甚至出现过眼冒金星的现象，父亲都咬着牙坚持下去了。11月15日，《金光大道》第三部起草完毕。当父亲写完最后一个句号时，下意识地看了一下表，时针指在了下午4点58分。父亲在内心里对魏巍的帮助是充满感激的，如若不是这位老朋友的帮忙，自己是不会找到这样好的、适合写作的地方，而完成《金光大道》的第三部的写作也就会遥遥无期。

1978年初，因政治因素的影响，父亲及其作品受到个别人和某些地方报刊的"批判"，生活与写作都受到很大影响，陷入了人生的低谷。在这段非常的日子里，魏巍基于对父亲的了解和信任，是父亲最坚定的支持者之一，曾多次或自己单独或携老伴儿刘秋华女士一起专门来家里看望父亲，予以开导、宽心，两个人在一起说说心里话。在众多类似于魏巍这样的好友的支持和鼓励下，经过几年的奋斗，父亲终于从跌倒的地方再次站立起来，实现了为自己立下的誓言，用实际行动证明了自己的人品和作品。

魏巍写给浩然的信

父亲与魏巍一直保持着联系，除在一些活动中碰面外，还经常通过信件和电话保持着联系。

1990 年 6 月 11 日，由父亲倡导成立的三河县文联举行成立大会，包括魏巍在内的数十位文艺界的好友到场祝贺。魏巍在成立大会上还做了热情洋溢的发言，对三河文联和父亲寄予了很大期望，也给予了很大的支持。三河文联成立后，父亲忘我的开始了繁忙的"文艺绿化"工程。

两个人最后一次见面应当是在 1995 年 5 月 22 日，这天的上午，在人民大会堂的湖北厅召开了全国文艺家万里采风出发式。在这次会议上，父亲见到了魏巍，只做了一个简短的交谈，两个人谁都没有想到这次短暂的相会竟是他们人生的诀别。

父亲终日奔忙于京津冀的乡村，不顾辛劳地扶植农村的业余作者，最后终于积劳成疾，2002 年 11 月 11 日因脑血栓病情加重，被急救车从三河寓所送至北京同仁医院进行抢救。2008 年 2 月 20 日父亲因病在北京逝世，魏巍闻知消息后，除了在北京八宝山革命公墓举行的告别仪式上，与夫人刘秋华敬献了花圈外，还以本人暨中国解放区文学研究会的名义，给亲属发来唁函。在这封唁函中，是这样评价父亲的：

> 浩然同志以他卓越一生的实践，光辉地证明了毛泽东文艺思想的正确性与无穷威力。浩然同志的作品鲜活地表现了在中国共产党领导下中国农民建设社会主义的巨大积极性，他后期的作品更是启人深思。

只可惜，这封重要的唁函由于一个意外的原因，一年后才送到我们的手中。更令人惋惜的是，父亲逝世半年后的 8 月 24 日，魏巍也因病去世。

父亲与魏巍，两位毛泽东文艺思想的忠诚践行者，他们是志同道合的好朋友，他们在天国里一定会再次相聚，继续着他们的友情，继续畅谈他们之间的心里话。

经过特殊岁月考验的友情——杨沫

　　1995 年 12 月 1 日清晨，一夜未睡安稳的父亲从河北省三河市的"泥土巢"来到北京，参加《北京文学》第三届董事会。在中午宴请与会人员时，父亲从市文联一位领导口中偶然得知杨沫病危，住在北大医院。这消息如同晴天霹雳，惊得父亲好似失魂落魄，作为主人的他没有等到宴会结束，便不顾礼节的提前退席，赶往杨沫所住的医院。

　　在病房里，父亲看着仰卧在病床上紧闭双目，呼吸微弱的杨沫，不由得想起他们间真挚的友情、共度的特殊岁月，想起替她担的那些"罪责"，忍不住悲从心生……

　　杨沫 1914 年 8 月 25 日出生在北京一个没落官僚地主家庭，1931 年夏季，为抗婚离家出走，一年后接触到左翼进步青年和进步书籍，开始向往革命，1934 年发表了第一篇作品，1936 年加入中国共产党，后赴冀中，投入到抗日战争中，做妇女工作和宣传工作。中华人民共和国成立后，先在北京市妇联工作，1952 年调中央电业局剧本创作所任编剧，后转为北京电影制片厂编剧，1963 年调入北京市文联成为专业作家。1958 年出版了其成名作《青春之歌》。

　　父亲与杨沫的初次相识，是在 1962 年 12 月 30 日晚间，中国作家协会举办的在京会员迎新年宴会上。那时，父亲任《红旗》杂志的编辑，正在西山八大处撰写自己的第一部长篇小说《艳阳天》。相识以后，两个人开始了交往，除了在一些活动中经常碰面外，父亲也曾到东便门附近的国务院宿舍大院里去看望过她。在一次看望她的时候，杨沫对父亲说："看了你描写农村新生活的小说，常常使我想起当年的那些跟我们并肩作战的老房东，那些村干部。如果没有农民的支持保护，我们这些人不要说抗战，连活都活不过来。在农村打几年游击，我认识到中国农民真伟大！那时候根据地搞过一回《冀中一日》的征文，我就打主意，等到胜利了，有条件了，我一定写一部歌颂农民的小说。——可惜这几年我的身体总不好，不能再像以前那样去跟农民一块儿生活，所以写不了，真急人！……"由于对农村，对农民的共同感情，更多的拉近了两个人的距离和关系。1964 年父亲也调入北京市文联，从事专业文学创作。随着北京市文联专业作家队伍的不断壮大，人员最多时达到近二十位全国一流的作家。杨沫对所有的同事都十分友好，但与之来往最多的则是出身于农家的父亲与李学鳌。由于两个人交往越来越多，增加了相互间的了解。在经历了一些特殊的考验后，他们成为能够相互交心的忘年之交，而交情至深牢不可破。

有一次文艺界在民族文化宫举行集会，中间休息的时候，父亲在西厅与杨沫相遇。杨沫把父亲拉到靠边处坐下，兴致勃勃地说："我这会儿身体好多了，我想到农村去，写写社会主义的新农民。你对下边熟，我跟你一块儿去。"当下父亲跟杨沫商定，等创作中的《艳阳天》一发排，就结伴到郊区农村。后来父亲把下乡的地点选在万里长城外边的山区，可杨沫那时已经被全国劳动模范徐庆文的事迹所吸引，就另找了李学鳌当"向导"，两个人来到京郊房山县南韩继村住下，跟农民吃住在一起，共同参加集体劳动，体验农村的新生活。过后李学鳌曾对父亲说："老杨沫到农村如鱼得水，要多住些时候，创作一部新农村的青春之歌。"只可惜杨沫的意愿还没有实现，"文革"就开始了，父亲与杨沫先后回到北京市文联参加运动。

"文革"运动轰轰烈烈地开始了。在运动初期的那段特殊岁月里，父亲与杨沫都经历了很大的人生坎坷和磨难。在这些坎坷和磨难中，两个人都发自内心地相互关心，相互帮助，为他们把真挚的友谊保持到生命的终结，打下了坚实的基础。

1966 年 6 月下旬，父亲结束了在京郊怀柔县得田沟的"四清"任务，从工作队回到北京市文联参加运动，先是被工作组推举为文联革委会筹委会的副主任，后经群众选举，成为正式革委会的副主任。过了半年的光景，也就是刚刚进入到 1967 年，父亲便因"执行刘、邓资产阶级反动路线"，被文联的造反派组织——造反派联络站夺了权，被"罢官革职"，成为主要的被批判对象，遭到三个多月的持续、猛烈的批判，数次检查都不能过关。在被批判的最初阶段，由于对造反派的一些言行难于理解和接受，自然就在会议上有所表露，结果是引来更猛烈的批判，处境极其困难和危险，稍有不慎就有可能被置于死地。危险和困难的程度，大概只有经历了那段时光的当事人才能够体会到。许多朋友和关心父亲的人都为此担着心，捏着汗，杨沫就是这些人中的一个。

那时候虽然还没有开始公开批判《青春之歌》，但因其他方面的原因，杨沫的处境也不是很好。在一次对父亲的"批判"会后，杨沫特意私下找到父亲，表达了自己的担心：怕父亲思想上转不过弯子，行言不慎，触怒造反派，而被他们打成"反革命"。父亲倒是很有自信，并不十分害怕，甚至但愿他们把自己打成什么分子，日子倒好过了；相信党和群众，现在怎么打上去的，将来还得怎么给自己去掉。但是为了避免给自己及他人招来不必要的烦恼和麻烦，父亲在言行中并没有太情绪化，而是严控着自己不时产生出的冲动，按照造反派的要求做着检查交代，听着一些批判者的过激言论，少说，甚至不说与检查自己"错误"无关的话。尽管如此，造反派中的某些人仍不满足，批判的火力并未减弱，借父亲几乎被剥夺了话语权的机会，不惜混淆是非，颠倒黑白地公开造谣、诬陷。父亲无论做多少次检查，检查得如何深刻，在他们那里也是不会得到通过的。对这一点，父亲看得越来越清楚，想得越来越明白。

到了 1967 年 4 月，父亲的忍耐到了极限，在一次"批判"会上，父亲开始"造反"，几次打断"批判"者的发言，进行插言发问。文联的一些人也对造反派联络站的言行不满，和父亲不约而同地造了反，致使"批判"会只能无奈地中止。当第二天造反派联络站仍想继续开会"批判"原革委会和父亲时，又有一些人起来造反，使得这种火药味十足的会议再也无法继续进行。自此以后，造反派对父亲的"批判"逐渐收敛，虽然形势已大为好转，但父亲仍处困境，一些人还在虎视眈眈地紧紧盯着，寻找着可以再次下手的机会。

也就在这个时候，有人开始大肆鼓动公开批判《青春之歌》。在当时的社会形势和思想意识下，父亲也认为《青春之歌》同自己以往所写的作品一样，都是有缺点和错误的，可以，也应当进行"批判"，但是没有必要大规模地公开批判，更不能牵强地硬往刘少奇的身上靠。社会上有个工人造反派，到处散布《红旗》杂志正在约他撰写批判《青春之歌》的文章。父亲听到这个消息后，便向《红旗》杂志社询问，得到的答复是：此事根本不存在，他们要辟谣。过了几日，《红旗》杂志社的有关人员又通过电话向父亲传达了该社否认约作者写批判《青春之歌》文章事发表的声明。这一天，父亲起草了一篇《为批判〈青春之歌〉事访问〈红旗〉编辑部》的大字报草稿。这篇草稿，被杨沫的女儿在父亲并不知晓的情况下抄写后贴了出去，引起了一场轩然大波。北京电影制片厂、北京师范大学等处的许多人来到文联找父亲，询问有关情况；那个工人造反派也公开宣称这张大字报不符合事实，又招来一些人找父亲澄清。

4月28日的上午，那个工人造反派带领几十个人来到文联，就批判《青春之歌》的问题对父亲进行围攻，直到下午三点多钟才结束。

在那几天里，父亲几次跟《红旗》杂志社联系，进行确认，得到的都是肯定的答复，一切都显现出胜券在握的迹象。

4月30日，当父亲与那个工人造反派等各方代表及群众到《红旗》杂志社当面"对质"时，形势出人意料地发生了逆转：因为《红旗》杂志社内部有些情况不能公开，对以往所说的一概不能承认。《红旗》杂志社的有关人员倒是把详情告诉了父亲，但父亲不能为了证明自己根本没有错误而把《红旗》的内情揭出，他只能忍受，只能承担一切本不应当由他承担的责任。事情发展到这般地步，对方占据了有利、主动的地位；因要对《红旗》负责，父亲则极为被动，无论对方有什么举动，父亲只能沉默。

大获"全胜"的工人造反派等人把斥责父亲"造谣惑众"的大字报贴到了文联，而原来某些一直对父亲耿耿于怀的人也紧密配合，纷纷贴出大字报表示坚决支持，甚至有人提出批判革委会的时候，就没有把父亲批透，大有再次掀起一场对父亲进行集中批判的势头。对这种很可能发生的情况，父亲在心里默默地回答："好吧，那就再接着批吧！"当时，那个工人造反派正在得势之时，而且势头很猛，而父亲的处境则是危险的，有如立于悬崖边，生死只在寸步之间，父亲把一切都置之度外，做了最坏的思想准备，甚至对杨沫的女儿说过准备为此"牺牲"的话。

为了避免牵扯出《红旗》这个党刊，使事态进一步扩大，父亲承担了所有的责任，写了张检讨性质的大字报，贴在了文联的院内。那个工人造反派或许是觉得已经获得了重大胜利，或许还因为父亲历史清白找不到任何"碴口"，就偃旗息鼓见好就收的没有再与父亲继续纠缠，此事也就逐渐地平息下去，不了了之了。

1968年10月，北京市文联被撤销，作家们来到位于西郊的教育行政干校，集中学习、"斗、批、改"。当"斗、批、改"即将进入到整党、建党阶段时，成立了几个专案组，杨沫因为"假党员"问题受到专案审查。在当时大的环境下，有的审查采取的是"对敌斗争"的方式。这种方式对于一些人来讲是难以忍受的，自杀的现象在社会上并不少见。父亲看到专案组的几个积极分子，对杨沫采取那种处理敌我矛盾的审查方法，很为杨沫担忧，怕她对目前的审查想不通而产生其他想法。一天晚上散会后，父亲到楼下打开水时遇到杨沫，悄悄地鼓励她，劝她道：有什么问题就老老实实向党交代，但没有的事决不能承认，千万不要胡思乱想……暗示她万万不可走轻生的路。真正的朋友是心有灵犀的，杨沫马上就从含蓄的话语里领会了父亲的意思，表示决不会那样。据杨沫所著的《自白——我的日记》一书记载，在那次父亲与她谈话后不久，李学鳌还趁四周无人之机偷偷跑到杨沫的房间，代表父亲和他叮嘱杨沫三件事，让她千万记住，一定做到：第一，千万不要胡思乱想，不要想不开，一定要挺住。第二，千万不要乱说，没有的事决不能承认。第三，保重身体，该吃就吃，该睡就睡，一定要保护好身体。杨沫在这部书中还写道："还有，浩然为我被撤销了专案组的工作。那是在军宣队召开的一次全连大会上，浩然忽然被宣布撤消专案工作。而且当场叫他检查对我的'包庇'。那场景叫人想起是难过的……"

杨沫对父亲是十分信任的。在那本书中她还叙述说：1969年春节前专案组对她的审查十分严厉，很有可能过了春节就将升格为被"专政"对象。当在家过完春节返回学习班时，她叮嘱送她来的儿子青柯说："你回去吧，该上班了。过两天给浩然同志打个电话，他会告知你们我的情况的。"对于这种信任和友谊，杨沫的子女也应当是早有感受、十分明了的，如若不然，当两年前，也就是1967年4月26日杨沫的家被她另一个儿子带着十几个人抄家之后，她的女儿也就不会首先打电话报告给父亲。那个时候，父亲刚刚从连续猛烈的批判中挣脱出来，既没有担任领导职务，也没有任何实权。父亲接到电话后，很是为体弱多病的杨沫担心，唯恐她的神经经受不住这样严重的刺激，就没有向她述说详情，只是嘱咐她暂时不要回家，随后便带着几个同志匆匆赶往她家察看情况。

另外一件事，也能体现出杨沫对父亲是信任的。那是大约在1967年下半年的时候，那时的杨沫四面楚歌，危在旦夕。有一天临下班的时候，杨沫悄悄地对父亲说："求你帮我办件事情。我坐公共汽车头边走，你骑车跟着，到我家。"父亲不知发生了什么事，心神不安地赶到柳荫街杨沫的家。原来是过去杨沫在战争年代时冀中霸县的一个老房东、现在的村干部，因村里有些造反派硬要把他弄成反革命，于是他就跑了出来，想在杨沫家躲几天。杨沫委托父亲先带这个老房东到外边吃顿饭，喝点酒，然后再去洗个澡。并非常细心地叮嘱父亲说，这个老房东喜欢吃炖肥

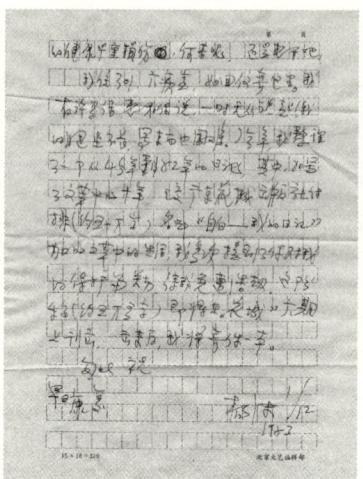

1983 年 12 月 1 日，杨沫写给浩然的信

肉，还给他准备下洗完澡要替换的衣服。

1969 年 5 月底，父亲到北京市房山县下放劳动，与杨沫暂时分开了，但他们的交往并没断，时常书来信往，回城时便相互看望，聊天谈心，经常是一聊就是很长时间；即便父亲不在家的时候，杨沫也会常到家里看望母亲和我们几个孩子。每当隔段时间与杨沫相见，看到她精神很好，比过去壮实一些，身体状况明显好转，父亲都很感宽慰；1971 年 1 月 19 日，经上级有关领导批准、党员群众评议，杨沫恢复了组织生活。7 天后的 1 月 26 日是农历的除夕，杨沫大约是估计到这天父亲肯定是要回城过节的，就在晚上来到家里，亲口把这个好消息告诉了父亲。果然，父亲听到这个消息后很为这位老朋友、老大姐感到高兴。

杨沫始终像个老大姐一样关心着比自己小 18 岁的父亲。《艳阳天》第一卷于1964 年出版发行后，杨沫热心地鼓励父亲把它搬上银幕，并向电影界的熟人鼓吹推荐。后来，父亲与"长影"编剧汤汝雁合作改编为电影剧本，"长影"已经组成了摄制组，演员们已经到农村体验生活时，却因某种原因被迫停机解散。得知消息的杨沫惋惜之情几乎比父亲还要重。1971 年 11 月，父亲的第二部长篇小说《金光大道》第一部完成了初稿，第二年 1 月底的时候出版社印制了征求意见本，征求工农兵群众的意见，父亲暗地里请杨沫帮助把关。害着高血压心脏病的杨沫，一边吞吃药片一边审看那厚厚的征求意见本；看完后挤着公共汽车、爬到出版社的楼上，跟父亲详谈她对小说稿的意见。父亲曾与杨沫通过许多信，只可惜收集到的却很少，仅有两封，而从收集到的信中看，父亲也同样关心、敬重着杨沫。在 1971 年 11 月下旬写给杨沫的这封信中，父亲是这样写的：

杨沫同志：

知你正在奋战，非常高兴。

希望你：第一注意身体，第二积极苦干。我想其方法只要能够坚持不懈、细水长流，就会两者兼顾，最后成功。

你对我的那些稚气而粗浅的意见这般重视和采纳，对我是鼓励，也是教育。因为你是老革命同志，因为你确有创作才能，因为我们是战友，关心自然是真的，讲话和提意见"信口开河"也是事实。所以对我的胡乱出主意，你可听，也可不听。这样，我谈起来会更大胆了。这是真心话。

写知识分子改造完全可以。主人公是女的也无妨。甚至改头换面，接着《青春之歌》写，都是允许的。依我这一管之见，许多大文豪，尽管著作壁垒，细细揣摸，其作品，他们一生也不过是集中精力完成了一种类型的形象。或者说有一筹最拿手，只是不断开辟天地和深入而已。齐白石画过许多人物山水，但这个人之所以被人赞许和留下印象的是大虾。大画师徐悲鸿探猎的范围则更广，造诣则更深，可是我至今只记得他的马。柳青是我尊敬的，他的三部长篇，每一部都是他创作道路的里程碑，也有上述人之妙处。《种谷记》里的王家扶，《铜墙铁壁》里的石得富，《创业史》里的梁生宝，三个主人公，如果说他们是一个人在不同的历史阶段的表现，也未尝不可。当然，这些主人公的思想境界是不断升华的，形象的血肉不断丰富；三个主人公从其不同的方面，献给读者许多新鲜的、宝贵的东西。

学习别人的作品，就是研究这类规律性的东西吧？也许我的观点是片面和谬误的，我却这样看。于是，在企图形象地再现中国农村阶级斗争的几个历史时期的面貌时，我就从这点出发，走一条所谓新路。即从头到尾一条线、一个主人公贯到底。现在写的新长篇就是它，也许要写到老了吧！

闲扯几句，只是给你一点鼓劲和表示支持。请你一笑。

1976 年 10 月粉碎 "四人帮" 后，父亲和杨沫都以为能够从此专心写作，不曾想，他们却受到某些别有用心之人在政治上的 "非议"，企图假揭批 "四人帮" 之机，将他们整倒。在咄咄逼人的气势下，父亲与杨沫相互信任，相互支持，相互鼓励，度过了重重难关与险境，没有使那些居心叵测的人心满意足，达到他们的目的，而父亲与杨沫之间的情谊则更加深厚。在那些日子里，他们除了继续相互写信外，还时常到对方家里做客，一起去看望共同的朋友，一同参加各种社会活动，一同接见外国友人……

父亲经过 "埋头苦写"，创作出数百万字的新作品，尤其是长篇小说《苍生》的创作发表，在社会上引起很大的反响，父亲的现实主义态度受到称赞，《苍生》的成就与父亲在创作上的突破得到肯定。《苍生》成为父亲在文坛上第二次崛起的标志性代表作。

在 1987 年 "七一" 前夕北京市文联召开的表彰大会上，父亲被授予 "优秀共产党员" 的称号。在这个大会上，杨沫还以入党时间最早的老党员身份带领七位新党员进行了入党宣誓。表彰大会结束后，杨沫要来看望一下许久没有见面的母亲，便与父亲同车离去。《苍生》的发表，标志着父亲在艺术上的翻身，而此次被授予 "优秀共产党员" 的称号，则预示着父亲在政治上的翻身，对此，在车上，杨沫对父亲由衷地表示了祝贺，并对父亲说："有人不服气也没办法，你的实际行动做出的结果摆在那儿。"

在 1989 年 1 月 31 日召开的北京市文联理事会上，杨沫与父亲分别当选为正副主席。

1990 年，经父亲提议倡导的三河县文联，于 6 月 11 日在三河县燕郊举行成立大会，杨沫冒着酷暑，应父亲的邀请专程从北京到会祝贺，照完合影后，杨沫把父亲拉到一个树荫下，很贴心很认真地说："你在农村搞搞文艺普及我赞成。你对农民有感情，我对农民也有感情……可是作家的任务是写作，要用好作品影响年轻的文学爱好者，不是当教练，当不好。趁着还能写的时候，把该写的东西写出来，我们失掉的时间太多了……"

杨沫一贯的坦诚直率，这几句话，表达了她对父亲这个老朋友的爱护和关心。而那时头脑正热的父亲思考着杨沫的话，对她的劝告既没有点头也没有摇头，杨沫也似乎想把她的意见再阐述清楚些，结果被拥过来的一群人给打断了。接着就是乱哄哄的宴会，急忙忙地欢送来宾。最后杨沫也被"裹挟"着离开三河回了北京。

文联成立大会过后，父亲整日忙于"文艺绿化"，一晃几个月就过去了，忙碌的他几乎已经忘记了杨沫那几句劝告，但是从北京来看望父亲的一位朋友却又提及了此事，他说他见到杨沫，杨沫对自己在三河文联成立会后跟父亲说的那几句话有些不安，她担心给父亲泼了冷水，尤其担心父亲误会她的话是瞧不起农民。杨沫一向宽厚待人，尽管性格开朗豁达、心直口快，却从不伤害别人，尤其很注意保护别人的自尊心。对杨沫正派的为人和善良的心地都十分了解的父亲，怎能会误解杨沫呢，而且父亲在心中一直都把杨沫看成是好朋友、老大姐，对自己关心备至尤嫌不够，怎么可能泼冷水呢？因而果断地对杨沫的误会加以否认。想着以后等有了机会跟杨沫当面加以解释。在此后的岁月里，他们俩有时在一些活动中见到面，但也因时间匆忙和短促，光顾谈别的相互感兴趣的话题，而把要做"解释"的那件事情忘掉，以至拖到杨沫逝世，而最终失去向她解释的机会。成了父亲人生中的一件憾事，每当回想起来，都使父亲越发地感到悲哀。

父亲和杨沫先后进入到老年人的行列，诸多的因素使他们见面谈心的机会越来越少。尽管如此，他们仍是始终彼此惦念的，经常向熟人打听对方的各种情况。1993年父亲第一次患脑血栓后，住进京郊通县的一家部队医院。杨沫得知消息后心中十分不安，虽然很想到医院去探望，却因正闹腰椎病而无法行动，只得给父亲写了一封信。在信中除了表示问候及谈了一些自己的情况外，杨沫还写了这样的一段话："我们是患难之交，我永远不会忘掉你在'文革'中对我的关心和帮助。如今老了，行动不便，又加写作任务，和你联系少了，但我心里是常记挂你的。"

两个人虽然见面少了，但总是把自己的新作签赠给对方，而从杨沫每次签赠时所用的不同词语上，也可以看出他们之间不同寻常的情谊在不断地加深着。例如：1965年2月26日签赠的《青春之歌》上，杨沫写的是"浩然同志指正并留念"，这是一种比较常用的写法，那个时期，他们才认识两年，他们之间的友谊还没有经历过严峻的考验；1981年3月26日签赠的《东方欲晓》上，杨沫写的是"送给敬爱的浩然同志"；而1991年3月签赠的《英华之歌》上，杨沫则写的是"赠知友浩然同志"，这个"知友"并不是现在那种网络新名词的意思，而是指《现代汉语词典》里所解释的"相互了解的朋友"。

父亲与杨沫之间的情谊是长久和深厚的，但是，父亲去世后，我却无意中发现了一个传言。传言说：在九十年代文联的一次党组织生活会上，杨沫给父亲提了点意见，因而使两个人产生了隔阂，关系疏远，导致父亲都没有去参加杨沫的一个作品讨论会。事情果真如此吗？在父亲生前，我从未在父亲口中听到过半句哪怕是暗示性的对杨沫不满的词句，更没有从其他人那里听说过类似的事情。我至今仍清晰地记得1995年12月11日杨沫病逝后，父亲收到她的讣告和告别仪式通知书，征询我意见时的情景。那段日子，无论是精神上还是身体上，父亲的状况都极为不佳，包括我们子女在内的很多人都为此担着心。我知道父亲与杨沫之间的情谊和感情，但如果在如此的状态下去参加那样的活动，对父亲的心理和身体都是有百害而无一利的，我很担忧父亲会经受不住那样的刺激。就劝慰父亲说：您和杨沫的关系很好，感情很深，这大家都知道；但你现在的身体很不好，大家也全都知道。即使不去参加她的告别仪式，别的人包括杨沫的亲属也是能够谅解的。您如果一定去参加，万一发生了什么意外，不说给我们这几个子女，得给别人增加多少麻烦？说完后，我感觉父亲似乎是接受了我的意见，但举行告别仪式的那一天，父亲还是带病从三河赶了去。

我对那个传言的真实性是十分怀疑的，因而按照那次杨沫作品研讨会的日期，查阅了父亲当时的日记。根据父亲日记的记载，在那个研讨会的前夕，父亲做了一个不得不立即做的手术，虽然不是很大的手术，但是术后别说去参加会议，就是坐着也是不可能的。至于说杨沫在党组织的生活会上给父亲提意见，我没有找到相应

浩然与杨沫在虎峪

的记载，但我认为这件事不论有没有都是不重要的。开展批评与自我批评，是党的优良传统之一，如父亲和杨沫这样中华人民共和国成立前就已入党的老党员，在党组织内的生活会上当面表明自己的看法，即使没有几十年的深厚情谊，也是不会因此产生矛盾的。那个传言让我难以置信，恐怕也是很难服众的。这个传言的始作俑者，如果仅仅是富于联想，便根据两位逝者的两件毫不相干的事情做出如此的推测并传播，这是一种很不负责任的表现。但是，如果是出于某种不可告人的目的，则是很可耻和很不道德的。我之所以这样说，并非神经过敏的凭空想象，而是因为在父亲的生前死后，在父亲与他的朋友之间煞有介事的制造传播这种子虚乌有的流言，挑拨搬弄是非的事情并非仅此一件，其中最为可笑也十分令人气愤的是关于父亲和刘绍棠之间的"故事"。大概有人对父亲与刘绍棠没有成为对头冤家，没有相互死掐，反而变成要好的朋友十分的不悦，心中格外的不痛快，因而在刘绍棠逝世、父亲病卧在床多年，两个人都失去话语能力后，创作出他们两人之间争夺北京作协主席位置的动人"故事"。可十分拙劣的是，"故事"中的"主席争夺战"发生时，刘绍棠已经去世了好几个月。这类事情的出现，使我不能不产生某些人不仅有意在父亲与他的朋友间制造矛盾，而且还企图在后人身上撒下敌视种子的怀疑。

杨沫的去世，让父亲感到十分难过。为了追思这位有着深厚情谊的朋友，父亲很快写出了两篇悼念文章，分别发表在《深圳商报》和《北京文学》上。

父亲与杨沫从相识、相交、相知，经受了特殊岁月的考验，建立起真挚的情谊，这种情谊他们从中年保持到老年，从老年保持到生命的终结，这是任何人也无法否认的事实。

神交四十年——柳青

父亲与柳青相识，见过面，通过信。父亲对柳青始终怀着敬重之心。这种敬重，从父亲开始知道柳青这个作家，开始阅读他的作品时就有了。

1951年上半年的某一天，父亲在通州见到下乡工作的《中国青年报》的编辑唐飞虎并与之相识。这是父亲平生见到的第一位编辑，在以后的交往过程中，他对父亲当时的创作学习产生了较大的影响。在通州相识的那次谈话中，唐飞虎曾对父亲说："把新闻通讯写得有艺术性，有感染力，也是文学作品。我们有好多有成就的作家都是新闻记者出身，像刘白羽、柳青他们……"这大概是父亲第一次听到柳青这个名字。

在现有的资料中，父亲阅读的第一部柳青的著作，就是他的《种谷记》。

1953年5月，正在通县专区地委党校任教育干事的父亲，从书店买回一本柳青所著的《种谷记》后，便开始抽时间，一点一点地认真看起来。当他10月26日读完这部书后，在当天的日记里写道：

> 今夜我读完了柳青著的《种谷记》。
>
> 这本小说给我很大启示，尤其是人物刻画和描写的细腻——已无微不至。
>
> 特别使我看到王加扶——一个农民共产党员特有的颜色：在家庭以及村中百般杂乱情况下，他总是保持着沉着、镇静，他把所有农村干部、小学教员都紧密团结一起。
>
> 通过赵德铭，让我知道，一个小资产阶级小知识分子的弱软，是多么应当向农民干部学习呀。

这是在父亲几十年的日记中，第一次出现柳青这个名字，那部《种谷记》，则被父亲包上书皮,从通州带到保定,又从保定带到北京,始终珍藏着。而柳青的《创业史》,更是父亲喜爱的作品。

在父亲初学写作时,赵树理、孙犁、柳青和周立波这四位前辈作家就成为他未曾谋面的启蒙老师,这几位大家的作品给了父亲较多的影响。这四位老作家虽然都先于父亲去世,但他们给予父亲的好的影响仍没被淡忘,他们仍是被父亲崇敬的真正作家。

父亲与柳青一样,都被读者称为农民作家。他们热爱农民,长期深入农村,生活在农民中间,有着丰厚的生活积累;他们的小说大都以农村的人与事为题材,生活气息浓厚,真实地反映了农民的现实生活和精神风貌。

父亲与柳青还有着相似的人生经历。

柳青 1916 年生人,1936 年加入中国共产党,在民脂县一个乡政府担任了三年文书,中华人民共和国成立后任《中国青年报》编委、副刊主编,1952 年返回陕西任长安县委副书记,并在长安县皇甫村落户达 14 年。

父亲出生在 1932 年,1948 年加入中国共产党,曾担任八年村、区、县基层干部,1956 年从位于保定的《河北日报》调入北京的《俄文友好报》,1986 年返回故乡冀东三河落户近 20 年。

父亲初次与柳青见面,是在《红旗》杂志社从事编辑工作期间。

为纪念毛泽东主席《在延安文艺座谈会上的讲话》发表二十周年,父亲于 1962 年 2 月 15 日以《红旗》杂志文艺组的名义写信向柳青约稿。柳青按约写完了题为《二十年的信仰的体会》的稿件并寄了来,在随后寄来的一封回信中,柳青说:"这篇文章《红旗》如不用,请勿转寄任何报刊,《延河》也相应不发表了。这就是说:这篇文章在若干年内不发表了。"不知什么原因,《红旗》没有发表这篇稿子,最后还是退给了柳青。以后每当回忆起此事,特别是在没见到那篇文章问世,父亲倒十分佩服柳青对写作的严格和认真态度。

1963 年 4 月 13 日下午,父亲来到北京新侨饭店,专程拜访从陕西来京办事的柳青,这是他们第一次见面。父亲见到敬重的老作家,心里自然十分高兴,而柳青朴实憨厚的外貌,平易近人的谈吐,一下子拉近了两个人的距离,谈话在十分畅快的氛围中进行。尽管会面的时间很短,无法进行深入的交谈,但是分别后,父亲仍时时挂念着柳青,关注着他的有关信息和动向。

1971 年 9 月 6 日，父亲从《人民日报》一个同志的口中得知柳青患了疾病，而且比较严重。柳青的病况像一块磨盘那样沉重地压在父亲的心上，尽管那时他正没日没夜地进行着《金光大道》的创作，仍在第二天抽空给柳青写了一封信，述说了自己的关切之情并表示慰问。

1972 年 5 月 25 日上午，父亲来到中国青年出版社宿舍，看望来北京治病在此居住的老作家柳青。这次会面，是父亲应柳青之邀，还是父亲听到消息而主动前往，在现有的资料中没有详细记载，也就不得而知了。

柳青是由他的女儿刘可风陪同来京治病的，这是父亲与他的第二次会面。见到身体已经垮掉了的柳青，跟第一次见面时的情景已不可同日而语，父亲心里十分难过。父亲陪着身体虚弱的柳青谈着话，心里却一直为他的健康状况而担忧。时间在惬意的谈话中飞快地流逝，很快就到了中午，柳青热情邀请父亲一同进餐。一起吃过午饭后，尽管父亲还想陪柳青多待会儿，但为了不使他感到过度劳累，还是告辞了。

父亲辞别了柳青，但他那虚弱的身影仍久久停留在父亲的脑海。在这一天的日记中父亲写道：

> 也许我太高傲了，我从来不大崇拜什么名人，但对柳青同志的为人和创作我是尊敬的。他从四二年以来，一直沿着毛主席指引的方向前进着。我希望他为人民立新功。可惜，他的身体垮成如此程度。我深恐这是跟他最后一次见面。

柳青对父亲的印象也是极好的，短暂的会面似乎没有聊够，仍然想着与父亲再次的会面。半个多月后的 6 月 19 日，柳青让女儿给出版社打电话，让他们转告父亲，请他过去再聊聊。

父亲在当天晚上得知消息后，立即赶去看望。两个人又谈了一晚上。在谈话中，柳青托父亲给他借一本英文版的《赫鲁晓夫回忆录》；设法买一台电视机。父亲听后，感到这两件事情自己都少有门路，恐怕一件也办不成。事情是否办成，办到何种程度，同样没有任何记载。按照父亲一贯的行为准则，既然答应了，不论结果如何，一定会尽力去办，决不会当面满口应承，转身就置之脑后。

关于柳青这次来京治病，在一篇纪念他的文章中有这样一段描述：因医院的床位十分紧张致使柳青无法入院治疗。父亲得知后也十分焦急，曾给柳青出主意说，让他给周恩来总理写封信反映情况、请求帮助。最后在周恩来总理的帮助下，柳青终于住进了医院，得到了较好的治疗。虽然在父亲这里没有找到能够证明这件事的书面证据，但根据父亲对柳青的关心程度，以及他们虽见面不多，却似老友一般的情感，确有其事的可能性是很大的。

在父亲给好友的书信中，也曾多次提及柳青。在叙述中，也可看出父亲对柳青人的关注及作品的熟稔。

1971年5月，父亲与李学鳌等人返回了专业创作岗位。身在内蒙古的杨啸闻知消息，心里既为朋友感到高兴，也对自己的处境而焦灼。父亲给杨啸写信进行了劝慰：

………

你千万莫要"急躁"。如今这样，非你一人，青年如上海一大批，老者如西北的柳青等等一大批，其实，除北京我们几个得天独厚者，都还没几个启用的；用的，也是不量其材，对付写剧本。你在偏僻之地，这些情况很难看到、听到。看来，林陈反革命集团出后，中央顾不到抓创作队伍，地方也是自行摸索，多是小吹小打。对你来说，仍是做充分准备。

在这一年11月23日写给杨沫的信中，父亲则写道：

写知识分子改造完全可以。主人公是女的也无妨。甚至改头换面，接着《青春之歌》写，都是允许的。依我这一管之见，许多大文豪，尽管著作壁垒，细细揣摸，其作品，他们一生也不过是集中精力完成了一种类型的形象。或者说有一筹最拿手，只是不断开辟天地和深入而已。齐白石画过许多人物山水，但这个人之所以被人赞许和留下印象的是大虾。大画师徐悲鸿探猎的范围则更广，造诣则更深，可是我至今只记得他的马。柳青是我尊敬的，他的三部长篇，每一部都是他创作道路的里程碑，也有上述人之妙处。《种谷记》里的王家扶，《铜墙铁壁》里的石得富，《创业史》里的梁生宝，三个主人公，如果说他们是一个人在不同的历史阶段的表现，也未尝不可。当然，这些主人公的思想境界是不断升华的，形象的血肉不断丰富；三个主人公从其不同的方面，献给读者许多新鲜的、宝贵的东西。

父亲在和好友的谈话中，也曾涉及柳青及其作品。在军旅诗人胡世宗 1975 年 3 月 7 日的日记中就有这样的一段记载：

> 浩然称赞柳青的《创业史》，他说，他与柳青没有深谈过，但看得出，柳青受到俄罗斯文学的影响。如果说这部书的不足，就是他的人物是一眼眼井，一个水井群，每个人都有深度，但没有形成波澜壮阔的长流。梁生宝、郭振山、姚世杰，不见面，各干各的。但这本书能流传下去。柳青对农民是同情的、欣赏的、喜欢的。

1978 年 5 月，柳青再次到北京治病，6 月 13 日便在北京病逝。那段日子，父亲正遭受一些地方报刊的"批判"，被取消了第五届全国人大的代表资格，整日里忙于写"检查"和一些证明材料，被排斥在文艺界重大活动之外，跌落到人生的低谷。柳青来北京看病、病逝，直至召开追悼大会，在父亲的日记中只字未提，可见他对这些情况是毫不知情的。那时尽管父亲家中来客很多，人来人往不断，各行各业的人都有，却不知为何没人提及此事。

1996 年，浩然与柳青之女于西安

尽管柳青去世了，但父亲并没有忘记他。1996 年 10 月，父亲到陕西西安住院疗病，并打算同时起草《'文革'回忆录》。父亲来到西安后，便托人打听柳青后人的下落。10 月 28 日下午，柳青的女儿应约来访，但来人却不是父亲认识的那个刘可风，而是柳青的另一个女儿刘梅风。不久后，柳青的两个女儿刘可风、刘梅风又到医院探视了父亲。

父亲与柳青的交往是长远的，从现有记载的 1953 年第一次阅读《种谷记》，一直到柳青逝世后的 1996 年主动寻找他的后人，神交长达四十余年。父亲与柳青的交往又是短暂的，他们一生中只见过三次面，充其量仅有一个下午，一个上午，外加一个晚上，每次都因时间短暂或要谈的话题太多而无法深谈，最后还因政治上的原因，没有跟他见到最后一面，送他最后一程。这在父亲来说，也应当算是人生中的一件憾事吧？

父亲的上海朋友——胡万春

　　在父亲有着上万册藏书的书柜中，整整齐齐地摆放着包括《红光普照大地》《特殊性格的人》《家庭问题》《王刚传》《胡万春短篇小说集》等等十余本胡万春的主要著作。这些书都是胡万春在几十年间，陆陆续续赠送给他的好友，也就是我的父亲的。

　　《红光普照大地》是胡万春 1962 年 2 月 4 日签赠给父亲的，这是他送给父亲的第一本书。这本书是在什么情况下赠送的，因两个当事者都已过世，又没有留下任何文字记述，已经无从考证。

　　胡万春是位工人作家，1929 年 1 月出生在上海的一个工人家庭，比父亲年长 3 岁。他 11 岁时在免费的贫民小学念了两年书，13 岁辍学当学徒，17 岁进钢铁厂当工人。1952 年发表了第一篇短篇小说，在党的哺育和帮助下，从一名普通工人逐渐成长为一位优秀作家，曾多次受到毛泽东主席和周恩来总理的接见。

　　按照现有资料，父亲与胡万春相识，是在 20 世纪 60 年代。

　　按照规定，中国北方一般到 3 月 16 日就停止供暖了，而这个时候，往往气温还是很低的，即便在室内也觉得很寒冷。1962 年 3 月 21 日这天就是这样，父亲在北京的家里手都冻得有些麻木了，但他还是执笔给胡万春写了一封信。这是有记载的父亲写给胡万春的第一封信。

　　3 月 29 日，父亲收到胡万春的回信，4 月 1 日的时候，父亲又给他回了一封长长的信，介绍了自己的一切。从此开始了与胡万春频繁的通信联系。

　　父亲与胡万春的第一次见面，要到一年后的 1963 年。

　　为给上海海燕电影制片厂修改电影剧本《朝霞红似火》，父亲于 1963 年 4 月 27 日乘火车来到上海，住在淮海饭店的 728 号房间，进行紧张的剧本修改工作。5 月 11 日下午父亲来到上海作协与胡万春相会，这是他们之间的第一次见面。半天的时间谈得很投机，意犹未尽，晚上又与胡万春来到文化俱乐部，一边喝酒，一边继续聊天，直到深夜才回到住宿的饭店。

父亲在后来撰写的《上海文坛见闻》一文中，是这样介绍胡万春的：

> 在文化俱乐部里，我会见了工人作家胡万春。他比我大几岁，但是，他的作风却像比我小几岁。真是热情洋溢，有一种工人的气质。这位在旧社会从小就进了工厂当童工的人，并没有念过几年书。解放初期，因为新生活的鼓舞，他大胆地拿起文笔，为小报纸写小新闻、小通讯。那时候，连许多常用的字都很生疏，文理更不通了。可是，报纸、刊物的编辑们，却给予他极大的鼓励和帮助。有时请他到编辑部，有时编辑亲自到工厂找他，帮他逐行逐字修改。以后，很多老作家也常常帮助他看稿，向他介绍自己的写作经验。胡万春在各方面的关怀培养下，以一种主人翁的气魄，钻研文学，几年之后，就成长起来了。他先后出版了《青春》《特殊性格的人》《谁是奇迹的创造者》《过年》等许多部短篇小说集。他的描写童年生活的小说《骨肉》，曾获得世界青年联欢节的文艺奖。

这一年的 11 月 26 日傍晚，父亲再次来到上海修改电影剧本，并为《收获》杂志社压缩《艳阳天》，以便在刊物上发表。到了第二年的 1 月初，才把这些任务忙出一个头绪。1 月 9 日，父亲到胡万春家做客，受到胡万春一家的热情招待，在不知不觉间就聊到了深夜，只得夜宿胡家。

到 1 月底时，《朝霞红似火》的电影剧本又一次修改完毕，父亲于 29 日下午回到北京。一个月以后，胡万春来到北京，自然要被热情好客的父亲请到家中，一聊又到了深夜。

1964 年 8 月，父亲接到中国作协外委会的一个外事任务：用三个星期的时间，作为领队全程陪同一位来自非洲索马里的作家。父亲陪着外宾在北京参观、游览一番后，于 8 月 21 日飞往上海。在第二天与上海作协的座谈会上，父亲与胡万春再次见面。

父亲的《艳阳天》出版发行后，胡万春看后十分喜欢，他为父亲在创作上的突飞猛进感到高兴。他认为父亲在文学创作上不仅高产，而且优质。本来，《文学评论》想请他写一篇评论《艳阳天》的文章，但因他接受了去越南反美前线的任务，只得另请他人完成。

时间到了 1966 年。5 月 4 日这天傍晚，已经奔波一天的父亲赶到顶银胡同的一家招待所找到来京办事的胡万春，两个人来到外面的一家餐馆边吃边聊，饭后又回到胡万春的住所接着聊，一直聊到夜里十一点半才回家。

1967 年 6 月 5 日这天，父亲正在单位忙碌，好友、工人诗人李学鳌走过来对他讲：广东作家王杏元打来电话，他与胡万春一起来北京参加纪念《在延安文艺座谈会上的讲话》发表二十五周年的活动。父亲与李学鳌立即赶到他们的住处北京饭店。父亲与王杏元是第一次见面，见面第一句话，就被王杏元嗔怪在批判反动路线时没有顶住歪风，没有受住考验。等见到胡万春的时候，父亲又被类似的话"批评"了一顿。到了吃午饭的时候，父亲与胡万春、王杏元和金敬迈等人一同进餐，并约定第二天再从容地详细谈谈。

6 月 7 日下午，金敬迈代表中央"文革"小组文艺组接见了父亲、李学鳌、胡万春、王杏元和广州作协的梁梅珍，文艺组的李希凡也参与了会见。会见结束后，胡万春、王杏元、梁梅珍前往北京市文联，来到父亲和李学鳌所在的"向太阳革命造反兵团"做客。父亲一直忙到了凌晨两点多才睡。父亲这一天虽然很疲累，但心里感到很高兴，也感到肩上的担子很重。

6 月 8 日的晚上，父亲再次来到北京饭店，跟胡万春又谈了一些问题，觉得很受鼓舞。

1967 年 10 月 22 日左起：唐克新、胡万春、浩然、李学鳌

1967 年 8 月 29 日，父亲再次陪同外宾来到上海参观访问。8 月 31 日晚上送走外宾后，第二天便与胡万春等上海文艺界的朋友聚会、畅谈。

这一年的 10 月胡万春再次来到北京。父亲邀请胡万春与业余作者见面，一起"聊天"，又与几个好友分别请他吃饭。10 月 22 日这天下午，父亲请胡万春和十余位好友来家做客，他们吃喝说笑，非常的热闹，心里自然也是十分畅快。

1969 年父亲到北京市房山县下放劳动。11 月 1 日收到北京市文联原来的同事康甦的一封信，她在信中告诉父亲，有一天遇到了于会泳，于会泳对她说，希望父亲不要像胡万春那样，云云。胡万春是什么样呢？发生了什么事情吗？这让父亲百思不得其解。尽管如此，父亲也暗暗告诫自己要多加小心，要控制自己的感情，否则会有危险！

父亲在收到胡万春一本本赠书的同时，也将自己的新作一本本的寄赠给他。胡万春曾在一封信中写道：

这几年，你寄我的一部又一部作品，一封又一封的信，对我既是鼓舞，也是鞭策。你远远地跑到了前边，我很惭愧，我比你落后了。现在，你是我学习的榜样，正像你寄我照片时信上说的那样：'我要向你学习。'这不是客套，这是实心话。……我将以你为榜样为党、为革命多做一些工作，迎头赶上。我是一个共产党员，共产党人是永远不该自甘落后的。

是的，父亲和他真正的好朋友之间，是不会说客套话的，也不会

1974 年 5 月 26 日，胡万春写给浩然的信

存在"文人相轻"那种状况，更不会羡慕、嫉妒，而是把朋友的成绩当作鼓舞自己前进的动力和追求的目标，永远不会自甘落后。

1976 年 6 月 6 日，正在上海修改电影剧本的父亲，与《收获》杂志社的编辑郭卓一起，来到大名路胡万春的家。虽然胡万春的小儿子胡小春曾给父亲刻了五枚图章，在他去东北途径北京时，给父亲送到家里，但是父亲与胡万春已经八年没有见过面了。这次见面后，父亲感到胡万春并不显老，但在其生命的旅途中，却经历了一场严峻的考验。他们从早上一直聊到下午，父亲才告辞出来。几天后，父亲又一次去家里看望了胡万春。应当说，父亲与胡万春尽管几年都没有见面，但感情还是深厚与真诚的，这一年 4 月初的时候，父亲在送给胡万春的《春歌集》扉页上就曾题赠了小诗一首，这在父亲来说是很少见的：

喜观新生面，
羞翻旧文章。
扪心何可慰，
热诚在字行。
南下长沙前夕题《春歌集》赠胡万春

1976 年 12 月 30 日，父亲正在起草《金光大道》第四部，因周围的环境乱糟糟，难以静下心来，好赖总算开了头。傍晚时分，胡万春突然打来电话，他给《人民文学》改稿，刚来到北京。整整八年，这样一个有成就的工人作家，不仅写作的权利被剥夺了，连到北京走一趟的权利也被剥夺了！父亲接完电话，立即赶到东四旅馆看望他，途中还买了些肠、肉冻等食品。他们坐在旅馆的房间里，边喝边聊，直到快没了公交车，父亲才意犹未尽的告辞回家。

1978 年，父亲受到江青的政治株连，遭受到种种的磨难。而胡万春也没有能够幸免。4 月 1 日，父亲接待了前来外调胡万春的人员。尽管父亲觉得这种外调很无聊，但也必须为他们写出书面材料。父亲对此既感到无聊，也感到很无奈。

1979 年 10 月底，全国第四届文代会在北京召开。这个会议的召开，既给父亲与全国各地文艺界的好友们提供了见面的机会，也提供了便利。在会议期间，父亲与胡万春多次一起喝酒、聊天，一起参加某些活动。在一起聚会的时候，经常一聊就是半夜。

1980 年年初，河北《长城》的编辑、作家潮清要去上海组稿，因知道父亲与胡万春关系密切，特意请父亲给胡万春写了一封"介绍信"。一月底从上海回来后，立即给父亲写来信，讲述了他在上海见到胡万春的情景："我在上海，拿着你的信，专程拜访了胡万春同志。他看了你的信，动了声容，当时让我看了你在年轻时赠给他的照片，同时打听了你的情况。他对《长城》向他邀稿，也很有好感。对《长城》发表《男婚女嫁》更为赞赏。"短短的几句话，从侧面反映出胡万春对父亲的思念和感情至深。

在以后的岁月里，凡是胡万春来京，都要到家里来做客，或是父亲前去住处看望他。

再以后，因父亲忙于"文艺绿化工程"，忙于各种社会活动，常年居住于京东农村，奔波往来于城乡之间，很少回到北京城里，也无暇再与老朋友们多联络，与胡万春的联系也就渐渐少了。

1992 年 8 月的一天，父亲在他京东县城的"泥土巢"里翻阅着儿子从北京家里带来的报纸，《作家报》上的一条消息让他大吃一惊："作家胡万春去越南经商。"读罢这条消息，使父亲感慨万千，并陷入深深的沉思。

1998 年 5 月 9 日，胡万春去世，十年后，父亲也因病在北京逝世。两位老友是否在天国里再一次相会？他们是否都在继续着自己的文学创作？是否又互以对方为榜样一同奋力前行，不甘落后？是否又在一起畅谈阔论呢？

《艳阳天》的第一责编——郭卓

在我面前的书桌上，摆放着一摞书信，这是 1976 年至 1985 年期间，《收获》编辑部的编辑郭卓写给父亲浩然的二十余封信件。在这些信件里，我看到的是一位亲如大姐的关怀和惦念，体贴的劝慰和开导，热情的鼓励和支持……这些信件里充满了信任和理解。父亲与郭卓，既是作者与编者的关系，更是好朋友的关系。要说起他们间的相识、相交，还要从半个多世纪前父亲的《艳阳天》在刊物上的首发开始。

1962 年底，父亲争取到一段较为集中的时间，来到北京西山八大处的作家休养所写作他的第一部长篇小说《艳阳天》。到 1963 年 4 月 5 日，正式脱出第一稿，父亲将手稿交到了作家出版社。

手稿交到了出版社，似乎并没有被编辑所看重，也许都没有看便被搁置一旁。先是被长春电影制片厂的编剧从编辑部的来稿堆里翻出借去阅览；后又在未通知作者的情况下，于夏末秋初之际，交给《收获》杂志社来京组稿的叶以群，并带到千里之外的上海。

而父亲并不知道倾注了他当时全部心血的稿件已经远离了他，远离了北京，被带到上海。

11 月 26 日，父亲到上海修改电影剧本《朝霞红似火》，大约就是在上海的时候，才从叶以群的口中得知《艳阳天》的手稿已经早于他来到了上海。

《收获》杂志社对《艳阳天》十分重视，刊物负责人之一的叶以群阅读后，当即决定用这部小说替换下原定在《收获》复刊号上刊发的长篇小说。12 月 24 日父亲应约来到编辑部，叶以群告诉他《收获》打算发表，但是希望能修改一下。两天后，父亲再次来到编辑部，会见另一位负责人萧岱和责任编辑郭卓。大概也就是这一天，父亲与郭卓结识，并开始了长达数十年的交往。

郭卓，1922 年出生，辽宁沈阳人，2003 年去世。她 1947 年毕业于国立东北大学中国文学专业。1948 年参军，历任第三野战军政治部文工团创作员，华东军区体工队女子排球队队员，北京中国作家协会文学讲习所学员，《文艺月报》《上海文学》《收获》杂志编辑，编审。可以说是资深的老编辑，曾被评为全国优秀文学编辑。1949 年开始发表作品，1979 年加入中国作家协会，著有长篇小说《雪花飘》《我走过的路》等。

父亲从与《收获》有关人员的谈话中得知：即将复刊的《收获》容量只有 26 万字，在版面上除了要容纳中、短篇小说等内容外，只能发表 12 万字以内的长篇。为了能将《艳阳天》全文刊登，编辑部原想增加刊物容量，但邮局此时已开始了订阅工作，无法进行变更。萧岱与郭卓希望父亲能根据刊物的情况进行删改，由 37 万多字压缩到 10 万字左右。

如此大幅度删节自己的作品，父亲有些于心不忍，同时担忧这样处理后，会影响到小说的质量。因此，他感到很为难，晚上坐在宾馆的房间里，想了许久，直想得有些头昏脑涨。在以后的几天里，父亲"忍痛"做着压缩稿件的工作，几次想打退堂鼓，甚至都给叶以群打通了电话，由于《收获》十分热心，一定要刊发，碍于情面不好意思断然拒绝，父亲只得把要说的话又咽了回去。

父亲对手稿进行了削足适履式的修改，将正面人物爱情方面的线索全部删除，除三两个主要人物外，其他人物的来龙去脉也做了删除。1964 年 1 月 1 日修改完后，便送到郭卓手里。虽然稿子送到了杂志社，任务已经完成，但父亲心里十分担忧，如此修改后发表出去，很可能会大大地败坏读者的胃口。

经过删节的《艳阳天》第一卷就这样首发在《收获》杂志 1964 年第一期上。2 月 12 日，已经回到北京的父亲收到这一期的杂志，第一次看到已经变成铅字的《艳阳天》。文章发表后，没有出现父亲所担忧的那种情况，反而带来一片称赞喝彩之声。2 月 28 日中午，父亲接到已经两年未联系的叶圣陶老人的来信。这封信是寄到《收获》后转来的，转信之人大致就应当是郭卓。叶圣陶在信中说他读了《收获》上的《艳阳天》后，深为喜爱，并说了其他一些赞美之词。叶圣陶老人在来信中的热情鼓励，使父亲感动之极，也从中获得了力量。《艳阳天》的发表，在普通读者中也引起了很大的反响。

《收获》在 1964 年发表了《艳阳天》第一卷后，到 1965 年两年的时间里，又陆续发表了父亲所写的《眼力》《办公桌和小推车》《前进旅馆》《动手》《认错》《追赶》《慈母心》《争先靠后》及《老师和学生》等短篇小说。这些小说除了《追赶》之外，都收入到后来由北京出版社出版的《老支书的传闻》之中。尽管没有文字记载《收获》发表这些作品时的责任编辑是谁，但根据后来的情况推断，责任编辑应当还是郭卓。

《收获》杂志社，也就是郭卓自1965年底开始，就三番五次打电话、发电报，向父亲催要《艳阳天》第三卷。父亲原打算与出版社交换完意见，修改后再由《收获》发表，但经不住杂志社的一再坚持，只得答应他们的要求。《收获》1966年第二期刊载了《艳阳天》第三卷。这次刊载又不是"全貌"，出版社怕影响出书，不同意刊物分两期发，因此只刊载了二分之一的内容。无巧不成书的是，《艳阳天》第一卷发表在《收获》1964年的复刊号上，而第三卷则发表在《收获》1966年3月25日出版的停刊号上，这一天又恰巧是父亲34岁的生日。

父亲与郭卓从一开始的纯"业务"关系，通过相互间了解的不断加深，逐步发展为好朋友，即便"文革"中在有意无意间与许多人断了联系，但与郭卓却始终保持着。

"文革"开始前的1966年2月，父亲从"四清"地京郊怀柔县得田沟回到市内参加一个会议，而这时恰巧郭卓来北京出差。2月6日下午，两个人见了面。在聊天过程中，郭卓希望父亲以后能集中精力，写出一部超过《艳阳天》的小说。父亲将这句话牢牢记在了心里。

1967年8月19日，父亲受亚非作家常设局的委托，陪同巴基斯坦作家肖卡特在北京、上海等地参观访问。31日傍晚在上海送走外宾，第二天上午郭卓便来到父亲住的饭店。晚上，父亲与上海文学界的朋友胡万春、唐克新、费礼文、李根宝、仇学宝等十余人在郭卓家聚餐。这次聚餐十分热闹与融洽，一直待到晚上十点多才告辞回饭店。

1969年4月12日，在北京西郊教育行政干部管理学校参加斗批改学习班的父亲回家过周末，这一天，他在家接待了从上海到北京来的郭卓。

父亲与郭卓，一个在北京，一个在上海，而且由于编辑部的原因，郭卓也很少能有到北京出差的机会，所以两个人相见并不容易，他们用那个时代人们最常用的联络方式——信件保持着联系，而父亲正是在郭卓等人的信件中，了解到许多上海的情况。

1976 年 4 月，父亲与成荫、王树元、陆柱国等人赴井冈山等地采访，准备合作撰写电影剧本《井冈山》。五月时，父亲独自一人乘船到达南京，郭卓的爱人、著名作曲家沈亚威接待了他。在南京住了五天之后，由沈亚威陪同来到无锡，郭卓也应约到这里与父亲会合。这天晚上，父亲与沈亚威、郭卓等人畅谈到夜里十二点多。在无锡参观、访问了三天后，父亲来到上海，住在东湖饭店。

父亲暂居上海，与郭卓同在一个城市，来往自然方便了许多。父亲在紧张的写作之余，有时上午，有时下午，有时则在晚间到郭卓家做客、聊天，他们还一同看望了几年没有见面的老朋友胡万春。

父亲在上海一直住到 6 月 15 日电影剧本初稿完成后，才返回北京。

这一年的 9 月 24 日，父亲从北京再次来到上海修改电影剧本。父亲仍像上次在上海一样，不时到郭卓家里做客聊天，一同去看望共同的好友茹志鹃等人。

10 月 10 日这天早晨，父亲分别接到好友李学鳌和马贵民从北京打来的长途电话。他们在电话里不约而同地让父亲马上回京，而且不说明任何理由。父亲敏感地估计到北京发生了什么重大的事情。晚上到郭卓家去的时候，又从她的嘴里"嗅"到一点气味。第二天中午，父亲又被郭卓的孩子叫到家里吃饭。在这两次与郭卓的会面中，沈亚威通过妻子郭卓向父亲密报了"四人帮"垮台的消息，劝父亲马上离开上海回北京，并说，如果电影厂不让走，就想办法到南京军区驻沪办事处，坐那里的汽车到南京，再由沈亚威想办法送父亲回京。父亲自认为是个小人物，只能盼望全国的政治、经济形势，能由此带来一个大好风光的春天，而别无他法。头天晚上还犹豫是把搞了一半的剧本继续搞下去，还是就这样放下而先回到北京的父亲，下定决心，要尽快回去，回到组织的怀抱。12 日的晚上，父亲没有与电影厂打招呼，便与一同创作电影剧本的陆柱国飞回了北京。

父亲走了，郭卓因不知道他是否平安的到达北京，更不知到了北京之后的情景而有些惴惴不安，直到收悉父亲报平安的书信。在当年 10 月 27 日的书信中，郭卓写道："信收到。真有趣，那天临走，交代给月亮（作者注：指郭卓的女儿），让她给你女儿写封信。因为惦着你的情况，相信你行得端，走得正。但世界上的事就是那么复杂曲折，否则不就没有阶级斗争了吗？结果回到家里，你的信来了，月亮的信也就没写。"在同一封信中，郭卓还对没能好好招待浩然深感遗憾并表示出殷

1976年浩然与南京军区文化部副部长沈亚威（左一）及夫人郭卓（左二）、部队作家任斌武合影

切的希望"从南京带了点螃蟹回来，你却不在了，真遗憾。在上海一直没有好好招待你，妈妈不在，我这个不会管家的人，真够呛！当晚就知道你回了北京，让供应站同志打电话给你，就知道了。怎么样，下一步将如何？《金光大道》早写完了吧！为什么不能改改好？按你原来的设想，关键是不是第三部？相信你会写出更好的代表作，也相信你能写好更高一级的阶级斗争和路线斗争。浩然，真得为反修防修留下点光辉的著作，让人们的灵魂有所依据，有所向往。相信你可以，目前也只有你可以。"

父亲回到了组织的怀抱，同全国人民一样为粉碎了"四人帮"而欢欣鼓舞，但出乎意料，在不久之后却被人推入了政治的漩涡。1978年初开始，先是受到一些地方报刊的点名"批判"，接着第五届全国人大的代表资格也在开幕式上被宣布取消。父亲跌入了从未经历过的人生低谷。

朋友就是朋友，好朋友之间是相互了解、信任的。郭卓是父亲的好友，自然也是这样的。郭卓并没有受那些流言蜚语、"批判"文章和代表资格被取消的影响，继续与父亲保持着联系，对父亲进行鼓励与劝慰。在1979年7月的一封信中，她写道："对你的情况一度有些传闻，但后又寥寥，一直在关心刊物上有没有你的作品发表。不管怎样，你应当坚持写作，无论是长是短。过去一年你不过经历了一些老作家十多年来的经历，想想自己的处境，想想那些老同志的当年，也就心平气和一点了吧"并推荐给父亲南京《雨花》刊物的一位年轻编辑，希望父亲能把作品寄给他发表。郭卓出差到北京时，或是到家里去看望父亲，或是父亲前往住所看望她。郭卓当面对父亲做了一些不同于别人劝慰。父亲对她的支持与理解自然也是心怀感激的。

当父亲新的作品出现在刊物上，郭卓看到后十分高兴，立即给父亲写来信："《长城》第二期找到了。儿子先我看完，他急着看下面，老是问我，《长城》新的出了没有，他看后的反映是好的。""总算又从刊物上看到了你的名字，其高兴可想而知。哈哈，偶然从图书馆的《人民文学》上看见你的《胖娃娃》，好，祝贺你！老任（作者注：指部队作家任斌武。）从北京回来已带来你的情况，心也放下了，但就一个希望，早些看到你的名字出现在北京的刊物上。现在这点悬念也放下了。你又该放马奔腾了，甩开胳膊写吧！""既有了发表权，就要写啊！还常到农村去走走吗？一时思想解放不出来，到农村去走走，到人民群众当中去走走，就会解放出来的。"

父亲与郭卓从 1963 年相识，随着岁月的流逝，从作者与编辑的关系发展为好朋友，而这种友谊经历了种种考验，一直保持到他们生命的终结。在我面前的这些郭卓写给父亲的信件中，多次约稿催稿，郭卓对父亲的要求也是很宽的，长、中、短篇都可以，希望能在离休前再给父亲的作品当一次责任编辑，在 1983 年 10 月的一封信中，她就写道："文集如何？身体如何？当编辑忙不完的杂事，也该撤退了。望小说早日写就，还能发你一部！"郭卓的这种心情，父亲应当是理解的，但因为不知道的原因，郭卓的这个愿望却没有实现。稿子迟迟没能收到，却看到其他刊物不断的发表，这当然让郭卓很不满意，在一封信中，她嗔怪的写道："你真不像话，到现在一篇稿子也不给我们。昨天吴强同志问：'浩然给我们小说没有？怎么不给呀！催催他！'瞧，这可是真话，你老兄在写什么？长的？还是中的？喂，怎样，看你的表现了！"父亲与郭卓保持着书信联系。根据父亲日记中的记载，他给郭卓写的最后一封信是 1994 年 12 月 5 日。由于电话通讯的日益便捷，加上年龄等方面的原因，父亲与郭卓没有再见面，也没有再通信，但他们肯定会通过电话进行过联系，因为他们是好朋友，好朋友之间是不应该，也不会被忘记的。

西沙烽烟共死生——张永枚

　　喜爱歌曲特别是喜爱军歌的读者，一定知道《人民军队忠于党》《骑马挂枪走天下》这两首著名的歌曲；而喜爱诗歌的读者，也一定知道诗报告《西沙之战》这部著名的诗篇。这些词、诗的作者就是著名军旅诗人张永枚。

　　张永枚 1932 年 12 月 8 日出生于四川万县，曾就读于万县中学和省立万县师范学校；13 岁时在万县的《万州日报》副刊上发表了描写乡绅压迫穷人的短篇小说《重压》，这是他发表的第一篇作品；1949 年冬他参加了中国人民解放军，1950 年赴朝鲜作战，在前线写下了一批诗歌，结集为他的第一本诗集《新春》。张永枚的诗歌创作多取材于战士生活，作品充满真挚的感情，文字朴实流畅，被誉为"具战士风格"的诗作。1953 年张永枚加入中国共产党，1955 年加入中国作家协会。历任中国人民志愿军文工团团员，广州军区战士歌舞团、军区政治部文艺创作组创作员；第四届全国人大代表。

　　父亲与张永枚同庚，只是比他年长近九个月。父亲与张永枚相识，而且还比较熟悉。

西沙之战
(诗报告)
张永枚

　　1964 年 8 月，父亲正在紧张地修改自己的第一部长篇小说《艳阳天》。14 日这天，父亲突然接到中国作协外委会的通知，让他抽出三个星期的时间，陪同一位来自非洲索马里的作家在国内参观访问。父亲几番推辞，也没有成功。16 日中午，作为领队的父亲与几个工作人员来到首都机场，迎来了索马里作家卡里尔。他们先在北京参观访问几日后，又飞往上海，这是父亲有生以来第一次乘坐飞机。几天之后，又乘火车来到杭州。8 月 27 日，乘飞机到达广州。作为主人在广州迎接、陪同卡里尔和父亲的，就是张永枚。

大概就是这一天，父亲第一次与张永枚相见、相识。虽然没有明确的文字记载，但这是在父亲半个世纪的日记中，第一次出现张永枚这个名字，因而也只能以此推断这一天就是他们相识的日子。

父亲不仅创作小说，对诗歌也不陌生，很喜欢阅读一些新诗，也经常购买一些诗集，有时去北京的旧书店逛逛，看看是否有他喜欢的书籍。1961年11月，上海文艺出版社出版了张永枚的诗集《雪白的哈达》，发行了不到一万册，1963年12月再次加印。有一天，父亲在一家旧书店里发现了第二次印刷的《雪白的哈达》，就把它买了回来。父亲在这本书中的空白页上写道："这是在旧书店购到的一本诗集。那位粗心的读者却热心地在上边加了许多眉批。对不起，我都给他擦掉了。"

自从1964年父亲与张永枚在广州相识、见面后，两个人一个在北方，一个在南方，天各一方，有好多年都没有再相见的机会。

时光像水一样的一天天地流走，转眼之间就到了1974年。

1974年1月27日，是新春的农历正月初五。父亲在这一天带着自己的小儿子到挚友李学鳌家串门，夜里才疲惫地归来。

凌晨4时，熟睡中的父亲被大儿子叫醒，被告知有紧急事情，需要马上到机关去，文化局的车已经等在楼下。被值班领导派来接父亲的司机也不知道有什么事情，那时家里还没有安装电话，公用电话因时间太早也没有开门，无法与机关领导联系，父亲只能满腹疑惑地随车赶往机关。到单位后，值班的局领导也不知道有什么紧急情况，只是让父亲立即给市委书记吴德回个电话。在通话中，吴德没有多说什么，只是要求父亲马上赶到他在市委的办公室。一头雾水的父亲又乘车赶到市委。吴德与父亲简单寒暄了两句后，便把他领上自己的专车，迅速地驶出市委大院。

汽车行驶在宽阔、寂静的长安街上。一路上，吴德一直没有说明因为何事将父亲找来、现在要去哪里。父亲也不便多问，只能东一句西一句地一边与吴德随口聊着天，一边在头脑中急速地思索。当汽车拐弯驶上通往钓鱼台的道路时，父亲的内心一阵激动：难道是毛主席要接见我？毛泽东主席曾接见过许多文艺界的人士，包括胡万春等与父亲同时代的作家；当时《艳阳天》在社会各行各业、各个阶层的反响是很大的，而吴德对此行的目的又始终神神秘秘、讳莫如深的，父亲有这样的猜测也是十分自然的。

浩然与张永枚等在西沙

父亲只猜对了一半，接见他的不是毛泽东主席本人，而是他的夫人，时任中共中央政治局委员、主管文艺工作的江青。

父亲在吴德的陪同下来到江青在钓鱼台的住所时，诗人张永枚和记者蒋豪济已经到达，他们也不知道为何而来。直到不久后江青来到会客室，他们才知晓了缘由。原来中国在南海的西沙进行了一次对南越的自卫反击战，并取得了胜利，江青让父亲、张永枚、蒋豪济三人带着她的亲笔慰问信，代表她前往西沙群岛慰问前线军民，并要求父亲和张永枚深入采访，写出相关的文学作品。当接见即将结束时，江青一再嘱咐父亲等人，到海南后不要接受特殊招待。接见谈话的时间不很长，父亲回到家时才 28 日的清晨六点多。

这一天的中午 12 点，父亲与张永枚、蒋豪济在西郊的海军大院集合，一同来到良乡机场，近两点时乘海军的飞机直飞广州，夜晚到达。时任广州军区司令员的许世友和广东省革委会主任的赵紫阳会见他们三个人时，要走了江青的信件去印刷下发。为了安全等原因，按照吴德的意见，广州军区发给父亲一套陆军军装，父亲同张永枚一样，也成为人民解放军中的一员，当然这是暂时的。

从 1 月 29 日开始，直到 2 月 19 日，父亲与张永枚朝夕相处，先是从广州飞至海南岛崖县（现三亚市），后乘直升机飞至西沙群岛永兴岛，先后登上石岛、珊瑚岛、金银岛、琛航岛、广金岛、晋卿岛、甘泉岛等所有驻有军民的岛屿，逐岛访问驻岛战士、作战英雄和海岛民兵等，收集写作素材。在登陆甘泉岛的时候，经历了千辛万苦，先后两次都以失败而回，在西沙的最后一天，他们第三次登岛，因风浪

1974年浩然（前排中）、张永枚（前排右二）与许世友等在海南岛榆林要塞

太大，小舢板随时都有倾覆的危险，几次尝试没有成功后，陪同的部队领导担心发生意外，不同意继续登岛而要返回舰船。父亲望着那个他们唯一没有登上的有人驻守的岛屿，发了庄稼人的倔脾气，声称就是死了，也要把我的尸体抬到岛上。又是几次无果的尝试，岛上的守军也早已发现这个坚韧不拔的小舢板，六个战士浮水游到舢板边，硬生生地将小船抬到了岛上。当父亲的脚一踏上小岛，便拥抱着那些个勇敢无畏的战士喜极而泣。回到海南基地后，父亲与张永枚又到参战舰艇、参战陆军部队采访，与地方基层干部、渔村渔民座谈并专程到医院看望在此次反击战中受伤的部队战士。在海南岛和西沙的整个采访、慰问过程中，他们的言行一直保持着低调，但凡感到接待的规格有些特殊，便坚决谢绝。

从广州返回北京后，两个人立即分头开始着手进行创作。2月22日，父亲接到张永枚打来的电话，询问父亲的写作情况，并说自己已经开始动笔。张永枚的这个电话，让父亲心里十分着急，因为他自己到底用什么体裁写，怎么写，写什么，都还没有完全想好。

张永枚的电话，给父亲带来了巨大的也是无形的压力，他抓紧一切时间进行思考、尝试。

3月5日晚上九点多，父亲接到通知到人民大会堂开会。这个会议是个汇报会。除了当时的中央领导江青、张春桥和吴德外，与会者包括父亲、张永枚、蒋豪济，北京电影制片厂的谢铁骊、钱江，八一电影制片厂的王心刚、张冬凉、陈亚丁，中央乐团的殷承忠、李德伦。国务院文化组的王曼恬、于会泳、浩亮、刘庆棠等人也列席了会议。张永枚代表父亲与蒋豪济在会上对西沙之行做了汇报。会议一直开到第二天的早上五点。

父亲经过冥思苦想，最后决定下苦功夫，花大力气，创作一部并不把主要篇幅放在直接描写西沙海战过程上，而是要说明我们的渔民祖祖辈辈生在西沙，死在西沙，很多人用鲜血保卫过西沙，用汗水建设了西沙的小说，并将小说的题目暂定为《西沙的儿女》。

3月15日这天，父亲草完了小说的提纲，《光明日报》上也全文刊登了张永枚的诗报告《西沙之战》。《西沙之战》的发表，引起了很大的反响，轰动了全国。《人民日报》首先进行了转载，接着全国多家报刊也进行了转载，很快又被翻译成多种外国文字，广播电台也在一遍一遍地播报着。这一切，都使父亲感到更大的压力。

父亲抓紧机会进行创作，用了4天多的时间，写出《正气篇》的草稿，最多的一天写了近一万六千字。《北京文艺》在三月号上选载了《正气篇》，人民出版社6月出版了《正气篇》的单行本。

1974年7月，《西沙之战》单行本由人民文学出版社出版。张永枚当时签赠给父亲的那本《西沙之战》，如今珍藏在河北省三河市的"浩然文学纪念馆"中。

在几易其稿后，《西沙儿女》的下篇《奇志篇》，也由人民出版社于十二月出版。除此之外，父亲还创作了一部儿童文学中篇《欢乐的海》《天津文艺》《革命接班人》《天津日报》都予以选载，天津人民出版社1974年11月出版了单行本。至此，可以说父亲比较圆满地完成了反映西沙儿女建设西沙、保卫西沙的写作任务。

西沙之行，使父亲和张永枚从相识变得熟悉起来，而在那段使人难以忘怀的20余天里，父亲给张永枚留下了很好的印象。从西沙归来后，父亲与张永枚的交往渐渐的多了起来，虽然同住在一座城市中，除了打电话外，有时也互相写信联系。在1974年8月23日的一封来信中，张永枚就写道："接读来信，不禁想起海南、西沙相处的日子，平时也常想起你。……"

1975年1月8日，父亲来到市委第四招待所报到，参加第四届全国人民代表大会。当天，同是人大代表的张永枚便来到父亲住所看望。此后的几天会期里，张永枚又与"北影"的导演李文化两次来看望父亲。

虽然已从海南西沙回来一年有余，但父亲与张永枚跟那里的一些文艺工作者结下了友谊。1975 年 3 月 9 日上午，当时在海南岛工作的摄影家伍振超到家中看望父亲，一番叙谈后，两个人结伴一起来到张永枚的家中，边吃边聊，直到下午。

1975 年 3 月 20 日，父亲与张永枚又一同参加了在中国对外友协召开的筹备接待日本代表团的座谈会。

9 月 16 日，正藏在京郊延庆县大庄科中学写作的父亲，突然接到市委的电话，通知他立即返回北京市内。等他到了北京，才知道中共中央办公厅通知他立刻去大寨开会。

父亲 17 日到了大寨，才得知江青在此召集文艺界部分作家、导演、演员开会。江青在会上布置了几部电影的写作和拍摄任务，而承担任务的人里边，就包含着父亲与张永枚。19 日晚上，父亲与张永枚同住一室。父亲见到张永枚神智有点不好，很替他担心。张永枚为什么会这样？他不肯谈，父亲也不便多问，自然也就摸不清原委。

9 月 20 日，回到北京的父亲到中山公园找市委一位主管文艺的领导，汇报自己的活动等有关情况，听这位领导说，张永枚从大寨回来后便住进了医院。这个意外的消息让父亲大吃一惊！

1976 年 2 月 5 日，正在因病住院的父亲被叫到东方饭店，参加刘庆棠召集的重点影片会议。在会议上，父亲见到了张永枚。因父亲正在住院，故而三天的会议只参加了半天。

两天后的 2 月 7 日，父亲来到"创办"开会，于会泳、张维民、刘庆棠、浩亮等人接见了重点影片的创作人员。在这次会议上，父亲再次与张永枚相会，而且这次相会很可能就是他们一生中的最后一次。因为此后不久，他们便分别踏上写作电影剧本的旅程；再过后不久，便粉碎了"四人帮"；再过后，他们都受到江青的政治株连而受到"批判"……

1976 年 12 月 23 日，父亲接待了从中国京剧团来调查张永枚的人。张永枚那里也一定接待了前去调查父亲的人。

张永枚调回了广州。父亲仍住在北京。天各一方的父亲与张永枚之间是否还有联系？若有联系，还像以往那么密切吗？他们是否像以往一样相信自己，相信自己的好友？他们是否从跌倒的地方又重新站立起来了……

"真金不怕火炼。"父亲与张永枚经受住了历史的考验，他们用自己的言行，用自己的成就，用无可辩驳的事实，证明了他们对党的忠诚，对祖国的忠诚，对文学的忠诚，对读者的忠诚。他们都重新站立了起来。

1987年的"七一"前夕，父亲被北京市文联机关党委授予"优秀党员"的称号。这一年，父亲还发表了他的长篇小说《苍生》，这部反映农村现实生活的小说引起社会的广泛关注，分别获得北京庆祝建国40周年、北京和平解放40周年文艺作品征集评奖·文学优秀作品奖和首届中国大众文学奖特别奖；海外报纸则在头版发表文章，称父亲在文坛上第二次崛起。自1979年开始，父亲埋头苦写，创作发表了数百万字的新作品。晚年在年老体弱的情况下，舍弃自己并不宽裕的创作时间，费尽心血地扶植农村业余作者，使许多人加入到各级作协组织。

父亲陆续收到张永枚从广州寄来的其新出版的作品。从20世纪80年代初，一直到90年代末，在不到20年的时间里，张永枚就写作、出版了包括《孙中山与宋庆龄》《红巾魂》《爱与忧》《画笔和六弦琴》《宝马》《美军败于我手》《粤海大战》《张永枚故事诗选》《张永枚诗话》等十余种著作。2010年，张永枚获得广东省首届文艺终身成就奖。

1996年底的时候，父亲收到张永枚从广州寄来他新出版的著作《张永枚故事诗选》，在扉页上，张永枚写道：

浩然同志：

　　五个整天细读完大作。值此写劳苦大众成为文学冷门，更感《苍生》是难得的文学良心灿然的佳作。农民的事、情、理，农民的表达方式，特别是华北农民的语言，由衷佩服（似可更精炼——挑眼儿），佩服。11月25日读到黑石峪段，使我想起沙石峪，感慨不已，"自作多情"顺口溜：

　　　　艳阳有天农兵原属国本
　　　　海月无涯笔枪只为苍生

　　　　　　　　　　　　　　　　　　永枚
　　　　　　　　　　　　　　1996.11.27，广州
　　　　　　　　　　　　　　　　遥寄拙作，留念
　　　　　　　　　　　　　　　　并祝健康去恙

2008 年 2 月 20 日，父亲在北京病逝。闻知消息的张永枚在邮局急作一首题为
《浩然同志永生》的诗稿，用快件寄到了北京。

他的诗是这样写的：

> 浩然同志永生
> 《红旗》知交，
> 京华老庚，
> 南海潮高冲锋舟，
> 西沙烽烟共死生，
> 农民血肉，
> 父亲骨硬，
> 中华文学谁能斩？
> 国际知己多可寻，
> 吞泪不洒艳阳天，
> 存亡只为献苍生。

2008 年 2 月 20 日广州邮局

从这首诗里我们可以看出：张永枚仍然清晰地记着四十余年前父亲与他第一次
在广州相识时的工作单位；他仍然清晰地记着三十余年前父亲与他在西沙之战的炮
火硝烟还没有完全散尽的时刻，冒着生命危险在那里采访、慰问的情景；他仍然清
晰地记着父亲的人格与人品；他仍然清晰地记着父亲在文学史上应有的地位……

张永枚这首诗写于父亲逝世当日的广州邮局，是他在家里听到消息后急不可待
跑到邮局，当场书写了这首诗快递出去，还是他外出时听到消息，而没有顾上回家，
就跑到邮局急就而成？张永枚的那首诗，不是写在稿纸上，也没有写在人们常用的
复印纸上，而是一张带有毛边的纸上。很明显，这是由一张不规整的纸被撕扯而成
的。作为一个有着五十余年写作生涯的老作家，家里最不缺的就应当是各种各样的
稿纸，十有八九这张纸是他在匆忙中向邮局工作人员讨要的一张废纸。是什么让他
如此迫不及待地要将从心中迸发出来的诗句以最快的速度写在纸上，再以最快的速
度送到好友亲属的手中？我想，这是因为感情，一场经历过生死考验后的感情。张

永枚现在依然健在，头脑依然清醒，这个问题在现如今打个电话就能问个明白。但仅为这点小事就去打扰一个已是八十余岁高龄的老人，作为晚辈有些于心不忍。还是让老人安安心心，快快乐乐，健健康康地安度晚年吧，还是把这个疑问留给细心的读者，去发挥各自的想象吧。

"大道"与"大刀"——父亲浩然与郭澄清

中华人民共和国成立后，在20世纪50年代成长起一大批工农出身的作家。父亲与郭澄清就是这支浩浩荡荡文艺大军里的一员。

按照年头说，父亲比郭澄清小一岁，若按月份算，只小五个月，可以说他们是同龄人。父亲的原籍是河北省宝坻县，现在已属于天津市的一个区；郭澄清的原籍是山东省宁津县，这个县在中华人民共和国成立后曾分别隶属于河北省和天津，把父亲与郭澄清认为是老乡也是有依据的。

父亲与郭澄清一样，都出生在农家，从小就参加革命工作，经历了战争的锻炼和考验，十几岁时就加入了中国共产党。多年的农村基层工作经历，为他们日后的文学创作，积累了丰厚的生活素材。

父亲是冀东人，始终生活、工作在燕赵这片沃土上，以三卷本的长篇小说《艳阳天》奠定了他在当代文坛的地位。郭澄清是山东人，始终生活、工作在齐鲁大地上，以三卷本的长篇小说《大刀记》而闻名于世。《艳阳天》和《大刀记》出版后都在社会上引起较大的反响，受到读者的广泛好评。

父亲与郭澄清从五十年代初期就开始发表作品，都以歌颂农村新人新事，歌颂新的生活起步。根据现有资料，两个人第一次见面时，已经是1965年了。

为给中国青年出版社"扩编"《社迷传》，这一年郭澄清从山东来到北京，住了很长一段时间。6月26日晚，父亲到北京东城区的炒豆胡同看望暂居在此的郭澄清。这是两个人的第一次见面，谈到了近夜里十二点父亲才告辞回家。

在父亲留下的文字材料中，没有他对郭澄清初次见面后印象，但从后来事情的发展上看，两个人的交往还在继续进行着，进行到可以称之为好朋友关系的地步。

父亲给郭澄清留下了很好的印象和信任感，从他后来写给父亲的几封信中，可以看出他十分愿意与父亲继续交往下去。在1965年8月3日郭澄清写给父亲的信中，他这样写道："前天，我去作家出版社看您，传达室的同志告诉我：您去'长影'了。此后，又接主玉同志电话，说您已从'长影'来信，并说您将于 12 日前后回京。……我将于 8 月下旬带着中篇清样回宁了。我希望能在回宁前见您一面……"而在 1970 年 10 月的一封信中，郭澄清则写道：

浩然同志：

　　您好！一别四年，十分想您。说良心话，四年来，我对您的怀念，从未消失过。一有机会，我就打听您的消息。去年，我听到您参加国庆观礼的消息后，曾兴奋得通夜未眠。我想您也同样在关心我，因而也曾把参加省"积代会"的消息函告于您。每当我发出信件之后，就天天计算好，等待您回信的到来。这次接到您的来信，我一气读了三遍，当时的兴奋心情您是可以想象到的。……回想起咱二人过去的几次接触，您对我的帮助是诚恳的，热情的。并且，您的为人，在我的脑海里留下了极好的印象，有一种说不出的和抑制不住的感情……

　　父亲 1965 年 8 月如期回到了北京。8 月 22 日中午，父亲的朋友、内蒙古作家张长弓带着百花文艺出版社的编辑诸有莹来到家里。到下午四点时，父亲又约来河北的作家张峻和郭澄清等人，一同到当时很有些名气的京城餐饮老字号"灶温"吃饭，边吃边聊又到很晚。

　　如同天生的缘分，这年年底百花文艺出版社出版了一套"农村文学选读"，其中一本《公社书记》中，选用了四位作家各一篇短篇小说，而父亲与郭澄清就在其中。

　　1965 年 10 月，郭澄清的中篇小说《社迷传》由中国青年出版社出版发行。不久后，他便赠送了父亲一本。父亲在这年 12 月和次年 2 月两次阅读了郭澄清的这部新著，虽然感觉在艺术上稍差一些，但还是有新东西的；凡是有新的东西，就应当给予肯定。于是，父亲写了一篇推荐文章《一个崭新的贫农形象》，发表在 1966 年 4 月 26 日的《光明日报》上。这类的文章，父亲在五六十年代是很少涉猎了，大约只写了四五篇。

　　在这篇约四千字的文章里，父亲对郭澄清在这部作品里的新特点给予了赞扬，对不足也有所提及。在文章中，父亲写道：

……

我认为，你的《社迷传》里一个值得肯定的特点，是创作了一个崭新的贫农形象高大虎。这个"新"字，表现在你给这个人物的精神世界注入了新的力量，这个力量，就是毛泽东思想。……这是最新的事物，也是最为真实的现实，这是作家应当大为鼓吹的东西。

你身在农村的火热斗争里，看到了这个新的事物，并抓住了它，具体、生动地体现在《社迷传》那个贫农高大虎的形象描写和塑造上，所以，我热情地肯定你的这一点，并要向你学习。

由此可见，我们写农村生活的人，不仅要追着时代的脚步，捕捉新的故事、提炼新的主题，也得挖掘新农民的新的精神因素；跟着而来的，是相应的表现方法。

……

1965 年底，父亲来到京郊怀柔县参加"四清"，直到 1966 年 6 月底工作结束才返回城里。父亲在参加"四清"时，曾接到过郭澄清写于 1966 年 5 月 24 日的一封信：

浩然同志：

您好！

我这次来京修改长篇，曾几次多方打听，没有找到您的"下落"。后来，得知您在乡下搞"四清"，不能见面了，很遗憾。

您发在《光明日报》上的文章，我读了后，受益很大，谢谢。只是您指出的缺点少了些，轻了些，特向您提出"抗议"。望今后继续多帮助我。

我打算于六月初回宁津。如有空，望能给我写封信。因为我很想您。

祝贺《艳阳天》第二卷出版。人民文学出版社寄给我一本，我一天一夜读完了，很好。比一卷更好。

……

"文革"开始后的 1966 年 12 月的一天下午，父亲从单位回到家里，看到郭澄清留下的一份材料和一个条子。晚饭前，郭澄清再次来访。两个人畅谈到晚上九时半才分手，虽然出版社已经赠送给郭澄清一本《艳阳天》第二卷，但父亲还是签赠了一本送给郭澄清。不久后，父亲将郭澄清留下的材料转给了《红旗》杂志社的编辑朋友。这份"材料"是稿件，抑或是其他什么，因没有详细记载，就不得而知了。

1970年，郭澄清开始了专业创作，比父亲重新回到专业创作岗位整整早了一年。这一年，郭澄清到北京参加修改《奇袭白虎团》的京剧剧本，住在二七剧场，他虽然几次给父亲打电话，要与父亲见个面好好聊一聊，但经历过"文革"初期的暴风骤雨，使父亲在许多问题上接受了教训而显得顾虑重重，与好多人断了通信联系。尽管他也担心有可能引起误会，还是找了种种借口没有应允。父亲在这点上显然是有些多虑了。

1972年7月6日，正在故乡蓟县访问、写作的父亲接到北京打来的电话，告知郭澄清到北京送稿，要来看他。得知消息的父亲第二天就赶回北京，先到出版社与郭澄清见了一面，又去处理完其他事情后，才再次赶回出版社，接着与郭澄清交谈，一直谈到晚上近十点。7月8日晚，郭澄清来到家里看望父亲，并提出希望父亲能够促进一下出版社，为他的长篇小说《大刀记》印征求意见本样书。在笔者的印象里，当年确曾看到过这部书的征求意见本，不知这里面是否包含有父亲的"功劳"。而在郭澄清1972年底的一封信中，似乎也能印证，至少能证明父亲对郭澄清及《大刀记》的出版是关心的，从这封信中也反映出郭澄清对父亲的敬重和感激之情，以及他与父亲几次交往的深刻记忆：

> 读了您的亲笔长信，使我十分感动。您写这封信时的心情，我是能够充分理解的。您将如何对待我的习作《大刀记》，我也能够完全想象得到，并且，已从北京方面的一些来信中，得到了一些情况。您这封长信，是继您评《社迷传》后，再次表现出来的对我的栽培心情。……也许是因为，您"灶温"设宴我记忆犹新，您"炒豆胡同"登门找我我耿耿于怀，您和我的"小院"长谈我一直未忘。浩然同志，说老实话，我现在常常以和您不是"初交"而感到幸运，常把我自己早就是您作品的热爱者、敬服者而引为自豪。当您的创作还在"青少年"时期的时候，我就把您的作品当作"范文"来读了。……浩然同志，我

总觉着您是了解我的，我相信您不会把我这些话看作是"吹吹拍拍"。……当我去京改稿见到致远同志的时候，向他提出的第一个要求就是要去所在的地方看看您。……浩然同志，您对《大刀记》的关怀心情使我不能不告诉您……致远同志，以及出版社的其他一些领导和编辑同志，对我和《大刀记》都是出于无产阶级的感情而非常关怀的，我想在这方面您一定能尽到作为我的朋友的责任。……最后，请允许我再次向您表示由衷的谢意。

1975 年出版的《大刀记》是郭澄清的代表作。而父亲同时期出版的《金光大道》，则是其七十年代的代表作，也是迄今为止唯一一部完整记载中国农业社会主义改造全过程的长篇小说，使浩然这个名字在读者心中进一步加深了印象。这两部作品都由人民文学出版社出版，都曾被搬上银幕，被改编为连环画，在全国多家广播电台连播，产生了广泛的社会影响。也都在初版 20 年后于 1995 年前后得以再版。河北作家刘国震曾撰文对《大刀记》和《金光大道》做过一番比较。他写道：

　　《大刀记》写作于 1971 年至 1974 年间，是郭澄清最重要的一部作品。但因为此书有"文革"时期这个不好的出生背景，在"文革文学空白论"的束缚下，改革开放以后出版的许多当代文学史，对这部书取得的艺术成就，未能给予足够的重视。又因为它描写的是民主革命时期的抗日战争生活，官方对这段历史的评价与认识，"改开"前后几无差别，所以，它也没有像同一时期出版的以社会主义革命和建设为题材的经典巨著《金光大道》那样遭受那么多误读与攻讦。

　　《大刀记》与《金光大道》虽然题材不同，但也有它们的共同点。两部作品的主人公梁永生与高大泉，都是长工的儿子。作为他们隶属的那个阶级中的优秀分子，都在为受剥削、受奴役的劳苦大众寻找一条改变自身命运，实现公平正义的幸福安康之途。在时代大潮的推动下，他们都自觉接受了共产党的纲领与理想，又因为所处的历史阶段不同，梁永生选择了寒光凛凛的"大刀"——武装斗争（民主革命）；高大泉选择了金光灿烂的"大道"——共同富裕（社会主义）。两部作品，都是"道路小说"，都具有史诗品格。这一点，读一读《大刀记》第一卷前面长达 239 页的《开篇》，读一读《金光大道》第一部前面那个只有 49 页的《引子》，就很清楚了。从"大刀"到"大道"，是一种符合历史发展逻辑和人物性格发展逻辑的自然延续。

郭澄清与父亲一样"生不逢时"，虽然也写了大量的作品，出了不少著作，但大多数都没有赶上稿费高的时候，或者根本就没有了稿费。在 1965 年 7 月 14 日父亲写给挚友杨啸的信中就有这样一段话：

> ……
>
> 昨天晚上约郭澄清（他在给"中青"扩充《社迷》为中篇七万字）、姜树茂（青岛人，写四七年海上渔民斗争长篇）、张英（与我同室住，上海人，写电业工人长篇）和玉兄谈了一次，对当前创作问题、稿费问题扯了许多。如今《人民日报》《人民文学》等报刊，对工农作者已不发稿费，送一些书，对于作家，最高者每千字六元，短篇集根本不给稿费了。郭之《公社的人们》只得九十几块钱。
>
> ……

信中说的"郭"，指的就是郭澄清。《公社的人们》则是指作家出版社 1965 年出版的郭澄清的短篇小说集；在版权页上印着该书的字数近十万字，印数为五万册。

父亲对郭澄清的身体健康情况一直是关心的。郭澄清曾在一封来信中说道："您信中对我的身体一再关注，请接受我的谢意。现在我告诉您，只不过闹了几天流感，早已好了，请您放心……除闹了几天流感外，一切均好，请您也不要为我分神。" 1976 年 5 月，郭澄清突患脑血栓，致使半身瘫痪。1978 年 12 月 20 日，父亲与好友、诗人李学鳌闻讯后来到北京宣武医院，看望正在此治疗的郭澄清。这大概是两个人最后一次见面。几年后，父亲来到河北省三河县段甲岭镇挂职，在三河一边深入生活继续创作，一边实施他的"文艺绿化工程"，没有必须要参加的会议或活动，很少返回京城。因终日操心劳累，积劳成疾，于 2002 年 11 月一病不起，2008 年 2 月 20 日在北京逝世；而郭澄清瘫痪后则一面同病魔抗争，一面积极进行新的创作，在与病魔顽强斗争十余年后，不幸于 1989 年 8 月 10 日病逝于济南。

永留记忆中的老诗人——李季

如同是上天的有意安排，不让父亲与他崇敬的老诗人李季见上最后一面。

1980年3月19日上午，正在京郊通县埋头苦写的父亲本想回到市内，参加下午召开的老诗人李季的追悼会，却被好友刘绍棠拉到通县的西集公社，陪他上户口。在公社吃过午饭，父亲准备动身时，才知道司机中午也喝了酒，已不能开车，而那时县里也只有几辆吉普车，乡村的公共交通也不似如今这样方便快捷，即便从县里要来车，或想办法回到县城再换乘公共汽车赶到市内，恐怕黄花菜也要凉了。就这样，父亲被无形中"扣"在了西集公社。

回想起与李季的交往，一幕幕的往事浮现在父亲的脑海。

李季比父亲大10岁，出生在河南唐河县的一个中农家庭，读了一年初中后便参加了革命队伍，后到延安抗日军政大学学习。1945年底，李季在《解放日报》上发表了内容和形式完美结合的长篇叙事诗《王贵与李香香》，这首具有浓厚地方色彩的长诗，被誉为是无产阶级文学发展的标志，是诗歌领域里实践毛泽东文艺路线的第一个硕果，是中国新诗发展的新阶段，在中国现代文学史上占有极重要的地位。李季因《王贵与李香香》而一举成名，这部作品也成为他的代表作之一。

父亲的文化底子显然比李季薄了不少，虽然也是中农出身，但那不过是土改中，在那个靠山小村娃子里面拔将军的结果。因父母早逝，父亲13岁就成为孤儿，小小的他只读了三年小学半年私塾，便辍学务农了。父亲14岁开始参加革命工作，后一直在家乡蓟县一带工作，直到成为《河北日报》的记者。中华人民共和国成立后，17岁的父亲响应组织的号召，立志为革命拿起笔，做起了文学梦。于是他利用几乎所有的业余时间，一边补习文化知识，一边练笔写作。经过刻苦的学习和不懈的努力，1950年10月他在《河北青年》报上发表了第一篇作品《姐姐进步了》，手写稿终于变成了铅字。

1954 年 6 月 1 日，父亲调到《河北日报》驻通县记者站，担任记者，不久后到那时还隶属于通县专区的昌平县采访。喜爱文学的父亲，那时只要下乡工作，都要随身携带文学类的书籍，以便能在闲暇有空时翻阅，而喜欢诗歌的他，这次则带着一本李季的《王贵与李香香》。

6 月 21 日夜间，昌平县百泉庄的庄稼人早已都进入了梦乡，除了村里偶尔的几声狗吠和村边传来阵阵的蛙鸣声，村里悄然无声；天上虽有无数的小星斗在闪耀，月光也格外明亮，但却无法照亮整个大地，四周稍远一些的地方显得漆黑一片。在这个寂静的村庄里，只有一家农户的窗纸上还泛着些许的白光。在这间点着灯的农舍里，进行了一天紧张采访的父亲还没有休息，正借着微弱的油灯光，阅读着《王贵与李香香》。父亲喜欢书，爱惜书，几乎每本书都仔细地包上封皮，除了一部分在扉页上写上自己的名字和购买日期等字迹外，很少再题写什么。而这天夜间，他却有感而发，在《王贵与李香香》这本书的扉页上写下了一首诗：

> 初夏暖风拂稻田，
> 渠畔蛙声催人眠，
> 天空星斗赛灯火，
> 夜咏古诗宿百泉。

这首诗写的好坏与否，用词是否恰当妥帖，仁者见仁智者见智，我们先暂且不论，但它毕竟表述了一个二十二岁的年轻记者在静寂的夜晚，在昏黄的孤灯下阅读时的心境。

父亲与李季的相识，是在 1966 年 6 月 28 日。那天晚上，世界记协的查禾多在北京饭店举行招待会，招待参加亚非作家紧急会议的作家们，父亲也应邀出席了这次宴会。就在这天晚上的宴会上，父亲结识了老诗人李季和《欧阳海之歌》的作者金敬迈。

此后，父亲便被"卷入"到"文革"的运动中，紧接着的是"斗、批、改"和下放劳动，与李季也就再没有见面。等再次相见的时候，已经是 6 年后的 1972 年。

1972 年 11 月 2 日，父亲接到有关部门的通知，让他晚上到首都机场迎接日本山口县文学代表团。父亲按时到达了机场，在那里遇见了与他同来接机的李季和杨沫等人。

在此后的近半个月的时间里，父亲与李季一起多次陪同日本外宾在北京活动。8 日在北京饭店与日本朋友座谈一天，交流创作经验；12 日陪同日本外宾参观颐和园，参加姚文元在人民大会堂江苏厅的接见；13 日又到首都机场送别日本客人。

在这些天的活动中，父亲和李季的几番接触，相互间加深了了解，关系也越来越近。送走日本朋友的第二天，父亲到中国青年出版社看望内蒙古作家玛拉沁夫，遇到管桦和袁鹰，于是约来李季同到东来顺吃烤鸭，喝酒、聊天，度过了一个愉快的午间。

1973 年 2 月，父亲忙忙乱乱，如同应付差事一般地过完春节，准备排除杂事的干扰，抓紧时间修改、整理《金光大道》的第二部，以便让它早日出版，与广大读者尽快见面。就在这个时刻，父亲却接到对外友协的通知，让他准备接待日本的一个文化代表团，并陪同他们到南方去参观访问。父亲听了心里十分焦急，在电话里请求能否换人不果后，放下电话就给两位有关领导写信，请求免去这个活动，好让自己能够集中精力写好长篇。父亲又想到李季比自己的资历老，认识的人多，说话有分量，他也许能帮助自己解除这个差事，于是就在 24 日早上赶到李季的工作单位。只可惜这天李季没有来单位，父亲扑了空，目的自然也没有达到。下午回到

浩然、李季与日本外宾在北京饭店合影

家，父亲又接到对外友协的通知，仍要他陪同外宾外出。父亲为没有时间坐下来写作，内心十分烦躁。

2月25日下午，父亲先到化工石油部一焦姓副部长家找到李季，一同赶到民族饭店，晚上又一起到机场迎接日本文化界代表团。不知在这次与李季相见时，父亲是否跟他提起免去陪同日本客人到外地去的请求。

3月3日下午，父亲与李季、谢冰心等人与日本外宾召开了半天的座谈会，之后的几天，又陪同他们到八达岭、十三陵等地参观游览、参加郭沫若在人民大会堂主持的招待日本朋友的宴会。

3月6日下午，父亲到北京饭店会见缅甸新闻代表团；晚上参加完新华社社长朱穆之主持的欢迎宴会后，回到日本文化界代表团居住的民族饭店，与李季同居一室，准备第二天陪同他们到南方参观访问。3月7日上午，父亲与日本文化界代表团的成员们飞往上海。

父亲在3月14日刚刚送走日本客人飞回北京，就听说让他参加一个访日代表团。第二天，父亲先去看望了一下李季和从内蒙古来京的挚友杨啸，下午便来到市委，请求这次能够不到日本去访问，集中力量完成《金光大道》的第二部。17日晚上，父亲再一次去单位看望了李季等人。

父亲这一次的请求都到了满足，答应他此次不出访日本。

5月31日晚间，外交部在前门烤鸭店宴请罗马尼亚的两位作家，父亲与李季一同参加了这次宴会。

9月28日晚间，父亲来到北京饭店，参加庆祝中日建交一周年的宴会。父亲与周海婴、曹靖华、古元等人坐在一个桌上，这桌还有另一个父亲的熟人，那就是老诗人李季。

1974年10月21日的傍晚，李季来到家里看望父亲，两人自然又是一番愉快的谈话。这应当是李季第一次登门，似乎也是唯一的一次来到家里看望父亲。

也许是因为两个人的人格、人品相近，也许是因为他们的作品都是以歌颂劳动人民为主基调，尽管父亲与李季一个是写小说的，一个是诗人，但是在他们不断的交往中，了解在逐步地加深，感情也在不断地加深，除了偶尔的通信外，当自己的新作品面世时，也总是在第一时间签名赠送给对方。1977年4月，李季的另一部代表作长篇说唱诗《石油大哥》出版发行后，5月便赠送给父亲。

1979 年 12 月 30 日上午，北京市文联在民族文化宫举行新年联欢会，父亲和李季都在被邀请之列。在这次联欢会上，为了避免一些其他人干扰，父亲与李季单独躲进了西大厅的休息室，两个人相互倾诉着各自的心里话。让父亲万万没有想到的是，这次的叙谈，竟成了他们间的"诀别"；分手时的一声再见，竟成了他们两人间的"永别"。

1990 年 3 月 9 日，父亲从女儿春水的口中得知李季逝世的消息，他既感到震惊，又不敢相信消息是真的。距上次相聚才过了仅仅两个月的时间，便得到这样一个令人吃惊的坏消息。父亲感到十分悲痛！这几年，他已经连续失去了多位好友，为什么好人总不能长寿呢？

李季，这位令人崇敬的老诗人，永远留在了父亲的记忆中。

家乡军营中的朋友——马贵民

　　1972 年 2 月，父亲暂居在人民文学出版社院内的一间平房里，紧张地修改着《金光大道》第一部。刚刚过完春节的假日，也就是 2 月 21 日的下午，他在出版社的住处迎来了一位客人。

　　客人进屋后，似乎不敢相信自己的眼睛，慕名已久的大作家竟然借居在如此简陋的房间：十五六平方米的破旧平房里，一张桌子、一张床，煤球炉盘上有几片馒头干，连个卫生间也没有。

　　来人是位 20 来岁的军人，名叫马贵民。他所在的部队就驻扎在父亲的故乡——蓟县。这是父亲与马贵民的第一次见面，两个农民的后代从这一天开始了长达数十年的友谊。在聊天中，马贵民向父亲讲述了他准备撰写有关叶洪海长篇小说的打算。两天之后，马贵民又来到出版社父亲的住地拜访。两个月之后，马贵民则利用到北京的机会第三次拜访了父亲。

　　这一年 11 月 10 日的早上，父亲在出版社接到母亲从家里打来的电话，被告知蓟县拍来电报，岳父病重，希望他赶快回去探望。

　　岳父杨泽是一位 1938 年入党、参加过冀东大暴动的老革命，幼年就成为孤儿的父亲，对杨泽既尊敬，又有如同生父般的亲情，得知消息后，自然心急如焚。但是，那天父亲已经约好要到京郊的卢沟桥公社，给那里的农村业余作者做一次有关写作的报告。情急之下，父亲想到了马贵民，于是立即给他打了一个长途电话，希望他能代表自己到岳父家看望一下。当父亲晚上九点多回到市内，得知马贵民已经把岳父送进位于蓟县的解放军 269 医院，病情已得到缓解时，才算把心放下一些。

　　在接下来的两年里，父亲与马贵民的接触越来越多，几乎每次马贵民到北京时，都要来看望一下父亲，在家里吃一顿便饭，随意聊聊天。

　　那时，城镇居民还需要用粮票购买粮食，家里人来人往，来客很多，若不是母亲杨朴桥善于精打细算，合理安排，十有八九会发生"断顿"的危险。父亲的作品虽然都很严肃，但对熟识的朋友，有时也会开几句玩笑，因而马贵民一进家门，父亲便会经常冲着妻子逗乐子说："呵呵，你做饭时多加瓢水，蹭饭的来了！"

自从《金光大道》第二部在1974年5月出版后，父亲就一直急于开始第三部的创作，怎奈杂事一件接着一件，缺乏一个能使人静下心来搞创作的环境，为此，父亲异常苦恼。父亲的好友、作家魏巍得知情况后，为父亲联系了一处远离城市的驻军，希望他能在那里安下心来写作。事有凑巧，魏巍给父亲找的驻军，竟然就是马贵民所在的部队。

1975年10月20日，父亲来到故乡蓟县的仓上屯，来到驻扎在这里的坦克师部队。马贵民是这支部队的新闻干事并热衷于文学创作，师首长分派他负责照料父亲生活和写作上的有关事宜。

在马贵民的精心照料下，父亲在故乡的军营里终于能够静下心来继续创作《金光大道》，以每天至少两章的速度向前推进，有几次达到过日写四章，曾连续多天日完成两万多字。每当写出自己十分满意的精彩章节时，他都会读给马贵民分享。

在紧张的写作过程中，父亲有时也进行一下短暂的休整。每当到这样的时候，马贵民就陪同父亲到蓟县县城拜访一些老同志；到刘吉素、潘庄子父亲的岳父家和姐姐家看望一下；到王大郎庄、秦庄子等处看望老房东，或是晚上弄几听罐头在马贵民的宿舍里与他小酌几盅。

11月15日，《金光大道》第三部起草完毕。当父亲在稿纸上写完最后一个句号时，下意识地看了一眼手表，时针指在了下午4点58分。父亲在这天的日记里写道："……多么沉重的一副担子，仿佛担完了一半路程。可以停几天，不是休息，而是加油、鼓劲，用更大的努力跑完下一半的路程！"

正如父亲在日记里写的一样，他要暂停写作几天，而这几天不是要躺下睡觉，不是要串门聊

1975年10月浩然于52891部队写《金光大道》第三部时留影

天，更不是要吃喝玩乐，而是要到农村去参观访问，补充一下养分，调剂一下精神。

父亲对历经千辛万苦而草写完成的书稿十分珍视，即便到农村去参观几天不再修改，也为了确保安全而要随身携带着。随行的马贵民在 16 日出发之时发现后，就建议父亲将稿件存放在部队营房。父亲害怕出现意外闪失不同意，直到马贵民说明不是放在宿舍，而是存到师司令部保密室的保险柜中，父亲这才放心地把稿子交出来，并对马贵民说："此刻，如果谁想让我疯了的话，就把这些稿子付之一炬！"

父亲在马贵民的陪伴下，来到河北省遵化县（现遵化市），访问了他向往已久的全国农业先进单位西铺和沙石峪等地。16 日下午，他们来到西铺，会见到一直敬慕的王国藩，随后参观了村展馆、王生旧居和副业大院。到了晚上，因为还没有正式开始采访，父亲对这次行动是成功还是失败，心里没有底。第二天早上，西铺的党支部副书记王顺向父亲介绍了西铺发展情况，下午又陪同父亲、马贵民到机务队、西大梁地里参观、采访。一天下来虽然很累，但父亲感到采访是成功的。

18 日，父亲与马贵民来到沙石峪，会见了老书记张贵顺，并在他的带领下遍游他们亲手改变过的山河大地。下午与副书记闫宝玉、李凤元等人座谈、采访。

19 日上午，他们又来到马兰峪参观县修配站，直到晚上才回到军营的住所。

四天的参观访问，父亲是愉悦的，虽然身体上感到有些劳累，但收获也是很大的。成果之一，就是父亲后来写出的《大地的翅膀》和《壮志篇》等散文。

访问归来的父亲立即投入了《金光大道》第三部的修改工作，在原稿的基础上，

1975 年 10 月浩然与马贵民摄于 52891 部队

又用几天的时间在后面增写了九章。到11月底时，从某种角度讲，真正完成了《金光大道》第三部的草写工作。

父亲在蓟县军营写作期间，有些亲朋读者等人到此处来访、看望。这些人有的是事先约好而来，有的则是不速而至。对于不速而至的客人，有时会让父亲感到很为难。让父亲感到为难的，是因为当时正处在写作的关键时刻，创作思路和情绪实在不宜打断；而接待来人就势必会发生这种结果。遇到这样的情况，父亲只能在寒暄过后，简单交谈几句，便将客人"甩"给马贵民，自己则回去继续写作。

父亲在蓟县的军营里居住了近两个月，完成了中篇小说《三把火》和长篇小说《金光大道》第三部草稿等作品的写作，也与马贵民朝夕相处了近两个月。马贵民热情真挚的帮助，使父亲与他逐渐增加了了解，加深了感情，成为好朋友。

12月15日下午，正在给业余作者谈写作的父亲忽然接到一个电话，让他回京看《金光大道》的电影样片。马贵民陪同父亲在晚上7点赶回北京，住在了家里。这大概是马贵民第一次住在家里，此后他再来京时，暂住在家里则属于家常便饭。

父亲本想回京看过样片后再回到蓟县军营，没想到一回来就被一堆杂事缠住而无法脱身，直到第二年的1月3日晚上才返回军营。

父亲在军营里还没有坐稳，就被单位派来的车接回去参加一个座谈会，于是，马贵民再次陪同父亲回到北京。到家没有两天，就从广播中传出周恩来总理逝世的消息，父亲只得又在京城里住了一段时间。

由于各种因素的积累和挤压，1976年春节时，父亲的身体出现了极度不适，被送进了医院。早已回到蓟县军营的马贵民得知消息后，很快就来到医院看望。经过近一个半月的治疗，父亲于3月18日出院，3月25日父亲生日这一天，马贵民又来到家中探望。第二天，父亲带着马贵民来到东四旅馆，看望正住在这里的张峻等几位河北作家朋友。

这一年的7月27日傍晚，父亲来到京郊通县，晚上住在县委招待所，打算第二天早上就到下面的公社去。谁知，凌晨发生了强烈地震，各级政府和工作人员一切都转入到抗震救灾之中，父亲也惦记着家里的妻儿，便赶回了城里，当天晚上又携妻儿来到单位避震。

地震灾情总也解除不了，消息时缓时紧，总在单位暂居着也不是长久之计，父亲的心里十分不安稳，他担心的不是自己的安危，而是为妻儿担忧，尤其是为了孩子们。8 月 13 日这天上午，父亲接到文化部的通知，要求他 18 日集中学习，准备出访朝鲜。这个通知更让父亲心神不安，但重大任务在身，也只能将孩子们丢下不管了。就在这天晚上，马贵民从唐山救灾前线上回来，给父亲带来部队首长的问候，也给父亲"带来了斗争下去的力量——我们不是孤立无援的！"第二天上午，马贵民又来看望父亲。尽管父亲很想和他好好地谈谈心，但中间总是来人看望而被打断。即便如此，等马贵民下午走的时候，父亲的心情比前几天好多了。

不知是部队首长主动提出的，还是父亲单位的领导主动找部队协商的，决定由父亲自己出钱出木料，部队派人协助，在家乡岳父家的院子里盖上一间二十平方米左右、简单的坯座瓦顶房子，这样一方面可以使妻儿有个能避震的地方，另一方面父亲自己也有了个能安静写作的场所，免得总是四处"流浪"，到处找地方。而马贵民就自然而然地成为父亲与部队之间的联系人。

9 月 20 日，父亲与马贵民一起，将盖房子用的木料拉到了岳父家，盖房的各项准备工作有条不紊地进行着。

由于朝鲜的形势发生了变化，出访朝鲜的计划取消，父亲于 9 月 24 日到上海修改电影剧本。父亲到上海后，与几个朋友说了自己拟在家乡盖一间小屋的计划后，大受赞赏，父亲自己的心里也对这个计划更加满意。

10 月初，正在北京军区学习的马贵民从内部得知了"四人帮"被抓的消息，10 日一大早便从西山赶到位于电报大楼西侧的北京市文化局，找到父亲的挚友、诗人李学鳌商量如何把消息偷偷告知远在上海的父亲。从文化局出来后，马贵民就近在电报大楼要通了父亲在上海的电话，让他立即回北京。而几乎与此同时，李学鳌的电话也打给了父亲，同样让他立即回北京。尽管两个人谁也没有说明任何理由，只是让他立即回京，但父亲仍敏感地估计到北京发生了什么事情，而且是大事！当天晚上，父亲到老朋友、《收获》杂志编辑郭卓家里串门，又从她的谈话中"嗅"到一点儿气味，感到是张春桥、江青等人出了问题。父亲在这天的日记里写道："但愿战士们能按照毛主席一贯的政策办事，使这场斗争顺利发展，趁热打铁，让全国的政治、经济形势，都来一个大好风光的春天！我是个小人物，只能盼望，别无办法呀！"电影剧本还没有搞完，是接着搞下去，还是先放下，回到北京，回到党组织的怀抱中去？父亲一时拿不定主意。

第二天中午，父亲又被郭卓的孩子叫到家中吃饭。郭卓的爱人是著名作曲家沈亚威，时任南京军区文化部副部长。当时情况的危急程度，大概只有当事人才能知晓。大概也就是这天中午吃饭的时候，郭卓也劝父亲及早返回北京，并说如果电影厂不让走，或是其他原因无法脱身，就想办法到南京军区驻沪办事处，从那里坐吉普车到南京，然后再由沈亚威想办法送父亲回京。

10月12日晚上，父亲与一同写电影剧本的陆柱国一起，在没有通知电影厂的情况下，乘飞机飞回了北京。夜里10点父亲来到北京市文化局院内的临时住所，而得到消息的马贵民也特意从西山赶来看望。

那段日子，马贵民经常到京城来看望父亲，给父亲增添了许多快乐。他们一起聊天，一起去看望朋友，或是一起小酌一番。12月7日早起，父亲为马贵民修改悼念周恩来总理的散文《四月梨花盛开时》。父亲因种种原因没有机会写这样的文章，能借此寄托心思，倒也成为自己的一件快事。

到年底时，父亲在家乡盖避震小屋的事情发生了一些波折，掀起了一些"风波"。个别人大概是听到了社会上流传的风言风语，或是觉得在这样的情况下，仍帮助父亲盖房，自己不会沾到任何光，得不到任何好处，于是工程停止了下来，而且拉走了部分建筑材料。一些人开始自觉不自觉地疏远了父亲。

马贵民也许是基于与父亲相识后，对他有了较深的了解，对流言蜚语不屑一顾，坚定地相信父亲不是个"坏人"；也许是基于农民的本色，认定的朋友，就不会轻易改变看法；也许是这两个原因掺和在了一起，仍然"不识时务"地利用到京城的机会看望父亲，将自己的稿件交给父亲进行润色、修改，并极力促使盖房的工程进行下去。为此，父亲除了当面劝说，讲明自己的观点想法外，还六次写信给马贵民，希望他立即停止这类无谓的工作。在其中的一封信中，父亲写道：

听朴桥讲，你曾几次到刘吉素看望害病的老人，仍在为我搭防震棚的事焦灼、奔波。我感动得掉了泪，同时又怨你太痴。你的业余写作时间那么少；你又不是医生；你的家属奔来团聚，需要你照顾，因此，不应当在那些事情上浪费过多的精力。你应当知道，我最希望你的，是能成为一个对党和人民有贡献的文学战士，而不是我的"义务秘书"。如果从你结识我以后，写作无所长进和成就，不仅是你的悲剧，也是我的。

1977年1月4日，父亲带着前一天来京的马贵民一起到首都剧场观看纪念周恩来总理逝世一周年的文艺演出。在这场文艺演出中，"人艺"的演员朗诵了父亲专门为此而撰写的长诗《丰碑颂》。尽管这首诗是这场晚会的主要节目之一，而且父亲也是满怀感情写的，但由于时间仓促，他对这首诗并不十分满意，感到没有写出自己的全部情感。

晚会之后，父亲就来到京郊密云县，埋头进行创作。2月25日，马贵民专程到密云看望父亲，第二天上午临走之时，父亲特意带他到照相馆拍了张合影，以此留个纪念。

马贵民与父亲继续交往着，只要来京，他就要与父亲联系，就要见面谈心，畅谈一番。

在1977年底召开的北京市七届人大一次会议上，父亲被选举为市革委会委员、第五届全国人大代表。会后不久，父亲便来到蓟县的解放军269医院，一面治疗身体上的疾病，一面利用医院相对安静的环境继续进行文艺创作。那时，尽管父亲当选为市革委会委员和全国人大代表，但在社会上仍有许多对他不利的流言蜚语，似有一种风雨欲来风满楼的感觉。马贵民已经预感到如果父亲将来出了"问题"，自己也将无法"幸免"。尽管如此，他仍然多次到医院看望，与父亲相互倾吐着心里话。

1978年1月，父亲得知《广东文艺》1977年第十一期、第十二期延期发行，与1978年第一期共三期连续发表了三篇署名为一个人的"批判"自己及其作品的文章。父亲感到这三篇文章并不仅仅针对自身，而是两种势力斗争的一个表现，需要冷静对待；自己要像个战士那样，努力地工作，为党和人民多做些有益的事情。为了不使人抓住把柄，认为父亲的住院是在消极对待这次"揭批查"的政治运动，是在躲避着什么，尽管治疗还没有结束，父亲断然地提前出院，回到了北京。父亲打定主意，要像个战士一样挺立在阵地上，即便倒下，也要倒在那里，而不是其他地方！

迫于这种"气势汹汹"的形势，北京市委为了避免"被动"，在没有发现任何新问题，以及对父亲依然非常信任的情况下，向第五届全国人大提出建议，撤销了父亲的代表资格。父亲的人生和创作跌入了低谷，在家闭门写"检查"、交代"问题"。在这样的情况下，马贵民仍是经常来看望父亲，很多时候就住在家里，与父亲闲聊、劝慰，谈论一些文学创作方面的问题。

为了从跌倒的地方重新站立起来，父亲得到解脱后，准备要大干一场，写出一部好书，作为战斗的胜利品！他从 1979 年 2 月开始构思自己的第三部长篇小说《男婚女嫁》，3 月 1 日正式开笔起草，并准备在河北新创刊的《长城》季刊上发表。7 月 18 日的早上，父亲与东北好友、军旅作家胡世宗电话上商量好，准备 21 日动身前往沈阳。可是到了晚上，却接到《长城》编辑部打来的电话，告知《男婚女嫁》的校样 3 日内便可寄到。为了等待校样，父亲只可推迟到东北的行期了。也就在这天晚上，马贵民来到北京住在家里，他为父亲解决了这个难题——第二天一大早便乘火车到石家庄取校样，当天夜里返回了北京，将校样交到了父亲的手中，使得父亲的东北之行如期进行。

一切都似乎向好的方面转化，但出乎父亲意料，自己的问题却牵扯上了马贵民。在全国上下揭批"四人帮"的运动中，马贵民在其所在的部队里也成为被"批判"对象。马贵民成为被"批判"对象，既是偶然的，也是必然的。部队地处乡村，跟"四人帮"本无任何牵连，但是父亲与"四人帮"有过接触，有所牵扯，而父亲住在部队写作期间，马贵民又不离父亲左右，自然也就脱不了干系，也就非常自然地成为被"批判"的对象。于是他一遍遍地被勒令交代是如何把父亲勾引到部队来的；和父亲到底是什么关系；父亲有什么与"四人帮"有关的问题……除了交代"问题"之外，父亲存放在他那里的许多读者来信，也被尽数"收缴""扣压"，时至今日也没有发还。

值得一提的是：时年马贵民正值而立之年，文学创作势头正旺，作品不断发表在《解放军报》《人民日报》《解放军文艺》《人民文学》《北京文艺》《天津文艺》《河北文艺》等国内重要报刊上；并有五篇作品入选山西、河北、北京及湖北初、高中语文课本，这在国内作者中亦属凤毛麟角！

本应在军旅文学创作中有着美好前程和发展的马贵民，只因他生性倔强，不能"配合"所在部队"揭发浩然的问题"；加之与一位师领导有过节而其借清查运动出恶气，终使马贵民被迫结束了军旅生涯，转业发配到了家乡山西运城地区文联，在《河东文学》做了个普通编辑。

马贵民，成为唯一一个不是父亲亲属，却又受到其政治牵连的人！

转业回家的马贵民与父亲仍旧保持着联系，但见面的机会少了许多。

马贵民曾经回忆说，他转业回到运城后，一边做着编辑工作，一边进行着文学创作。他在后来发表的一篇作品中，因人物的姓名与全国人大一位副委员长名字暗合，引起这位国家领导人不满，授意山西省委书记通过公安机关审查他。父亲得知消息后十分焦急，他知道马贵民生性倔强，藐视权贵，恐其因此遭罪；而有些话只能面谈，无法用其他方式传递，就几次给他写信，希望他能找机会到北京一聚。

1984 年 11 月，马贵民给父亲写来一封信，在信中为他所在的《河东文艺》向父亲约稿。父亲非常想满足好朋友这个愿望，也希望能尽早完成这个"任务"，只可惜那些日子身体正闹病，又做着到日本出访的准备；从日本出访回来后又接着闹病，所以一直到 1985 年年初才把稿子给马贵民寄了过去，发表在《河东文学》1985 年第四期上。

1986 年 5 月 15 日下午，马贵民到烟台参加完一个会议后来到北京，刚与父亲见面，便有人来接父亲赴宴。父亲便拉上马贵民一同前往，回来后才得以畅谈至凌晨。

1988 年 7 月 27 日下午，马贵民专程来到河北省三河，邀请父亲到运城参加一个有关儿童文学创作的座谈会。尽管父亲很想去参加，但因身体问题，只得谢绝。

1996 年 3 月 28 日上午，马贵民从山西再次来到三河看望父亲，并让父亲审看其草拟的五六千字之长的《江青与浩然结识的内幕》。这篇文章应当是国内首次翔实披露并比较客观记录江青与父亲关系的史实，发表在《文艺报》上，后被国内五十余家报刊转载。那天下午五时，马贵民向父亲告辞去了北京。这大概是两个人的最后一次见面。

两个农民的儿子，从相识、相交，共同度过了一段坎坷的人生历程，把友谊保持到终生。父亲及其亲属们，永远都不会忘记马贵民曾经给予他们的爱和帮助！

责编书目最多的编辑至交——刘国玺

刘国玺，河南孟州人，1937 年出生，1964 年从郑州大学中文系毕业后，被分配到天津的百花文艺出版社做文学编辑。刘国玺在出版社一直干到退休，在此期间，他与父亲浩然相识，并成为好友。

父亲与刘国玺如何相识？第一次见面又是什么时间？两个人的相关资料中都没有明确记载，但从现有资料中分析，他们的首次相会应当是在 1971 年至 1973 年之间。

刘国玺在他《〈金光大道〉当谁出》一文中，曾介绍说，大约在 1971 年初的时候，正在出版社分管文艺组并负责文艺读物三审工作的他听说父亲正在创作新的长篇小说，便派人到北京找父亲联系出版，但那时他既与父亲没有见过面，也不认识。虽然在书稿完成前，出版社数次派人到北京与父亲联系，但其中却始终没有出现过刘国玺的身影。在刘国玺 1973 年 9 月 23 日写给父亲的一封信中有这样一句话："好久没有见面，一写信就是'催'你。"由此可见，在刘国玺写这封信之前，他们俩是见过面的。

在现存的 82 封父亲写给刘国玺的信件中，第一封写于 1973 年 10 月 8 日。父亲数十年的日记中，第一次出现"刘国玺"这个名字，是在 1973 年 12 月 25 日："中午天津出版社的刘国玺同志来电话。"从 1974 年开始，父亲与刘国玺的交往越来越多，也越来越密切，逐步从编辑与作者的关系发展为朋友关系。

1973 年 4 月，已经并入天津人民出版社的百花文艺出版社文艺组，在刘国玺三审后，出版发行了父亲的儿童文学集《七月槐花香》，这是"文革"开始后，父亲与原百花文艺出版社的第一次合作；3 个月后，也就是 1973 年 7 月，在刘国玺三审过后，又出版发行了短篇小说选集《春歌集》。这两本书的出版，预示着相隔 9 年之后，父亲与"百花"再次合作的开始。

那时候，刘国玺还负责着出版社的内部"刊物"《出版通讯》，他给父亲写来信，热情地约稿。父亲很快回了信，并寄去两篇谈创作体会的稿件。

1974 年春节刚刚过去，父亲便到祖国的南海西沙采访，回来后便开始进行中篇小说《西沙儿女》的创作。刘国玺得知消息后，便向父亲表达了要出版这部小说的愿望。尽管后来由于种种原因，这部书稿没有交给刘国玺，但父亲却给了他另外一部反映西沙生活的小说稿，也算了却了一桩心愿。这年夏季，父亲到秦皇岛修改完《西沙儿女·奇志篇》，又开始起草西沙之行的副产品——儿童中篇小说《欢乐的海》。8 月 31 日父亲开笔起草，而这天下午，刘国玺等人就来到秦皇岛看望父亲，当天晚上，他们一直聊到深夜。9 月 3 日，父亲完成了这部小说的写作，刘国玺等人也在这天离开秦皇岛回到天津，不知他们是否将书稿也同时带回到天津。3 个月后的 11 月，这部小说便由刘国玺所在的出版社出版，父亲的第一部儿童中篇小说诞生了。这部书在同一月内两次印刷，共发行 101 万册，即使是在当年，这样的发行量也是十分可观的，而出版发行之快，也是令人惊叹的。

在此后的若干年里，无论是父亲到天津，还是刘国玺到北京，两个人总在一起谈心聊天，经常是一聊就过了半夜，而刘国玺到北京时，则很多时候就住在家里。

1976 年 5 月，父亲第一本有关创作的杂文集《生活与创作》由刘国玺所在的出版社出版，但是几个月过去了，父亲仍然没有见到样书。9 月 23 日这天早晨，出版社的领导林呐和刘国玺一同来到北京的家里，给父亲带来一个让人不愉快的消息：《生活与创作》有几条毛主席语录在排版时出现了错误，此书已印的十万册要毁掉重印！由于后来形势的变化，这部书没有重印，但父亲还是从刘国玺那里要了一些"废书"留作纪念。这是父亲一生中唯一的一部已经印刷好却没有出版发行的著作。

在 1976 年 10 月中国大地上发生的那次政治事件后，父亲与刘国玺同全国人民一样，都是满怀豪情，欢欣鼓舞的，可是，无情的历史，却将他们在以后不长的时间里深浅不同地拽入到政治的漩涡中。在漩涡中，父亲感到的是委屈、痛苦和无奈；而刘国玺的感受也好不到哪去。两个人并没有就此沉沦，而是在相互的思念中相互信任，相互鼓励。父亲在那个时期写给刘国玺的一封信中就曾经写到："常常想念你。境况的变化，不会削减我们彼此的信任。但是，我亦建议你总结一下过去，去掉那些不利于前进的毛病，发扬战士气。"而刘国玺也在思念中给父亲写来了信："又是多天不见面了，特别是在这个时候，你知道，我是多么想和你、联玉、学鳌促膝谈心啊!……最近,我想'挤'时间去北京一趟,咱们见见面,谈谈心。"而在另一封信中,他则写道:"二月三日来信收到了。我一连读了几遍,越读,越想念你;越读,越想早日见面和你谈谈心"

父亲决心从跌倒的地方重新爬起来,要用新的作品证实自己的清白,显示自己的真实品德和新生。因而,一等到解脱,便立即尽可能排除各种干扰,投入到新的创作之中。1979 年 3 月 1 日,父亲开始起草自己的第三部长篇小说《男婚女嫁》,3 月 25 日完成初稿。不久后,在河北省新创刊的大型文学刊物《长城》上分两期连载。作品的上部在刊物上发表后,即在父亲的朋友和读者间引起反响,许多人都高兴地说:看到了浩然,看到一个新姿态的浩然。

长春电影制片厂的编导看到小说的上部后,立即决定将其拍摄成电影,不等下部刊出,便根据校样改编起电影剧本。电影的拍摄工作在快马加鞭地进行着,但是,他们的顺畅却在另一方面给父亲带来了烦恼:由于担心单行本会在电影公映后出版,影响发行量;而父亲当时又是一个不走红、倒了霉的作家,哪个出版社肯把他的作品当作"急件"发排呢?原来定好的出版社打了退堂鼓,在其他几家出版社也因为相同的原因碰了钉子,除非父亲让电影厂在书出版后再公演。这样苛刻的条件,父亲无法向电影厂开口,也是无力办到的。

就在父亲如此"绝难"的时刻,百花文艺出版社得知消息,主动伸出热情的援手,派出李克明和刘国玺专程来北京找父亲,不附加任何条件,答应作为"急件"发排,一定抢在电影公映前出版发行。出版社拿到稿件后,便流水作业,日夜兼程地工作起来。1980 年 9 月,《男婚女嫁》易名《山水情》出版发行;1982 年 10 月,再次加印,共印刷发行了近 17 万册。这部作品,是父亲进入新时期出版的第一部长篇小说,又是百花文艺出版社重建后出版的第一部反映现实生活题材的长篇小说,更是刘国玺与父亲交往数十年中,作为责任编辑出版的第一部父亲的著作。这一年的 11 月 21 日,刘国玺亲自到北京,给父亲送来了样书。

1981 年三四月份,父亲在通州镇起草完中篇小说《弯弯的月亮河》(上、下卷),《十月》1981 年第 5 期刊载上卷;《北京日报·郊区版》1982 年连载下卷(改题《月亮河》);百花文艺出版社决定出版单行本。在具体的审稿和编辑过程中,父亲与刘国玺多次面谈或通过书信沟通。为了把作品修改好,把书出版好,他们甚至连"内容提要"也做了一番探讨。1982 年 9 月,刘国玺责编的第二部父亲作品《弯

浩然与刘国玺

弯的月亮河》由百花文艺出版社出版。

就在《弯弯的月亮河》编辑出版过程中，父亲答应刘国玺，1983 年再给"百花"一部中篇。1982 年 11 月，父亲将发表在《昆仑》1982 年第 4 期上的中篇小说《高高的黄花岭》修订一遍后，托人带到天津，交给了刘国玺。1983 年 4 月，刘国玺责编的第三部父亲著作《高高的黄花岭》由百花文艺出版社作为"百花中篇小说丛书"之一种出版发行。

就在父亲答应再给百花文艺出版社一部中篇的同时，两个人还商议将近两年所写的中篇编一部中篇小说集。11 月 7 日，刘国玺来到北京，专门与父亲商量出版中篇小说集的问题。第二年，也就是 1983 年 2 月 26 日，父亲来到已经阔别八九年的天津，一是为了在一家部队医院治疗疾病，利用较为清静的环境进行创作；二是为了方便与百花文艺出版社商议出版中篇小说集有关事宜。

在天津，刘国玺提出新的建议：不单独出版中篇小说集，改为《选集》，共编六本，即两本短篇集，三本《艳阳天》，一本中篇集，二百余万字；装帧、规格，全部按照《孙犁文集》的模样；三个月内编出，立即发排，1984年春节前保证出版。

这样的改变，对父亲是有极大诱惑力的，但是，这也给父亲出了个难题：那时，春风文艺出版社正缓慢地编印着《浩然文集》，在内容上与"百花"拟出版的《选集》将会有很多重复，而且还会出版在后。这样的结果，对于与父亲关系不错的春风文艺出版社当然是不利的。父亲心中充满了矛盾，刘国玺对此也没有好的解决办法。父亲自己苦苦地思索着，也与刘国玺等几位天津的友人一起商量解决方案。在"群策群力"后，终于想出来一个妥善的办法：《文集》由"春风"慢慢去编印，"百花"依旧出《选集》；内容有别，互不撞车，即"百花"专出粉碎"四人帮"以后写的新作。父亲认为这样的解决办法很理想：一、解决了矛盾；二、编新作省工夫、少关卡；三、展览一下新成就会别有一种特殊影响。刘国玺自然也同意这个方案，并向出版社领导作汇报。

出版社领导同意了这个方案，父亲立即开始编选工作，4月17日晚上便将《选集》的初稿交给了刘国玺。经过对校样的几次修订后，1984年5月、7月、8月，由刘国玺责编的《浩然选集》一卷、二卷、三卷分别出版发行。

1985年10月，刘国玺责编的父亲所著《乡村一个男子汉》，由百花文艺出版社作为"百花中篇小说丛书"之一种出版发行；1988年11月，父亲新著长篇小说《迷阵》作为"中国大众文学丛书"之一种，由刘国玺责编、百花文艺出版社出版发行；刘国玺责编的《浩然选集》四卷、五卷两卷，由百花文艺出版社1992年6月出版发行。

百花文艺出版社自1961年4月将《一匹瘦红马》作为"农民文艺小丛书"之一种出版后，截止到1992年6月出版《浩然选集》四卷、五卷，在三十年间共出版父亲著作18部，其中刘国玺作为三审的有5部，而作为责任编辑的则达到10部。

其实，说到父亲与刘国玺的交往与感情，并不完全体现在他们一起合作出版了多少部书上。

20世纪80年代，父亲曾数次在天津居住较长时间，而那些日子，是和刘国玺交往最为方便和最多的。在那些日子里，刘国玺经常自己单独或带着妻子，或带着子女到父亲居住的地方看望，给他带去一些信件、聊天、谈工作；有时，刘国玺会陪着本市或外省的一些朋友去看望父亲；有时，刘国玺与父亲一起参加朋友的宴请和聚会，畅谈一番；有时，刘国玺则陪着父亲一起去探望亲朋好友……父亲也经常去找刘国玺，除了到出版社的办公室外，刘国玺的家更是父亲常来常往的地方；有时，父亲因事临时回京，回到天津后，都会很快到刘国玺家看上一眼，聊聊天；我们几个子女到天津游玩时，也会随父亲一起到刘国玺家做客、看望他的家人。

无论是因公还是因私，刘国玺经常或专程或路过北京，家里往往就成为他落脚的地方，即便父亲没有在城里，只要能赶回来，也要返回城里和刘国玺见上一面。

有些事情，父亲拿不定主意，也要征求一下刘国玺的意见。1982年前后，父亲每每回想起往事，就常常感到自己从拿起笔来搞创作，就遭受到许多不公正的待遇。自己能冲闯到今天，是因为有一个坚强有力的精神支撑：有热情，有干劲，有能力深入生活和写出作品；除写作外，别无所求。现如今，当身体状况和写作条件渐渐地要把这根支柱压倒的时候，深感难以挣扎起来，但毕竟还存有孤注一掷的念头，还希望能迸发出一些火星，于是便想到"躲避"。父亲想离开北京，实际上是想离开文艺圈子，否则将无法脱身，有可能迸发出的火星也将彻底熄灭。父亲将这个想法写信告知了几位好友，这其中就包括了刘国玺。父亲在信中征询他们的意见，并在信中罗列了几个欢迎自己前去的几个地区。经过认真的思考和比较后，刘国玺向父亲表达了自己的意见。因北京文联新领导的极力挽留，碍于情面的父亲不愿撕破脸皮而固执己见，这件事最后只得作罢。

父亲对刘国玺也是关心的。1982年底，听说刘国玺要被借调出去，便立即给他写信，对他进行一番叮嘱："知你要被借出工作。这是组织上对你的重视和信任，很为你高兴。希望你在工作进行中注意'慎重'二字。不要以理想代替现实。现实的人事工作，尤为难做。反正你是做具体工作的，不会是主要负责人。要多请示，少做主；不前不后随大流则算好人。有人会搞'鬼'的，千万不要沾边。对任何人都别感情用事，不搞违犯规章的事。最终没功没过，则是胜利者。"

1984年12月，父亲出访日本半个月。这是父亲第一次跨出国门，回国时自然要给亲朋带一些礼物。由于那时外汇管制比较严，父亲只按规定换取了少量的日元，因此只能买一些小物品留作纪念。父亲除了给自己的子女带来一些小礼物外，也给刘国玺带回一个电动剃须刀。那个时候，电动剃须刀在国内还是稀罕物，父亲害怕出现"意外"，因而没有托人带给刘国玺，一直保留到与刘国玺见面，才亲手交给他。

父亲与刘国玺是好朋友，而好朋友之间，有时就会不拘小节。刘国玺在他的一篇文章中记述说，大约在 1986 年 4 月底左右，山西北岳文艺出版社的社长和主编驱车从太原来到天津，邀请刘国玺参加他们将要在湖南常德市组织的笔会。北岳文艺出版社的人知道刘国玺与父亲的关系很好，请求他给父亲写个信，以便拿着力邀父亲也一同参加。刘国玺随手从口袋里掏出烟盒撕开，在上面写了几句话递给出版社的来人。社长见状忙对刘国玺说，这样恐怕不行吧，你还是找张纸给浩然写一封信好。刘国玺回答他说："不用。我和浩然是可以信赖的朋友。只要他看见是我写的字，就一定会答应的。"出版社的人拿着刘国玺用烟盒写的"信"找到了父亲，正如刘国玺所说，父亲答应前往参加。于是，5 月 24 日夜，父亲与刘国玺从北京出发，一同南下参加笔会。在笔会期间，父亲与刘国玺一同游览了张家界、索溪谷自然保护区等名胜风景；一同为业余作者讲授写作知识和技巧。在临回北京的前夕，还一同专程租车前往向往已久的韶山冲，参观了毛泽东主席的故居；在韶山冲，在主席的故居前，看到一群群年轻的参观者，他们同样受着巨大的鼓舞和感动。

好朋友之间也是相互了解的。1987 年 4 月，由天津市南郊区（现为津南区）7 位农民赞助，《田野》文学编辑部举办田野文学征文比赛，父亲被聘为征文顾问。到年底的时候，征文结束，准备颁奖，于是组织者给刘国玺打电话，希望他能把父亲请来颁奖。刘国玺深知只要是为农民办事，如果没有特殊情况，父亲就绝不会推辞，便愉快地答应下来。12 月 18 日这天，组织者开着车来接刘国玺，以便一同到北京的通县接父亲。刘国玺走到大门口一看，原来是一辆天津产的双排座工具车。组织者带着歉意说，他们单位只有这一辆车，委屈刘老师了，希望到了北京后，多向浩然解释，请他多包涵！刘国玺回答道：没关系，我们不会计较。只管放心，浩然绝不会怪你们。正如刘国玺所料，父亲坐着这辆双排座工具车，高高兴兴地来到南郊区的咸水沽镇。

好朋友之间，也会发生矛盾，也会发生口角，但那都是暂时的，也是短暂的。1988 年 1 月 2 日傍晚，住在天津的父亲来到刘国玺家做客。酒足饭饱之后，刘国玺硬要父亲当场给他写幅字。这让父亲很为难，他不是不想满足朋友的愿望，而是不愿意敷衍朋友。尽管父亲从未认为自己的字写得很好，对于好友的要求他都是予以满足，却几乎没有当场就写的，而是要等到过后自己情绪好，愿意提笔写字的时候，才会一口气写上几幅，挑一幅自己最满意的送给好友留作纪念。那天晚上喝了不少酒的刘国玺可能是觉得父亲太不给自己面子，见他死活不肯当场写，便"翻了脸"，最后"撵"父亲离开。父亲当然是"愤愤"地离开了刘国玺的家。或许是刘国玺没想到父亲真的走了，也许是觉得自己的做法确实有些过火，因而追到了父亲在宾馆的房间。两个人在房间里坐到了夜里十一点多，若是往常，父亲肯定会留刘国玺住下，但是那天晚上却把他"赶"走了。这真是一个令人不愉快的夜晚呀！如果你认为两个人从此以后会关系破裂或者心存芥蒂，那就大错特错了，等到第二天天一亮，两个人又和以前一样交往着，这个不愉快的往事，在他们的心中一定是越来越淡漠，直至遗忘。

父亲与刘国玺一如既往地交往着。1991 年 2 月 2 日，父亲与刘国玺同时被三五二二厂授予荣誉职工称号。1992 年 1 月 5 日，刘国玺给父亲打来电话，在谈话中说他正构思一篇文章，写两个人之间的交往。刘国玺的情绪总是那么好，让父亲羡慕；而刘国玺对朋友总是那样一往情深，又让父亲很感动。

父亲与刘国玺的关系，是编辑与作者的关系，同时也是好友的关系，是经过两个人共同用真情精心的培育，从编辑与作者的关系发展成为好友。

合作化运动中闻名全国的女劳模——吕玉兰

　　"吕玉兰"这个名字，在现如今不要说年轻人，就是中年人恐怕也是有些陌生的。

　　我对这个名字产生兴趣，则是在看到一篇题为《由浩然想到吕玉兰》的文章之后。文章的开篇便写道："浩然，一个因写反映农村合作化运动的文学作品《艳阳天》而名声大振的文学家。吕玉兰，一个带头搞合作化的全国劳动模范。在'合作化运动'被批判、被否定的时候，他们的命运都发生了转折。"

　　在网上找到吕玉兰的相关介绍：吕玉兰 1940 年出生，河北省邢台市临西县下堡寺镇东留善固村人，1955 年高小毕业后回乡务农，当年 15 岁的她担任了本村"铁球"农业生产合作社社长，是新中国最年轻的合作社社长；1958 年入党；1960 年任本村党支部书记；1966 年发表了闻名海内外的《十个为什么》的人生体会文章；1969 年当选中共中央委员；1970 年任临西县委书记，提出了著名的"农业要上去，干部要下去"的口号；1971 年任中共河北省委副书记；1977 年任中共河北省委书记、省革命委员会副主任；1981 年任中共正定县委副书记；1985 年任河北省农业厅副厅长，农业厅党组成员。吕玉兰曾当选为中国共产党第九、第十、第十一次全国代表大会代表、中央委员；第四、第五届全国人民代表大会代表、常务委员会委员；1955 年、1958 年、1963 年、1965 年四次被评为省级劳动模范。

　　看过这些介绍，知道了吕玉兰是一位在农业社会主义改造和社会主义建设的热潮中，从一个普通的农村姑娘成长为闻名全国的女劳模；知道她在坎坷的人生道路上有着与父亲浩然许多相似的经历。感到把父亲与吕玉兰放在同一文章中，由父亲想到吕玉兰显得非常自然、恰当，也很有同感。事情到此本应结束，但一个偶然的发现，使我进行了一次不算艰辛，却有些麻烦的求证。

　　如同上天的有意安排，看过《由浩然想到吕玉兰》这篇文章的几日后，我竟非常偶然地在父亲的日记中发现了"吕玉兰"这个名字。

在 1991 年 4 月 22 日的日记里父亲是这样写的：

> 五点半我去燕郊，原是看望吕玉兰的，因她也病了，而且是脑血栓，未来。见到农业部一位离休的副部长。

日记中的这个"吕玉兰"与那篇文章中的"吕玉兰"是否是同一个人？难道父亲与那位 15 岁的新中国最年轻的合作社社长、曾担任过省委书记的吕玉兰相识吗？

在写这篇日记的时候，父亲正在通县的县城里住院，治疗已经折磨了他二十余年的高血压，正做着各种各样的身体检查。通县县城与燕郊的距离并不远，但在这样的时候，从医院里跑出去专门看望一个不相干或不很熟的人，按照父亲的秉性和当时的各种状况，几乎是不可能的。因而，日记中的这个"吕玉兰"一定是父亲较为熟悉或尊重的人。

为了解除这个疑团，我再次详细阅读了吕玉兰的简历介绍。吕玉兰 1990 年 4 月患上了轻度脑血栓，到年底时，因工作过度劳累的她再次因脑血栓被送往医院，1991 年 3 月底从石家庄转到北京治疗。这段介绍，与父亲日记中"因她也病了，而且是脑血栓"是相符的。

从父亲的日记中，我们不知道他是从何处、何人那里得到的消息，但可以大致推测出，父亲听说全国，至少是河北省的一个农业会议正在燕郊召开，当时正担任着河北省农业厅副厅长的吕玉兰一定会参加这次会议，而且曾听说吕玉兰得了脑血栓，因而尽管自己也疾病缠身，还是要去看看她。但根据简历介绍，那时吕玉兰仍在北京住院，到 6 月才出院回石家庄，没有参加这次会议。因此，父亲在燕郊只见到了"农业部一位离休的副部长"而没有见到吕玉兰。

为了进一步证实此"吕玉兰"即彼"吕玉兰"，又按照网上简历的介绍，做了进一步的求证。

吕玉兰是河北省邢台市临西县人，1955 年 7 月高小毕业后回乡务农。父亲曾作为《河北日报》的记者，1955 年两次访问过邢台，并写出多篇的通讯报道。从现有的文字资料中，父亲两次访问邢台，均没有记载去过临西县，而且是在五六月间，那时吕玉兰尚未毕业，因此也就没有可能在那时结识吕玉兰。

吕玉兰曾当选过中共十大代表和第四届全国人大代表，而父亲也是这两次大会的代表。依据这条线索，我翻阅了父亲 1973 年和 1975 年的日记，终于在上面找到了"吕玉兰"的名字。在 1973 年 8 月 22 日的日记中，父亲写道：

> 下午吕玉兰、宋双来（朝鲜战争时的战斗英雄、六十三军政委）、张玉梅（女飞行员，当阳 303 信箱 809）、焦守云（焦裕禄女儿、广州空军医院内科）四同志找我，要我介绍写作体会。

在 8 月 26 日的日记中，父亲又写道：

> 几天会议的会上会下和用饭以及饭后散步的时间，认识了许多同志。就北京代表组的同志来说，过去认识的人很少，除杨培先（平谷县委书记）外，几乎没有相识者。现在认识者，小组内自不必说，小组以外的同志有：倪志福、张百发、刘锡昌、张世忠、杨俊生、黄作珍、陈先瑞、丁国钰、刘传新（公安局军管领导）、周冠五、韩茶仙（纺织模范）、崔长贵（通县崔窑）、王德修（大兴下知）、钱江（北影）、程世珍（丰台黄土岗）、王永祯（花市售货员）。北京组以外的认识了吕玉兰、宋双来、邢燕子、侯隽、叶洪海、张积慧。

由以上两篇日记中得知，父亲与吕玉兰是在 1973 年 8 月召开的党的全国第十次代表大会上相识的。在第一篇日记中出现的四个人名中，吕玉兰是唯一一个在后面没有注明身份的。可见，作为农业互助合作化运动参与者和鼓动、宣传者的父亲，不仅当时对"吕玉兰"这个名字是非常熟悉的，而且自信将来也不会忘记这个名字，事实也证明了这一点。

在父亲 1973 年以后的日记里，没有与吕玉兰相见的任何记载。也许父亲与吕玉兰在 1973 年 8 月的中国共产党第十次全国代表大会上相见并相识后，此生就再也没有见过面。也许他们在 1975 年第四届全国人民代表大会上再次重逢；也许他们在相识后近二十年的时间里，曾在北京，在石家庄，在河北的廊坊、三河或其他地方有过短暂的相逢，因场面较大、人员众多，或是因为其他的原因，而没有在日记中专门记载。现如今，父亲与吕玉兰都已经故去，这些疑问恐怕也要成为不解之谜了。

1993 年 3 月 31 日，吕玉兰在石家庄病逝，享年 53 岁。在父亲这一年 5 月 2 日的日记中，再次出现了"吕玉兰"这个名字：

> 关上门写了一天，写完第五段。晚上袁副院长来小坐。他是在已故模范人物吕玉兰的家乡入党、工作多年的。我在十次党代会上认识的吕玉兰，可惜她英年早逝。

父亲与在农业合作化运动中闻名全国的女劳模吕玉兰是相识的。虽然他们一个从文，一个从政，而在父亲几十年的日记中仅出现了几次"吕玉兰"这个名字，他们的交往也并不很多，也许仅在 1973 年 8 月的那次会议上见过几面，但他们都出身农民，都是从农村走出来的农民的后代，都怀有同样的信仰和理想，而且为了这一共同的信仰和理想始终不渝地在各自的岗位上做出了自己应有的贡献，虽然两个人都在"文革"结束时受到不应有的政治牵连，但都靠顽强的毅力重新站立了起来，用实际行动证明了自己的人品。父亲对吕玉兰是极为尊重的，对她的英年早逝也是扼腕痛惜的。

我相信，凡是有良知的中国人，对在社会主义建设中做出过贡献的劳动模范都应当心存感激和尊重，都应当和父亲有同样的感受。

写农村生活的一员老将——马烽

1986 年 2 月，父亲主编的《中国农村小说大观》第一卷由农村读物出版社出版。在这卷书中，父亲为九位入选作家编写了作者小传，马烽就是其中的一位，他的小传是这样写的：

马烽是写农村生活的一员老将。

他原名马书铭，一九二二年生于山西省孝义县（现为孝义市）居义村的农民家庭。这位高小没有毕业就为抗日救国扛起枪杆子的农民后代，在炮火声中勤奋自学，二十岁那年终于发表了处女作《第一次侦察》。从此开始，他在文学道路上一步一个脚印地走了下来：二十三岁，也就是一九四五年，跟西戎搭伙，创作了著名长篇章回小说《吕梁英雄传》；一九四七年创作了歌颂农民翻身解放的《村仇》《金宝娘》等优秀短篇小说；一九四九年到一九五七年他写的《一架弹花机》《结婚》《饲养员赵大叔》等短篇佳作，为社会主义时期农村"新人新事"的写作热潮起了示范的作用；六十年代，马烽不仅创作了标志他艺术水平达到新高度的小说《三年早知道》和《我的第一个上级》等，还创作了几乎家喻户晓的电影剧本《我们村里的年轻人》！

七十年代，他跟所有的中国作家一样，在动乱和折腾中失去了岁月、增添了白发。没料到，这员老将在粉碎"四人帮"后的新时期，又焕发了青春，驰骋在文学的大道上，闯出新的里程：写了小说《有准备的发言》《无准备的行动》，与孙谦合作了电影《泪痕》等等回顾历史教训的新作之后，又紧紧地跟上历史的步伐，连续发表了表现农村现实生活的小说《结婚现场会》《典型事例》《彭成贵老汉》。在这些新作里，他歌颂了有目共睹的农村大好形势，同时又提出未必为人们注意到的、却将影响大好形势发展的新问题，因而受到普遍好评。

他近几年出版的新书有长篇小说《刘胡兰》，短篇小说集《马烽短篇新作》和《我的第一个上级》。

这篇小传，可以说简单而又全面地介绍了马烽前半生的写作生涯。

父亲知道马烽这个作家的时间很早，是从阅读他的作品开始的，具体到最先读到他的作品是哪篇，是何时阅读的，却没有留下任何的文字记载。而马烽知道父亲也是很早的，据他在一篇文章中说："浩然是中华人民共和国成立后涌现出来的青年作家。我最早是读过他的短篇小说《喜鹊登枝》，之后又读过他的长篇小说《艳阳天》。"两个人虽然很早就读过对方的作品，但真正第一次见面却较晚。

1974年2月24日下午，父亲来到北京电影制片厂招待所，看望在此编写电影剧本的杨啸、张长弓和敖德斯尔等好友。马烽和孙谦那时也正好在那儿为"北影"厂写剧本，于是，父亲得以与两位久慕的老作家相见。

1975年9月，父亲正躲在京郊延庆县深山里的大庄科写作《金光大道》，16日的下午，忽然接到市委书记吴德秘书刘海峰的电话，让他马上赶回北京。等急忙回到了北京，父亲才得知是中央办公厅让他到大寨去。去干什么，没有人说，父亲更不会知道，他想：也许因为自己是写农村生活的作者，组织上给自己一个学习和开阔眼界的机会。

第二天傍晚，父亲乘火车来到大寨，见到许多文艺工作者后，才知道是江青把他们召集来的。吃过晚饭，父亲便随大家一起到昔阳县礼堂去观看晋剧《杜鹃山》。

18日上午，父亲到也来此开会的马烽和孙谦的房屋看望，当得知父亲是第一次来大寨后，马烽和孙谦便自动当起了向导，领着他在大寨到处转转，一边转着，一边聊着天。在那天的聊天中，父亲知道他们也接受了新的写作任务：马烽要参与写《长征》；孙谦要参与重写《创业》。马烽和孙谦嘱咐父亲不要推辞给他的任务，因为推不掉，而且也不好。因父亲的《金光大道》第三部正写在半截上，对交给他参与写作电影剧本《井冈山》的任务感到很为难。

19日上午，按照于会泳的安排，父亲与包括马烽、孙谦在内的几个人整理昨天下午江青的讲话和布置任务的材料。父亲写小说可以说是把好手，但做这类文秘性质的工作，确实勉为其难，但也只能硬着头皮做。

1975 年 9 月浩然与马烽等在大寨

20 日上午，父亲与马烽等人一起来到阳泉，乘坐中午开车的"专列"返回北京。这次大寨之行，是父亲与马烽一生中连续在一起相聚时间较长的一次。

回到北京后，父亲就开始处理杂事，之后就躲到密云县继续《金光大道》第三部的创作。28 日父亲回到城里，第二天下午就来到北京电影制片厂，看望住在这里写剧本的马烽、孙谦。

1976 年 10 月后，那些年仍坚持写作的，特别是与江青等人有过接触的许多人都受到牵连，被审查外调。1978 年初，父亲及其作品受到一些地方报刊的点名批判。尽管父亲在 1977 年底召开的北京市人大会上被选举为全国第五届人大代表，但受此影响，在没有发现任何新问题的情况下，仍被取消了全国五届人大代表的资格。父亲被迫留在家里写各种各样的材料，接待各地来外调的人员，直到 1981 年 4 月，还接待了山西省委前来外调马烽的人员。

1984 年 2 月 29 日下午，受作家王蒙的邀请，父亲来到河北省涿县（现为涿州市），参加《文艺报》举办的座谈会。来到涿县的桃园饭店，父亲首先看到了马烽、孙谦、西戎等人，这应当是他们几年来的第一次见面，在几天的会议期间，他们再次相聚在一起。

1987 年 5 月 19 日，中国大众文学学会在北京宣布成立，在理事会上，马烽被选为会长，父亲被选为副会长。

1988 年 9 月，父亲应约到山西省访问。19 日中午 11 点多钟当父亲所乘坐的车辆到达太原时，特意到住所看望了一下马烽，并在马烽家中初会了胡正、李束为。那天父亲与马烽匆匆一会，便告辞继续赶路。

1990年6月11日，由父亲倡导的三河县文联在燕郊影剧院召开成立大会。马烽到会祝贺并做了热情洋溢的发言，他在发言中说："县成立文联我非常赞成，因为农村有许多有才华或者说将来能够成为有才华的尖子人才需要培养、扶植。浩然同志在全国文艺界带了好头，在国内外有影响的作家担任县文联主席恐怕还是第一次。三河文联的成立不仅可以繁荣县级文学，而且能够带动全国文学艺术事业的发展，弘扬民族文化。我主要有三点希望，即陈云同志所说的：出作品，出人才，走正路。出什么样的作品，出能够推动两个文明建设的作品；出什么样的人才，培养建设社会主义的栋梁之材；走什么正路，走毛主席《在延安文艺座谈会上的讲话》指引的路。"

马烽的这段话，可以说在一定程度上道出了父亲倡议成立县文联的初衷和目的。父亲与马烽虽然相识的比较晚，见面的次数也不是很多，但是他们心心相印，他们都是毛泽东主席《在延安文艺座谈会上的讲话》忠诚信奉者和践行者。

相逢何必曾相识——孙谦

父亲浩然与作家孙谦相识。

按照现有的文字记载，父亲与孙谦只见过有数的几次面。

不知父亲 1956 年从《河北日报》调入北京的《俄文友好报》之后，是否采访过当时还在北京的孙谦，或是找他约过稿件？不知他们是否在后来的某些活动中曾见过面而相识？不知他们是否相识在 1974 年 2 月 14 日？这一天，孙谦的名字第一次出现在父亲的日记中。那天的上午，父亲苦苦思考着如何下笔撰写西沙群岛自卫反击战的斗争故事，下午先去北大医院看望一个住院的朋友，然后便到北京电影制片厂看望正在那里创作电影剧本的好友杨啸、张长弓等人。当时，马烽和孙谦也住在"北影"招待所写剧本。父亲在那里与他们见了面，并做了一番交谈。

1975 年 9 月，中共中央政治局委员、主管文艺工作的江青在山西省昔阳县大寨召集部分作家、导演、演员等艺术家开会，父亲接到中共中央办公厅的通知后，也于 17 日傍晚赶到大寨。父亲到大寨的时候正赶上吃晚饭，放下行李便来到餐厅，晚饭后又到昔阳县礼堂，观看晋剧《杜鹃山》。夜晚，父亲与成荫、张平、张连文等同志住在一个房间里，直到第二天上午才得空去看望也在此开会的马烽和孙谦。他俩对父亲说，他们也接受了新任务：马烽要写《长征》；孙谦要参加《创业》的重写。他们嘱咐父亲不要推辞，一是因为办不到，二是那样也不好。等晚上吃饭时，江青明确提出了让父亲与成荫负责电影《井冈山》的创作。19 日，父亲与马烽、孙谦等人又按照于会泳的要求，整理了一天江青的有关讲话和布置的任务等材料。20 日早上，父亲与孙谦等人乘坐江青的"专列"离开昔阳，直到当天夜里才回到北京。

9 月 29 日下午，父亲到出版社和文化局办完事情后，直接来到北京电影制片厂，专程看望住在这里的马烽和孙谦，而这一次的会面，不知他们都谈了些什么。

1976 年 2 月 5 日和 7 日，父亲两次参加了重点影片创作人员的会议。虽然父

1975 年 9 月浩然与孙谦、马烽等在大寨

亲在日记中没有明确写上参加会议的人员，但如果没有什么特殊情况，孙谦也一定在参加会议的人员之列。

　　1984 年 3 月 1 日至 5 日，《文艺报》和《人民文学》编辑部在河北省涿县联合召开农村题材小说创作座谈会，参加会议的有来自全国 17 个省、市、自治区的近 60 位作家、评论家。2 月 29 日傍晚的时候，父亲来到涿县的桃园饭店。刚走进饭店，父亲就看到早已来到马烽、孙谦、西戎等几位山西作家；吃过晚饭后，孙谦等人就来到父亲的房间交谈聊天。在这次会议上，大概就是父亲与孙谦有生之年的最后一次会面。

　　农村读物出版社 1986 年出版了父亲主编的《中国农村小说大观》一至三卷。父亲把山西具有代表性的作家作品作为第一卷，并给相关人员写去了约稿信，这里面就包括孙谦。很快孙谦应父亲的要求寄来了他的作品。父亲为每一位入选的作者亲笔编写了作者小传。父亲为孙谦的小传是这样编写的：

　　　　中华人民共和国后不久，有一部国产的电影故事片，名叫《陕北牧歌》，曾经轰动城乡，热乎劲儿经久不衰。同时，在舞台上，在广播里，在小山沟和大车道上，时时能听到这部片子的插曲"崖畔上开花崖畔上红"那动人歌声；不少青春年少的人喜欢唱，连一些老人也情不自禁地裂开嘴巴哼几句。这样的盛况，四十岁以上的人当会"记忆犹新"的。

　　　　影片的剧作者就是孙谦。

他原名孙怀谦，山西省文水县南安村人，1920 年生。他没有上过电影学院，小学毕业后，就在 1937 年参加了山西青年抗敌决死队。1940 年到延安学习艺术，也不是学的电影。可是在 1947 年，也就是无产阶级夺取政权的伟大斗争开始的时候，革命斗争却需要他做他不会做的事情。正如他自己所说：

"……我奉调去东北电影厂当编剧，路上走了半年多，第二年五月间，才到达黑龙江省的鹤岗。在进电影厂之前，我只看过两三次电影，对编剧知识一无所知，就连电影是怎么回事也搞不清楚。经过一年的学习、借鉴、苦恼和摸索，又到长春前线参加了一阵子围城斗争，回头又到农村组织支前队伍，又经过一次又一次的尝试和失败，我于一九四九年春，写成了第一个电影剧本《盐》。……"

从《盐》开始，一个一个的电影剧本从孙谦的笔下诞生出来：《农家乐》《光荣人家》《葡萄熟了的时候》《丰收》等等十几部；除个别本子，都是写农村生活的。在他那一代作家里，至今仍属于高产的排头兵！

1957 年，孙谦从北京调到山西省文联搞起专业创作，他又把写电影的那股子拼搏劲头，用到写短篇小说的奋斗之中，一年后就出版了第一本短篇小说集《伤疤的故事》。他本来可以写很多的好小说，可惜此后许多年，总是"在病中接受批判"，把大好光阴全抛费掉了！

孙谦是写电影的高手，所以他的小说极富戏剧性。平凡的农村生活，或被他写得惊心动魄，如《伤疤的故事》；或被他写得趣味横生，如《大门开了》；或被他写得亲切感人，如《南山的灯》。

他的新作有人民文学出版社出版的小说集《南山的灯》。

在这篇短小的小传里，父亲非常精炼地概述了孙谦大半生的艺术生涯。

有文字记载的，父亲与孙谦只有上述为数极少的几次接触，但他们却是好朋友。

父亲与孙谦能成为好朋友，除了其他原因外，恐怕与他们太多的相似有关。

纵观、对比父亲与孙谦的人生经历，两人有诸多的相似之处：

父亲与孙谦都属猴，只不过孙谦生于 1920 年 4 月 4 日，父亲生于 1932 年 3 月 25 日，两人的年龄整整相差一轮。

父亲与孙谦都出生于农村的清贫之家，都因家境贫困，小学未读完便辍学。孙谦出生于山西省文水县南安村，他的父亲是农村的一个木匠，因伺候人伤了心，希望孙谦能够识文断字，长大后不被人欺负，便积聚一些钱供他上学。孙谦仅仅念了四年小学，就因家境艰难，无力再供他继续读书，只好辍学被家人送去学习经商。父亲浩然出生在河北省唐山赵各庄矿区，祖父是个破产农民。父亲出生时，祖父正在煤矿给英国资本家当矿工，后回到原籍宝坻县（现为宝坻区）继续务农，因生活所迫，再次来到赵各庄矿区，这一次他没有下井当矿工，而是做起了一些小买卖。祖母是个好强而又有心计的人，为了让父亲能够活得"有正气、有志气"，能够出人头地，给自己"做脸"，便想方设法攒下一些钱，送父亲到镇上的一所平民小学——赵各庄教育馆读书。父亲的童年可以说是在乡村和矿区中度过的。当父亲读到第六册书时，祖父去世，家里失去了经济来源，在小镇上无法继续生活下去，不得不随着自己的母亲离开矿区，投奔到蓟县王吉素村的舅舅家。来到舅舅家后，父亲又在村里的一个私塾里念了半年，因祖母病逝，只能辍学务农来养活自己。

父亲与孙谦都在童年时被母亲包办过童养媳。孙谦年少的时候，他的母亲在家乡给他买了一个童养媳，但是却与孙谦从没有见过面。孙谦离开家乡参加革命后，退掉了这门亲事，与自己的革命战友结为了夫妻。父亲四五岁时，祖母就给他跟蓟县东施古庄高家的姑娘定下亲。祖母去世后，为了过好庄稼日子，在旁人的撺掇下，父亲姐弟俩就将高家姑娘迎娶到家。由于毫无感情，年纪尚小的父亲仍想方设法与姐姐形影相随。这样的情形使高家的姑娘无法忍受，便跑到姑姑家躲藏起来不再回转。后经媒人出主意写了休书，才结束了这门亲事。后父亲经过"媒人"的介绍，与邻村的一个老革命的女儿成了亲，直到老年时，他也没有弄清自己的这个婚姻到底算"包办"还是算"自由"。

父亲与孙谦都从中国的古典文学开始的书籍阅读，并深受影响。外出学习经商的孙谦由于出身贫寒，无人肯引荐，加上日本侵略军占领了东三省，局势混乱，只得返回家乡务农。夜晚和农闲时，《西游记》《聊斋志异》和《七侠五义》等等一些中国的古典作品和旧小说，成为孙谦的文学启蒙读本，受到很多的文学熏陶，吸收了许多养分。父亲浩然的母亲是一个讲故事的高手，在父亲幼年的时候，就给父亲讲了无数的民间故事和传说，使父亲深受到口头文学的熏染。后来父母双亡，念过几年书，认识一些字的父亲更加喜爱看书，不论什么内容，只要是有字的书都要从庄亲的手中借来一阅，本村的书全看过了，又从邻村的人手中借，有一年，竟用买肉过年的钱买了一套《绣像水浒全传》。那几年，除了《水浒》之外，父亲还阅读了《济公传》《封神榜》《东周列国志》《三国演义》《镜花缘》等等一大批中国的古典文学著作，而这些阅读形成了父亲以后文学创作的"艺术根基"。

父亲与孙谦都未成年便参加了革命工作。孙谦17岁那年，也就是1937年，在共产党的领导下，山西的城市与乡村都掀起了声势浩大的抗日救亡运动；出于爱国之心，也为了寻找就业机会，孙谦于这年的5月考入了共产党领导下的国民兵军官教导团当学兵，随后加入了青年抗日决死队，开始了抵御侵略、寻求解放的革命工作。1946年，也就是父亲浩然14岁那年，共产党民主政府帮助他把失掉的土地房屋又从舅舅手中夺了回来，给了他继续生存下去的权利；为了报恩，他积极协助共产党的工作人员在村里开展工作，不久后村里成立儿童团，父亲成为首任也是唯一一任的儿童团团长，从此走上了革命道路。

父亲与孙谦都在战争年代的艰苦环境中秘密加入共产党，有着共同的政治信仰，经历了长期的严峻考验，都是中国共产党的优秀党员。抗日战争时期的1939年，孙谦在晋东南民革艺校学习期间，9月18日这天，他秘密地被吸收加入了中国共产党。孙谦经受住了战争的考验，自中华人民共和国成立后，每一次政治运动和较大的一些整风，他都成为被"批判"或被"整风"的对象，几乎从未幸免，而极少成为"漏网之鱼"。这种状况一直延续到"文革"结束。每次"跌倒"后，他都"爬"起来，沿着自己的信仰所指引的目标继续前行。在解放战争时期的1948年初，父亲浩然经地方党组织的严格考察，成为全区年龄最小的村治安员，投入到紧张繁杂的解放战争工作中。这一年的11月1日，父亲秘密加入中国共产党，成为蓟县王吉素村第一个党员。父亲也同样经受了各次政治运动的考验，在"文革"初期，因"执行刘、邓反动路线"，被连续"批判"了3个月，后下放到京郊房山县接受贫下中农的再教育，连续5年被迫放下了手中的笔；"文革"结束后，父亲又跌入了人生的谷底，不仅被一些地方报刊点名"批判"，还被"莫名"的取消了第五届全国人大代表资格，以后又经历了几次所谓的"争议"。尽管如此，父亲的共产主义信仰不仅从来没有丧失，而且不曾有过丝毫的改变。1987年"七一"前夕，父亲被北京市文联机关党委授予"优秀党员"称号，2008年逝世后，治丧委员会所发讣告的第一句话便是：忠诚的共产主义文艺战士、中国共产党的优秀党员。

父亲与孙谦都在投身革命后，因工作的需要而爱上写作，并以此为终身职业。1938年春季，孙谦调入黄河剧社刷标语、演戏、当导演。在当导演期间，因剧本奇缺，便学着配合政治任务开始自己编写。1942年底，孙谦在地方参加减租减息、征粮征兵等实际工作，在业余时间，写了第一篇短篇小说《我们是这样回到队伍里来的》，发表在延安的《解放日报》上。从此后，陆续发表了一些短篇小说、散文、特写和诗歌。1947年冬季，孙谦奉命调入东北电影制片厂任编剧，开始了专业创作生涯，中华人民共和国成立后曾任山西省作协副主席，山西省文联副主席，山西省影协主席等职。1949年父亲浩然在蓟县团委会工作。那年河北省青年团机关报《河北青年》创办，发下通知，号召各级团干部积极给报社投稿，于是父亲便开始积极写稿，并开始做起了文学梦。1950年10月，父亲的第一篇文章《姐姐进步了》在《河北青年》报上发表，于是一发而不可收，所写文章不断在报刊上发表出来。1958年父亲出版了自己的第一部小说集《喜鹊登枝》，1959年加入中国作家协会，1964年调入北京文联，成为专业作家，曾任中国作家协会理事、全委、名誉全委、北京市文学艺术界联合会副主席、名誉副主席、北京市作家协会主席、名誉主席等职。

父亲与孙谦都靠自学成才从事文学创作；作品都取材于他们所了解、熟悉的农村生活，都具有朴实、真挚、感人的风格。孙谦只有小学四年级的文化程度，虽然这样的文化水平在当时共产党所领导的队伍里，可以算是"知识分子"，但却无法成为一个真正的作家。在延安时期，孙谦利用业余时间拼命读书，去旁听鲁艺戏剧系和文学系的课程，以提高自己的文化水平和写作知识。孙谦参与过农村的减租减息、征粮征兵、反奸反霸和土地改革等实际工作，还参加过武装斗争，因而他的文学作品都与这些生活紧密相连。中华人民共和国成立后，尽管孙谦在电影局电影剧本创作所、北京电影制片厂任编剧，1957年后回到山西，在文联从事专业创作，但他与农村生活仍然保持着密切联系，写出许多深受读者喜爱、反映现实生活的作品。父亲浩然的学历只有三年小学、半年私塾，靠这样的学历想圆自己的作家梦，当然是不可能的。从他怀上写作的志向和理想，做起了文学梦，便参加了县里的干部业余文化补习学校的学习，即便下乡工作的时候，也要带着课本，进行自学，遇到不明白的问题，就找当地有文化的人请教。就这样，父亲用了八年左右的时间，边练笔，边补习文化知识，从小学一直补习到大学专科的程度。父亲从参加革命工作后，先当了八年村、区、县的农村基层干部，调到《河北日报》当记者后，更是长年累月到农村采访，结识了不少农民和基层干部，与他们成为好朋友，调入北京工作后，仍然不脱离农村的火热生活，一生中写出一千余万字反映农村现实生活的文学作品，拥有众多忠诚的农民读者。

父亲与孙谦都有坚毅的性格和百折不挠的毅力。凭着几年小学的文化水平，粗通一些文字，要想成为一个作家，一个全国闻名的作家，没有坚毅的性格和百折不挠的毅力肯定是不行的。一方面要通过刻苦不断地学习来提高自己的文化水平，同时也要不断地摸索、实践，来提高自己的艺术水平。孙谦在调到东北电影厂当编剧之前，只看过两三次电影，对编剧知识一无所知，连电影是怎么回事也不清楚。经过近一年的学习、摸索，尝遍了各种苦恼，在一遍又一遍的尝试和失败之后，终于在1949年春季，写出了自己第一个电影文学剧本《盐》。父亲浩然在1950年10月发表《姐姐进步了》之前，曾写出一百余篇"废品"，不屈不饶，坚信自己一定能够成功，使父亲坚持了下来。到1956年发表第一篇正式小说之前，已经经常在报刊上发表作品的父亲，仍有"废品"产生。每一次失败，都成为他迈向成功的基石，一篇篇的"废品"，一块块的基石，父亲终于迈进了文学殿堂的大门。这之前所受的艰辛，所付出的辛劳，只有作者自己心里才最清楚。

父亲与孙谦都是毛泽东主席《在延安文艺座谈会上的讲话》的受益者，也是这个《讲话》的忠诚执行者和实践者。1942年，延安召开了文艺座谈会，毛泽东主席在那个座谈会上的讲话，成为许多文艺工作者深入生活，反映现实生活的号召和指引。孙谦在学习了《在延安文艺座谈会上的讲话》之后，利用参加减租减息等实际工作之余，发表了自己的第一篇小说；他的第一个电影文学剧本《盐》，也是在长春前线参加了围城斗争，又到农村组织支前，然后才写作完成，并获得成功的；在以后的创作中，他发表的每一个文学作品，哪一篇不是深入生活后的结晶呢？孙谦曾把自己半个多世纪的文学生涯描述为："认定'讲话'康庄道，跌倒爬起走到老。""毛主席的《讲话》是我走上文学、戏剧、电影创作道路的真正引路人，尽管我在创作上没有什么成就，又走过弯路，但在关键时刻，仍是毛主席的《讲话》精神拉着我回到正确的道路上来的。"父亲浩然第一次看到《在延安文艺座谈会上的讲话》，是在1952年5月间。那时，刚满20岁的父亲正在保定的省团校学习，5月23日即将来临之时，听说河北省文联要召开纪念会，才知道毛泽东主席十年前在延安有一个《在延安文艺座谈会上的讲话》。闻知消息的他立刻跑到新华书店，买了一本解放区印刷的《讲话》，坐在城外麦田边的草地上就津津有味地读了起来。父亲一边读着，一边回想着自己并不长的学习写作实践和工作生活实践，感到里面的很多话都好似是针对自己讲的。父亲一口气读了两遍，如同当空的太阳，把光和热都融进他的心田，浑身升起一股强大的信心和力量。父亲曾经说过："真正理解毛主席的文艺路线不容易，而永远地不动摇地坚持下去则更难，这是对我们每个文学写作者的最严峻的考验。""一个从事革命文艺创作活动的人，仅仅在口头上接受了生活是创作的源泉这样的道理是很不够的，还必须做到真正的理解。只有真正的理解，才会有真正的接受和实践。"他始终把《讲话》当作一个真经来念，认为是自己艺术航船的灯塔和指南针，是一面光辉的旗帜，即便在《讲话》被某些人讥讽，被某些人否定，被某些人认为过时了的情况下，他的这种观念也从未发生过动摇。父亲与孙谦这两个仅有几年小学文化、普通农民出身的人，是共产党及其领导的革命把他们培养、锤炼成作家，他们一生以《讲话》为指导，沿着《讲话》精神所指引的方向走到生命的尽头。

父亲与孙谦都热爱农村，热爱农民，以"为农民而写"为创作宗旨。孙谦一贯秉持"为时代写作，为农民立传"的思想；父亲则以"写农民，为农民写"为一贯的宗旨。他们尽一切可能到农村，到农民中间去生活去体验；他们以参与者而不是旁观者的身份加入到农民中间，与他们同甘苦，与他们同悲喜，不仅"身"入到农民中间，"心"也入到农民中间；他们为农民办真情事，对农民说真心话，与农民和基层干部成为无话不谈的好朋友。后来曾任国务院副总理的陈永贵与孙谦相识、成为好朋友的时候，他还是大寨的党支部书记，而且两个人一直保持着这种友谊；而父亲创作《艳阳天》时，萧长春的原型就是他已经深交 8 年之久，并将友谊保持终身的农村基层干部萧永顺。农民养育了他们的生命和艺术，他们也以深情和赤诚回报了农民。父亲与孙谦自尊、自重，永远与人民群众水乳交融，永远为农民立言、立传。

父亲与孙谦都写过电影剧本，也写过小说，但是孙谦的剧本多变成了电影，而父亲所写的剧本却一部也没有拍成。据有关资料，孙谦一生中曾创作了 21 部电影文学剧本，而拍摄成电影的就有 16 部，具有很高的成功率。父亲浩然一生中也曾写过六七部电影剧本，第一部就是 1960 年 1 月 2 日完成的、根据其短篇小说《箭秆河边》改编的《新春》。父亲所创作的这些剧本都因种种原因而程度不同的没有拍摄，或没有拍摄完成，仅有《朝霞红似火》和《艳阳天》作为电影文学剧本发表在刊物上。

　　父亲与孙谦都有一颗正直而善良的心。据中国电影出版社原副总编辑徐虹撰文说，在1955年的肃反运动中，孙谦是肃反专案小组的成员。当时的女编剧柳溪因在抗日战争后期曾当过一个大汉奸子女的家庭教师，在肃反中被人诬告为特务。在"熬鹰战""车轮战"的审讯中，柳溪精神上被摧毁，身体也支持不下去，几次想要自杀。在这样的情况下，有一天午后，孙谦给柳溪端来一碗面疙瘩汤，并语重情长地劝慰她，千万不能自杀，否则问题就更无法澄清，柳溪听从了孙谦的话，坚强地活了下来，再也没有想过自杀。在父亲浩然的身上也曾发生过类似的情况。"文革"期间的1968年10月，北京市文联被撤销，作家们来到位于西郊的教育行政干校，集中学习"斗、批、改"。当"斗、批、改"即将进入到整党、建党阶段时，成立了几个专案组，杨沫因为"假党员"问题受到专案审查。在当时大的环境下，有的审查采取的是"对敌斗争"的方式。这种方式对于一些人来讲是难以忍受的，自杀的现象在社会上并不少见。父亲看到专案组的几个积极分子，对杨沫采取那种处理敌我矛盾的审查方法，很为杨沫担忧，怕她对目前的审查想不通而产生其他想法。一天晚上散会后，父亲到楼下打开水遇到杨沫，悄悄地鼓励她，劝她道：有什么问题就老老实实向党交代，但没有的事决不能承认，千万不要胡思乱想……暗示她万万不可走轻生的路。杨沫马上就从含蓄的话语里领会了父亲的意思，表示决不会那样。据杨沫所著的《自白——我的日记》一书记载，在那次父亲与她谈话后不久，李学鳌还趁四周无人之机偷偷跑到杨沫的房间，代表父亲和他叮嘱杨沫三件事，让她千万记住，一定做到：第一，千万不要胡思乱想，不要想不开，一定要挺住。第二，千万不要乱说，没有的事决不能承认。第三，保重身体，该吃就吃，该睡就睡，一定要保护好身体。杨沫在这部书中还写道："还有，浩然为我被撤销了专案组的工作。那是在军宣队召开的一次全连大会上，浩然忽然被宣布撤消专案工作。而且当场叫他检查对我的'包庇'。那场景叫人想起是难过的……"

　　父亲与孙谦都热衷帮助、扶植青年作者，并因此受到赞誉和爱戴；他们从不对业余作者说一些似是而非、言不由衷的套话。父亲与孙谦生前曾无私的、不图回报的帮扶过多少个无名的业余作者，恐怕谁也说不清，也无法统计。许多农村的文学青年，慕名拿着自己的习作前去拜访孙谦。孙谦总是热情，真诚地接待他们，阅读完作品后，诚恳地提出自己的看法。他反复叮嘱那些年轻的写作者：写作要有主见；要有深厚的生活基础；要广泛交朋友。在孙谦逝世后近二十年的今天，许多当年的业余写作者想起他来，都感到心中有一种温暖的感觉。父亲浩然也曾扶植过无数的农村业余作者。为了那些农村文艺园圃中的幼苗，父亲晚年在其生活的河北省三河县倡导成立了文联，创办了文学季刊《苍生文学》，不仅鼓舞起那些农村业余作者的写作热情，而且写出作品后，也有了一块展示它们的园地。一个患有先天性心脏病的农村业余作者，生前曾写过许多小说，父亲帮助他在报刊上发表过一些。这位作者年纪轻轻便不幸的过早地离开了人世，让父亲感到十分悲伤。为了让他的作品能够保存下来，父亲决定将他那些具有代表性的作品结集出版。父亲不仅亲自为其挑选作品，还到处筹划出版的资金，联系出版社。曾有人赞誉说：生者为死者出书并不稀奇，但是一个著名作家为一个无名的农村业余作者出书，却是极为罕见的。父亲去世后，业余作者在告别仪式的签到留言簿上写下了"浩然老师不要走！""浩然老师，你对文学爱好者恩重如山！"这样两句话。这两个留言，代表着众多业余作者，特别是农村业余作者的心声，说出了他们内心中最为深切的感受。

父亲与孙谦都为安度晚年而在故乡村中修建了房屋，却都因种种原因未能如愿。1971 年孙谦结束了"学习班"的生活，准备下放到大寨公社武家坪。他的三弟听到消息后，从家乡来到太原看望他。孙谦向他的三弟吐露了心思，想回到家乡养老。三弟回到家，在老宅子不远的地方买了一个旧院落，并在 1972 年秋季的时候，给孙谦盖起了一座新房。新房盖好后，孙谦却因为种种原因一天也没有去住过。1984 年 4 月底，父亲浩然在几个好友的"撺掇"下，决定在家乡蓟县刘吉素村的老宅子里盖上两间新房，以便自己和老伴到那里居住养老，写作自己的回忆录。但是几天后，父亲便觉得自己可能又做了一件荒唐之事！然而骑虎难下，不该做也得做到底。事实证明，父亲的预感是正确的。从房子千辛万苦盖好后，父亲和母亲一天也没有在里面居住过。

父亲与孙谦都享年 76 岁。1996 年 3 月 5 日，孙谦因病逝世于山西太原，这一天是阴历的正月十六。12 年后的正月十四，也就是 2008 年 2 月 20 日，父亲病逝北京。两个人逝世时都是 76 岁，都是在正月，仅仅相差两天。

父亲与孙谦的骨灰都未回归故里。孙谦与大寨有着非同一般的感情。1963 年 8 月，大寨遭受到特大洪灾，孙谦深为那里的农民艰苦奋斗、自力更生的精神所感动，带病到大寨深入采访 40 余天，与那里的农民同吃、同住、同劳动，写出了长篇报告文学《大寨英雄谱》。文章发表后，在社会上引起巨大反响，受到党中央的重视，毛泽东主席发出了"农业学大寨"的号召，最终使得大寨驰名中外。在一次次与大寨人的交往中，孙谦与大寨结下了不解之缘。孙谦去世前，叮嘱自己的亲人，要把自己的骨灰撒在大寨的虎头山上。1996 年 3 月 5 日孙谦病逝，一个月后的 4 月 4 日，大寨人像是迎接自己的亲人一样，把他的骨灰从太原接回到大寨，他的后人按照他的遗愿将部分骨灰撒在了与他有着特殊感情的虎头山上。在后来的岁月里，大寨人为孙谦在虎头山上竖起了一块纪念碑，碑的正面是孙谦的简历，碑的背面则是大寨人为孙谦写的一首诗："铁肩担起民间义，妙手绘出农家情，生前笔下英雄谱，身后大寨安忠魂。"父亲浩然在生前就曾在三河为自己找寻过墓地。2008 年 2 月 20 日，父亲在北京病逝，他的骨灰没有安葬在原籍天津宝坻，也没有安葬在他的成长地天津蓟县，而是安葬在他最初树立起革命信仰而去世前又在那里居住了近 20 年的河北省三河市。

尽管父亲与孙谦见面不多，但他们却是好朋友，他们有着太多的相似之处，他们理所应当成为好朋友。

感情至深的军旅诗人——胡世宗

    1975 年 3 月 5 日上午，一位身着草绿色军装的客人敲响了父亲浩然的家门，来人便是军旅诗人胡世宗。

    胡世宗是从沈阳军区政治部文化部被借调到解放军文艺社帮助工作的，他的到来，是社里委派他协助父亲整理几篇理论性的文章。

    胡世宗受到父亲十分热情的接待，尽管一见如故，但他仍显得有些拘束，不敢多说话。这是父亲与胡世宗的初次相识，那一天他们谈论了近四个小时，也就是从这一天起，他们开始了长达数十年的友情。

    在以后的一段日子里，胡世宗或白天，或晚上，经常出入家里，继续着他与父亲的交谈。在这些天的谈话里，父亲说到他的生活，他的写作，也谈到阅读，谈话的内容涉及方方面面的许多问题。

    这段工作结束后，父亲便往返于城市与乡村之间，回城时，便尽可能找机会与胡世宗见面畅谈。

    1976 年 7 月 28 日凌晨，唐山发生强烈地震。地震发生时，父亲正带着自己的一双儿女在京郊通县下乡，家里只剩下妻子和大儿子。正在《人民日报》协助工作的胡世宗知道父亲下乡去了，地震发生后，急想知道他和家人的安危，几次往家里打电话都没有人接。到了下午，胡世宗再也放心不下，直接坐上公交车就来到家里。等胡世宗见到父亲和家人都平安无事，才把一颗悬着的心放下，谈了一会儿话便赶回《人民日报》社。对胡世宗不顾个人安危前来看望的举动，尽管父亲嘴上没有过多的表示，但始终是心存感激的。

    父亲与胡世宗或见面，或通信，一直保持着联系与交往，诉说着心里话，友谊也在不知不觉间往更深的层度发展着。

    粉碎"四人帮"之后，社会上开始流传起一些有关父亲的谣言，虽然这些谣言并不能真正伤害到父亲，但一些朋友出于好心将这些话告诉父亲时，也使父亲在心里增添了许多的不愉快。父亲感到：在共产主义没有到达之前，大道小路千万条，惟正直人行走最艰辛：你越正直，有人越说偏道弯，甚至有人施祸加难。我是苦水泡大的人，点滴苦头，能够自食自饮，继续走我要走、愿走的路。此理明醒于心，又能以此自勉，我就完全想通了一切不愉快的事。在 1976 年 12 月 21 日写给胡世宗的信中，父亲把感慨之词，联成一首《无题小诗》：

> 人间多有不平事，
> 感慨悲愤无奈何；
> 埋头笔纸抒小志，
> 恭身大众唱喜歌。

时间飞快地来到了 1978 年，父亲的人生轨迹也从高峰跌落到低谷。从这一年的年初开始，一些地方报刊在某些人的蛊惑下，开始"批判"起父亲及其部分作品，在这种形势下，2 月底在北京召开的第五届全国人大开幕式上，父亲被宣布取消代表资格，这让他心里觉得冤枉、委屈和不平，情绪开始有些低落。而胡世宗看到报刊的"批判"文章后则给父亲写来信，表明了自己的观点和听到的一些反映：

> 《广东文艺》奇文事，早已知之。并非特意回避它，而是实在不愿正儿八经地谈起它。这奇文除了使少数妒火中烧的人得到片刻的快慰之外，除了给一小部分读者提供一个新鲜的可以猜测的话题之外，只能使"四人帮"及其党羽和爪牙们高兴。这篇奇文是违背华主席在计划会议上讲话的精神的。当然，它的出现不是偶然的和个别的现象，而是社会上一种思潮的代表。我并没有做它的义务宣传员，但故乡的人们都在议论它，从军区创作组、文化部的同志，到省、市的一些编辑、作者，以及辽宁大学中文系的教师，除了个别同志打听其文的"来头"外，我听到的完全一致的反映，是对此文十分之不满，非常之气愤，纷纷谴责之。

5 月 20 日，父亲收到胡世宗从沈阳托人捎来的大米。千里送鹅毛，礼轻情意重，看着那些大米，引起了父亲许多感想。这一天父亲写了一篇长长的日记，他在里面写道：

　　"自从我遭难以来，许多同志，在精神上、物质上，给了我无私的支持和援助。这是出于他们的阶级责任感、正义感。另方面，人们之所以关心我，是因为我给人民做过一些有益的事情。要想永远不脱离人民，就得继续做有益于人民的事情。……

　　三千年的封建社会，文化名流，可以说很少不是有产者和官宦者，即使"种豆南山下"的陶渊明，也不是奴隶和长工的子弟。写今天的文学史上仍有一席地位的人，几乎无一例外的或成名前是仕途的骄子，或成名后得以腾达，或从高高官位上跌落者，撸一辈子锄杠的子弟和正在撸锄杠的人，写出好的文学作品，并得以流传的，可以说没有一个先例。在外国，我们知道莎士比亚、杰克·伦敦、高尔基，不是上流社会的人物。中国呢？只有在无产阶级夺取政权以后，下层人物才有权拿起笔来，歌颂自己的亲人，记录自己的胜利，抒发自己的情怀。夺取政权阶段和中华人民共和国成立初期，各条战线上的宣传员；1958 年大跃进时期的民歌运动，特别是"文革"期间遍及城乡的工农兵业余创作组织，都属于揭开中国文学史新篇章的先驱者。我，一个农民出身的孩子，是这浩荡队伍中间的一个！

　　以后，会有大批名流涌现，会有大批不朽作品问世，但人民和代表人民说话的文学史家，决不会忘记在荆棘中开闯路子的那批积极分子！

　　革命推动历史前进，我一直亦步亦趋地用笔描绘着一场一场的革命斗争，我的作品反映了一点时代的面影。我是揭开中国文学史新篇章的先驱者的"随帮唱者"中间的一个。我引以自豪。我的作品和名字，将很快烟云消散，但我的辛勤汗水，却要化为泥土，永远为绿苗红花默默地效点滴之劳。临到生命终了之日，可以心安理得地说：我没有辜负时代，我没有白来一世。

　　……

1979 年的夏季，父亲应邀到东北的吉林参观访问，行前给胡世宗写了一封信，说了自己近期将要开始的行踪。胡世宗接到信后立即给父亲打来长途电话，请他在沈阳停留几日。

父亲到达沈阳的时候，胡世宗已早早地等候在火车站。胡世宗为父亲安排好住处后，就请来一些朋友在家里为父亲接风畅谈。胡世宗陪伴父亲参观了沈阳故宫和周总理读过书的沈阳六中等地，还观看了吉剧和电影。在胡世宗的陪伴下，父亲在沈阳度过了紧张而又愉快的两天。

父亲与胡世宗接触时间最集中、也最长的时期，是 1981 年 5 月至 8 月的这段时间。1981 年 5 月 11 日，父亲再次应邀来到沈阳，住在黎明机械厂招待所进行写作。在这期间，不是胡世宗到招待所看望父亲，就是父亲到胡家做客；父亲有了新的创作构想，总要先讲述给胡世宗，写出新的作品，先请胡世宗阅读后提些意见，有的时候对作品的题目拿不准主意，也要征询一下胡世宗的看法。特别是 7 月到黄海大长山岛参加笔会的近半个月时间，两个人更是朝夕相处，无话不谈。在笔会期间还发生了一件让父亲一想起就心惊肉跳的事情。

7 月 25 日中午，参加笔会的作家们照例到海里游泳，胡世宗和吴文泮、许维刚二人向深海处游去。游出很远后，胡世宗突然因感觉这里是深海而惊悸他那时还不会在水中换气儿，游多远回来头发都是干的，他往回拐弯时，因手臂用力过猛，人一下子沉了下去。幸亏有周围的人奋力相救，才化险为夷。当时，站在浅水区的父亲看着这惊险的一幕，脸色都变了，紧张得一句话也说不出来。望着已经脱险的胡世宗，父亲想起了午饭前他曾告诉自己整理出了八首短诗，下水前一定要跟自己一块儿照个合影……这岂不都成了永别的预兆？与胡世宗一起回到住处的父亲越想越后怕，不仅午觉没有睡成，整个下午也无心进行任何创作。胡世宗大难不死，当天晚餐，父

1981 年浩然与胡世宗、王栋、祝乃杰于内蒙古

1981 年 9 月浩然与胡世宗

亲拿出一瓶从北京带来顺义的酒和半瓶凤城老窖，与邓友梅、彭荆风、单超等多名作家为胡世宗置酒压惊；晚餐后，父亲又张罗与金河、祝乃杰、修玉祥、张长弓等人陪胡世宗来到海边，再一次下海。胡世宗心有余悸，父亲和大家说，这件事，一定要顶回去！父亲和几位作家陪胡世宗在出事当天再一次下水游了一会儿，从而打消了胡世宗对在海水里游泳的恐惧。

1982 年 3 月 25 日，是父亲 50 周岁的生日。为了给这个日子留个纪念，23 日那天，父亲和几个业余作者一起在宿舍楼下的窗前栽了九棵树。那时，胡世宗正巧在北京出差，也赶来一同栽树，以纪念这个特殊的日子。

25 日这一天，父亲回顾以往，设想将来，心潮起伏，感慨万千！也就在这一天，父亲挥毫为胡世宗写了一个条幅：

自识东西走南北

喝遍乡土万井水

处处有情处处爱

苦酿人间美中美

不觉艰险临高境

回首畅观浪花飞

天无尽期志未了

愿将心身化纸灰

这是 1977 年 7 月 7 日，父亲准备从暂居的密云县五里坨军营返京会见美国翻译家前，写的一首《自题小像》诗。这首诗里包含着太多的意思，而父亲将这首诗抄录下来送给胡世宗，也是有着很深寓意的。

在那天晚上的生日家宴上，胡世宗是唯一的"外人"。

在以往的那些年里，只要胡世宗来京出差，就总要和父亲相聚一下，即使父亲不在城里，也要想办法赶去看望，畅谈一番。

父亲与胡世宗一个在京城，一个在沈阳，又经常在各地奔波，所以是聚少离多的。当两个人在身居两地时，他们要么是打电话，要么是通过书信进行联系。由于种种原因，父亲写给胡世宗的许多信件都没有保存下来，现存的只有从 1980 年 3 月 7 日至 1997 年 6 月 18 日之间的四十四封。在这些信件中，父亲向胡世宗报告着自己生活中或写作上的喜讯，诉说着自己心头的苦闷，就一些拿不准主意的事情征询胡世宗的意见，有关工作和写作的问题向胡世宗提出一些建议……信件的内容不仅十分丰富，同时也是他们之间友谊的表现和象征。而胡世宗则致父亲的信件高达近百封。

2002 年年底，父亲病重住进医院。在此后的数年间，胡世宗携妻子王惠娟多次到医院看望。2008 年 2 月 20 日父亲病逝，胡世宗闻讯后又专程从沈阳赶到北京，参加了告别仪式，向他的这位老友最后一次告别。

父亲浩然敬佩的日本朋友——伊藤克

把所有有关伊藤克的资料都挑拣出来，归拢到一起。考虑如何下笔的时候，一种画蛇添足的感觉却从心头升浮起来。

父亲浩然曾在 1986 年 11 月写过一篇散文《不熄的光》，在文中叙述了一次去探望伊藤克时的情景，以及简要介绍了伊藤克的一些经历和这次探访前后的一些往事。这篇文章，应当说是较为全面地介绍了父亲与伊藤克的交往，无需再添加什么细节，也不好删除什么内容，再写一篇类似的文章似乎有些多余。但作家写文章，对素材都有所取舍，这样才能使文章的内容更集中，更精炼，也才能更好地反映主题。当然，在作家舍弃的那些材料里，很可能就有研究者或喜爱者非常想了解的情况。我不是作家，没有太多的想法和技巧，只是想通过得天独厚的第一手材料，真实、客观地反映出两个人的所有交往，以便给研究者和喜爱者一份翔实的资料，因而，我还是决定按照所收集的材料写下去。当然，我对材料也会有所取舍和归纳，因为写出来的毕竟也是一篇文章，但对材料过滤用的是小眼筛子，而不像作家用的大眼筛子，因而文章就会显得不精炼，甚至杂乱的感觉。就请读者体谅作者的用心，各取所需吧。

1973 年 4 月至 1974 年 7 月，日本青年出版社分为 8 册翻译出版了日文版的《艳阳天》，翻译者就是伊藤克。

伊藤克是日本人，1915 年生于东京，她的父亲是个一直向往中国的医生，曾教给她认识不少汉文。伊藤克在年幼时就听到过不少中国的传说，求学时读过许多中国的古诗文，从而对中国也产生了热切的向往和纯真的感情。13 岁时，她的父亲去世，狠心的叔叔骗走了余下的一点财产，伊藤克只得辍学到外面打工。后来，伊藤克嫁给了一个华侨，并于 1936 年随丈夫漂洋过海，来到中国。她亲眼看到了中国，越发深爱起中国，心甘情愿地跟中华儿女一起参加了抵抗日本军国主义侵略的斗争；抗战胜利后，她又穿上人民解放军的军装，为无产阶级夺取政权而奋战；接着，她又投入中国人民医治战争创伤和建设社会主义的行列。一个偶然的机会，她与原以为早已死在战火中的亲人取得了联系，于 1961 年返回阔别多年、已经繁荣起来的祖国。

不知伊藤克是不是看到了人民文学出版社 1972 年出版的《金光大道》第一部，因而当 1973 年 4 月日文版的《艳阳天》第一卷刚刚出版，就寄往人民文学出版社，5 月底时，父亲收到了这本从日本寄来的书。

大概是因为《金光大道》第二部的写作过于紧张，外加上一些杂事缠身，因而父亲一直没有给伊藤克写回信，直到 1974 年 10 月收到伊藤克委托来华访问的日本友人福岛久嘉带来的一封信后，才于当月的 24 日，给她写了第一封回信。父亲将写好的信送到北京市文化局转市委请示。不知当时是有这样的规定，还是父亲第一次与外国人通信，出于党性原则，才把信件转给市委审阅。我想，第二种的可能性是极大的。27 日这天，浩然在日记里写有这样一句："把给日本翻译家伊藤克的信写好抄完。"从时间上推断，这封信与 24 日的那封应为同一封，至于这封信是根据市委或文化局提出的建议还是市委让其自行处理后再次修改而成，就不得而知了。因没有收集到这封书信，也没有其他有关这封书信的记载，具体写了些什么，也就同样不得而知了。

伊藤克在她的信中写道：

　　突然写信给您，很对不起，请原谅我的蒙昧。我叫伊藤克，是您大作《艳阳天》的日文译者。……现在《艳阳天》已译完，我想以一个日本文艺工作人员的身份，向您写信道谢，……日译《艳阳天》在日本出版后，大受日本读者的欢迎，他们异口同声地说："这部小说太好了，我们也向萧长春和其他贫下中农学习才好！"我谨向创作这么优秀的文学作品的您，表示衷心的敬意和谢意。……希望您一定找个机会来我国访问，如果能来的话，日本读者将热烈欢迎您啊！……很想把您的大作《西沙儿女》译成日文，介绍给日本读者，这是目前滞留在北京的香坂顺一先生向我们推荐的。您能允许我翻译吗？……我好久没写中文，怕您看不懂我写的信，请您猜读吧。下次向您写信的时候，一定争取写很漂亮的信。
　　此致
敬礼!

日本　伊藤克

1974.10.18

　　父亲至此与伊藤克开始了书信交往，每逢元旦的前夕，父亲总能收到伊藤克寄来的印制精美的贺年卡。他们在通信了近两年之后，才在1976年第一次相见，当然，相见的地点是中国的北京，而不是日本的某座城市。

　　1976年伊藤克来到中国北京，3月27日上午，父亲在外文局会见了她。按照日本人探亲访友的习惯，伊藤克给父亲带来了民间工艺品和具有日本特色的小点心；父亲则将自己的著作作为礼物回送了她。伊藤克在中国居住过近30年，中文说得很好，这无疑使交谈方便了许多；而不同国度的人使用同一种语言交谈，也增加了一份亲近感。两个人交谈了几个小时，中午的时候，父亲在首都饭庄"宴请"了伊藤克，直到下午才分手。

　　伊藤克对中国是有感情的，对中国的好朋友自然也是十分惦念的。1976年对中国来说是不平静的一年，发生了许多重大事件，这一年年底的时候，伊藤克就让她生活在北京的两个女儿前去看望了父亲，并带去她的问候。

1980年6月5日浩然与伊藤克在茶话会上

伊藤克虽然是个日本人，但她的心却在中国的大陆上。1979 年，伊藤克回到中国这块熟悉的土地上定居、安享晚年，并在北京师范大学和北京外国语学院分院执教。

伊藤克回到中国，回到北京居住，与父亲相见自然就方便了许多，但伊藤克要忙于教学和翻译工作，而父亲则"深入农村，埋头苦写"，很少待在京城，两个人见面的次数也就自然不会很多。

1981 年 3 月 25 日是父亲 49 岁的生日，就在这一天下午，父亲从通县赶回北京城内，晚上到伊藤克家拜访。这天晚上到伊藤克家的除了父亲外，还有杨沫、严文井和他的夫人康自强。几个好朋友在一起畅谈数个小时，直到九点多才散。

1984 年 12 月，父亲第一次跨出国门，第一次到日本进行友好访问。就在离开北京的前一天，他特意去看望了伊藤克。在日本访问的那些天，伊藤克的朋友和亲戚大概接到了她的通知，也纷纷前往父亲下榻的饭店看望，询问有什么事情需要他们协助。

1985 年 1 月 24 日下午，父亲到伊藤克家看望，两天后的晚上，又与杨沫到伊藤克家给她祝寿。

与伊藤克见面的次数越来越多，自然也就越来越熟悉，在一起畅谈的时候也就越来越随意。

有一次，父亲半开玩笑地问伊藤克："你走那年，正是我们的三年困难时期，是不是把你给饿跑的呀？"

伊藤克笑着回答父亲："我在中国，并不是没挨过饿的。一见困难就跑，还算什么好朋友？我当时就相信，那困难是暂时的，我临行前已经大大好转。我回日本，是为了用我具备的有利条件，向日本人民介绍中国。那时候日本人太不了解中国呀！"

正如伊藤克所说的，她回到日本后，就积极地从事促进中日友好交流的社会活动，创立中日友好协会支部，担任到日本访问的各种中国代表团的翻译；办讲座，教中文，编杂志，搞出版社。只要是能够促进中日两国人民友好的事情，她都千方百计、尽心尽力地去做。她不仅在《朝日新闻》和其他日本报刊上发表了许多有关我国的报道和评论，还把约有 500 万字之多的中国社会主义时期的文学作品翻译成日文，介绍给广大日本读者。这些作品里就包括父亲的《艳阳天》和《杨柳风》。

伊藤克在日本度过了她一生中最有成就、最为光彩夺目的 18 年。

父亲在他的《不熄的灯》一文中，就曾说过这样的话："迄今为止，我还没有听说过，有任何一位外国人，在他们的国家里像伊藤克先生那样，亲自翻译出版了规模数量这么宏大的中国的社会主义文学作品。由此，我对伊藤这个外国人产生了由衷的敬佩之情。"

1986 年 4 月 12 日上午，父亲再次来到伊藤克的家。在不久前，父亲偶然从《北京日报》上看见新华社记者朱述新介绍伊藤克的文章，从文章中知道伊藤克因病住过医院。过了几天后，父亲又从杨沫口中得知伊藤克患的竟是癌症。因担心去晚了，就再也见不着伊藤克，因而放下正在紧张创作着的新长篇，赶紧去看望她。

在头天的晚上，父亲已经和伊藤克的女儿约妥了今天前去看望。在去的路上，父亲的眼睛看着公交车外的那些来往的行人车辆和摆动着的透出绿意的树枝，脑海里却闪现着伊藤克那既平常又可亲的面影，想着她那既平凡又可敬的人生，心里激动不已，感慨万千。大概由于心情的缘故，父亲觉得这天的路很长，而天气则让人感到有些寒冷。

父亲终于来到了伊藤克的家门口，在伸手撤电铃的时候，心里不由得有点儿紧张：揣测不出病中的伊藤克现在会是什么模样。

同以往一样，依然是伊藤克亲自来给父亲开的门。让父亲有些吃惊，伊藤克明

1985 年浩然给伊藤克祝寿

显地瘦了，显得矮了一些，简直变成了另一个人。不，她还是她，像 10 年前他们第一次会面的样子：两只明亮的眼睛，和善地望着自己；微薄的嘴唇，亲切地微笑着；穿着打扮的老习惯也没改，依旧是一件中国妇女所喜欢的对襟上衣、不肥不瘦的深色裤子……

伊藤克的现状，没有父亲在见到她之前胡乱猜想的那么可怕，他放下了心。父亲把在商店买的几盒食品和自己新出版的一本《嫁不出去的傻丫头》作为礼物送给她。

伊藤克原本是躺在沙发上的，父亲来后，她礼貌地坐着陪客人说话，腿上盖着一件红紫色布面的棉袍，屋子里开着电暖气，让人觉得很暖和。谈到她的病，她倒显得很从容沉着，说她在日本做过肠癌、肝癌手术，这次转移到肺上，总是咳嗽不止；在中日友好医院住了一段时间，便回家来吃中药，因为她相信中医。当听到父亲赞扬她在促进中日文化艺术交流方面功绩时，她却再也忍不住地无声地哭泣起来……

"翻译你《艳阳天》那时，我的心情最好，脑子最灵，精力最充沛。"伊藤克一面擦着腮边的泪水，一面以欣慰的语气说，"中日邦交正常化已经到了瓜熟蒂落的时刻，日本人渴望了解中国。我看到这一步，就赶紧翻译，分八集出版。第一集发行以后，读者纷纷来信，来电话，感谢我，催促我。这使我更有信心更为兴奋，日夜进行，有时连饭都顾不上吃；以一个月出一集的速度，八个月就出全了，一版就印了十万套。……"

伊藤克还说："我要把《青春之歌》的续篇，还有你写中国农村新时期生活的小说都介绍给日本，还要翻译新作家的作品。让日本人多了解眼下的中国现状和中国文坛情形……"

为了不使病人感到过度的劳累，快 11 点时父亲不得不起身跟伊藤克告别。父亲再三请求她不要送，她才点头答应；当跟她握手辞行时，她的眼圈又红红地说了声："再见！"

谁也没有想到，这次见面竟是父亲和伊藤克最后的一面，不可能"再见"了。这年的 6 月 3 日晚上 8 点多，父亲乘火车从外地回到北京的家里，一个让他极为难过的消息正在等着他：日本朋友伊藤克已于 5 月 29 日在北京逝世。

1986 年 9 月 14 日上午，父亲来到北京香山脚下的万安公墓，与几百名各界人士一起参加伊藤克骨灰的安葬仪式。

在哀乐声中，父亲心里想着伊藤克，想着她的一生。伊藤克"本性厚道而正直，不会钻营和巴结，只会像牛一样默默无言地吃着草、挤着奶，为促进中日友好和中日文化艺术交流，献出了毕生精力。时间，早已证明她对中国人民革命事业的耿耿忠心。尽管她的'地位''官位'不显赫，但功劳显赫。而如今人们自由通行的'中日友好之桥'，正是由无数中国和日本民间的'小人物'率先架木垒石搭起来的。所以中国人不应该怠慢他们，不应该忘记他们；也不能怠慢他们，不能忘记他们。"

1986 年 11 月 14 日，父亲把自己关在房间里，草出纪念日本友人伊藤克女士的文章《不熄的光》。父亲永远怀念这位真诚善良的日本朋友。

"切而不密"的东北汉子——丁仁堂

　　丁仁堂 1932 年 11 月出生在吉林省德惠县（现为德惠市）天台镇何家堡子村一户贫苦农民家中。1939 年他开始在家乡的学校里读书，1949 年参加革命工作，1956 年发表了第一篇短篇小说《春夜》，1959 年吉林人民出版社出版了他的第一本短篇小说集《猎雁记》。后来出版的他的短篇小说集《嫩江风雪》和《红叶》，是他 20 世纪 50 年代和 60 年代初期的代表作。

　　父亲与丁仁堂是好朋友。就一般情况而言，朋友可以分为密切和不密切两种，而父亲跟丁仁堂则是特殊的一种，属于"切"而不"密"。何谓"切而不密"，用父亲自己的话解释就是："我们相互关心，真诚地愿意彼此都平安、健康，都在事业上获得成就，这要算'切'；但我们之间极少书来信往，到了不写一封不可的时候，常常不超过一页纸，他写的则更短，这可谓不'密'。"

　　丁仁堂与父亲同年出生，但比父亲小 8 个月。他们是同时代的人，有着大致相仿的生活经历，在文学创作上走过大体相同的道路：由于赶上中华人民共和国的成立，人民当家做了主人，文学殿堂的大门也向工农大众敞开，这才有权拿起笔来，歌颂自己的新生活，述说自己的心里话。

　　从懂事的时候一直到以后的好多年，祖国的东北对父亲来说，就像是远山上一片变幻莫测的云。小的时候，妈妈给他讲过一个《人参娃娃》的传说，于是，东北大地就在父亲的脑海里留下了一个无限美好的神奇景象；以后，又听闯过关东的舅舅讲过一个打渔人遇狼的故事，于是，在父亲的头脑里又留下东北是个十分恐怖地方的印象。接着，父亲学会了哼唱东北小调，听懂了"满山遍野的大豆高粱"这样的歌词。这些相互矛盾的东西，使父亲自己也闹不清东北大地到底是个什么样？

　　1956 年 9 月，父亲从河北省省会保定调到首都北京，担任《俄文友好报》的记者。有一次，在一本刊物上看到一篇否定《猎雁记》的文章，引起了父亲的好奇心，立即找来小说一读。没想到"一见钟情"，父亲不仅喜欢上这篇小说，也从此记下了它的作者——丁仁堂这个名字。以后，凡是知道有丁仁堂的新作品发表，都要找来一睹为快。当然，父亲对丁仁堂的作品也不是所有的都喜欢，个别篇章就觉得失之于浅，失之于编排痕迹，但这一点儿也不妨碍他对作者的喜爱。从丁仁堂的小说里，父亲看到了具体的东北农村大地、农村风光和农村里的男女老少。父亲感到丁仁堂把东北农村那块美好的大地，一笔一笔地描画在自己的脑海：像音乐一样能听到的美，像诗句一样能吟咏的美，像早霞晨露洒满沃野那样能看到能触到的美。父亲认为，丁仁堂的创作风格可以用一个字概括，那就是"美"。

1962 年 4 月，丁仁堂的小说集《红叶》由吉林人民出版社出版。可能是由于我国刚刚度过了三年自然灾害，纸张供应还有些困难，因此第一次印刷仅有 5000 册。父亲在报纸上看到出版广告后便开始到书店购买，却一直没有买到。尽管 3 个月后的 7 月出版社又加印了 1 万册，父亲仍没有购买到，不得已，只好在 10 月初的时候给丁仁堂写信索要。由于不知道他的通信地址，信寄往了吉林的《长春》杂志社转交。丁仁堂收到信后，于 10 月 29 日在书的扉页题写上"敬请浩然同志指正"后，便寄给了父亲，里边夹着一张纸条似的短信。丁仁堂在信中写道：

浩然同志：

久闻大名，真想能早日同您见面。

《长春》转来您的信，您要我写的东西看看，我真不好意思。然而一想，您也许会给我提提意见，帮助我提高一下，所以，我便寄奉一个小册子。我也未写什么，只此一点点。

望您能常常来信。我因从事专业创作，现在吉林省大安县深入生活。

请将您的作品寄几册来给我，我好向您学习，您反映生活是非常之快的。

盼您的信！

紧握您的手！

仁堂

10 月 29 日

从这封短短的信中，大致可以得出以下结论：丁仁堂是个爽直的人，具有一般东北人的直爽性格；虽然他们没有见过面，但丁仁堂对父亲如同父亲对他一样是有所了解的，因为尽管那时的父亲并不像写出《艳阳天》后那样有名，但丁仁堂却在信中写出了父亲的一个鲜明特点"您反映生活是非常之快的"。故而，信中开头的"久闻大名，真想能早日同您见面"。绝非客套之词，而是发自肺腑，是真实的心里话，毕竟惺惺相惜。后来在他们相见后所发生的所有事情也证明了这一点。信上的字写得不大，没有多少硬度，却透出一股秀气，仿佛是个大姑娘写的，让人感到书写者一定是个感情非常细腻的清秀之人。

对于这本《红叶》，父亲是十分喜爱的，认为它"当之无愧地属于三十年代《生死场》、四十年代《混沌》、五十年代《开不败的花朵》这条乡土文学河流的有声有色有活力的延续"。不久后，父亲回赠了一本自己新出版的作品作为"答谢"，但没有收到任何回音。此后，大约是看了丁仁堂一篇名叫《梨花几时开》的小说，他就在父亲的眼前消失了，变得无影无踪，再也没有见到任何作品在报刊上发表了。

丁仁堂在父亲的眼前消失了，在一段相当长的岁月里，他们天南地北，各忙各的，偶尔想起他来，也是一闪而过。

父亲曾经说过："作家不能没有代表作。如果在若干年后，读者把作家的名字记住了，而忘了他写过什么书，他是个可悲的失败者；反之，读者只记住那书，而忘了作家的名字，这是他重大的、根本的胜利！"

父亲曾经读过丁仁堂的许多小说，随着时光的流逝，里面的人物和故事即便没有全都忘却，也变得很淡了。但它们留给父亲的是一种美的印象，这记忆则是牢固的。父亲认为这就属于丁仁堂的成功，属于他的胜利。

父亲与丁仁堂从"神交"到"淡漠"，这种状况一直持续到1979年。

1979年的7月下旬，父亲到东北参观访问。先到了辽宁的沈阳，与几位好友盘桓几日后，又乘火车来到吉林的长春。8月9日这天，吉林白城地区文联的李杰陪同丁仁堂来到父亲住的长春电影制片厂招待所看望。这是父亲与丁仁堂"神交"20年后第一次见面。两个人一见如故，热烈地攀谈起来，从此揭开了两人间友谊的新篇章。父亲在李杰的陪同下，当天赶往白城地区前郭尔罗斯县，丁仁堂到火车站为他们送行。当在前郭尔罗斯县访问两天后再次返回县城时，丁仁堂已于头天来到这里，他将陪同父亲进行以后所有的参观访问。在此后的16天里，丁仁堂陪着父亲走访了白城地区的许多地方，而在这期间，他们把过去应当交谈而没得机会交谈的

1979 年 8 月浩然与作家丁仁堂于松花江边上

心里话，全部弥补起来。丁仁堂的身材不高，显得有些粗壮，脸庞有些发红，总爱穿着一身黑色的衣服；他说起话来"粗门大嗓"，初看起来很有些"大大咧咧"的劲头，喝起酒来就更显得豪放。他的外表与他的字、他的作品大相径庭，甚至是南辕北辙，让人难以相信，那些优美的东西竟出自这样一个"粗人之手"。他的这种粗犷外表，给人一种"大老粗"的感觉，而实际上却是大智若愚。父亲是这样形容他的："他那毫无杂质的热诚，他那以愚藏智的风度，他那有时近乎莽撞的率直，以及他的豪饮，甚至跟人聊天的时候，总坐不久，不是拍苍蝇就是拨电话的孩子气，都使你觉得他可爱可亲，没有什么不可原谅的。"

丁仁堂那股东北人特有的性格、特有的豪爽，以及他身上的"孩子气"，也深深地吸引了跟随父亲一起到东北的我。我那时还不满 17 岁，就是一个孩子；而丁仁堂似乎格外喜爱孩子，或许是因为他与父亲的那种天然形成的感情，爱屋及乌，没两天就与我熟悉起来，到最后，我简直成了丁仁堂的小尾巴，两个人几乎形影不离。在不长的时间里，我也同父亲一样，喜爱上了丁仁堂。有一次，丁仁堂从长春到北京办事，中午在我的家里饭饱酒酣后，似乎是没和我待够，又带着我到他在京城的一个亲戚家去做客。

半个多月这种相随相伴的亲密接触，使得父亲与丁仁堂相互间增加了许多了

浩然与臧克家、丁仁堂合影

解，关系也更加好起来。在这次相见后，凡丁仁堂再到北京时，一定要与父亲取得联系；如果父亲恰巧也在京城，不管时间长短，两个人必定要坐在一起畅饮、畅谈。

1979 年 10 月底，全国第四届文代会在北京召开，父亲与丁仁堂都是会议的代表。在会议期间，全国各地的许多客人不断地到家里来做客，这里面自然也少不了丁仁堂的身影。在丁仁堂的几次来访中，父亲与他不是在家里畅饮，就是到附近的餐厅里"大酌一顿"，吃饭的时候没有聊够，吃过饭又接着聊，有时聊到夜深方散。

11 月 16 日，全国第四届文代会闭幕，忙乱了半个多月，父亲打算再热闹几天，就躲起来坐下写长篇。但是，丁仁堂并没有马上离开北京，他除了接着到家里做客聊天外，也请父亲到他住的地方做客，两个人还一起到臧克家、王愿坚等人的家里去看望，一同参加一些朋友的"宴请"。

大概是因为丁仁堂常年生活在基层，与农民和基层干部经常打交道，而酒则是他们增进友情，打开相互了解之门的润滑剂，久而久之，就养成了喜喝善饮的习惯。跟丁仁堂有着相似经历的父亲自然也是如此，只是似乎不如他的酒量大。每次他们在一起吃饭，总要"大喝一场"。12 月 11 日，丁仁堂将离开北京返回长春，10 日晚上他到家里向父亲辞行，又是"醉后离去"。

1981 年夏季，父亲再次到东北访问、写作。8 月 18 日下午，父亲刚从沈阳乘火车抵达长春，就接到丁仁堂从白城打来的电话，让他明天必须赶到白城。态度是强硬的，语气是坚决的，没有半点商量回旋的余地，熟人间也没有道理可讲。父亲对他这位直爽的老朋友还有什么话好说呢，没办法，只得第二天早上乘火车赶往白城。父亲在丁仁堂的陪同下，第二次对白城地区做了参观访问。8月27日，父亲又被人拉到齐齐哈尔，后取道哈尔滨，9月5日才又回到长春。9月8日下午父亲将离开长春前往沈阳。中午的时候，丁仁堂携夫人蒋惠珍一同来看望父亲，并一同到火车站送行。当父亲站在徐徐开动的火车上，透过车门向送行的人们招手的时候，非常清楚地看到丁仁堂和他的夫人蒋惠珍向他微笑致意；离开了很远，还看得见丁仁堂那粗壮的身躯，特别是那张通红的大脸庞。父亲怎么也不会想到，那竟是他们在人世的最后一面，成为他们的永别！那天，父亲跟丁仁堂说的最后几句话是：作家靠作品立身于社会上，真正的优秀作品，用不着谁吹捧，自会有其生命力，而任何势力和思潮都难以压制；努力地把《嫩江三部曲》写得好上加好，争得你应当得到的声望！

父亲曾有一度暗暗地立下了这样的雄心大志：在真正的农民写农民这一点上，能够自成一家。尽管吃了不少苦，用了很大劲，也较为充分地利用了社会所给予他的时间和条件，但父亲认为自己并没有成功。随着年龄的增大，健康状况也日益下滑，而越发地感到心有余而力不足。于是就更加寄希望于朋辈们。父亲曾跟同样关怀着丁仁堂的作协吉林省分会秘书长傅之凡私下议论过：丁仁堂比自己身强力壮，比自己有才华，比自己缠身的杂务事少，他本人也超脱；如果再刻苦努力些，再珍惜时间些，求索的目标再高些，肯定会取得重大成就，会成为当代写东北农村生活的、独树一帜的作家。

1982年6月的一个清晨，丁仁堂从遥远的嫩江岸边的大安县给父亲打来电话，说他的长篇小说《船》比《渔》写得顺利，信心很足；说秋后天凉爽了，要带上全部稿子，到北京来修订。父亲听了很为他感到高兴，鼓励他加油，争取让《嫩江三部曲》成为优秀的代表作和传世作，欢迎他到通州镇住几天，一块儿到儒林村看看刘绍棠的家乡；还半开玩笑地告诉他：备下足够的"通州老窖"，由他撒欢儿地喝。

父亲接完丁仁堂的电话，心里自然是很高兴的。父亲一直认为丁仁堂是描写东北社会主义农村生活的第一流的、有代表性的作家之一。父亲觉得：除了无缘相识的两位东北艺术家的作品——晁楣的风光版画和王书怀的农村短诗而外，有谁的作品能像丁仁堂的小说那样喷发出那么浓烈的东北土地的气息？有谁的作品能像丁仁堂的小说那样闪耀出那么动人的东北山河的美丽？有谁的作品能像丁仁堂的小说那样表现出那么真切的东北民间的通俗性、艺术性和人性呢？父亲对丁仁堂充满了希望！

这一年的7月5日，父亲在北京市委第四招待所参加作家学习讨论会，晚饭后刚一到家，母亲就神情异样地对他说："告诉你一件事，别着急；今儿个上午，傅之凡来了电话，说丁仁堂……"母亲没有把那个字说出来，父亲也不让她说出来："不会，不会！你听清楚了吗？"母亲递给他早上的电话记录，那上边清清楚楚地写着丁仁堂上午在给省内业余作者做报告时猝然逝世。看着手里的纸条，父亲仍不敢相信这是真的。他心慌意乱，不知该去哪里、向谁求得一个否定这消息的依据。就在这个时候，刘绍棠打来电话，一听那急促的声音，父亲就确信了那个可怕的消息。为了不让病中的妻子担心，不让正在膝边欢乐嬉闹的小孙子看见奇怪，父亲极力吞咽着悲痛的泪水。

父亲对丁仁堂寄予着厚望。丁仁堂身体强壮，性格豁达，遇事想得开，放得下，不拘小节；而且有话就说，有火就发，从不憋在心里。父亲几乎没有听说过他有什么病症，更是极少见他吃过什么药。但正处创作盛年、身体强壮的他，还没到50岁的生日，也不跟好朋友交代一声，就这么早、这么突然地逝去了，这怎能不让父亲感到痛心疾首呢？丁仁堂的突然离世，可以说在心理上给了父亲很大的打击。

第二天散会后，父亲给丁仁堂的妻子蒋惠珍拍去了唁电，以寄托自己的哀思。10日这天上午，父亲没有去开会，想在家把丁仁堂的悼文写出来。可是他一想起与丁仁堂的那些往事，一想起他那红彤彤的脸庞，心里就万分难过，血压跟着上升，一个字也写不下去，只得放下笔赶回会场。12日，父亲支撑着高血压症复发后的病体，把自己关在屋子里一天没出门，一边流着泪水，一边艰难地写了题为《仁堂不该死》的悼文，这是父亲在半个世纪的写作生涯中第一篇回忆、悼念好友的文章。父亲把这篇文章寄往丁仁堂的第二故乡白城，寄给了那里的刊物《绿野》，让这篇满怀深情的悼文，与在千里之外正举行着的追悼会上的哀乐遥相呼应！

一幅赝品引发的友情——张昌华

1979年11月27日上午，父亲迎着飒飒的寒风，来到15路月坛公园公交车站，等候着他的客人。

这是位什么客人，还需要父亲亲自到车站去等待、迎接？

来人与父亲一不沾亲，二不带故，而且从未谋过面，仅仅通过两封书信。这个人就是来自南京的，年龄比父亲整小一轮，当时还是一位中学教师的张昌华。

这究竟是怎么一回事。还是让我从头开始说起吧。

1977年秋日的一天下午，张昌华到邮局去领取朋友从上海给他寄来两本《辞海》。就在这天下午，在这家邮局里，他用他心爱的，还不曾翻阅使用过的工具书——《辞海》，从另一个不相识的人手中换取了他更心爱的物品——"作家浩然"的一幅字。张昌华欢天喜地地拿着"浩然"的书法回到家，不久后又用他当时工资的三分之一装裱起来。有朋友看到这幅字后，半开玩笑地告诉他说，这幅字是假的，不是作家浩然的手迹。

1978年初，一些地方报刊开始发表"批判"父亲的文章，张昌华闻讯后，很为父亲揪心，但也无可奈何。这一年的11月底，张昌华看到了父亲发表在上海《少年报》上的一篇儿童故事《七月的雨》，这让他从心里感到高兴，为父亲的复出而高兴。但是自己手中的那幅字，到底是真迹，还是赝品，却依然是悬而未决。尽管他非常希望那是真的，但没有得到最终确认之前，心里总是有个疙瘩，感到很别扭。张昌华决定给父亲写信询问一下，因此不知道父亲通信地址的他，把信直接寄到了上海《少年报》。

出乎张昌华的意料，回信不到两周便寄来了。父亲的信是这样写的：

张昌华同志：

惠书收读，对您的厚爱，我十分感谢；您因此而上了当，又使我深为不安：我写字的基本功极差，从来不敢献丑，您得之条幅，是假的。现寄上《艳阳天》一套，希望它能起一点弥补作用。

除《少年报》那篇《七月的雨》之外，今后我将"偶尔"地发点小稿（主要给孩子们写）；它们都不能代表我艺术思想的基本状况。我正在探索；其成果大概得几年之后方能有所显现吧？只要有一口气在，我就不会放下手里这支笔：我自己没有权力放下，任何人也没有权力迫我放下！这方面请您放心。

顺颂

教安

浩然

一九七八年十二月十二日

收到父亲的亲笔书信和作为补偿的《艳阳天》后，张昌华感到意外和激动，他在给父亲的回信中写道：

敬爱的浩然同志：

手捧赐书，激动不已。一位闻名全国的大作家，对我这个无名的小读者是如此之热情，怎不令我无比激动！您在百忙之中，抽空作复，不仅回答了我的难题，"考"出了我中堂上的那幅"咏梅"是伪作，且关怀入微惠赠《艳阳天》一套。吾深感受之有愧，不知何以感戴。"谁言寸草心，报得三春晖。"

张昌华将那幅赝品寄给了父亲，作为一个纪念。张昌华深知一个作家的时间宝贵，因而每次都在信中说明不必作复。但父亲只要有时间则总是及时回复。

父亲收到那幅赝品后，又给张昌华回了一封信，这封信的抬头，则不是"张昌华同志"，而变成了"昌华同志"。笔者想，这一小小的变化，不知张昌华当时是否注意到，但从父亲这方面讲，则表示两个人已不是"陌生人"了。

为了能和自己尊重的作家见上一面，1979 年 11 月，张昌华好不容易才争得一个公费进京的机会，匆忙办完了公事，便赶到北京文联。父亲没有事情是不用天天到单位的，张昌华自然也没有在文联见到父亲。在文联工作人员的帮助下，张昌华与父亲通了电话。当父亲得知张昌华正在北京时，十分高兴，立即邀请他到家做客，告诉他坐什么车从文联来，在哪一站下车，并询问了他的衣着和相貌特征，叮嘱他下了车不要动，在车站等着。

这就是事情的由来。虽然两个人是第一次见面，但那天谈得很投机，话题也很广。当父亲听说张昌华是个文学爱好者，喜欢读小说时，便鼓励他也练习写作，写自己熟悉的生活，写出来可以帮助他看看。中午，张昌华在父亲家吃了顿便饭，直到下午才告辞离去。第二天下午，张昌华再次来到家里向父亲辞行，当晚便返回了南京。

回到南京的张昌华给父亲写来一封信，谈到这次会面的感受：

> 我这次赴京，能见到您，深以为幸。像您这样一位名震中外的作家对我这区区无名小卒是那样地热情"二次亲临车站迎、送，设酒款待"深感温暖，并引以自豪，为幸福。唯感不安的是，我竟占用了您那么多宝贵时间。我决心"弥补"，拟今后没有特殊情况不再给您写信打扰。此信，您就不必作复，因我在月中旬想把上次跟您说的那个反映教师困境的小说呈您一阅。而只许自己限在2—3封内。不过，等到1982年3月25日当您五十寿诞时，条件允许的话，我得来京给您祝寿。您对我多写儿童生活的教导，当牢记心中，刻苦实践，以不辜负您的希望。
>
> 您与我的近六小时的谈话，内容是那么丰富，我拟作详细的追忆的记录。这是可算我一生中一件大事。这"记录"若干年后或许还是研究您的一份珍贵资料呢。

受到父亲的鼓舞，回到南京后，张昌华真的动起笔来，开始练习写作，并很快写出了几篇，挑选出一篇自己最满意的给父亲寄来。

父亲收到张昌华的小说稿后立即阅读，并给张昌华写了回信。父亲认为这篇小说写得很不错，心里十分高兴，有文艺界的朋友来访时，就忍不住地谈论它几句。从这篇小说稿里，父亲看到了张昌华的艺术表现能力，对他得到一个"一定能够成功"的强烈感想。在给张昌华的回信中，父亲还对张昌华的写作问题谈了许多自己的想法：

希望你"重视"自己，迈好眼前即将飞跃变化的关键一步。头一条得利用一切时间多写，写正正经经的小说；诗歌、散文先放放。第二，不要随便乱投稿乱发表，选一个有些影响的杂志，连续发上几篇，引起读者和文学界注意。准备的时间可以在国庆节之前，攒几个佳篇，或把你认为好的陆续寄给我，待时机成熟了，由你自己或由我找那个理想的杂志，你看如何？

以上这些想法并不是捷径，而是当今的社会，有才能的小人物要发挥自己的才能而不可不具备的入门条件。请你考虑后决定。

另外，以后写东西，可以多找些朋友帮助，但不要那样的"搭伙"；实际上各方面都给人不严肃的印象。不知你是否以此为然？

父亲先把那篇小说推荐给《北京文艺》，令人遗憾的是在"终审"时"落选"了。父亲又把稿子推荐给河北的《长城》，没想到又碰了个"钉子"。父亲实在是不甘心，给作家陆文夫写了一封信，一是请他就近给张昌华一些写作上的指导和扶植，二是请他向南京的《青春》等刊物推荐那篇小说稿。

张昌华接连给父亲寄来了新写的小说，父亲认真阅读后提出自己的意见，同时对他的"客套"也说出了自己的看法：

看了你的新作《多听话的孩子》。我觉得它取材新鲜，表现手法也不一般，仍如以往，满能窥视到你的那还没有自由迸发出来的才华。我对它不满意的地方有两点：一是觉得调门低沉了些，二是结构松散、拖沓了些。或许没有《情书》下的工夫多，反正可加工的空隙还是不少的。此稿我就不代转递，建议放放，冷静一段日子再修改——修改时，尽力地从里边挖出积极的光热来。

另外，针对你信尾的那句话，我说几句。我们虽然交往不久，但我是把你当知己的朋友看待的，所以你若以写信给我或有事托我都引为不安，那就是客气了。你放心，我决不用客气对待你：接信后，没空就不回；接到稿子，不想看就不看。这样，你也许会被"解放"一点吧？

张昌华对不断地给父亲写信寄稿，又接连收到回信，而父亲自己正在进行着紧张的创作，时间也是非常紧张的；加之与父亲仅见过两面，无论怎么说，父亲也是一个著名作家，而自己只是一个默默无闻的中学教员，父亲对自己无所求，自然心里深感不安。对于张昌华的这种不安，除了上面引述的那封信之外，父亲又在后来的一封信中写道：

> 有工夫尽管写信来。暑假如果南方热，可否到北方找个地方写作呢？此事我能办，望你别客气就是了。

张昌华没有辜负父亲的期望，他的第一篇小说终于在 1980 年由手写稿变成了铅字，从此走上了业余文学创作之路。

父亲对此也是万分高兴的，为了使张昌华在文学创作上快速成长，得到更具体更有效的帮助，还把时在《钟山》杂志任编辑的蔡玉洗介绍给他。此外，父亲还向其他刊物或出版社的编辑介绍了张昌华，希望他们能给予帮助和扶植。

父亲对张昌华是充满信心的，希望他趁着年轻力壮，多写多实践，在实践中往深高处发展自己。父亲在给张昌华的多封信中都提出了类似希望，并根据自己的经验进行指点。比如在 1981 年的一封信中就有这样一段话：

> 杂乱地写了这么一大堆废话，头有些晕，提笔亦困难，只好打住。关于你，仍希望多写，在多数量中练本事、熟技巧，同时抓住攻坚的重点。例如一两个中篇，把它写好。只要写出好的作品，你就给自己插上了翅膀。我总相信，终会有一天，而且不久，你会在创作上有大的突破，被人们所重看。看来关键是攻坚的重点，不满足一般作品的发表数字。你说对吗？等《情书》发表后，请把你认为这几年还算好的作品的题名、发表刊名列一单子给我，到该说话的时候我得说话：庙堂不能进，我就到野地上呼喊几声，也是必要的，草木会是我热心的听众！
> ……稿件能集中在一两个刊物上发最好；没此条件则乱飞，在乱飞中找个能久登的枝头，这全可以。

父亲对张昌华的关心也可以说是无微不至的。那个时候，复印机还不普及，稿件也都是手写的，而一般的业余作者作品发表后，也只能得到一两份的样报、样刊，如果将来编选集子时会很不方便。父亲总是把张昌华寄来或自己手中刊有他作品的报刊，阅读后寄还给他，请他好好保留以备将来出书之用。

1984 年，由于张昌华的文艺才华和个人的努力，他终于彻底离开了讲台，来到蔡玉洗所在的那家出版社担任编辑，在这个岗位上一干就是 20 年，直到退休。他先是任编辑，后来任室主任，最后干到副总编辑、副编审。

在出版社的那些年，张昌华结识了许多作家朋友，为他们编发了数十部书稿。但是，这数十部书稿中，却没有父亲一部。难道是张昌华"忘恩负义"，自己的翅膀硬了，就不再管别人啦？真正的原因，不是张昌华不想，而是父亲不肯。

当了编辑并有了一定权力的张昌华到北京方便了，机会增加了，与父亲见面的次数自然也就多了。1985 年，当张昌华第一次以编辑的身份向父亲组稿时，正赶上父亲手中没有新作，于是，就请父亲编一个短篇集子。父亲却对他说："你刚到出版社工作，还没立住脚跟，我不能让你背包袱。"张昌华说他不支持自己的工作。父亲笑着回答："这也是一种支持。"

此后的几年，文学类图书日益走向低谷，各种文学新潮的作品推向图书市场，成为"主流"，在这样的情形下，当张昌华再次向父亲组稿时，父亲就更不肯了。父亲说，他写的作品都是反映农村生活的，不时髦，不卖钱。又没有得意之作，不能胡乱搪塞……

其实，父亲对张昌华交给的"任务"还是牢记于心的，虽然也一再承诺一定完成，却因为时间、精力、身体状况以及其他一些原因而没有实践这个承诺，成为一个遗憾。

1996 年春节前，张昌华给父亲写来一封贺年的信，并提出希望得到一幅书法。4 月 28 日上午，父亲给同是编辑朋友的吴光华和张昌华各写了一幅字，同是"清心乐道，自然人生"，这是此时父亲最想对他们两人说的一句话，并附一书信寄给了他们。出乎张昌华意料的是，这竟是他收到的父亲的最后一封信。

一幅赝品，引发了父亲与张昌华的一段情谊，同时，也引发了张昌华人生轨迹的改变。

杨屏：是学生更是朋友

杨屏 1957 年出生，祖籍山东，生于鲁长于豫，在河南洛阳长大成人。高中毕业后，他插过队，当过兵，参加过对越自卫反击战，做过法警、记者，经过商……可以说，工农兵学商，杨屏样样行当几乎都干过。

父亲与杨屏相识，相见，成为要好的忘年交，是从他们间的通信往来开始的。父亲是如何对待杨屏的，用杨屏自己的话说：用"恩重如山"这个词都是不能准确表述的。发生在父亲然与杨屏之间的事情很多，而在现存的 1979 年 9 月至 1990 年 3 月间浩然写给杨屏的那 30 封信中，则最能真实、客观地体现出他们之间的友谊，体现出父亲对杨屏的关注、关爱。

父亲从 20 世纪 50 年代起，一直到 90 年代末，不断收到许多读者来信，其中 1979 年收到的一封从广州军区寄来的一封小战士的信，却格外引起父亲的兴趣和注意。这个来信人就是杨屏，那年他才 21 岁。

那时的父亲，正处在人生的低谷：受到一些地方报刊的点名批判，被取消了全国第五届人大代表的资格。

杨屏的来信写的很长。他在来信中对那些所谓的"批判"文章进行了批驳，对父亲当时的处境表示了同情。他还在信中对父亲说："从中央到地方就有这样一些人，他们的心胸狭窄得可怜，以前受了些气，现在非出来报复一下不可，什么样的文字都可以搬上字面……更渴望您的新作问世。……我并不认识您，基于对乘人之危打棍子的人的愤慨给您写封信，别无目的，若您允许，我想表达我的一点愿望：您振作精神，大写特写，将横溢的才华发挥出来，干出个样子让他们看看！"杨屏的信写得诚恳热情，许多话都使父亲产生了共鸣，起到很大的激励作用。这让父亲感到杨屏是个很有头脑的年轻人。

父亲看过杨屏的来信后，立即伏案给他写了一封回信。回信也写得很长，里面自然少不了发了一通议论。父亲没有把写好的信马上发出去，等第二天他再次阅读这封回信时，却忽然觉得，像自己这样一个正"倒霉"的人，给一个如此真诚、热情却又很年轻的读者写这样的回信，里面的许多话很可能会给他带去灾难。于是，这封信没有寄出，让父亲撕掉了。撕掉了回信的父亲并没有感到心安，反而更加不安。父亲把杨屏的来信没有放到已经处理过的信堆里，而是放在没有拆阅的信堆里，便去东北参观访问。

近两个月后，父亲从东北回到北京。这时候的父亲，思想似乎是"解放"了不少，当他再次拿起杨屏的来信，回想起那封撕掉的回信，觉得原来担忧那些会给杨屏带来灾难的话，不仅完全可以，而且应当向他这样一个知音者倾吐。但时过境迁，父亲感到已经没有重谈那些"空话"的兴致，便在给杨屏的回信上说了些"发奋"的话。

于是，这封 1979 年 9 月 4 日写给杨屏的回信，就成为他们相互间十余年书来信往的开始。

杨屏喜爱文学，与同龄人比较，他的生活经历是丰富的，生活积累也是丰厚的。他给父亲写的信，几乎每封都很长，而且条理清楚，语句通顺，内容丰富，不仅父亲愿意看，就连我们这些子女也都愿意看。

在接到父亲第一封回信的两个月后，杨屏给父亲寄来了他的小说稿。杨屏尽管书信写得很好，但小说创作毕竟是初次尝试，因而毛病肯定是不少的。父亲看完杨屏的稿件后，给他写了回信，在信中谈了自己对这篇小说的看法：

> 读过稿子，觉得你的文字修养还是不错的，语言方面也下过工夫，这便具备了学习写作的某些基本条件。但是，你这篇作品没有写好。主要失之于虚假：故事造作，主人公尤其不真实。我想，如果集中笔力写那个开头，也就是把场景局限在集市上，用工人的爱莫能助而"官老爷"无视群众疾苦，来对比描写，似乎会来得顺手，即使粗糙一些，也容易真切、感人，能起些"警世"的作用。

对于杨屏随后寄来的稿件，父亲还是比较欣赏的，他看出杨屏自身所具有的文学创作潜质，所以对杨屏进行一些鼓励和指点：

读了你写的习仲勋同志的文稿，很使我神往。你的感情真挚、对被写的人熟悉，所以文如流水，很自然地就把人的心给抓住了……从这篇文章里，我看到你的写作才能——只要坚持练笔、写你熟悉的、想写的，不是为宣传点什么思想概念而牵强或造作，你一定能够写出好的作品。这篇文章先存我这里，终有一天它能发挥应有的作用。只是那个第一称的"我"（因稿子不在手边，忘其姓名），不知真有其人，抑或为虚构，得便请来信说一声。

写"习"的传记，当然由你来做，这是义不容辞的。立个志吧——找一个安定的、能吃饭的职业，用全部业余时间写上半辈子，也是值得的。目前，重要任务是搜集材料，趁他活着，让他把该吐的东西都吐给你。材料搜集的重点是中华人民共和国成立以后"和平环境"中的风雨之行。此事请考虑，并速决定，以便全力以赴。

……

电影剧本我不懂，看看可以。然而我最想看的是你的"见闻"。不论用什么形式练笔，一定要写自己熟悉的东西——对所见所闻有所感的东西。这样内容构起的成品，即便不是铁器，也会是有用处的矿石。"习仲勋"那中篇亦可写，但要"纪实"——通过一个年轻战士看一个"老家伙"、叙述一个"老家伙"，借以反映出历史和时代的风云变幻，以及人的命运沉浮。写时，不要拉个"架势"，不要过多地编排；就像你给我写信那样，想怎么说，就怎么说，自自然然、朴朴实实。

父亲对杨屏是喜爱的，尽管通信不久，就把他视为能说心里话的知己，视为忘年交。杨屏喜爱文学，而父亲恰恰在这一点上能给予他帮助和指点。杨屏不断地将自己新创作出来的作品寄给父亲，尽管自己的创作也很紧张，但父亲仍挤出时间，或放下自己的创作看杨屏的新作品。

父亲对杨屏也是非常关心的，没有把他当作一个一般的普通读者来对待。根据杨屏工作岗位的变化和其自身的特长，父亲从有利于创作的角度给杨屏提出自己的相关建议。

杨屏从部队复员后，被分配在司法机关担任法警。父亲在给杨屏的一封信中这样说道：

对你的创作学习，我有个想法，等以后再详谈。希望你从进入司法部门就坚持写"见闻笔记"（像你给我信那样，详尽些），用第一称、用文艺笔调写；不美化，如实地记录（当然得有艺术剪裁）；不要想着发表，只留给自己和知音看。前一段的如没写，可以追记一下。这样写的东西，将来很可能是最珍贵的；从你的文笔看，也适宜此种形式。

父亲不想把自己的意愿强加给年轻的朋友，所以在每次给杨屏提出一些建议后，总是会在后面写上一些诸如"你以为这看法有点道理吗？""这些想法，都供你参考。"或"以上这想法，供你参考。如你认为可取，希望坚持下去！"之类的话。

杨屏疾恶如仇，性情耿直，甚至有些桀骜不驯，在给父亲的来信中，常会写到一些社会上的不公之事，谈一些自己的想法；而父亲也会在回信中倾吐一下自己的心里话。在 1980 年 1 月 31 日的信中，父亲是这样写的：

> 一群恶人，文学界的恶人把我咬倒，我有条件包扎好伤口，奋力地搞起自己的，也是党的事业；可惜，眼前的现实生活，不能给我鼓劲，尤其是那一股子从上到下否定以往我曾经虔诚地参与，又为之流过汗水，付出青春的革命实践的"风气"时，更加茫然而心灰。这样一来，我的头脑变得迟钝，写作已是一种理智方面的驱使，哪里来的冲动和灵感呢？我常常苦恼地想：一些有影响、有权的同志，为什么那样感情用事、信口开河、不负责任呢？说空话，发奖金，吹外国，骂祖宗，丑化自己，种种，如同毒苗，播在许多人心里；见势不妙，想锄掉，已经不容易。他们犯罪了，却又转脸不认账，硬充功臣！可耻呀！

在另一封信中，父亲是这样写的：

> 我的病情如故。说实话，主要是"心病"。这心病，不光是个人所遭不平的怨忧，还有愁国愁民，后者应当说是主要的。目前北京正开文代会，我被拉来充数，陪着。我反感这种活动（指不少人在这场合争名誉要地位），又不能公开拒绝参加，一介书生，有什么力量跟人作对呢？我不仅想写下去，而且

为几个没成家立业的孩子还得活下去呀！这便是历史的局限性，也是人类的弱点吧？

父亲所写的文学作品，都是想方设法激励人奋发上进的，都是能让读者看到光明的前途和希望的，给杨屏的信也是如此，尽管里面有时也会有许多"情绪"，但也不乏鼓励杨屏"向前看"，鼓舞起他信心的话语。父亲在信中曾经写道："你信中流露的情绪，我是能够理解的。但我仍劝你面对现实，给自己树起信心，起码应当做一个'独善其身'者。两亿多青年人都能'独善'，我们的国家就有希望了。我呢，虽老了，还想挣扎一下，决不任己消沉。""要相信人民大众，要相信党，我们国家会有光明前途的，希望你充满信心，做有益于社会发展的事情。"

与杨屏通信数个月后，父亲在一封信的末尾主动向杨屏索要一张相片，希望能知道他长得什么样子。主动向一位不曾谋面的人张嘴要照片，这在父亲来说是绝无仅有的，而从这一点上，也可以看出杨屏在父亲心中所处的位置和有着何等的好感。

通信近一年的时候，父亲有些担心自己离着杨屏比较远，光凭借书信，无法在文学创作上给他有效的帮助，而对他有所耽误，于是写信给杨屏，问他是否可以就近找到一位"老师"，而能经常得到具体的帮助：

> 二十五日信悉。你的生活挺有意思，思想也挺活跃；有"孔"就钻吧！趁着年轻力壮、头脑好使，多看看咱们这个被糟践得乌烟瘴气的社会，对将来的为人和创作都大有益处。你有才气，但担心使用不当。我不仅水平低，又离你远，靠短短的书信难以给你什么有效的指点。在洛阳，抑或在河南，能否找到一位有眼力，有能力，又有热心的人，拜为老师，求得具体帮助呢？

1980年底的时候，杨屏从司法机关调到了报社，担任记者工作。杨屏把这个变动写信告诉了父亲。父亲得知消息后立即给他写了回信：

> 知你调到报社工作，很高兴。这个岗位会更有效地开阔你的视野，见闻大众的甘苦；不论从积累素材，还是从"纯洁良心"的角度看，都是难得的机会。
> 我总觉得你终有一天会成为一个独具风格的文学家。希望你加紧努力探索

能够发挥自己才能的路子。在文学的国度里，每个人有每个人的位置，像植物择地而生一样，得其所，才会发芽、扎根、放叶、开花，最后结出果实。以最近活跃的作家为例，刘宾雁如不占据特写这个位置，而写小说，张洁如不占据小知识分子的"自我"的位子而去描绘农民，我敢斗胆地说：即使是已经败下来的我，他们也不见得是"对手"！愿你尽快地找到你的位置。

杨屏与父亲通信一年多之后，终于在北京见了面。

1980 年 12 月初，杨屏到北京出差，来到位于月坛北街的家里。因父亲那时正在京郊通县写作，没有在家，杨屏只得留下一张字条后告辞。

父亲因事于 12 月 10 日回到北京城内的家中，见到杨屏留下的字条，心里十分高兴，很想和他立即见上一面。可惜杨屏在字条上只写了自己住的地址而没有留下电话，父亲只得匆匆写上一封信，告诉杨屏自己家里的电话，以及去通县的具体路线和所乘的公交车，并说如果他到通县不方便，自己可以回京等他。

不知是杨屏收到了父亲的来信，还是他想碰碰运气，11 日的下午再次来到家里，两个相差 26 岁的忘年交终于见了面。两个人十分痛快地畅谈着。在家里吃过晚饭后，杨屏告辞回住处，父亲则返回了通县。这是父亲与杨屏的第一次见面。

1981 年夏季的时候，杨屏再次来到北京，因父亲到沈阳避暑写作，而没有见上面。杨屏这次来北京，除了其他事情，还有一个任务，就是代表他所在的报社希望能连载父亲的小说而约稿。父亲得到这个消息后，立即给杨屏写信，表示支持他的工作："关于给《洛阳日报》写连载小说事，为了你，只要条件（指身体）允许，一定满足要求，只看这回的病状何时消退吧！"

到年底时，给杨屏的稿子也没有写出来，倒是收到了杨屏寄来的小说稿。看完这篇稿子，父亲给杨屏写了回信，谈了自己读稿后的感受和希望："你的小说《亲爱的，别这样》早看过。它的立意还好，只是你用对话（实际上是说教）代替了艺术描写，因此有粗糙和概念的感觉。读过《天山深处的大兵》吗？它是以情以景，以情景交融地描写与刻画来感染读者的。你的小说有意境，也有情节，只是缺乏这样的艺术处理。望你在这方面花些工夫。"由于已经近一年没有见到杨屏，父亲对这个年轻的朋友还是很想念的，在信的末尾特意问他近期是否有机会到北京。

冬去暑来，转眼间就到了 1982 年的夏季，父亲来到鸭绿江边的丹东，一边休养身体，一边进行创作，在丹东一直待到秋天的来临。10月5日回到北京的父亲抓紧时间处理杂事，在翻阅来信时，看到了杨屏那有趣的长信。10月8日在给杨屏的回信中，父亲叮嘱他："你如今有机会在社会生活的漩涡里折腾，又有机会练练笔，对以后的创作肯定大有好处。能坚持作日志式的笔记吗？能静下心来读些中外名著吗？这两点都不可忽略。再加上笔不停，进步才能迅速。"在信的末尾又一次表示了想与他相见的愿望："如有机会到北京来，很想当面跟你聊聊。千万提前给我个信。"

这一年11月下旬，父亲回到北京城内参加会议，而就在这个时候，杨屏来到了北京。父亲白天参加会议，晚上则接待杨屏，两个人一连聊了三个晚上。这是两个人自1979年开始通信后的第二次会面。

父亲继续不时地收到杨屏的来信和稿件，而父亲则根据看完稿件的第一印象，在回信中谈出自己的想法："把你的《战场，细雨霏霏的夜晚》翻一遍，题材、立意都不错，只是在提炼和概括方面欠火候，显得散乱和拖沓。我把它介绍给一位当过兵的编辑朋友，希望给你一些具体帮助。请等他回信。""小杂文也看了。很尖锐，很有火力。如果再委婉一些就更好了。引起一些人不满，是自然现象。针砭时弊的文章，发表后没人骂，那就证明失败了。"

对于杨屏的一些文章，父亲认为已经达到了发表的标准，只可惜那时他的手中没有发稿权，而没有办法使那些文章通过自己变为铅字。

杨屏从报社调入到一家大型国企工作，1986年底和1987年初的时候，几次邀请父亲到河南去散散心。父亲的心思都用在写作上，对游山玩水是没有多大兴趣的，因此给杨屏回信："年纪老了，体力脑力都非昔比，很想抓住不太富有的时光做些有益于中国文学的事，所以不敢做游山玩水的旅行。"

1987年4月1日晚，到京出差的杨屏来到家里看望父亲。第二天傍晚，杨屏携两位在鲁迅文学院学习的好朋友一起来家里做客、聊天。3日晚，杨屏到家来向父亲告别，他将于次日返回洛阳。在这几次的会面中，杨屏再次提出希望父亲能到河南去散散心的要求。

4月底的时候，已经25岁的小儿子将要结婚。那个时候时兴旅行结婚，但对从未独自出过远门的小儿子和他的新婚妻子外出旅行，父亲实在是放心不下，想带着他们一起外出一趟，这样自己心里会踏实很多，于是，他想起了杨屏几次真诚的邀请。由于父亲对杨屏到底有多大的"承受力"没有把握，便给他写去一信，讲明自己的需求，希望他速回一信，"'实事求是'的把你能做到的'地步'告诉我，我好下决心，且下得正确无误。"

杨屏很快写来了回信。父亲携带新婚的儿子和儿媳如期来到洛阳，在杨屏的热情陪伴下，游览了龙门石窟、关帝庙、白马寺，参观了古墓博物馆等景点，度过了愉快的几天。新婚的儿子和儿媳对那几天的旅行是十分满意的，父亲自然也是十分满意的，他对杨屏所提供的帮助和便利心存感激。

从河南回到北京的父亲，处理完各种杂事，参加了几个必须参加的活动，就已经到了6月底。这时，他接到了杨屏的来信和稿件。在回信中，父亲询问杨屏近期是否有来北京的计划，如果来，务必打个电话，将接他到自己挂职的河北省三河县段甲岭镇住上几天，并到自己的家乡去看看。可惜，那段时间杨屏没有来北京的安排，此事只得作罢。

在随后的两封信里，父亲向杨屏讲了自己对他那几篇稿件的看法：

> 你的五篇作品我都读过。看来，你果真加油了：短短的时间写出这么多，又都有一定的水平。为你高兴。
>
> 《二蛋》和《看着我的遗像》里的两个主人公很有个性特点，取材不一般。就是显着粗糙，叙述多，描写少，对性格脉络把握得还不够准，尤其是二蛋更欠火候。希望有机会当面谈，你再加加工，把它们改好。

父亲大概是感到自己对杨屏的文章"挑毛病"太多，而"赞赏"话太少，担心自己的看法会打击杨屏的积极性，自然又说了一些宽慰的话："对你的几篇作品谈的意见，只供你参考；都是一些'读后感'，不要认真对待。等你学业完成，集中精力写作了，定会有大的长进，写出我们都满意的作品。"

大约在1987年9月底的时候，杨屏再一次调动了工作。对于杨屏如此频繁地调换工作，父亲是有自己的看法的，在给杨屏的信中他这样写道："你又调动。这自然有必要的缘由，我总觉得对你扎下根子、埋头创作有所不利。希望这回你慎重些，多征求你周围了解你、又关心你的同志意见。争取做到这次动了，就安定下来，且有益于创作。"

1988年浩然与杨屏在洛阳龙门石窟

1988年11月3日，父亲应杨屏之邀，再次来到洛阳参观访问，直到8日早才踏上返程。

1989年春节前后，父亲本打算第三次到洛阳，因《苍生》电视剧已经开始筹措拍摄，而无法成行。在拍摄《苍生》的两年当中，倒是杨屏多次来到三河段甲岭，父亲带着他到自己的故乡蓟县和原籍宝坻参观游览了一番，并一起访问了河北省唐海县。

1989年7月中旬，应山西晋城市之邀，父亲与一些天津的朋友到大阳镇参观采访，他特意叫上了杨屏。在大阳镇的那几天，父亲除了参观和自己采访外，还帮助杨屏做了一些采访。不久后，两个人都完成了自己的作品，被收入到同一本集子中。

为了能让杨屏踏踏实实坐下来写作品，1990年底时，父亲把他安排住在了通县体育馆，在那里，杨屏完成了他的几篇小说创作。

一次，杨屏到三河看望父亲。那几天，与父亲同住在三河的母亲旧病复发，天天都需要父亲亲自给病中的母亲熬中药。父亲把杨屏送到宾馆，回到家中熬药，伺候好母亲后，立即返回宾馆，一个字一个字地指导杨屏的习作。用杨屏自己的话说，就是对自己的子女，父亲也未必会有这么精心。

1993年6月中旬，父亲突发脑血栓，住进了解放军263医院治疗。杨屏得知消息后，立即赶到医院陪护。在医院的那几天，只要没有探视的人，两个人就在一起静静地聊着天，父亲向杨屏一五一十地讲述了他一生中的各个主要片段，没有任何隐瞒地袒露了自己的整个内心世界。当时的情景，让杨屏永生难忘。

父亲对杨屏是喜爱的，一直希望他能成为一个与众不同的作家。

为了让杨屏在文学创作上能干出一番成绩，父亲想了许多办法，费了不少的心血和宝贵的时间。大概是因为杨屏生性好动，兴趣爱好又比较广泛，用父亲的话来说，杨屏的身上挂满了刀，却没有一把是锋利的。杨屏没有按照父亲的期望成为一个"独具风格的文学家"，也没有在其他行业成为"大家"。对此，父亲心中自然是深感遗憾的，但是，这丝毫不影响他们之间的友谊和感情。

对此，杨屏也是心怀愧疚的。他在父亲去世五年后写的一篇题为《看着浩然老师的照片》的文章中，写出了他的心里话：

浩然的四个儿女还可以作证，老师对我教诲之谆谆，期望之殷殷，关怀之真切，付出之巨大，以及最后失望之痛彻，都是其他学生不能比拟的。也是想起来就让我痛不欲生的。

还在少年的时候，我就立志走文学之路，那是受苏联文学的影响。1974年读了《艳阳天》，听洛阳拖拉机厂文联的同志从北京出差回来诉说浩然老师巨大的人格魅力，我深受感染，发誓此生一定要当一个老师这样的伟大作家。

俗话说，性格决定命运。我应该是一个刚烈的人，一生追求壮烈的死。不是胡说，从来没有把性命看得有多么重要。

1979年，对越作战打响之前，作为海南军区教导大队的打字员，我坚决要求上前线打仗。直到今天，我没有投过一分钱的保险。如果得了大病，立即学习爷爷的榜样，自己了结，不给任何人添麻烦。甚至我都选好了离开人世时的方法。基于这种性格，我常常干出匪夷所思的事情来，确实比许多人有了较为丰富的、独特的生活积累，但也真的没少惹是生非。让浩然老师担心多于欣

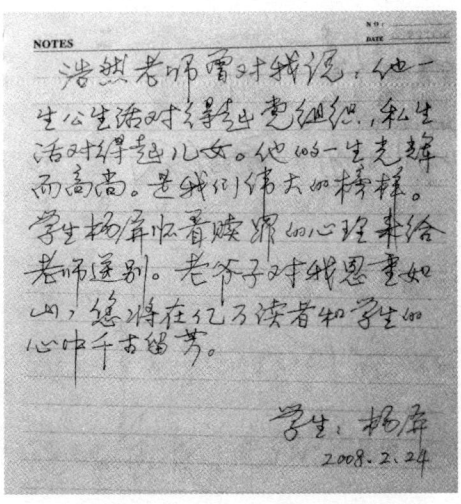

浩然逝世后杨屏前来吊唁并留言

慰。为了克服我的浮躁，为了修剪我这棵"歪脖树"而望其成才，老师曾经把我"摁"在了通县游泳馆，自己掏钱安排我的食宿。训诫我，老老实实在房间里写东西，累了，就下池子游泳，锻炼身体。老师几乎天天布置题目，定期检查我的作业。这还不够，老师又让人为我联系了北京鲁迅文学院作家班，督促我好好学习文艺理论，以期指导文学创作。那时节，我和著名作家刘恪住在一个房间，班里还有一个同学现在很有名气，他的名字叫莫言。

他意味深长地说，中国的文学，希望在你们身上，邓九刚也好，莫言也好，谁有你这么丰富的生活阅历呀？下过乡，赶大车，当过兵，打过仗，当警察，干记者，走了那么多的工厂，还经了商，你给我说的故事，很多非常打动人，怎么就不抓紧时间写出来呢？官儿，你不好好当，钱儿，你不好好挣，东西，又不好好写，我真弄不明白你成天想什么呢。浑身都是刀，怎么就没有一把是快的呢？

熟悉老师的人知道，那是一个无比善良的老人，从来不对人说重话，对我，他实在是气得浑身哆嗦了。

浩然老师走了五年多了，带着对我的失望走了。我的心，比别人痛。真的！

父亲浩然与费孝通

费孝通 1910 年 11 月生于江苏吴江，是著名的社会学家和人类学家。

父亲浩然 1932 年 3 月生于唐山赵各庄矿区，是个作家。

按一般常理来讲，父亲与费孝通相差二十二岁，干着不同的行当，没有太多的直接关系，在社会上也是很难相逢相识的。但是，一个偶然的机会，却使两个人相聚在一起。

1984 年 10 月 16 日这天，父亲的身体和情绪都非常好，父亲抓住这大好的时机进行着自己创作。可惜，一个电话，把这一切都给打乱了。

打来电话的是中国对外友协的张和平，他们要安排父亲参加中国文化代表团到日本访问。父亲当时在电话中就予以拒绝！

父亲与张和平是很熟悉的。父亲从未这样不留情面地断然拒绝过别人。他这回到底是怎么啦？

父亲在当天的日记里是这样写的：

一、我在政治上背着冤枉，我不能这样不清不白、不人不鬼地到国外去；不去当点缀品，不去欺骗友人。

二、如今出国是抢掉帽子的、为众多人钻营的差事，我恰恰瞧不起这种人和鄙视这种行为；我要以自己的自爱自尊的行动，以示反对。

三、我舍不得花时间。人各有志。我的志在于趁没老化，写几本自己满意的书。

四、当一个一辈子没有出过国门的"土作家"，不是很好吗？

然而，父亲周围的亲朋好友对他的这个举动都不理解，都觉得他傻，甚至于

"怪"。不被理解，这让父亲万分苦恼。

父亲给所在单位北京市文联写了辞去这一差事的申请，又给对外友协打了电话。但是，所有的人都劝父亲不要推辞……

18日这天，父亲为推掉这次出国的事情奔波了一个白天，晚上又来到张和平的家。

父亲来的目的，仍然是要推掉出国的差事。但是与张和平一见面，听他一说筹备这个团的经过和所花费的苦心，父亲要说的话一句也说不出来了！张和平一片好心，要帮父亲轻松一下身心，减轻一下负担。父亲不能不领情，不能让他为难。张和平曾经在三次组织出国代表团时都拉上父亲，被父亲辞掉两次：一次是同廖承志出国，由于父亲不去，而让李季代替；一次是同王会长出访，让父亲任副团长，因父亲不去，而改由李希凡担任。这次是第三次，但这次的情况不同了，张和平也确实不易。

父亲没有把张和平说服，反而被张和平说服，只得下决心到日本走一趟。

在月底的那几天里，父亲为购买出国服装的衣料跑遍了北京的大小商店。那段日子，稳定了几十年的物价开始不稳定，社会上流言蜚语满天飞，老实的百姓们开始抢购所有的物品，连西服的钮扣都脱销了。这几天，父亲把十几年没有逛商店的亏空都补上了，才勉勉强强地把衣料东拼西凑的购买齐。

1984年12月7日浩然与费孝通在日本云仙宫崎旅馆住所

　　11 月 12 日上午 9 时，父亲到中国对外友协中楼会议室参加出访代表团的第一次会议，在这个会议上，他第一次见到费孝通——这个代表团的团长。

　　11 月 16 日晚上，父亲来到人民大会堂的上海厅。王震在这里举行宴会，宴请以井上靖为团长的日中文化交流协会代表团，父亲等即将访日的代表团成员应邀作陪，只是费孝通去了外省开会缺席。

　　12 月 1 日清晨 8 点，父亲登上飞机，平生第一次走出国门，第一次跨入异国的土地。

　　这个代表团的正式团员仅有四名：团长费孝通，团员张君秋、谢铁骊和父亲。大概是因为职务和岁数的关系，团长费孝通和张君秋坐在飞机的头等舱，其余的人坐在二等舱。父亲的左边是谢铁骊，右边是费孝通的秘书潘乃谷，三个人在飞机上随意地聊起天来。跟谢铁骊主要是谈住房的困难等生活上的问题，而潘乃谷则向父亲介绍了费孝通不平凡的身世，其中谈到早年费孝通在燕京大学毕业后，到清华大学读研究生，与一女同学结婚。两个人度蜜月时，一同到大瑶山搞社会调查，结果在大森林中迷了路。费孝通看见前边有个小草寮，说我先去看看，不料在途中被打虎的陷阱夹住腿。他爱人闻叫声一看，吓慌了，独自跑去找人。费孝通最后得救，

1984 年中国文化代表团合影于日本

而他爱人 7 天后找到尸体：坠崖而亡！……父亲深深地被这个悲壮的故事所打动。

北京时间下午 1 点 35 分时，飞机平稳地降落在日本东京的成田机场，乘坐中巴到新大谷饭店下榻。晚宴的时候，全代表团的人员都穿了西装，父亲也只好脱下穿了几十年、没变样式的中山装，第一次穿上不太合体的西装，并很费劲地打上了领带。大使馆的一位代办到饭店看望代表团的人员，他自称是费孝通的学生，但费孝通似乎想不起他了。

到达日本的第二天，费孝通在他当年 6 月由河北人民出版社出版的新书《杂写乙集》的扉页上，签写上"浩然同志惠存"，赠送给父亲。现在，这个珍贵的礼物，就收藏在河北省三河市的浩然文学纪念馆中。

在此后的两天多的时间里，代表团的成员按照自己的兴趣爱好，分散活动，或到某些地方参观，或拜访自己的一些老朋友。4 日下午，代表团结束了在东京的参观访问，乘坐新干线来到京都，住在新都饭店。

5 日早饭后，费孝通和潘乃谷留在京都，其余的人乘火车前往日本的古老城市——奈良访问，傍晚的时候返回京都，与费孝通会合。晚上，父亲与费孝通、谢铁骊单独吃过饭，便在日本友人的陪同下，一同到一家小影院观看了一场小百合主演的电影。

6 日上午，父亲与费孝通、张君秋到岚山参观。结束在京都的访问后，于下午乘汽车来到大阪，住在机场旅馆。

7 日上午，父亲正要与其他团员一起去参观博物馆等处，日本朋友安本实和他的朋友西川和男来到旅馆看望，并把父亲接到了他的家中做客。11 点半的时候，安本实准时将父亲送到机场，父亲把他介绍给了费孝通、谢铁骊和张君秋。

经过一个多小时的飞行，穿过不很宽的海峡，代表团乘坐的飞机在日本当时唯一的一个"海岛机场"着陆，一辆旅行车把他们拉到崎宫旅馆。

参加完当晚主人为他们准备的宴会后，父亲来到费孝通的房间。这是两个人第一次单独相处，也是两个人第一次促膝谈心。费孝通向父亲讲述了自己的经历，虽然父亲已经听到过他的秘书有所介绍，但本人的讲述，更使父亲感到颇受教益。交谈过后，回到自己房间的父亲久久不想入睡。

8 日下午，他们来到长崎这个海港城市，十日早饭后，父亲与谢铁骊、费孝通在饭店周围散了会儿步，相互间拍了几张照片留念，10 点多出发奔机场，乘飞机来到冲绳。冲绳县的几位官员以及专门从东京飞来的日中文化交流协会事务局长、常任理事白土吾夫在机场迎接他们，吃了点点心后，就直奔剧场看古典节目会演。这些古典节目，连日本人自己也说看不明白、听不懂。70余岁的费孝通不顾旅途疲劳，直到终场才走。当然他是闭目而坐，戴着眼镜，别人都以为他在出神地看。

在冲绳参观访问了两天之后，代表团飞回东京。15日傍晚，登上返回中国的班机，夜里10点飞抵北京。

12月18日上午，父亲来到中国对外友协开总结会，因为人多挤不上公交车，迟到了近半小时。会后，费孝通用他的车送父亲回到家。

虽然这次随团出访只有半个月的时间，而在这半个月里父亲与费孝通接触的时间也非常有限，但老人却给父亲留下了深刻和美好的印象。

在这次出访后，父亲又有两次与费孝通"近距离"接触。

1985年8月底，父亲来到内蒙古赤峰市元宝山东电公司，躲在那里写作。9月8日上午，父亲回到赤峰市内，在宾馆上楼的时候竟意外地遇到了费孝通的秘书潘乃谷，从她口中得知费孝通也在这一天来到赤峰搞社会调查。当天晚上，浩然便来到费孝通的房间，两个人又进行了一番交谈。

1986年11月1日上午，父亲应邀来到化工招待所参加"通县卫星城及运河旅游区调研汇报"会，听取几个学术报告。这个会议的主持人就是费孝通，父亲与费孝通再次相会。

如果把随同费孝通到日本访问算作一次相会，浩然此生与费孝通共有三次相会的机会。虽然次数不多，时间不长，但费孝通留给了浩然很好的印象，也因此而终生难忘。

大概是费孝通给父亲留下的印象太深刻，想写一篇有关他的作品，特像潘乃谷写信索要材料。1986年4月30日潘乃谷给父亲寄来费孝通一些资料的复印件，并答应以后有资料再继续寄来。不知什么原因，这篇作品却始终没有完成。

年轻的知音——赵秀忠

赵秀忠是河北平山人，出生于20世纪50年代。父亲与赵秀忠通信不多，见面更少，两个人相差了20多岁，但感情却极深，是典型的忘年交。

1978年年初，南方一家刊物首先连续发表了3篇"批判"父亲及其作品的文章，自此开始，一些地方报刊紧随其后，陆续转载、发表了几十篇类似的文章。父亲经过一段痛苦的反思后，下定决心"重新认识历史，重新认识生活，重新认识文学，重新认识自己"，埋下头去继续进行创作，很快就完成了"文革"结束后的第一部长篇小说《男婚女嫁》。

父亲的作品都包含着一股积极向上、纯净明朗的时代气息，这种强烈的时代气息曾激励、感动、影响了无数读者，赵秀忠就是这些读者中的一个。在中学时代，赵秀忠曾如痴如醉地沉浸在《艳阳天》等父亲所撰写的那些小说的美妙境界之中，并产生了对父亲的敬仰之情。那时他怎么也不会想到，自己后来的生活会与父亲紧密相连，能与父亲相识并建立起深厚、真挚的友情。

1981年上半年，河北师范大学中文系三年级的大学生赵秀忠，在《长城》杂志上看到父亲的新作《男婚女嫁》，如饥似渴地读过之后，感受良多，于是用了一个月的课余时间写了篇一万余字的评论，作为文学评论选修课的作业交给了指导教师、著名评论家冯健男教授。以治学严谨而著称的冯健男教授看完此文后大加赞赏，这让赵秀忠颇感意外，兴奋之余，又抄出一份寄给了父亲。在当时，还是学生的赵秀忠别说将文章发表，甚至就连能否收到父亲的回音也没有抱任何希望，他只是想将这篇"作业"寄去以表示对父亲的敬慕、喜爱之情。

这一年的5月10日，父亲来到沈阳，躲在一家企业的招待所里写作。7月2日，离家近两个月的父亲回到北京探亲，从一大堆的来信来稿中看到了赵秀忠的这篇文章，7日离京时将它随身带回到沈阳。由于父亲在京时忙忙碌碌，处理各种急需办理的杂事，在短短是几天里，根本没有时间写信，等回到沈阳的第二天，才得暇给赵秀忠写了回信。父亲在信中写道：

感谢你的关心和鼓励。文中虽有过誉之处，但我既看见你的真诚，亦发现你的高见；阅读的过程中，常使我有如遇知音的感觉。所以希望今后能经常听到你的批评，尤其希望你把评论工作改下去。你会在这方面有成就的；而今我们又多么缺少这方面有志有才的人！

稿子先放我处，拟给一位朋友看看。等得你回信后，再把他的意见转告。

浩然按照信上说的，拜托自己的好友、军旅作家胡世宗对稿件进行了修改。对于赵秀忠的这篇"处女作"，父亲认为："作者有一定的见地，大多意见中肯，又有相当的表达能力——我们国家太缺少评论家，应给予扶植。"于是将修改好的文章推荐给另一位好友、作家王栋，拟在《百柳》杂志上刊用。父亲在七月底之前将这一切做好，并没有马上给赵秀忠"报喜"，而是等到十月，《百柳》的事情已经板上钉钉，才再次写信给赵秀忠。父亲的这封信，看似仅是简述一下经过，提了几个小希望，但某些读者一定能从中体会到很多没有明确说出来的深意，故而将全信转述如下：

秀忠同志：

我把你的论文带到大连黄海的长山岛上，交给正在那里体验生活的诗人胡世宗同志。他看后，我们又共同磋商两次。他热心助人，几乎发誓要借机会把你这新人扶一把：大伏天，他伏在案头，一字一句地把稿子推敲了好几遍。他又是那么尊重你，动笔时尽力保持你的东西：除删几段、复述小说情节的地方进行了调整（你复述情节的功夫不到家），其他只是个别文字的修理。

这稿子当即交给了昭乌达盟《百柳》的主编、盟文联主席王栋同志。昨晚王来长途电话，《百柳》的五期，刊出了你的处女作。我为你高兴，马上写此信通知你。不久你会在《光明日报》上看到目录广告，刊物亦会很快到你手上。我将通知编辑部，多给你寄几册。

希望此文发表，是你评论家生涯的一个"序曲"，埋头读书，埋头写作，埋头治学，一步一步地走下去，持之以恒，直至生命的终了。人民实在缺少自己的评论家，愿你能够成为合格的一个；永远不要学当今一些评论者的那种政客气和商贩气！这几句话，自信能代表世宗和王栋两位同志。

成名成家很难，成为一个正直的名家，其路则更苦更难，甚至终生受冷遇、熬穷困、浸泡在郁闷和烦恼之中。这样的名家，比显赫在文学宝座上的权贵们，要高尚千万倍。我盼你在起步时就认清这一点，而且乐于此道。这样才算不辜负世宗和王栋两位的一片心意。

节前我从东北回到北京，明日去通县，看看农民朋友，然后躲到一个僻静处写点东西。收到信后，给我个回话，寄到北京市通县二中梁春水处（她是我女儿，在二中教语文）。

胡世宗同志是诗集《鸟儿们的歌》作者，现在沈阳军区政治部文艺科工作。等看到刊物之后，可给他和王栋同志（他是长篇小说《草原明珠》的作者）写封信，谈谈感想，取得联系。

　　顺颂

学安！

浩然

十月八日

赵秀忠收到父亲的这封来信，心情是异常激动的，他暗暗地下定决心，决不辜负父亲的期望，要为祖国的文学评论事业奋斗不息！根据这封信的提示，赵秀忠在学校图书馆里找到那个目录广告，也从此养成了看《光明日报》目录广告的习惯。

文章发表了，处女作诞生了，这件事在赵秀忠所在的中文系引起了不小的轰动，老师和同学们都为此感到惊喜。至今，这件事还是赵秀忠与同学们相聚时常提的一段佳话。据赵秀忠后来介绍说，他去邮局取《百柳》寄来的120元稿费时，还有4个同学充当"保镖"陪他前往。120元，这在当时可是一笔不小的数目。

此后，父亲与赵秀忠渐渐疏于联系：父亲紧张地忙于创作、处理各种杂事；对初学写作者，他就像对待一个蹒跚学步的幼童，必要的时候帮扶一下，不能也不愿永远做一条拐棍，否则这个孩子可能永远也学不会自己走路，该撒手的时候就要撒手。赵秀忠忙于学业，毕业后则沿着自己所选择的道路一步一个脚印地扎扎实实走着，一篇篇的文学评论随着他前行的脚步在报刊上陆续发表出来。

父亲病逝后，在整理遗物时，发现在父亲 1981 年的日记本里夹了一张从该年 10 月 9 日《光明日报》上剪裁下来的剪报，也就是父亲在给赵秀忠信中所说的那个目录广告。这张剪报，对父亲而言，一定有着某种特殊的意义或用途，否则，不会特意剪下来夹在日记本中保存。在这则目录广告里，除了有赵秀忠的评论《评浩然新作〈山水情〉》外，还有父亲的小说《书迷》。说《书迷》是小说，不如称为散文也许更为贴切，它是父亲发表的第一篇回忆童年生活的作品。也许是巧合，更可能是天意，父亲与赵秀忠同为"第一篇"的作品在《百柳》上见了面，而他们两人的第一次会面相见却是在 12 年后的 1993 年。

1993 年 4 月 26 日，父亲来到石家庄创作自传体长篇小说的第三部《圆梦》，住在河北经济管理干部学院。那时，父亲并不知道赵秀忠恰巧就在这所院校任教。当赵秀忠得知父亲到来的消息后，心里自然是兴奋的，恨不得马上就能相见；但他又考虑到父亲是院领导的客人，又多年没联系，贸然拜访是否合适？赵秀忠在犹豫与忐忑中度过了一天，他实在难以割舍这个天赐的良机，最终还是在 28 日的晚上硬着头皮找到父亲的住处，敲响了房门。赵秀忠在后来的一篇追忆文章描述了自己与父亲第一次见面时的心情："出人意料，浩然是那样的平易近人、和蔼可亲。当我说出自己的名字时，他一边说：'赵秀忠，哦，赵秀忠，想起来了，我怎么会忘记你呢？'一边主动握住了我的手。温暖的大手传导着热情，睿智的大眼透露着亲切，慈祥的面容显示出坦诚，爽朗的笑声使我的局促荡然无存。我觉得自己和浩然的心一下子靠近了，觉得不是站在一位名闻遐迩的大作家面前，而像是站在慈祥温和的长辈面前，又像是见到了久别重逢的老熟人。"

父亲过去只见其文，未见其人，就先在心中留下一个极好的印象，如今看到赵秀忠，见他中等个子，显得很健壮，而略显瘦长的脸上则透出一种让人信赖的憨厚和朴实，让人更加喜爱。

在此后 20 天的时间里，父亲与赵秀忠又有过多次会面，每次会面都是倾情畅谈，而每当有其他客人来访时，父亲不仅主动将赵秀忠介绍给来人，称赞他曾写过的评论，还将他称为自己的忘年交。

5 月 15 日下午，赵秀忠带着自己的妻子女儿一同来住处看望父亲。16 日上午，父亲驱车带着赵秀忠一家，与自己的另一位老友曹继铎和他的外孙女一同到公园游玩。对这次游玩，赵秀忠是这样描述的：

> 为了能有一个和我倾心畅谈的环境而不让人干扰，同时也为了能给这段美好时光留下一个永久性的纪念，他还特意抽出了半天时间，邀我和他的另一好友曹继铎以及我们两家人到公园游玩。那天他精神特好，兴致很高，不断地请司机为我们拍照，还把显要位置让给别人。特别是一见到我的女儿和曹继铎的外孙女时，那曾经创作出《大肚子蝈蝈》等儿童文学作品的童心一下子又萌动起来，他和两个孩子一起采野花，一起扑蝴蝶，一起照相，不时逗起两个孩子的笑声。看着他那童稚般的情态举止，在场的几个人心中都感受到了一种生活的温馨。特别是我更是担心时间会很快流失，我真想把时光留住，让我们相处的情景定格成永恒！

这一天，父亲自然是愉悦的，跟无忧无虑的孩子们一起玩耍，暂时忘掉世间所有的繁杂事物，使得本就喜爱孩子的他心情更加轻松起来。这一天，大家都过得十分美好，但父亲心里非常清楚，这样美好的时光以后恐怕很难再有，因而，他让人给他们拍了许多合影，特别是与两个可爱的孩子，他希望这些照片能给她们留下一段最美好的时光记忆。

再好的宴席也有散的时候，5月19日清晨父亲将离开石家庄返回北京，18日下午，赵秀忠又到住所看望父亲，两个人谁也没有想到，这竟是他们的最后一面。

这一年的6月底，赵秀忠收到父亲的一封信，不过这封信不是父亲的亲笔，而且由女儿春水的代笔。这封信也同样是那个阶段中，父亲所口述的为数不多的几封之一。在这封信里，父亲告诉赵秀忠："本月15日午后我突然中风，而失去了右边半壁江山的原有能力。现在医院做亡羊补牢的努力，效果如何只有天知道。"在信的末尾，父亲浩然"祝玲玲和你们的小女儿快乐、平安！"

赵秀忠手捧着这封由父亲口述、他人代笔的信件，读了一遍又一遍，泪水在不知不觉间流了出来。他的眼睛盯着信纸，脑海中却浮现出与父亲相处时的那些情景，那是多么美好的时光啊。让赵秀忠感到意外的是，父亲虽与自己的妻子仅见过短短的两次面，竟能记住她的名字，并在自己身患重病的情况下，还不忘向她和自己的女儿致以祝福。赵秀忠在意外之中，又加上了深深的感动。

1995 年 9 月，浩然出版了《浩然长篇小说文库》，在《男婚女嫁·晚霞在燃烧》卷中，特意将赵秀忠的评论文章放在卷首作为代序。其实，评论《男婚女嫁》的文章并非仅此一篇，为何把此文作为代序，个中的深意大概只有父亲和赵秀忠两个人才能完全明了。让父亲没有想到的是，这篇代序竟发挥了另一个重要作用。

1996 年，赵秀忠已调入新组建的河北经贸大学，在这年评选晋升副教授工作开始时，赵秀忠报了名，成为 130 余人的报名者之一。在评选的过程中，有评委提出赵秀忠资历不够，马志忠副校长则提出："在咱们经贸大还有谁的文章能放在浩然这么伟大的作家书的最前面？"在马志忠力排众议、据理力争下，评委们认可了他的说法，那篇代序成为赵秀忠被破格评为副教授的重要条件，成为那一年 36 个新晋副教授中的一个。

父亲是个勤奋的作家，写作就是他的第二生命，不能写作，对于他来说就是生不如死。但是，任何人也无法摆脱命运的安排，父亲在世的最后 5 年，一直失语，更无法进行写作，是在头脑仍然很清醒的状况下，在病床上艰难度过的。2008 年 2 月 20 日凌晨，父亲与世长辞，永远离开了他喜爱和喜爱他的人。

赵秀忠是在第二天，也就是 21 日上午才从一位文友发给他的悼念诗歌短信中得知此噩耗。那个短信如同晴天霹雳把赵秀忠震晕了，他不相信这是真的，他的头脑如同被抽成了真空，一片空白。不知过了多长时间，他才好像从恍惚中清醒了一些，想到从网上证实一下这条短信的真伪。当他打开电脑，看到网页上父亲逝世的消息和父亲那亲切生动的生前照片时，忍不住地失声痛哭。

父亲去世后，子女们不想因为丧事打扰别人的正常生活，因而没有通知任何人前来参加告别仪式；赵秀忠也因不知道有关部门是如何具体安排的，而不敢贸然进京，他只能翻出珍藏的父亲的所有来信，伴着泪水一遍遍地默读，翻出珍藏的所有父亲的作品轻轻地抚摸着……

赵秀忠万万想不到父亲会这么快离开他所深爱的亲友、他所挚爱的文学和农民、他所热爱的祖国、他所忠诚的党和社会主义事业。亲友们在对赵秀忠表示慰问致意的同时，大多说应该好好地写一篇纪念文章。赵秀忠更想好好地写出一篇能完全表达出自己心情的追思文章，但每当拿起笔来，千头万绪，要说的话太多，却不知该从哪里落笔！当父亲那慈祥亲切的面容清晰地浮现在他的眼前时，感激之情，缅怀之情不禁油然而生，眼泪也不由自主地顺着脸颊滴落下来，情不自禁地写出了悼念恩师的诗歌和文字：

悼念恩师浩然：七岁像嫩芽一样，但我听着大肚子蝈蝈的吟唱快乐地成长，在月照东墙时捉迷藏，在弯弯的月亮河里嬉戏，在七月槐花香里进入甜蜜的梦乡，在艳阳天里劳动，在杨柳风里演绎着山水情，赶着枣红马走上我人生的金光大道，与苍生见证历史的沧桑——

根在乡土忧黎元，凌云健笔写苍生。

浩然正气天地间，亮节高风实堪敬。

突闻噩耗似惊雷，泪洒千行深悲恸。

难忘殷殷提携意，铭记谆谆教诲情。

敬爱的恩师浩然，安息吧！你生前无愧于时代和人民，你身后所有正直善良宽厚的人会怀着敬意和爱戴把你永远铭记在心！

赵秀忠在这篇短短的文字开头，非常巧妙地嵌入了十篇浩然所撰小说的题目，以此寄托自己的思念。

赵秀忠写出了追思文章，而且写了不止一篇。尽管这些文章使不少读过的人受到感动，但赵秀忠却总觉得里面所表达出来的东西还不及自己内心感情与思想的万分之一。赵秀忠曾经说过：能与浩然相交、相知，是我今生的最大幸运。浩然是我人生的航标，文学的导师，精神的支撑！可以说，在一定程度上，没有浩然，就没有我今天的一切，就没有我今天事业上的发展与成就。是浩然改变了我的人生，影响了我的一生。

在父亲逝世五周年的日子里，赵秀忠在深切怀念中又写出了三首对父亲表示崇敬、思念的诗篇：

其一

恩师驾鹤别人寰，

常思常念泪常弹。

山水情伴文学路，

百柳风随师生缘。

提携殷殷铭心际，
教诲谆谆萦耳畔。
文坛笔耕每结果，
化作心香祭九天。

其二
神州文坛一浩然，
丰碑矗立天地间。
字里抒放泥土气，
行间吐露百姓言。
形动神摇扬柳姿，
风清云舒呈画卷。
功业人格昭日月，
无憾应笑在九泉。

其三
喜鹊登枝唱春歌，
杨柳风吹杏花雨。
艳阳天里花朵艳，
金光道上谱新曲。
男婚女嫁百姓事，
苍生情怀奏大吕。
乐土笔耕有活泉，
文学梦圆思若缕。

　　赵秀忠现在是河北某大学的教授，统战理论专家，民俗研究学者。更为重要的是，他还像父亲所希望的那样，成了一位文学评论家。父亲的在天之灵知道这些的时候，一定会倍感欣慰，一定会在他那慈祥的脸上露出满意的微笑！

费玲英：倔强的老朋友

1959 年的父亲正在北京的《俄文友好报》做编辑，白天需要忙于单位的公事，业余时间也基本上都用在创作上，十分的忙碌，致使许多事情都没有时间及时做。

11 月 22 日这天，父亲第二次接到无锡洛社中学一位名叫少彤获的学生读者来信，因为一直未回信，这个女孩子有些发火。父亲决定明天无论如何也要抽出时间写信回复她。

从少彤获因第一封信没有得到回音，而再次写信来"发火"看，她应当是一个热情而又有个性的小姑娘，所以父亲在给她的回信中，第一句话就先承认"错误"："因为机关正搞整风运动，忙乱得厉害。回复迟些，请原谅。"

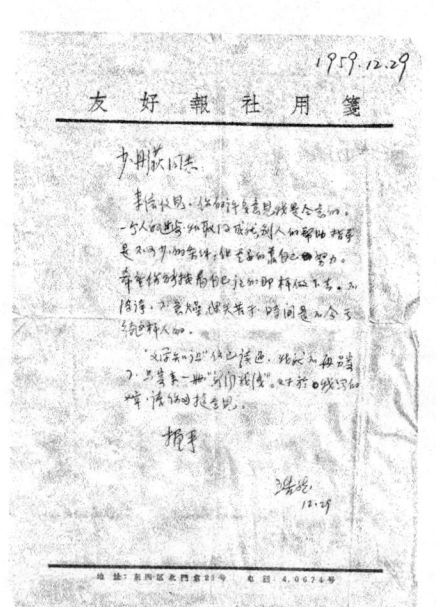

1959 年 12 月 29 日浩然致费玲英的信

那时的父亲，虽然还没有写出成名作《艳阳天》，但由于短篇小说发表得较多，而刊登文章的报刊又遍布大江南北，因此在社会上也有一定的影响力；少彤获虽是一名中学生，但非常酷爱文学与写作，除给父亲写信询问一些创作上的问题外，还同时寄来一篇习作《跟大哥一块过的暑假》。

父亲给予了少彤获一些必不可少的鼓励，他在回信里写道："您有热情，又有志向，再加上刻苦地、持久地努力，这就是成功的动力和保证。"当然也提了不少忠告。比如告诫她："初中时期，是每一个人，不论你将来要专哪一门，就在一个作家来讲，也是不可少的基础学习。数理化学，虽然不一定会体现在稿纸上，但是它能帮助你认识问题，提高创作水平。缺少这些基本知识的作家，在我看来，就像一个先天不足的孩子。""希望您能够珍惜您这个学习时期，努力读书，先做一个五好的学生。至于搞创作，我觉得，目前还不应当过多地给它时间。""不要过多地给创作时间，并不等于不搞，"要把在日常生活中的一些"体会、感想写下来，先要求写得准确，写出来的东西，像您看见的一样，然后再要求自己提高。作文、日记都是最好的练笔方法。您现在担任'黑板报'的编辑，我看尤其宝贵，您千万要认真地搞下去。"

对于《跟大哥一块过的暑假》一文，父亲看过一遍，只觉得写得不够，提不出具体意见。胡乱地扯一通，对作者不会有帮助，往往会得到坏效果。"建议您把稿子交给语文老师，你们面谈，比用信说话方便得多。也可以请您周围的朋友看看。"

一个月以后，父亲收到少彤荻的第三封来信，并很快就给她回了信。在信里父亲写道："你的许多意见我是同意的。一个人的进步和取得成就，别人的帮助和指导是不可少的条件；但重要的是靠自己努力。希望你能按着自己说的那样做下去。不浮夸、不急躁，埋头苦干，时间是不会亏待这样的人的。"

父亲用自己亲身经历的感受，用朴实的语言给少彤荻回了两封信，也许是"别人的帮助和指导是不可少的条件；但重要的是靠自己努力"这句话对少彤荻发挥了作用，从此以后，她就杳无音讯，再也没有来过信。

1979 年 7 月，父亲来到吉林白城等地走访，与专程陪同他的著名作家丁仁堂在海阔天空的畅谈中，谈到了"少彤荻"，才从丁仁堂的口中得知她的原名叫费玲英，笔名为西凌，以及她对文学的一往情深。

大概是看到一些报刊的"批判"文章和一些人的议论而感到愤愤不平，费玲英与父亲断了联系的二十年后，再次给父亲写来了信，尽管信中没有一句话写到被"批判"的事，但看后会使人产生出一种暖意：

浩然同志：

我的这封信，或许会引起您的诧异，也可能会勾起您对已经忘怀的一段往事的回忆。然而这一段生活中的往事，对您来说是那样的平淡无奇，而对于当时一个对于人生充满着无限美妙幻想的我来说，却绝非是无足轻重的事。

正是在我初中时代，（您那时是俄文友好报社的职业记者）当我告诉您决心立志于文学事业时，您是那么诚挚地给我写了很多信，鼓励我坚持下去，不断练笔。您的这些信，至今我还完好无缺地保存着。（已经长达廿多年了，信纸都发黄了），我以后，命运之神把我安排到了医院工作。然而，我仍不间断地克服一切困难，进行写作。……写作是件艰苦的事，然而，正因为苦，正因为它能鼓励人们，鼓舞人民，所以我才决意要走这条充满荆棘的路。

浩然同志，多少年来，无论是在春暖花开的时候，还是在洒满月光的宁静的秋夜，每当我提笔写作的时刻，都想到了您——我走上文学创作道路之初的启蒙老师，您。我是那样深深地怀念着您。可惜多少年来您却全然不知道在遥远的水乡有一位时刻思念着您的学生……如果您今后有机会来无锡，我很想见见您。……我是那样深深地希望您：将有更多更好的作品奉献给人民。

这封信里没有一句安慰的话，也没有一句为父亲鸣不平的词，但我想，在当时父亲看后一定会受到很大的安慰和感动的。只是由于费玲英发信的地址写的有误，加上到外地去写作数月，这封信迟迟没有收到，倒是先收到了她三个月之后的一封来信，在这封信中她表示了对丁仁堂的突然去世的沉痛心情和她听到当地两位记者对父亲不负责任的议论所进行的当面驳斥，对父亲的健康状况表示了关心。在信的最后她写道："不管社会上刮起什么风，我一直坚信我信任中的好人。请您相信，这个彤获不管遇到什么风浪，她对党对人民的赤子之心不会变，对老师的信任不会变。"父亲在给她的回信里说：

谢谢你一直在信任我，关心我。我当会照你嘱咐的那样去想、去做、去对待歧视和不公正。这自然极难。人生就是战场，不能希冀绝对的平安与宁静。跟你通信那时候，我二十几岁，还完全像农民，或者仍像个基层干部，天真纯洁，乐观向上，充满美好的憧憬；而且一边学文化，一边练笔写作，刻苦努力，没浪费过片刻时光……啊，过来了。我是人生的胜利者！如今老了，又害起了病（肉体的加精神的）。但我仍要当个坚强的战士，为写出一部好作品奋斗不息！相信，只要让我再活十年，那时给你写信的老朋友，一定还是个胜利者！

父亲在这封信里以"老朋友"自称，此后，两个人再一次开始了中断多年的通信联系。

1983 年 1 月 12 日，费玲英又给父亲写来信：

> 长久未接到您的信，我猜测您大概又病了，是吗？
>
> 望您接到信后，简单地复信给我。说实话，我真为您担心。您在治疗上需要什么，尽管来信。
>
> 我对教导过自己成长的老师，向来是十分敬重的。直到现在，小学、初中直到卫校的老师仍常常来往。对您，我更是敬佩到崇拜的程度。您讲的话，对于我今天来说，仍是做人的座右铭。我十分赞同您的观点：要写革命文，先做革命人。在现实生活中，我宁肯像孩童那样去吃亏，绝不肯学精明的市侩。

父亲再次给费玲英回信，在信中针对她的写作提出了自己的希望和自己的经验之谈。父亲在信中说：

> 知你在勤奋地、满怀信心地写作，很高兴。对文学有志趣、有条件，尤其做了这么多年的各种准备，该是出成果的黄金季节了。应当抓紧时间。但写作的形式，比如或小说，或诗歌，或戏曲，则应有所侧重。一个人时间、精力有限，才能也是如此。十八般武艺样样通，在文学这事业的战位上，少有；起码太成功的不是很多。可以多挂几把刀子，但得有一把是锋利的。这样才可能在这块地方站住脚，发挥出应当发挥的作用。
>
> 上述自是我的一管之见。我不是个天才，文化知识也先天不足而后天失调，虽有一点小小的聪明，写作起来时时感到底气不够。明白了这一点，早就留意节约使用我的小聪明，尤其尽力合理利用。你大概看得出，除小说而外，别的形式几乎不敢伸手；除农村题材而外，别的玩意儿价码再高，再吃香，我也不敢送送脚步。这样子使我"维持"下来了；如果不病倒和死掉，还能够再往下"维持"五年到十年。估计挣扎到花甲之际，我这壶油就彻底熬干了，那些恨我嫉我之人，不用打，我也会自动地、安心地、无所遗憾地倒下。

父亲以老朋友的身份关心着费玲英，经常在信中询问她近期有何新作，劝她趁年轻多写，不要坐失良机。费玲英也拿父亲作为老朋友，在信中有时也倾诉一下自己的苦衷。父亲在给费玲英的一封信中就有这样的一段话：

> 创作活动总是起伏而又曲折前进的，不要为一时写不出理想的作品而苦恼。况且，你的本职是"医道"，写作实为给国家做额外的工作；有成绩，就有所得，没成绩，亦无所失；尽管心安理得，不必折磨自己。当然要努力，要勤于学和勤于练。努力学练时，也应是愉快地进行。这样，过分的压力没有了，或许前行得更为顺利。

两个人保持着通信联系，相互通告着自己的近况，诉说着心里话。在1985年2月12日的一封信里，浩然这样写道：

> 你信里讲的道理是对的，最近我似乎也开始觉悟。
> 个人的力量，难以改变环境，但可以利用其哪怕微小的有利因素，让自己得以生存——照自己想的样子生存。一九七八年我遭受围攻打击之后，做了一番挣扎，并有效果，将要出版的三卷选集就是事实。如今，我还应该，也可能再做一番挣扎，战胜身体和家庭给我的负担，再收获一批成果。今天是腊月二十三，再有一个多月，我就五十三岁了，实在没有权力耗费宝贵的时光！
> 感谢你的关心。我会照老朋友希望的那样去做。

1997年，父亲的健康每况愈下，费玲英得知消息后，要来京看望。父亲收到信后，给费玲英回信希望她不要来，"现在已非当年，一切都变了，我不想会见朋友，而且难以接待……终日在愁苦中熬日子。最近我又得了抑郁症，度日艰难。还是留着美好记忆好。"

费玲英回了信，坚决要求来京看望，言辞十分恳切。父亲只得应允，并详细告知来京后的乘车路线等细节。

1997年的深秋，费玲英从江南专程来到河北燕赵大地看望父亲，像一片红叶飘落在"泥土巢"，温馨、和蔼、坦诚。他们虽然是第一次见面，但是免去了寒暄，自然地融入人生、文学的话题。父亲的心灵得到宽慰，病痛似乎也减轻了许多，精神焕然，不啻是圆了一个多年的梦。

费玲英 1960 年开始发表作品，在从事医护工作的业余时间，始终没有停止过手中的笔，终于在 1994 年出版了第一本书——报告文学集《缤纷年华》。1999 年准备出版其散文集《走过冬天》时，特请父亲为之写序。那时父亲身患疾病，又杂事缠身，精神和身体状况都极为不佳，恐难以完成"任务"，便向费玲英提出是否可以将写序改为题写书名。其实，按照父亲当时的身体和精神状况，即便题写书名也是有些勉为其难的。费玲英虽已年过半百，但仍像当年那样有个性，父亲拗不过她的坚持，终于抱病写出了一千余字的《书写人生求个真》，这对两个人来说都算是了却了一桩心愿。

费玲英后来还与父亲有过第二次会面，但那却是在父亲的告别仪式上。

2008 年 2 月 20 日，父亲在北京病逝，闻知消息的费玲英十分难过，立即要赶赴北京，再见父亲最后一面。费玲英患有严重的心脏病，当地文联的领导对她的健康十分担忧，怕过度悲伤而引起意外，劝她不要去北京。而时年已经六十六岁的费玲英，仍如五十年前一样的倔强，文联领导只得另派一个年轻作家罗军陪同，前来北京吊唁，参加告别仪式。2 月 26 日上午，费玲英与罗军来到北京后，立即赶往位于文联宿舍的家中。走进门口的费玲英一把拉住梁春水的手，哽咽着一句话也说不出来。在留言簿上，费玲英写道：

> 浩然老师是一代文豪。
>
> 他爱人民，写人民，深为人民爱戴。
>
> 永远怀念我的老师浩然。
>
> 我会踏着您的足迹前进！

2009 年，也就是父亲逝世的第二年，费玲英加入了中国作家协会，成为全国作协的一员，这应当是她对老朋友——父亲最好的告慰吧。

刘国震：燕赵大地上的仗义执言者

2001 年 2 月 20 日晚上六点左右，一个年轻英俊的解放军军官来到河北省三河市桃园小区的一幢公寓里。这个年轻的军官就是当时供职于解放军北京军区驻石家庄某部的青年诗人刘国震，他来到这里拜访仰慕已久的作家浩然，也就是我的父亲。这是刘国震与父亲的第一次相见。

刘国震生于 20 世纪 60 年代末期，河北省南宫市人，自幼热爱文学，还在读中学的时候就有诗歌发表在国家级的青年杂志上。刘国震从小就曾阅读过许多父亲的作品及根据原著改编的连环画，一部出版于 1973 年的短篇小说集《春歌集》让他读得如醉如痴。从那时起，"浩然"这个名字就深深嵌入他的脑际，但那个时代出版的图书，除了在封面上有个作者的署名，极少会把作者的照片和简介印到书里去。所以，他虽然徜徉在父亲所编织的文学世界里，却对"浩然"是怎样的一个人所知甚少，更不会想到，自己会在 20 年后，与这位自己喜爱的著名作家产生一种不解之缘。

历史进入到 20 世纪 80 年代，刘国震也已经成为一名中学生。这时，他的阅读视野日渐宽阔。1980 年 3 月，他从《中国少年报》上读到父亲的儿童短篇小说《两个"电影迷"》，欣喜地发现，他早就熟悉的"浩然"二字不只是"过去进行时"，依然是活跃在当下的一位作家。1984 年 10 月，浙江人民出版社策划出版了一部书《我的第一个作品》，邀请全国 22 位现当代著名作家回忆他们处女作的诞生过程。父亲写的《成功的秘诀是持之以恒的刻苦努力》连同他的照片与小传也被收进书中。刘国震买到此书后，最先读的就是父亲这一篇。父亲以百折不挠的毅力走自学成才之路，从一个仅读过三年小学、半年私塾的乡村少年而成为名满天下的高产作家这一传奇性经历，给刘国震以强烈的震撼。从此，父亲的名字在他的心中日渐清晰和亲切，乃至成为他的文学偶像。直到 25 年后的 2011 年 2 月 20 日，刘国震应邀参加河北省三河市委宣传部、三河市文联举办的"纪念浩然逝世三周年座谈会"，他在发言时仍提到这篇文章当年带给他的感动与激励。

1986 年冬，刘国震应征入伍，1989 年考入石家庄陆军学院，在军校学习期间加入了中国共产党，毕业后分配到北京军区某部政治机关从事宣传工作。他依然酷爱着文学，不时有诗文见诸报刊，同时，他对报刊上有关父亲的消息也格外留意。

1994 年 8 月，京华出版社出版了四卷本的《金光大道》，使得这部至今为止唯一一部反映中国农业社会主义改造全过程的长篇小说以全貌的形式呈现在读者面前。这部 200 余万字著作的完整出版，无论是对作者，还是对关心着这部书的命运的广大读者而言，都是一件大好事，了却了一桩心愿；同时在某种程度上来讲，也填补了中国当代文学史上的一个空白。父亲是中国共产党领导的农业社会主义改造运动的积极鼓动者和热情参与者，由他来描绘这一伟大历史变革具有独到的价值与意义。即使以后有人能够写出这类题材的作品，恐怕也会因为时过境迁，仅凭翻阅资料和想象，在许多方面都会与父亲的作品有很大的差别。近年来，越来越多的有识之士开始以客观理性的态度来重新认识《金光大道》的创作成就和文学史贡献。然而，让人始料不及的是，这部书的出版，当时却在文艺界引起了不小的波澜，某些人罔顾史实，摇唇鼓舌，以偏激之词在报刊上对父亲"口诛笔伐"，还有的完全是无中生有、捕风捉影的人身攻击，似乎他们比亲历者更清楚那段历史，更了解当时的中国农村和中国农民。对于这类无聊的聒噪，父亲采取了不予理睬、泰然处之的态度。

时在军营的刘国震关注着这场争论，他虽然对父亲及其作品有自己固定的看法，但认为文艺批评"是极严肃神圣的，是严谨而博学的专家学者才能胜任的差事"，加之他当时所能看到的文学报刊也很有限，一些人对于父亲及其《金光大道》的攻讦，他只是事后从某些报刊的报道或引述中得知一些只言片语，很少见到完整的文章，也就没有参与到"争议浩然"之中。1996 年 4 月下旬，刘国震提起笔来，平生第一次给父亲寄去一封短信，并随信寄去了自己的第一部诗集《那个女孩喜欢雪》，那封信的大意是：我对您的作品有一种特殊的情结，多年来，只要在报刊上发现有关您的文章或报道，我都会认真阅读。他还在信中特意写了这么一句话："您是中国农民的骄傲，也是中国作家的骄傲。"尽管在信里他没有涉及"争议浩然"的话题。但他的这个表态，这个评语，所表达的意思是不言而喻的。由于身体状况不好、杂事缠身等等原因，父亲收到刘国震的信后，没有给他写回信，而是把一部自己的著作《小说创作经验谈》签名钤印后，连同一本新出版的《苍生文学》季刊1996年第2期一并寄赠给他。父亲之所以在自己众多的著作中选择了1989年5月出版的《小说创作经验谈》寄给刘国震，也许有这样的考虑：书中收录的《关于〈艳阳天〉和〈金光大道〉的通讯与谈话》一文，早在20世纪80年代初期就对某些"风派评论家"否定与歪曲这两部作品的论调进行了辩驳，可以视为父亲在文艺界第一轮"争议浩然"中的表态与回应。1996年5月10日那天下午，刚刚出差归来的刘国震收到父亲寄赠的书籍，既惊喜又感动。父亲早在1993年便患上了严重的脑血栓病，虽经过治疗而脱险，但一位闻名全国的老作家以近70岁的高龄和尚未痊愈的病体，能够这样对待一位素不相识的年轻作者，使刘国震更加敬重父亲的人品。在此后的一段日子里，父亲又数次给刘国震邮寄新出版的、由父亲主编的《苍生文学》杂志，而且每次给他邮寄刊物的信封上都是亲笔书写姓名与地址，并不让编辑部工作人员代劳，这让刘国震更加敬佩父亲的为人。

刘国震1993年底就被河北省作家协会（时称"中国作家协会河北分会"）吸收为会员，因而省作协主办的《文论报》（半月报）对他全年赠阅。1999年7月29日的《文论报》发表了时任省作协副主席陈某批判父亲的文章《翻出一张旧报纸》。此时远在驻山西运城某部任职的刘国震读到这篇文章后，再也无法保持沉默。有着燕赵大地慷慨悲歌侠士之气的刘国震拍案而起，奋笔疾书，一口气完成了一篇题为《也为浩然说几句话》的争鸣文章并投寄出去，刊登在同年9月2日的《文论报》上。在这篇文章中，刘国震不仅用大量事实批驳了陈某那篇文章的偏激和错误观点，而且首次公开了自己对父亲的看法："浩然是中华人民共和国成立后成长起来的一位勤奋、多产、有才华、有成就且产生了广泛社会影响的重要作家。在中国当代文坛上，浩然当之无愧地跻身于优秀作家的行列，这应是不争的事实。只要不是心存偏见的偏执狂，都应该承认这一点。浩然是一位真实意义上的作家，始终靠作品立世安身。"这篇文章的发表，在文艺界产生了良好的反响，这既是刘国震此后十余年坚持不懈地撰文为父亲仗义执言的发端，也是他的业余文学创作从诗歌拓展到文艺评论的开始。

此后不久，刘国震又看到这年9月10日《南方周末》刊登的一篇《浩然的所谓"贡献"》（此文是原载于《中华读书报》的《"奇迹"浩然面面观》一文的节录）。

在这篇千余字的文章中，供职于中国社科院文学研究所的作者袁某对父亲进行了尖刻的攻讦，特别是全面歪曲和否定了《艳阳天》《金光大道》这两部父亲不同时期的代表作。这篇文章不但使刘国震惊诧于某些"著名评论家"的蛮横、武断、浅薄与无知，更重要的是，使他意识到某些人、某种势力表面看是在否定浩然，而实质上是"醉翁之意不在酒"，全面否定新中国前三十年，歪曲污蔑我党领导的社会主义改造运动，全盘否定党在十七年时期的农村工作，才是他们的真正目的。受良知与责任感的驱使，刘国震不得不再次拿起笔，写出了为父亲和社会主义三大改造运动辩诬的第二篇文章《为什么会有这样的"批评"？》，发表在同年 11 月 25 日的《文论报》上。

2000 年以后，刘国震奉调又回到河北石家庄市。一次，他从一位军校同学那里得到父亲的住宅电话。此后，除了继续与父亲保持书信联系外，偶尔也会给父亲打个电话，交流某些有关创作的话题。据刘国震回忆，通读完新版的四部《金光大道》后，他与父亲在电话里探讨过对于县长谷新民这个人物形象的看法。父亲也曾告诉刘国震，文学界一直以来都把《艳阳天》视为最能体现他的创作成就与风格的代表作，而他自己偏爱的却是《金光大道》。在一次通话中得知父亲没有看到《文论报》发表的有关他的争鸣文章后，刘国震立即将刊有那两篇文章的报纸复印一份寄给他。因文章篇幅较长，而报纸的版面有限，那两篇文章在发表时分别被做了程度不同的删节。为了使父亲能看到文章的全貌，刘国震还特意寄去了文章原稿的打印件。

从 1996 年刘国震第一次给父亲写信，到 1999 年创作发表了两篇为父亲辩诬的文章，他们只有"神交"，而未曾"谋面"，这种状况直到 2001 年的那个早春二月。

那天，两个人一见如故，父亲将这位比自己小三十余岁的、引为知音的青年军人迎进了自己的书房，他紧紧握着刘国震的手说："你早来一天就好了，我新出的口述自传《我的人生》昨天刚给你寄出。"刘国震将自己新出版的诗集赠予父亲后，两个人便开始坐下来聊天。尽管那时父亲因两次中风，留下了较为明显的后遗症，说话时有些费力，口齿已不很清楚，记忆力也大为受损，而且两个人又是第一次相见，但这并没有影响到他们的愉快交流。晚上，父亲将刘国震安排在招待所住下，约定第二天再继续交谈。一天都在路上奔波的刘国震，躺在招待所的软床上，却丝毫没有睡意，他打开床头灯，一本一本地翻阅父亲当天赠给他的《苍生文学》杂志，读到那些介绍父亲实施"文艺绿化工程"事迹的文章，他被深深地感动了。第二天一早，刘国震再次来到沟河湾的桃园小区，与父亲继续昨晚没有谈完的话题。他们在谈话中说到了父亲在京东搞起来的"文艺绿化"；说到了父亲近些年来的生活与创作；说到了《艳阳天》《金光大道》和《苍生》中那些栩栩如生的典型形象；说到了文艺界的"争议浩然"……两个人在融融的气氛中交谈着。期间，父亲还委托三河市文联副主席王宝森陪同刘国震参观了浩然文学馆。刘国震告辞的时候，穿着棉拖鞋的父亲执意下楼相送，并迎着料峭的春寒一直送到小院外的街道上。虽然他们在书房里已经合过影了，但喜欢摄影，也懂得一些摄影知识的父亲看到外面的光线很好，又主动提出再照几张照片，这让刘国震再一次感受到父亲的细心与体贴。最后，父亲执意让他的司机驾车，把刘国震一直送到三河汽车站。刘国震回到石家庄后，很快写出了关于父亲的访谈录《痴心"绿化"魂系苍生》，发表在多家报刊上。他在文中的最后写道：

> 笔者告辞时，浩然先生不顾年迈体衰，执意下楼，冒着料峭春寒将笔者送出小院，并合影留念。汽车已启动，透过车窗，看到老人还站在原地频频招手。这位担任着全国政协委员、北京市作协主席和文联副主席、中国大众文学学会会长、《人民文学》编委、《北京文学》主编的著名作家，仍保持着质朴、谦逊、宽厚、热情的普通农民本色。

刘国震的第一次来访，给双方都留下了美好而深刻的印象。这年夏天，父亲还应刘国震的请求，挥毫题写了"怀浩然正气抒苍生真情"几个大字，委托三河市文联副主席王宝森用特快专递寄给刘国震。

就在这次与父亲相见的半年后，刘国震转业，被安排到邢台市工作。他人还没报到，采写的有关父亲和其他作家诗人的访谈就已经陆续刊登在邢台的报刊上。

2002年5月初的一个细雨蒙蒙的日子，刘国震再次来到三河看望父亲，这是他们第二次相见。这次刘国震带来了一大包他收藏的父亲作品，如老版的《艳阳天》《金光大道》《西沙儿女》，新版的《乐土》《活泉》，以及华龄出版社1995年版的《苍生》《迷阵·乡俗三部曲》百花文艺出版社1984年版的《浩然选集》等，请父亲在上面签字留念。刘国震还对父亲说小时候看过根据父亲小说改编的连环画

《金光大道》《赶猪记》《铺满阳光的路》《一担水》等，尤其是对《赶猪记》中的小哥俩，印象极为深刻。父亲听罢，仰头哈哈一笑，随后就从写字台的抽屉里拿出《浩然儿童小说选》《大肚子蝈蝈》和《山水情》等自己的著作，签名钤印后赠给刘国震。这种情况在父亲来说是很少见的，甚至可以说是一次破例。在两个人的交谈中，父亲得知刘国震转业到邢台市工作，很是高兴。1955 年五六月份，作为《河北日报》记者的父亲曾两次访问邢台，发表了数篇通讯报道，还根据采访到的素材，写出了他早期的短篇小说《春蚕结茧》；1993 年 3 月，父亲在河北省有关领导的陪同下，第三次访问邢台，被邢台市政府授予"荣誉市民"称号。父亲到邢台的次数虽然不是很多，却留下了美好的记忆。尽管这天父亲是刚刚从廊坊赶回三河的，但依然不顾旅途的疲劳，请刘国震到自己亲笔题写店名的"艳阳天酒楼"一同用了晚餐。两个人的这次相见、交谈，仍是在欢快的气氛中进行的。在谈话中，刘国震言及《人民文学》2001 年第 1 期刊登了老作家马烽的文章《大寨奇遇记》，真实、客观地记述了 1975 年秋江青在大寨召集 20 多名作家、艺术家开会并布置创作任务的来龙去脉，文中首次披露了当年浩然对一些老作家的体贴与保护。得知父亲并未见到这期杂志，刘国震回邢台后即复印了这篇篇幅很长的文章，给父亲寄去。随后，他又撰写了关于父亲的第二篇访谈录《正气浩然颂苍生》，以整版篇幅首发于 2002 年 7 月 6 日《牛城晚报》。《苍生文学》季刊 2002 年第 4 期以《浩然在大寨》为题，转载了《大寨奇遇记》一文的第 4 部分。

刘国震这次来访的半年后，父亲因脑血管疾病的再次复发被救护车送进了北京的医院，而且再也没有从医院走出来。父亲在医院病卧 5 年后，于 2008 年 2 月 20 日病逝。而 7 年前的这一天，正巧是与刘国震第一次相见的日子。在父亲逝世的当日，刘国震采写的那篇《正气浩然颂苍生》被新华网在首页推出，中国网、搜狐网等多家网络媒体旋即全文转发，《羊城晚报》副刊部编辑、女作家黄咏梅当日即通过电子邮件与刘国震联系此文的转载事宜。

刘国震得知父亲去世的消息后，内心十分悲痛，当晚即写出了缅怀父亲的文章《百万苍生哭浩然》，发表在《河北法制报》。他专程从邢台赶到北京，参加 2 月 28 日在北京八宝山革命公墓举行的告别仪式。在告别仪式上，刘国震第三次与父亲相见，但这次他们却无法交谈了。虽近在咫尺，却如同远隔千里……这是刘国震迄今为止第一次，也是唯一一次参加一个作家的遗体告别仪式。参加告别仪式的次日凌晨，刘国震即饱蘸深情，完成了他感人肺腑、催人泪下的散文《哀思绵绵送浩然》，被多家报刊和网站刊载。

父亲永远离开了自己的亲人和不是亲人胜似亲人的新朋老友以及忠实的读者们。但是，"浩然"这个名字却时时萦绕在刘国震的心头，他的"浩然情结"不仅没有淡化，反而越来越浓烈。多年来，刘国震通过各种渠道，收藏各个时期各类版本的父亲著作多达几十种，父亲的挚友、老作家杨啸在得知他收藏到的那些著作后，曾对他说："你可能是中国目前个人收藏浩然著作最多的人。"尽管如此，在父亲去世后的那些岁月里，刘国震依然想方设法购买自己所没有收藏到的父亲的著作。刘国震一边收集父亲的著作，一边潜心研读，一边继续撰文为父亲仗义执言。摆事实，讲道理，是刘国震所写这类文章的一个鲜明特点，他用无可辩驳的史实和逻辑缜密的论证，有理有据地驳斥着某些人对父亲的攻讦和谩骂，还原历史真相，澄清某些似是而非的讹传，无情地戳穿那些别有用心的谎言。刘国震的这些文章，受到社会各界许多人士的广泛认同和赞许，他也因此结识了不少志同道合的良师益友。

从 1999 年刘国震写作、发表了他的《也为浩然说几句话》一文开始，迄今为止他已经创作发表了百余篇有关父亲的文章，被《文艺报》《中国文化报》《文化艺术报》《人民公安报》《羊城晚报》《传记文学》和《诗刊》等几十家报刊采用。2010 年 10 月，他出版了 20 余万字的专著《感悟浩然》，旋即在社会上引起了很大的反响，受到读者的欢迎与诸多专家的好评。北京大学中文系教授孔庆东称赞此书"是坚守一个文学家的良心的一本书，是材料扎实、立论严谨、文风磊落的一本书"。军旅作家张永枚盛赞"《感悟浩然》是义人之作"。女作家阎延文称赞此书"极为精彩，感人至深，读后无法忘怀"。老作家杨啸撰文认为"这是一本分量厚重的书，一本难能可贵的书，一本在中国文学史上应该占有一席重要之地的书"。关于这本书的书名，还有一个非常有趣的来历，刘国震在这部书的后记中写道：

> 书稿初名《我心中的浩然》（又名《我观浩然》），现在这个书名的来历，我在 2010 年 1 月 27 日发在博客里的《梦中得名》一文，做了记述："昨晚做了一个梦，细节已然模糊了，但有一点极为清晰：梦中，我的那部有关浩然的书稿，有了一个新的书名，曰《感悟浩然》。这个书名的获得，在睡梦中不知是来自何方神圣的点拨，但脑海里就是翻腾着四个字：感悟浩然。——醒来依

然清晰如初！"梦中得名，是天意，也是对"梦萦魂牵"最好的注脚。一名作家艺术家，如果能够让读者让大众"梦萦魂牵"，则必有其独特的魅力，或作品魅力，或人格魅力。——而这两者，浩然先生是兼具的。

要说起刘国震的"感悟浩然"，第一篇其实并非 1999 年所写的《也为浩然说几句话》一文，而是他 1984 年 10 月 14 日写在作文本上的一篇习作《可贵的"滴水"精神 ——有感于浩然的文学道路》。这是一篇当时他读了父亲的《成功的秘诀是持之以恒的刻苦努力》一文后的感悟。在这篇近两千字的习作中，刘国震写道：

> 浩然的奋斗历程，正是"韧"的"滴水精神"的典型表现。他抱定了为人民搞创作的坚定信念，数十年如一日，永不辍笔。他不怕功底薄，在漫长的日日夜夜里，勤奋笔耕。他又是那么自信，尽管受到别人的嘲讽，尽管收了整整七年的退稿信，包括那些铅印的、公式化的退稿信，也从不怀疑自己"不是那块料"。如今，他已发表了数十部著作，可谓"著述等身"的名家了，但是，我们更应该知道，他在练笔时期的废品和退稿，就达一百四十余万字！
>
> 亲爱的朋友，你认为自己是个"笨鸟"吗？那么，就请你像浩然同志所说的那样，"先飞，多飞，使劲儿飞，不停地飞"；你认为自己基础太差吗？要知道，浩然去叩击文学之门时，还是个处于半文盲状态的十七岁少年！
>
> 浩然的文学道路，就是坚韧不拔、持之以恒的道路。
>
> 浩然的奋斗精神，就是可贵的"滴水精神"。
>
> 浩然的创作实践，给我们揭示了成功的"秘诀"。
>
> 朋友，滚滚浪涛，具有"奔流到海不复回"的磅礴气势；飞泉瀑布，令人产生"疑是银河落九天"的奇瑰联想。但是，还是让我们来做"滴水"吧，滴水在默默地、永不疲倦地用生命撞击着阻碍前进的顽石。

功夫不负有心人，十余年的艰苦努力，在众多热爱、理解、熟悉父亲的社会各界人士的关心、鼓励和支持下，刘国震获得了令人瞩目的成果，不仅许多人主动联系他，商讨有关问题，请教一些疑惑，一些颇有影响的报刊在做父亲纪念或研究专题时，也主动向他约稿，有的博士生写出有关父亲的论著，也要请他过目一番，征求意见。他连续两届荣获河北省文艺评论奖的专著与论文，他荣获第一届浩然文学奖的作品，均以父亲为评析对象。随着影响的日渐扩大，许多人包括一些德高望重的老作家，都真诚地称其为"浩然研究专家"。还有人说他是"中国民间浩然研究第一人，在学院派中也占有一席之地"。但刘国震说自己只是熟悉和喜爱父亲的作品，敬佩父亲的人品与文品，受良知和责任感驱使，宣传浩然，评析浩然，为浩然和他的作品仗义执言，还原真相，讨回公道，不曾想过要"研究浩然"，更不敢奢望做"浩然研究专家"。

"我不是研究，只是感悟，以自己的心灵，自己的视角，自己的思考！"刘国震如是说。

最真诚、最可信赖的朋友——读者

　　1982 年 7 月 3 日，长春《新苑》编辑部的赵宝康、文牧到京郊通县看望父亲。临告辞的时候，赵宝康请父亲在他的本上写几个字，父亲提笔写上："作家不忘记自己的读者，读者才不会忘记自己的作家。我的最美好愿望是：活着能经常跟我的读者见面谈心；死后留下一本他们爱看的小说！"这段话看似是随手而写，实际却并非如此，这种思想认识在父亲的心中早已形成，他早已把读者当作自己最真诚、最可信赖的朋友；父亲始终没有忘记过他的读者朋友们。

　　父亲所创作的文学作品，都有鲜明的主题思想，都是赞颂真、善、美，抨击假、恶、丑，弘扬正气，激发广大读者奋发上进的精神，用现在的话说，就是给予读者"正能量"。这一点在父亲的儿童文学作品中表现得尤为明显和突出。这也是同父亲一贯主张的文学作品具有宣传教育功能相一致的。简单地说，父亲希望广大读者看过自己的作品后，都能走在正确的人生道路上，而不至于越看越迷茫，越看越糊涂，甚至走上邪路。

　　如果说观众是演员的衣食父母，那么作者的衣食父母则是广大的读者。父亲对他那些众多衣食父母的尊重是发自于内心深处的，在作品的创作过程中，他总是把读者放在心中，放在首位。

　　自从 1956 年父亲写出自己的第一篇正式小说《喜鹊登枝》后，随着新作品的不断发表，逐渐引起了文艺界和读者的广泛关注，特别是 1957 年第 23 期的《中国青年》上刊登出短篇小说《夏青苗求师》以后，不仅许多报刊主动上门约稿，而且在《夏青苗求师》发表后不到一个多月的时间里，收到近百封读者来信。这些读者来信来自天南地北、各行各业，他们夸奖这篇小说写得好，向作者表示祝贺。特别是一些回乡参加农业生产和高考落榜而心情不悦的知识青年，他们在信中纷纷表示"要向夏青苗学习！"这是父亲第一次因小说作品受到读者的如此赞扬。有的农业社主任还告诉父亲：从城里到他们社落户的几个中学生，过去跟队干部的关系一直相处得不太好，并且时常埋怨村里的农民对他们不热情。看了你的小说，他们对农民尊敬了，关系也渐渐搞好了。读者的热烈反响使父亲受到极大的鼓舞。

1964年9月《艳阳天》第一卷出版后，在读者中引起强烈的反响，纷纷写来信，希望父亲尽早完成全书的创作。而就在这样的情况下，文艺界的一些"权威"人士专门找父亲谈话。他们对父亲讲，不要急于往下写，一定要吊足读者的胃口。一方是作为衣食父母的广大读者，一方是作为文艺界领导的权威人士，双方的意见针锋相对。父亲不顾一些人的不满和成见，做出了正确的选择，抓紧进行《艳阳天》的创作。

《艳阳天》第二部于1966年3月出版后，父亲在欣喜之余，看到书的定价与第一部相比明显偏高，便开始担忧许多读者会因此而买不起。当同年4月第二次印刷时，价格从2.15元降到了1.45元，才算放下心来。

作品对于作者来说，就如同是自己的孩子，就如同是自己身上的骨肉。由于《艳阳天》第一卷出版所引起的反响，农村版图书编选委员会决定改编出版"农村版"，改编压缩的任务名正言顺、理所当然地落在了原作者的父亲身上。

"农村版"图书是专为农村文化室、俱乐部、基层干部和知识青年选印的图书，从全国出版的适合农村读者广泛需要的图书中选出的读物，仅在农村而不在城市发行。为适应农民读者的实际情况，从内容到形式都需要加以适当改进，并降低定价。可以说，"农村版"是仅仅针对农民而出版发行的图书。

在"农村版"改编的过程中，因需要大量删节，所以父亲常常感到如同割自己身上的"肉"一般疼。但为了农民读者，父亲只能做出"牺牲"，咬牙"割"下去！原版的《艳阳天》第一卷共47万余字，而"农村版"仅为32万余字，被父亲生生砍去了三分之一，近15万字。

父亲一生中收到过难以计数的读者来信，不要说回信，就仅仅是阅读，在时间和精力上也是一个很大的负担。来信的内容五花八门，有赞誉作品的、有询问问题的、有抱打不平的、有寄来习作求教的、有索要书籍的。甚至有的读者提出过分的要求，比如向父亲索要其他作者的书籍，我想，这种索要的方式既不合适，也是无礼的，但父亲还是按照他的要求寄去了书籍。面对众多的读者来信，父亲从没有懈怠过，总是认真看过后抽出时间尽量予以回复，对所有的要求都尽可能地予以满足。

许多读者收到复信和赠书后都有一种喜出望外的感觉，因为他们也给别的作家写过信，但基本上都犹如石沉大海，毫无音讯。

"文革"开始后，所有的人都在忙于政治运动，作家缺乏进行创作的条件，即便写出来也没有地方发表和出版；以前出版的书籍，几乎不是因为内容，便是因为作者的问题在书店下了架。对读者无书可看的状况，父亲的内心十分焦虑。1968年，父亲在运动中的空闲时间开始进行他第二部长篇小说《金光大道》的创作。在第一部即将完成之际，父亲为了使书薄一点，便于一般读者的购买和阅读，决定改变原来的写作计划，将第一部一分为二，分成两部来写。

1971年6月，回到创作岗位的父亲开始正式起草他的第二部长篇小说《金光大道》。1972年小说完稿后，出版社于1月按照父亲的要求，印制出征求意见本，分送到工农兵读者和文艺界有关人士的手中，广泛的征询意见。在此后召开了十几个座谈会，广泛听取从主题思想、人物塑造到错字、标点上的修改意见。《金光大道》的初稿受到广泛、充分的肯定，赞美之言已经超出了父亲的预想，但是父亲并未被胜利冲昏头脑，而是广泛吸收各种意见中的有益部分进行修改。而在征求意见中，许多读者都给父亲留下深刻的印象，都很受感动，让父亲终生都难以忘怀。

第一部征求意见时，一位农村的党支部书记，顶着大风骑了五十里自行车，到座谈会现场时，棉衣都已被汗水浸透。因为他的大队还有一个非常重要的会议等他去主持，把意见谈完，又立刻骑车往回赶。

第二部的校样印得比较少，给一个工厂只送了一份征求意见用。当时正值国庆节前夕，让许多人在短时间内把稿子都审阅完，困难很大。负责审阅的工人们为了能按时完成工作，就把校样分别装订成十二册；参加审稿的工人把自家地址写下来，按居住的路线排成号，像接力赛那样，第一个人把第一册看完，马上送到第二个人的家里……这样，他们用了三天的假日，把校样全部按时审阅完毕。

《金光大道》出版发行后，父亲收到不计其数的读者来信。其中河北省太行山区一位老农民来信说：这封信是我孙子替我写的，旧社会咱无权念书，不识字。这些日子，每天劳动回来，就让我孙子给我念《金光大道》。我听书，不是为了解闷儿，是想看看，你写的书像不像我们农村的事儿，能不能帮助我们贫下中农的后代学好马列主义、毛泽东思想，能不能帮助他们积极地搞社会主义革命……

由于政治上的影响，《金光大道》的第三、第四部没有接着出版，但许多读者却关心着它的命运和结局，纷纷给父亲写信询问结果。对于读者如此关心自己的著作，父亲心中是十分感激的，也是欣慰的。有这么多读者的支持，他坚信这部书会有它"时来运转"的那一天：首先，五十年代几亿中国农民在中国共产党引导下、在毛泽东思想的影响下，如火如荼的斗争生活历史，是任何人抹不掉的；农业合作化给农民，给国民经济的发展带来的巨大利益，也是有目共睹的；所以反映这段历史生活的作品，应当有它的地位。其次，小说的作者是农民出身，是那一段历史的亲身参与者；小说所写的内容比之生活本身，会有深浅、高低方面的问题存在，但作者所写的人与事，都是真实的，没有任何虚假——真实的生活，真实地反映了现实生活的文学作品，而且通过书本、电影、广播等等形式，让从五十年代活过来的广大农村干部和农民检验了，并且给予肯定了；那么，能够按照一些文艺界的权势者和嫉妒者主观愿望那样，把它"彻底消灭"吗？

父亲的心里装着读者，读者自然也不会忘记父亲，父亲拥有着众多忠实的读者。

1974年西沙自卫反击战刚刚结束，父亲便到那里进行采访，多年之后，当时的许多情景，仍清晰的记在脑海中。当年，从飞临广州到结束采访回京的20余天里，父亲遇到了许许多多的读者，这些读者包括当地的党政军要员、各级领导，更多的是渔民、基层干部及陆海军的普通指战员。面对这些社会各阶层的读者，父亲的感受是很不一样的。尽管许多领导者热情地表示是父亲的忠实读者，非常喜欢父亲的作品，而让父亲感受到的却多是官场中的客套与敷衍。当采访间隙，与普通百姓和战士的闲聊中，父亲却从他们简短、朴实的赞美声中，感到了发自内心的真挚。虽然这些读者与父亲仅是萍水相逢，初次相识，但从不认为自己是个作家而高人一等的父亲总是能在很短的时间内就让他们消除拘谨感，使谈话变得随意而开心。他们讲述自己对父亲作品读后的感受，询问一些感兴趣的问题，特别是很多人问到了萧长春与焦淑红爱情发展的结局，对他们最后是否真的成了两口子表现出极大的关心。与这些读者在一起交谈，让父亲的身心都感到极大的愉悦，受到极大的鼓舞。其中许多人从当时的风华正茂变为如今的两鬓斑白时，仍清晰的留有当初的记忆。父亲去世后，一位当年的水兵曾写过一篇回忆文章，描述了当时他们与父亲在舰艇上闲谈时的一些情景。并非当事人的我，看到那些早已时过境迁的描述，内心中都涌起激动的浪潮，父亲当年的心情如何是可想而知的。父亲能在那么短的时间内完成《西沙儿女》的创作，那些可敬、可爱的忠实读者起到了重大的推动和鼓舞作用。

父亲在广大读者的心中是占有一定位置的，许许多多的小事都证明了这一点。

作家刘孝存在他《怀念浩然——我认识的第一位作家》一文中有这样一段描述："20世纪80年代中期，我所在的《丑小鸭》青年文学月刊在青岛开笔会，浩然与会。吃饭时，厨师长手托菜盘带着其他厨师一溜出现在桌旁。厨师长说，他特意做了一道拿手的菜，是敬送给浩然老师的。在当时的中国作家中，能够让普通老百姓都知道的作家，恐怕为数不多。"刘孝存文中所说的笔会，召开于1983年7月28日至8月7日。会议结束后，父亲没有马上返京，而是走访了胶东牟平、黄县、荣城、栖霞、蓬莱等县、镇及渔村。在走访的行程中，父亲又遇到了上至县委书记、县长，下至普通农民和渔民在内的众多的忠诚读者。这些读者对父亲能从跌倒的地方重新站立起来，在心理上和精神上起到了很大的支持作用。

1984年8月1日，父亲到北京市委党校参加北京作协举办的为期一个月的整党学习班。22日因血压猛升到250/140，被送往北京阜外医院。医生诊断后建议立即住院治疗，父亲起初不同意，但医生随后的几句话却让父亲改变了主意。医生有些着急的对父亲说："也就是你，我们马上收下住院，要是换了别人得等上好几个月。我们也不是为了别的，只是希望你能把身体养好，再给我们多写两本书。"

1985年8月，父亲因患颈椎骨质增生症，左臂神经受到压迫，疼痛难忍。经作家朋友王栋的建议，父亲来到内蒙古克什克腾旗的热水镇洗温泉治疗。热水镇地处偏僻，几乎吃不得青菜，父亲对那里的饮食习惯很不适应。一日，父亲来到街上的一家个体理发店，一边理发一边与既是老板又是理发员的女青年闲聊。几天后的一个傍晚，父亲外出散步，一出疗养院的大门，就碰见那个理发的女青年提着一个人造革兜儿迎面走来。女青年对父亲说："我来看您。昨天我才听说您是谁。我看过您写的书。"她激动而又诚恳地说，"给您送点儿鸡蛋，补养补养身子。都是我们家养的鸡下的蛋。"父亲接受了草原青年的热情和好心，但对礼品，实在是"受之有愧"。女青年真心实意地希望父亲能够收下她送来的鸡蛋，父亲也不忍心拒绝她的诚挚之情，于是从兜子里拿出四颗鸡蛋，说明自己一行4个人，每人一颗，领了她的情。厚道的女青年勉强地接受了这样的结果。

同样在这个内蒙古克什克腾旗的偏远小镇上。一天，父亲与几位朋友在疗养院的院中照相，正在给疗养院盖房的一群当地民工也要求与父亲合个影。拍摄完毕，父亲问清他们的姓名住址，记在一张纸条上。可是等回京洗印出照片后，却再也找不到那张纸条。终日处于忙乱之中的父亲一再苦苦地回想此事，在记忆中搜寻那些民工的姓名。半年后的一天，终于依稀记起一位住在当地乃林沟村，名叫赵清水的农民。为了保险起见，父亲特意将照片寄给镇党委书记张发，请求他代表自己亲手将照片交给本人，免得中间被"扣"或失落。父亲对一张与偏僻小镇普通农民的合影照片何至于此呢？在给张发书记的信中，父亲道出了其中的原委："荒远的草原上的农民，如今拍个彩照还不容易。跟我这个千里之外或许此生再不会重逢的人合个影则更难。那天，赵清水拍照时最热情、认真。我得尊重他们的感情。我应该对农民讲信用。所以，这照片你务必送交给他，并代我向他致良好的祝愿。"

1994 年 6 月 24 日至 7 月 17 日，父亲作为团长率中国作家代表团赴美国进行访问。代表团的访问活动在美国华人界引起很大反响，各大华文报纸都大篇幅地进行了跟踪报道。其间许多从大陆移居美国的华侨和留学生得知消息后，为了向父亲表达一下自己的感想和问候，见一见这位曾经影响了自己青春年华的作家，听一听他的声音，纷纷打来电话，或驱车赶到代表团下榻的饭店与父亲会面。同团的作家钮保国在他《我眼中的浩然》一文中对此就有一段较为详细的描述："一次，我们正在洛杉矶的一家中餐馆内用餐，一位年龄在 40 岁左右的华人走过来问我们是不是中国作家代表团，团长是不是浩然。当得到肯定答复之后，他提出希望能单独和浩然先生谈几句话。事后浩然告诉我说，这位青年出国前曾在中国大陆农村呆过，出国后，坎坷的经历使他对于那段农村的生活刻骨铭心。目前他在美国电话电报公司上班。当他从报纸上得知写了一辈子农村题材的作家——浩然来到了美国，他很想见一见这位作家，所以特意利用休息时间跟踪到了这里，为的是向这位影响了自己人生道路的作家表示敬意。这位写了一辈子农民的农民作家被深深地感动了。他乡遇知音正是对自己辛勤笔耕的最大回报。"远在大洋彼岸的异域他乡还有如此众多热情、忠实的读者，这本应是让人高兴的事情，但却似乎是引起了同团的一位同行心中的极大不悦，这种强烈的不满或者可以称之为嫉妒的情绪一直憋闷在他的胸中，直到父亲去世几年后，他还是想方设法将这口怨气发泄出来。

读者并没有因为时间的推移和时代的变迁而忘却他们所敬重的自己的作家。父亲的两次签名售书活动就证明了这一点。1988 年 5 月 8 日一清早，父亲便来到位于北京市东城区的作家书店，参加长篇小说《苍生》的首发式，并为读者签字售书。书店尚未开门，读者已在门前排队等候，因购买者众多，父亲不得不两次中断签字，让有些劳累的手臂稍事休息。1995 年 9 月 10 日，父亲到天津市东北角新华书店，出席天津秋季书展开幕式，并参加《浩然长篇小说文库》的签字售书活动。同《苍生》的首发式一样，书店还没开门，读者便在门前排起了队，众多的读者不仅购买新出版的《浩然长篇小说文库》，还带来父亲以前出版的其他著作让父亲签名留念。

父亲去世的时候，他在读者心中的地位再一次地集中体现出来。

父亲逝世的消息刚刚通知一些亲朋好友和父亲的单位后不久，许多吊唁者和新闻媒体的采访人员便纷纷来到家中。有一位《南方周末》的年轻女记者，大约也就是二十多岁的年纪。她本人似乎并非父亲的读者，但她知道她的父母很喜欢父亲的作品。所以在她来采访之前，特意给她在家乡的父母打了个电话，一是向她的父母通报父亲去世的消息，二是告知自己将要前去采访。她的父母在电话里一再叮嘱她一定代表他们在灵前鞠几个躬，以示哀悼和怀念。

前来吊唁的一位北京读者，她原先既没有我们的联系电话，也不知道住址，听到父亲去世的消息后，为了能来吊唁，就想方设法到处打听。当被询问的人得知她仅仅是一位普通读者后，都拒绝了她的要求。被逼无奈，她不得不另辟蹊径。这位读者把电话打到北京作协，"谎称"自己是浩然长子梁红野的同学，但电话号码丢失了，希望北京作协能告知联系方式。这位读者终于如愿以偿地来到自己所敬仰的作家的灵前吊唁。她向我们讲述了'她第一次'也是唯一一次见到父亲时的情景：那是在北京劳动人民文化宫的书市上，父亲在那里签字售书。她看到工作人员等一些人与父亲合影留念，也很想能一起合张影。她不好意思贸然上前，也怕遭到拒绝，因而一直在附近观看、徘徊。她的行为举止引起了父亲的注意，同时猜想到了她的意图，便主动招呼她过来加入到合影者的中间。这位读者在吊唁的留言簿上写出了她的心里话：

浩然：

您好。我见您第二次太晚了，再也见不到您了。您的作品给我快乐，给了我们一代人的快乐。您走了，是人民的损失。

您走了，勿忘我们，人们也不会忘记您。

北京读者 何维玉

2008 年 2 月 22 日

为了减少京东等地区吊唁者的奔波之苦，我们在三河市故居也同时设立了一个灵堂，由一直与我父母同住的表妹杨桂春在那里照料。一天，那里去了一个奇特的吊唁者。这个奇特的吊唁者一看便知是从农村来的，他走进灵堂一语不发便跪在灵前磕头行礼，然后起身就要走。杨桂春拦住了他，希望他留下姓名和住址。来人说：他并不认识父亲，也没有见过面，但是他很喜欢父亲的作品，敬重父亲的为人；得知父亲去世的消息后，心中十分难过，虽然没能在父亲生前见面，但无论如何也要按照农村的习俗在灵前磕几个头。因此，他起大早从一百多公里外的家中赶了来。他一再说明自己只是一个普通的农民，留下姓名也不会有人知道他。固执的他没有留下姓名、地址便匆匆走了，至今也不知道这位父亲的忠实读者姓字名谁，家住何方，这一点难免让我们常常感到十分遗憾。

2008 年 3 月全国"两会"在北京召开，某报记者一篇报道参加两会的某影视界名人的新闻转载到了网上，一位网民在后面留言说：

> 浩然，一个像鲁迅一样骨头最硬、意志坚定、心地无私天地广、一身正气两袖清风、坚定信仰不动摇的人民伟大（至少在我们心中认为浩然是伟大的人民作家）作家永垂不朽！
>
> 我在边疆的父母和奶奶听说人民的好作家浩然去世难过得哭了，说："好人呐，浩然是多好的好人啊，为什么就没有了呢？他小说里的高大泉就是他自己的高贵品质啊，这样的好人不是墙头草，一定受了很多委屈，现在像他这样有文化的好人作家已经快没了，多么可惜啊，坏人活千年，那些坏人咋就不快点死呢？老天不公啊，这浩然咋就不多锻炼身体呢？早晨多晨练不就不得这些病了吗，好人越来越少了，让坏人逍遥了，哎……"
>
> 老人虽然没有见过浩然，却非常崇拜人民的优秀作家浩然——因为浩然不但非常有才气，更有良心和骨气！
>
> 记者同志，您应该多关注报道这样的好人，对吗？

父亲去世的当天上午，我们便与治丧委员会初步商定 6 天后，也就是 2 月 26 日举行告别仪式，《北京晚报》在第一时间将这一消息报道了出来。等到北京八宝山革命公墓联系具体事宜时，才被告知 26 日已有安排，只得将告别仪式的时间后延两天，但许多读者没有看到媒体上后来发布的消息，26 日便来到八宝山向他们所喜爱的作家做最后的道别。

父亲的告别仪式在八宝山革命公墓的东大厅举行。公墓的工作人员介绍说，按照有关的规定，只有副部级以上的领导才可以使用这个告别大厅，但鉴于父亲的声望和影响力，可以破例，如果最大的那个礼堂不是正在修缮，使用那里也完全可以。2 月 28 日，近千余名全国各地的各界人士及众多的读者参加了父亲的告别仪式，如果依照惯例在较小的告别室举行这个仪式，真难以想象会是一个怎样的情景。

许多读者撰文表达了自己对父亲及其作品的感受：浩然笔下的人物一个是一个，都那么鲜活、生动。浩然对农村的生活，农民的语言，生活的细节，言谈的方式，一招一式，一举一动，都是那么熟悉，那么亲切，写起来也是得心应手，水到渠成。读着他的作品，有一种亲切感，书中的有些事，实际上就是我们身边发生的事，书中的有些话，实际上就是我们常说的话。我们甚至可以在他的书中找到我的祖辈、父辈生活的影子。

以父亲拥有的读者数量及其影响，说他作为一个作家，在自己的文学事业上是一个胜利者，是一个成功者应不为过。

父亲在其杂文《作品与人品》中这样写道："一个作家真正的成功和胜利，最好是这样的图景：广大读者不知道你的名和姓，而知道你的作品；天长日久，忘记了你的名字，而记住了你的作品和作品中的人物。"在另一篇文章《向〈绿野〉致谢及其他》中，父亲表达了同样的意思："作家不能没有代表作。如果在若干年后，读者把作家的名字记住了，而忘了他写过什么书，他是个可悲的失败者；反之，读者只记住那书，而忘了作家的名字，这是他重大的、根本的胜利！"

父亲逝世后，一篇署名陈之秀的题为《浩然永活读者心中》的博文在网上发表。作者在文中是这样描述的：一天，她的一个朋友打来电话，告诉她要去八宝山送浩然。她左思右想，也没能想起这个人是谁。当得知浩然就是《艳阳天》的作者时，这部小说中的人物、情节乃至精彩对话都清晰地在她头脑中映现出来。在文章中她写道："作者也许并不需要我们记住他什么，他最多最大的愿望可能是希望读者记住书中的故事，或者自己写的故事能够打动读者，产生共鸣，传播一种人文精神和思想文化。""也许，许多像我一样的读者很多，只知道其作品，不知其人。但是，我相信大家风范的浩然，一个真正的人民作家，农民作家，是不需要读者更多的记起他本人的名字的，而是作品更多、更远地播向远方。"

陈之秀在这篇文章中，表述了与父亲相类似的观点：一个作家真正的成功和胜利，是广大读者不知道你的名和姓，而知道你的作品；天长日久，忘记了你的名字，却记住了你的作品和作品中的内容。如果这样的观点是正确的，是成立的，那么，父亲无疑就是一位获得真正成功和胜利的作家。父亲的在天之灵看到这篇文章，定会倍感欣慰，定会更加感到自己就是那些获得真正成功和胜利的作家中的一员。

父亲与他的读者是心息相通的。

改编、出版连环画最多的上海人民美术出版社

父亲浩然有写日记的习惯，并把这个习惯保持了 40 余年，直到老年再无精力而止；在电话通讯远不如当今如此便捷的那些年代里，父亲也写过许多书信，即便是同城居住，写信也是一种主要的联络方式。现如今，这些日记和书信已成为研究父亲及其作品最真实、最重要的原始资料，从中可以查阅到许多有价值的东西。就是在这些日记和信件中，我们发现了父亲与上海人民美术出版社的一些交往。

父亲在 1957 年 5 月 13 日的日记里是这样写的：

尝试

因为答应了上海美术出版社的约稿，又加上这个编辑同志那般热情，我不好再"打退钩"，我只好硬着头皮写连环画脚本。

很长时间，我同许多朋友一样，是看不起这种文学形式的。其实，连环画比起别种文学形式拥有的读者群众并不少，正确的说，在某种方面还要雄厚一些：这是我答应要写的一个原因。现在写起来，又很吃力，连下笔都找不到地方。看来这种文学形式不仅需要，而且很难掌握，以往"轻视"云云一下子烟消雾散了，我不敢再以为"试试""消遣"一番，真应当下点工夫。然而下了工夫也未必能写好。

尝试就是锻练，写完之后，觉得还有了点兴趣。

这篇日记中所说的连环画脚本，应当就是父亲根据其发表在《中国妇女》1956年第 9 期上的特写《温暖的晚年》而改编的。也就从改编这部脚本开始，父亲与上海人民美术出版社建立起联系，尽管这种联系时而紧密，时而松散，而且保持了相当长的一个时期，但是他始终不知道，至少是在联系最紧密的那几年不知道与他联

系的编辑姓甚名谁。之所以有这样的判断，是因为在现存的 1957 年至 1958 年父亲
写给出版社的九封信件中，抬头写的都是"编辑同志"，而不是具体的人名。

在中华人民共和国成立初期的二十世纪五十年代，大多数的编辑与作者间的关
系都是朴素而简单的，但是却不乏热情与关怀。在写上述那篇日记的时候，父亲仅
仅是发表过两篇正式小说和三篇人物特写的不知名的年轻作者，上海人民美术出版
社的编辑在杂志上发现了那篇适合于改编为连环画的文章，并热情主动写信来希望
原作者进行改编，对父亲来说无疑起到极大的鼓舞作用。出版社的热情除了表现在
信件上对作品和作者的肯定外，还逐期给父亲邮寄来他们编印的《连环图画研究》。
由于这样的鼓励，父亲似乎也热爱上了连环画脚本的编写，要学好这门"手艺"，
这不仅反映在那篇日记的最后一句话"觉得还有了点兴趣"，而且在中间几期没有
收到《连环图画研究》后，写信给编辑希望补寄，甚至说如若没有存刊，可以借来
阅读后在奉还。

1957 年第 21 期的《萌芽》杂志上刊登了父亲的短篇小说《母猪作客》。这篇
小说是应该刊约稿而写的，起草过后，父亲经过三次修改，于 1957 年 9 月 27 日再
次誊清，寄往杂志社，原题目为《苏联母子》。文章发表时，父亲发现不仅文章的
题目被编辑改为了《母猪作客》，而且在文章开头和中间部分被删去了约两千多字，
使原来近九千字的文章变为不到六千字。

这篇小说描写的是因农业社饲养员疏忽大意没有关紧门，使一只即将生产的母
猪跑出猪舍，钻进了矿区内苏联专家的宿舍。这只母猪不仅把苏联专家辛苦种植在
园子里十分喜爱的作物拱得乱七八糟，还闯进屋里打碎了一些珍贵的器皿摆设。苏
联专家和他的母亲回家发现了这个"闯入者"及其造成的损害后，不仅没有生气发
火，反而在院里搭起一个棚子，细心地喂养起这只怀了孕的母猪。母子二人不辞辛
劳日夜照看着这只母猪，为它顺利地接生了 12 只小猪仔，农业社的饲养员恰巧也
在这个时刻来到。饲养员是怀着忐忑不安的心情闻讯而来的，他不仅打算着要向苏
联专家真诚的赔礼道歉，还要赔偿人家的经济损失。苏联专家母子热情地接待了这
个饲养员，专家的母亲给他端出各种食品和啤酒，而年轻的专家则和他聊着家常，
在聊天中，饲养员受到了很大教育。在他们分手时，苏联母子不仅没让饲养员赔偿
任何损失，还送给他的孩子许多礼物。

由于父亲的原稿已经不复存在，从《萌芽》上发表的文字上推测，父亲的原意

是想歌颂中苏友谊，文章重点描写的是苏联母子，因而才把小说的标题定为《苏联母子》。这篇文章最后定稿时，父亲并不十分满意，不认为是自己的"上乘之作"，而经过那位"高明"的编辑删改后，使父亲觉得文章变得荒唐和愚蠢，尤其是将题目改为《母猪作客》，不仅显得俗气，而且那只母猪似乎成为文章的"主人公"，这与父亲创作这篇文章的初衷偏离了许多。对于这种未与作者沟通就进行如此大删大改的行为，父亲是不满的，对修改后的文章则更是不满，认为与其这样，还不如不发表更好，甚至产生以后不给或少给《萌芽》写稿的念头。在此后的几十年中，父亲出版了数十种选集，却从未将这篇文章纳入其中，从这点也可揣测出他对这篇文章的看法。其实，父亲对编辑修改他的文章并不反感，有些还认为改得很好，比如在此之前创作的《野性的媳妇》，在《芒种》上发表时，被编辑改名为《新媳妇》；在此之后创作的《考试》，在《中国青年》上发表时，被编辑改名为《夏青苗求师》。对于这样的改动，父亲不仅认为改得水平很高，是认可的，而且对编辑心存感激，并在以后始终保持着编辑修改过的这个题目。

《母猪作客》发表后不被父亲看好，但却被上海人民美术出版社看中，在《萌芽》上发表后不到一个月，就给父亲写来一封信，希望他能将这篇小说改为连环画。父亲在复信中说：

> 《母猪作客》那东西，也是"赶任务"赶出来的，写得很不深。你们想把它编成连环画，而且约我写脚本。我这样想，这篇东西若改，也添不了多少新的情节。若是能找到水平高的同志改最好；如果你们觉得由我编合适，我就接受这个任务，只是希望你们提一点具体意见才好。

从上面这段话推测，父亲对这篇最终发表出来的小说是不满意的，因而接受这个改编任务时就显得略有勉强。而出版社既然看上了这篇小说，主动写信来希望原作者能亲自编写连环画脚本，父亲自然不好也不能多说什么。

几天之后，正当父亲改编《母猪作客》的工作已经进行一半的时候，上海人民美术出版社又来一信，希望父亲改编发表在《中国青年》1957年第23期上的《夏青苗求师》，并提出今后如有新作，可在发表前先寄一份抄本给出版社，如果可以改编成连环画，就请父亲改编脚本，这样在时间上可以快一些。

父亲与出版社商量过后，决定先改编《夏青苗求师》，等这本连环画改编完成后，再继续《母猪作客》的改编。12月25日，父亲将《夏青苗求师》改编完誉清后寄给出版社。1958年2月2日，父亲起草完《母猪作客》的连环画脚本，13日誉清寄往出版社。在这个连环画脚本上，父亲又将题目改回《苏联母子》，并在信中告知出版社：如果认为《母猪作客》这个题目还好，也可以不更换题目。

1958年9月，上海人民美术出版社出版发行了连环画《温暖的晚年》，这是上海人民美术出版社出版的第一本根据父亲原著改编的连环画，也是父亲亲自改编出版的第一本连环画。

同月，上海人民美术出版社出版发行了连环画《跃进小插曲》，同年10月及次年2月加印两次，共发行13万册。原著小说发表在1958年4月号的《长春》杂志上，如果按照当时连环画的出版周期上推测，等到该文发表后在进行改编，五个月后就出版连环画的可能性极小。因而，很有可能是父亲按照出版社的请求，在3月将小说原稿寄往杂志社的同时或是之前，就把副本寄给了出版社并进行了改编。即便如此，这本连环画的出版速度也够"跃进"的。

1959年1月，上海人民美术出版社出版发行了由他人改编的连环画《金海接媳妇》，同年2月及1961年两次加印，共发行8.5万册。

1959年6月，上海人民美术出版社将连环画《苏联母子》改题为《母猪回社》出版发行。父亲应出版社之约改编的连环画《苹果要熟了》和《夏青苗求师》，也由上海人民美术出版社分别于这一年的5月和12月出版发行。《夏青苗求师》在1961年、1964年两次加印，共发行8万册。

此后，大概因父亲创作时间紧迫和下放劳动等原因，没有再与上海人民美术出版社合作。出版社在几年间又陆续出版了由他人改编的《月照东墙》《泉水清清》《车轮飞转》《小林捉贼》及《老支书的故事》等本连环画。

1964年1月，父亲在创作长篇小说《艳阳天》的空隙时间改编的《水车叮咚响》，由上海人民美术出版社出版；2014年10月，这本连环画以"上海连环画精品百种"之一种再版。

"文革"期间，上海人民美术出版社并入上海人民出版社，除了在1973年1月出版了父亲自己编文的《三个孩子和一瓶油》之外，还分别于1973年11月、1974年4月、1974年12月出版了由其他人改编的《房东大娘》《七月槐花香》《新邻居》《一担水》等连环画。

据不完全统计，除去再版和重印的，全国约 24 家出版社共出版根据父亲原著改编的连环画近百种，而上海人民美术出版社出版的就有 17 种，其中 7 种为父亲亲自改编的脚本。上海人民美术出版社不仅是出版根据父亲原著改编连环画种类最多的出版社，也是出版父亲自编脚本连环画最多的出版社。

君子之交的《鸭绿江》

作家发表作品离不开刊物，刊物的运作要依靠编辑部来进行，每个编辑部里有若干编辑，因而作家都要同刊物，同刊物编辑部里的编辑们打交道。

父亲也是如此，在他的创作生涯中，与数不清的刊物打过交道，跟无数的编辑有过交往。这些刊物和编辑，对父亲来说，有远近亲疏之分，而这种远近亲疏的关系，有时也会根据不同的情况发生变化，而与辽宁省的《鸭绿江》月刊社，自从建立起关系后，就一直处在一种"君子之交"的水准上。

父亲在初入文坛，在文学道路上摸索前行的时候，写出小说稿后，并没有一个固定投稿刊物，许多情况下都是东一篇、西一篇的乱投。1957年2月父亲在普查身体时查出患有肺结核，于是，4月间住进北京北蜂窝《人民日报》工人疗养院疗养。"五一"劳动节这天，许多病友都争着到市里去游玩，而父亲哪里也没有去，独自留在疗养所的屋里写出小说《风雨》。写到高兴处，连吃饭的时间都忘了。父亲把《风雨》誊写清楚后，便寄往一家杂志社，但很快就被退了回来。于是父亲又把稿子寄给另一家刊物，又被退了回来……接连被三家刊物退稿后，父亲实在是心有不甘。《风雨》这篇小说，是在真人真事基础上构思的，是父亲当时所写小说中唯一反映了重要而又尖锐的矛盾冲突的篇章，自以为有新东西，比以往的小说有所提高，因而颇为偏爱。一个偶然的机会，父亲想到遥远而又神秘的东北，那里的语言与风俗跟河北十分相似，于是怀着试一试的心理，将《风雨》寄往了沈阳的《处女地》杂志编辑部。

《处女地》是1946年12月创刊的，最初的刊名叫《东北文艺》，中华人民共和国成立后，曾先后更名为《文学丛刊》《文学月刊》《处女地》，他们聚集起一大批优秀作者，许多著名作家就是从这里起步的。

很快，父亲就收到了《处女地》的来信，除了告知《风雨》他们已决定发表外，还对小说写了几句评语。这让父亲十分高兴。短篇小说《风雨》刊登在《处女地》1957 年十二月号上，这是父亲发表在《处女地》上的第一篇作品。从此以后，父亲与《处女地》书来信往不断，1958 年又在《处女地》上发表了《北斗星》《搬家》《过河记》三篇小说。

大约在 1959 年 2 月底，父亲接到从沈阳打来的长途电话。电话来自于已经更名为《文艺红旗》的《处女地》编辑部，为庆祝人民公社成立一周年，编辑部约请父亲为他们赶写一篇反映农村新气象新风尚的小说。为了让稿子能尽早地到达责任编辑手里，父亲问道："您贵姓，怎么称呼？"打来电话的人却不肯说："稿子写好以后，请直寄编辑部小说组，会得到及时处理的。"3 月 1 日，父亲用了一天的时间，便把小说的架子支了起来；经过起草、修改、定稿，8 日寄给《文艺红旗》，于是这篇题名《箭秆河边》的小说，发表在 1959 年四月号的《文艺红旗》上。这篇算作成功之作的小说，在后来收入到父亲的短篇集《新春曲》《彩霞集》《春歌集》《花朵集》等选本中，还在国外被翻译成外国文字。但是，父亲一直不知道它的责任编辑姓甚名谁。其实，父亲在五十年代末期不到两年的时间里，在《处女地》以及后来的《文艺红旗》上发表了近十篇小说，虽然也书来信往不断，但却没有见过一位编辑，也不知道任何一位编辑的姓名。1959 年，父亲又接连在《文艺红旗》上面发表了《满堂光辉》《箭秆河边》《朝霞红似火》《炊烟》等几篇小说。

1959 年，《文艺红旗》通知父亲说，拟将其在《文艺红旗》上发表的九万多字的作品，作为"文艺红旗丛书"之一，由春风文艺出版社结集出版。父亲为出书做了相应的准备，大概是因为"三年自然灾害"，"丛书"的出版计划下马，这不能不说是一件憾事。

1961 年 9 月 11 日，父亲以《红旗》杂志编辑的身份，到北京东总布胡同二十二号的中国作家协会招待所，看望早已慕名的老作家蔡天心和江帆。蔡天心和江帆热情地接待了父亲，谈得投机，让父亲觉得很开心愉快。一见面，江帆就滔滔不绝地夸奖起父亲的小说如何有农村生活气息，如何通俗、大众化，农民喜欢看。当时，父亲以为这是一位前辈作家对晚辈作家的勉励。直到近二十年后，父亲才在一次偶然的机会里得知，江帆是他那些小说得以问世的主宰者——《文艺红旗》的主编。

"文革"开始前，《文艺红旗》更名为《鸭绿江》。不久后因"文革"开始，被迫停刊。几年后，刊物以《辽宁文艺》之名复刊，"文革"结束后，恢复了《鸭绿江》的刊名。

　　尽管后来由于种种原因，父亲在《鸭绿江》上发表的文章少了；尽管父亲曾多次到过刊物的所在地，短则住几日，长则达数月，从未登过编辑部的大门，也未曾进过编辑的家门，但与编辑部的编辑们仍保持着联系，保持着淡淡如水的君子关系。对《鸭绿江》那些默默无闻的无名英雄——编辑们，给予自己的扶植、帮助，使自己在文学创作上不断成长、前行，父亲始终铭记着他们的情义。

终生难忘的《红旗》经历

　　父亲曾于 1961 年 8 月 28 日至 1964 年 9 月 18 日在《红旗》杂志社工作过三年。在《红旗》工作的这三个年头里，我想父亲应当有三个主要收获：一是结识了当时文艺界几乎所有的"名人"，通过与这些"名人"的交往，提高了自己的艺术水平；二是《红旗》杂志社的特殊性，自觉不自觉的政治理论学习和耳濡目染，提高了自己的理论和政策水平；三是创作出版了第一部长篇小说《艳阳天》，奠定了自己在中国文坛上的地位。

　　父亲能调到《红旗》任文艺组编辑，应当说既有偶然性，又有必然性。

　　1960 年 4 月，父亲跟随中苏友好协会的下放干部队伍，来到山东省昌乐县东村下放劳动。本来预定的下放时间是一年，但刚刚过了 8 个月，情况就发生了变化：因中苏关系恶化，父亲所在的单位《俄文友好报》要停办解散，故而提前结束了下放劳动。

　　回到北京的父亲为自己今后的去向有些焦虑，许多好友也为他着急，给他出主意、想办法，希望他能到一个有利于写作的单位。经过权衡，父亲决定调到北京市文联，去从事专业创作。

　　为了把父亲从中央单位调到北京市，市委文教部部长韦明亲自出马，直接同对外文化联络委员会副主任、党组书记张致祥谈过，也与对外文化联络委员会委员、党组成员周而复谈过；如若不行，他还要直接找中宣部副部长兼文化部副部长的林默涵。尽管表面看起来一切都进展顺利，但父亲还是收到被调往对外文化联络委员会搞秘书性工作的通知。尽管父亲当时对此提出了自己意见，但仍服从了组织的分配。

　　父亲来到对外文委干部处报到，刘姓处长告诉他是给副主任朱光当秘书，并头头是道地作了一番说服工作，让父亲难于开口拒绝，到最后只得声明说：作为一个党员要服从党的需要，但希望党考虑我的各方面条件，应给予适当照顾。与刘处长谈过话之后，父亲又去见了朱光。朱光对父亲说，因为他懂得文学，所以需要他帮助自己写革命回忆录，另外承担其他一些工作。当着朱光的面，父亲没有提出任何要求。

父亲给朱光当了秘书。这个工作对于父亲来说，实在是难以适应，整日里电话不断，或是外出陪同朱光参加一些外事活动，特别是某些事务性的工作，有时让他很是"狼狈"。父亲只能把这当作考验，也当作是锻炼，但内心深处仍抱着一线调入北京市文联的希望。

大约过了两个半月后的 4 月 11 日下午，朱光来到父亲的办公室，将一份干部处写的报告交给他。这份报告的大致内容是：原来中宣部文艺处要调父亲去，后来因北京市委需要，决定同意调入北京市；不知何故，《红旗》杂志社副总编胡绳又提出一定要调父亲到《红旗》编辑部去。因张致祥在这份报告上已批同意，朱光先批了"遵守上级意见。"后又改成："让中宣部手下留情，把浩然留在文委……"朱光对父亲极力挽留，希望他留在对外文委。父亲自己这时也拿不定主意，不知到底去哪里好，只有听候组织分配了。

后来父亲了解到，《红旗》那时打算改版，除了发表一些理论性的文章外，也发表一些文学作品，因此急需一个作家能到那里去充当文艺编辑。

为了能讨到一个实底，7 月 5 日这天，父亲来到《红旗》杂志社，杜晓彬接待了他。因没有查找到杜晓彬的相关资料，不知其在《红旗》担任什么职务，但不是一般的工作人员这一点是肯定的。

杜晓彬告诉父亲说：这次调你到《红旗》来，也不是要你改行，领导这一点还是明确的。你对文学有兴趣，这方面又有前途，领导要照顾，让你在文艺组工作，多让你下乡。写了东西我们不能用，可以拿到其他刊物发表，这不必有顾虑，培养作家，在文联是一方面，在理论杂志也可以是一条腿。

听完了这些话，父亲心里踏实多了，当时就答应同意调来。

7 月 19 日下午，父亲再次来到《红旗》杂志社，党委书记、副秘书长吴介民向他介绍了来到《红旗》后的工作。这一天，父亲认识了文艺组的两个组长：徐荇和郑公盾。

第二天下午，父亲到《红旗》开座谈会，由徐荇介绍文艺组的工作安排。副总编辑邓力群也参加了这个会议，因他有会，中途停止了会议，晚上继续进行，一直开到了深夜。

表面上看来，父亲调到《红旗》已是板上钉钉的事，但北京市委仍在继续努力着。7月26日上午，父亲应约来到新侨饭店，会见北京市委的另一位领导曾平。曾平告诉父亲，周扬已原则同意他搞专业创作，并让他当场写一份申请，再由市文教部附文，递呈周扬，由周扬同《红旗》联系。

中午从新侨饭店回来，父亲的心情不仅没有觉得轻松，反而显得更加沉重，不知在未来的几天里将会怎样决定自己的命运。下午父亲到《红旗》开会，听陈伯达谈"编辑学习"。陈伯达在讲话中说道：要搞好编辑，又要学习好；教育者，先受教育，要作为一生的行动纲领。每个人都要受基本训练，只有经过痛苦的学习，才能有所成就……由于他是福建口音，十有之八听不懂，尽管如此，父亲也感到受益匪浅。

那个时候，每当一个人要调离原单位时，都要召开一个鉴定会，父亲也不例外。在鉴定会上，父亲周围的同志给他提了许多宝贵的意见，其中一位名叫张亦桦的女同志说的一句话，给父亲的印象非常深。她说：希望，十年二十年之后，浩然仍然是一个党的好作家。

7月31日，父亲应约到新侨饭店拜会韦明，被告知周扬已同意父亲去搞创作，可不去《红旗》。

8月2日，父亲利用鉴定会已经开完，等待新工作的时机，来到天津，修订即将由百花文艺出版社出版的小说集《珍珠》，完成任务后于9日夜里回到北京。

8月15日，父亲到《红旗》编辑部"串门"，吴介民与徐荇跟他见面后，都极力劝说他调来。

到底是要调到北京市文联，还是去《红旗》，直到8月24日才最后得以确定：对外文委人事部门正式通知父亲到《红旗》杂志社报到。尽管那时父亲仍想到北京市搞专业创作，但还是服从了组织分配。在新的生活道路上，自己将该怎么走下去，又将会出现一些什么样的局面，都是不可捉摸的，一切都是一个谜。在生活上，父亲并不可能完全成为主宰自己命运的人。

8月28日下午，父亲正式到《红旗》杂志社报到上班，开始了为期3年的编辑生活。

父亲报到的当天，就参加了文艺组讨论稿子的会议。第二天，第一次以《红旗》编辑的名义外出组稿，他先去找管桦，不遇，又转路去了冯德英家，与他第一次见面。

9月13日早晨，父亲乘火车赴北戴河，拜访正在那里疗养的杨朔，第一次以《红旗》编辑的名义跨出北京，到外地组稿。

10月12日，经过一段日子的紧张工作，父亲结束了来《红旗》后的第一次，也就是新一期《红旗》文艺稿的编稿工作。

12月9日下午，浩然写了一份读者对《红旗》发表文艺作品的反映材料。

父亲在《红旗》的三年时间里，拜访、结识了几乎囊括当时社会上的全部文化名流。在这些人里，有文字记载的包括：赵树理、周立波、臧克家、孙犁、柳青、郑律成、管桦、魏巍、刘白羽、贺敬之、田间、艾芜、闻捷、吉学霈、徐怀中、冯牧、王汶石、杜鹏程、邹荻帆、梁斌、李满天、方纪、刘知侠、刘真、老舍、李准等近百位。

在与一些老作家的接触中，他们说了许多有见地、有意义的话题，对父亲极有帮助。无论是从生活上，还是创作上，都使父亲受益匪浅。8月30日这天，父亲来到周立波家。在谈话中，周立波一再强调希望父亲不要离开故乡，要多去，不要放弃；冀东是个好地方，他非常喜欢那个地方。父亲也劝说他能到蓟县去落户。

9月13日至19日，父亲到北戴河作家疗养所拜会杨朔，在那里同时认识了不少作家，虽然都有所交谈，但却感到与杨朔谈得最好。父亲与杨朔在几天的时间里多次畅谈，在接触中，深深感到他是个和蔼可亲的老作家，要努力地向他学习。

9月26日下午，父亲拜访了赵树理，这位老作家给父亲最深的感受就是朴实、厚道、和蔼可亲。这次见面，给父亲留下了极其美好的印象。拜访完赵树理，浩然又来到另一位老作家的家里，而这位老作家给父亲的感受则与赵树理完全不同，形成鲜明的对比。

11月20日，父亲来到天津组稿，第二天便去看望孙犁。孙犁对父亲谈了许多有意义的事情，他告诫父亲要注意身体，多玩玩，这样既有利身体又有利于创作。

杨朔的《雪浪花》、周立波的《李大贵观礼》和《在一个星期天里》，以及赵树理在《红旗》上发表的散文《地方戏与年景》，都是父亲亲自组稿、编发的。

在组稿、发稿的过程里，老作家柳青也给父亲留下了极为深刻的印象。大约在1962年初，为纪念毛泽东主席《在延安文艺座谈会上的讲话》发表二十周年，父亲写信向柳青约稿。柳青寄来了稿件《二十年的信仰的体会》，并在后来给父亲的信中说，稿子不能用就退回；《红旗》退了，再不给任何刊物发表。不知什么原因，稿子最后还是退给了柳青。以后每当回忆起此事，特别是在没见到那篇文章问世，父亲倒十分佩服柳青对写作的严格和认真态度。

《红旗》的学习条件应当说是优越的，那是个非常适宜读书的环境。父亲在之前的几年里，一直是用在"写"上的时间太多，而分给"读"的时间太少，他要利用在这里工作的机会把自己的头脑好好充实一下。父亲在《红旗》系统地学习了一些经典，如《马恩列斯论文艺》《毛泽东论文艺》等著作；阅读了林默涵论述毛泽东文艺思想的文章，以及《青春之歌》《创业史》《红岩》《魏徵传》、《黑凤》《风云初记》《军队的女儿》《被开垦的处女地》等等一批中外名篇；还观赏了包括一些参考片在内的大量中外电影。

父亲在《红旗》还听了大量的专题报告。比如邓力群讲解有关中央调整国民经济政策问题的报告、中苏关系问题的报告；关锋介绍治学体会的报告；张光年和周纲鸣谈批评问题的报告；陈冰夷介绍苏联文学情况的报告；吴介民谈十条精神及农村一些阶级斗争情况的报告；有关专家关于《控制学》的报告等等。

在编辑部的日常工作中，父亲还参加了诸多的讨论会，除了讨论作者的稿子外，还有对《红旗》"社论"提纲、草稿的讨论、对哲学的学术讨论、苏共二十二大问题的讨论等。

父亲还按照杂志领导的布置，为他人写作反修文章查材料，并参与了修改。尽管父亲对这种"政治"文章显得有些无能为力，但参与到其中，也是一种学习和提高的过程。

这些学习和活动，使父亲在有意无意间，政治理论水平和文学艺术修养都获得很大提升，受益匪浅。

《红旗》杂志的领导也给予了父亲很多实际的帮助。

1963年9月13日晚上，文艺组组长徐苈与父亲谈心。在谈心的过程中，他对父亲提出了许多中肯的批评意见，对父亲很有启发，其中几条印象最深：

1. 急于求名，对这个问题觉悟不够。

2. 有感受能力，但缺乏批判能力。

3. 防止轻扬浮躁。

4. 在创作上，要走一条踏实的道路，不要走飘浮的路子。要学习政治理论，不是影响而是促进创作。

5. 对自己的创作要严肃，把才华集中起来，不要分散。

父亲将这些话牢牢记在了心里。

1964 年 3 月 21 日下午，作为《红旗》副主编的邓力群与父亲谈话。让父亲十分意外的是，邓力群开口就答应他离开《红旗》，而且是在长篇小说改完之后。那天，邓力群与父亲说了许多发自内心的话，这些话打动了父亲，也让他具体地感到组织上的关怀，如同家长对自己的孩子一般的关怀。在谈话中，邓力群要父亲别忘了根本，不是党，不是这个社会制度，就没有今天，顶多是放牛娃；要时刻警惕，不要像某某某那样变化，犯下大错误；写东西时，要再三检验，要想到用什么思想影响了读者；要珍惜"灵魂工程师"的光荣称号；要把老实，思想问题敢于暴露，而不隐藏的品质保持下去；要把长篇写好……父亲把这些话都铭记在心上，而且这些话也一定对以后的生活和创作产生了很大的影响。

在《红旗》工作期间，在父亲的艰苦努力下，他完成了人生中的一件大事：创作了他的第一部长篇小说《艳阳天》。

1962 年 12 月 26 日，浩然来到西山八大处的作家休养所，开始完成他长篇小说的创作计划。1963 年 1 月 9 日，长篇小说《艳阳天》第一卷的起草工作完毕，共计 33 章，15 万字。父亲又继续奋战到这年的 4 月 5 日，正式脱出第一稿，比上一稿减少了三章，但字数却翻了倍，约 38 万字。

当父亲把誊写清楚的稿件送到作家出版社的时候，却似乎没有受到编辑应有的重视，被堆放在一旁，先是被长春电影制片厂的人从编辑部的来稿堆里翻出借去阅览；后又在未通知父亲的情况下，于夏末秋初之际，交给《收获》杂志社来京组稿的叶以群，并带到千里之外的上海。

1964 年《收获》杂志第一期，刊登了经过删节的《艳阳天》第一卷。

叶圣陶看到杂志社寄赠的《收获》后，对刊登在上面的《艳阳天》深为喜爱，甚至达到"喜不能禁"的程度，立即给父亲写来信表示祝贺。叶圣陶老人的热情鼓励，使父亲感动至极。

当然，《艳阳天》在《收获》杂志上刊登后，在普通读者身上也引起了很大的反响。

不知是否因为《收获》一复刊就推出了《艳阳天》，并在读者中引起很大的反响，同时长春电影制片厂的编剧任彦芳等人看过《艳阳天》手稿后，也对其赞不绝口，作家出版社开始对《艳阳天》重视起来，并主动与父亲联系，加快了编辑出版工作的进程。此时距父亲将小说手稿交给出版社已过去了近一年。

1964 年《艳阳天》第一卷印刷完毕。尽管第一次印刷的数量已经不少，但在此后一年左右的时间里，除了多次加印外，还出版了普及版和农村版，总印数达到近 100 万册。如此的印量，是父亲从没有想过的，他本应当高兴，可他心里反而有一种说不出来的恐慌。父亲觉得人不能太得意，也不能太顺利；常常在"得意"和"顺利"中孕育着灾难和艰辛。在这样一个时代里，他要多为祖国、多为党写几本书，不愧于时代的书。他需要冷静、忍耐和勇敢！

父亲写出《艳阳天》，并获得一定成功，尽管不能说完全归功于其在《红旗》的工作经历，但应当与这个是有关系的。1964 年 12 月，孙犁写给冉淮舟一封信，在信中谈到近期读了《艳阳天》后觉得很好，"惊叹不已"，并说该书："有人物、有情节、有艺术、有政策。该同志在《红旗》工作，得有机会全面领会政策，并在农村工作一时期，似颇为努力。"孙犁的话是有一定道理的。

当然，父亲在《红旗》也不是所有的事情都一帆风顺，有时也会因为创作和发表作品问题，受到领导的批评，甚至让父亲产生出极大的苦闷。

1962 年 9 月 11 日晚，《解放军文艺》的编辑张忠来浩然家组稿，看到刚完成不久的短篇小说《红枣林》，硬是给拿走了。"熟人不讲理"，父亲对此也只能无可奈何。《解放军文艺》十月号目录在 27 日的报纸上发表出来，父亲 28 日一到单位，便受到徐荇和郑公盾两位组长的严厉批评，指责他不该将稿件给别人而不给《红旗》。没想到一篇稿子竟然惹出这样一场风波，让父亲有口难辩。当我们在今天翻阅父亲的作品目录时，发现竟没有一篇发表在《红旗》上，这到底是因身为该刊的编辑，为了避嫌，还是因为其他什么原因，看来只能作为一个尚待破解的谜，也许是一个永远也解不开的谜了。

1964 年 2 月 15 日，党委书记、副秘书长吴介民与父亲谈工作问题。他催促父亲马上下乡参加"四清"，这对父亲来说当然是好事，可是《艳阳天》才搞半截，怎么能放下呢？父亲心中为此不悦。幸亏父亲没有听从吴介民的话，马上去参加"四清"，否则，《艳阳天》很可能就是一个半截子工程，留下终身的遗憾。

同年的 2 月 25 日，《红旗》的党支部副书记林文山与父亲谈话，谈工作与创作，父亲跟他谈了些思想情况。具体都谈了什么，没有任何的文字记载，只是谈过话之后，父亲感到很痛苦，一种从未有过的痛苦。下班后，父亲从《红旗》所在地沙滩走回住家地东四十条，一路走着，一路想着。父亲感到脚下的路这么长，又这么短，长难走，短也难走，心中的痛苦，差点儿让父亲流下泪来！父亲深深地感到：一个人的力量，在社会生活里显得那么微弱，他甚至于都不能主宰自己。父亲陷入苦闷中。

大约从 1958 年起，父亲就有搞专业写作的念头，想当一个专门从事创作的作家。1961 年春天，这种可能眼看就成了现实，却不料周折一个接连一个发生，直到三年半后的 1964 年 9 月 19 日，这个愿望才得以实现。这天上午，父亲在《红旗》做过了鉴定，下午就来到北京文联报到。

三年的《红旗》杂志工作，对父亲来讲是终生难忘的。《红旗》不仅是父亲的一个工作经历，而且使他懂得了一个共产党员应当怎样对待生活、创作和事业。

敬老爱老——父亲浩然与五保老人们

　　河北省三河市段甲岭镇有个敬老院，里面住着十多个五保老人。父亲曾在段甲岭镇挂职副镇长，帮着镇里的其他领导做一些工作。父亲与敬老院的老人们既不沾亲，更不带故，也不认识他们中的任何一个人。但是，有一股无形的东西，却将父亲与敬老院的老人们紧紧地连在一起。这个无形的东西是什么，就请读者发挥各自的想象吧。

　　历史进入了新的时期，农村的土地承包了，生产队解散了，集体经济也被分光了，只剩下一些享受着五保的老人没人要，面临着绝难的境地。

　　形势变了，集体经济没了，难道就让这些为集体奉献了半生的五保老人绝难死吗？段甲岭镇党委决定，建立一家敬老院，将这些老人养起来。于是，"段甲岭镇敬老院"在1981年成立了。

　　镇里的财政当时并不宽裕，拨发的资金有限，但老人们毕竟衣食无忧，有人照顾，有了依靠，可以安度自己的晚年了。

　　1986年底父亲来到段甲岭镇，挂职副镇长，为了不占用一个现职的名额，后来被聘为名誉镇长，再后来，搬到距段甲岭镇二十里外的县城里安了家，一直居住了近二十年。

　　父亲自从来到段甲岭，知道镇上有个敬老院，知道了它的来历后，便被它牢牢地吸引住了。

　　父亲是个作家，需要大量的时间进行创作，办起"文艺绿化工程"后，加上年龄也大了，时间就更为紧迫，为了那些"嗷嗷待哺"的农村业余作者，许多时候不得不舍弃自己的创作时间。而日益增多的、各种各样的社会活动，更让父亲觉得时间匮乏，恨不得自己分身有术，能同时变成几个人。有的时候，就像戏班赶场一样，一天连续东奔西跑地参加好几个活动，让父亲觉得自己的时间不是被撕成一条一块，而是被剁成了碎末。

在时间如此紧迫的情况下，父亲也没有忘记敬老院的老人们，总是尽可能地抽出时间，带上一些食物或是日用品前去看望，尽自己的能力给予他们一些温暖，让他们的晚年过得更愉快一些。

段甲岭敬老院的创始人、首任院长叫王德发，因父亲关心着敬老院里的五保老人们，去了几次后，逐渐地与王德发熟识起来，后来根据他创建敬老院及其以后的事迹，写了一篇人物特写《话说王德发》，发表在 1991 年 7 月 1 日的《河北日报》上。

父亲关心着敬老院的老人们，关心着他们的吃，关心着他们的穿，关心着他们的用，关心着他们的住。父亲到敬老院，老人们的住室以及菜园、猪圈，是他常去的地方，他还曾亲手为老人们在住室里贴上带去的年画。十几年里他去过多少趟敬老院，给那里的老人们送去了多少物品，没有过详细统计，也难以说得清。

1990 年 1 月 26 日，这一天是农历除夕。门庭若市的人来人往已经绝迹，这让父亲感到格外的轻松愉悦。吃过午饭，父亲搬过两个纸箱子，往里面装着麦乳精和水果罐头。从京城来此照顾刚刚出院母亲的女儿春水，看到父亲在忙碌，就过来帮忙。她问父亲："装这些东西干什么？"父亲回答："去镇上敬老院看看那些没儿没女的老人们。刚过世一个，还有十一人，每人一份。"箱子装满了，浩然又从柜子里拿出两瓶他平时没舍得喝的茅台酒，像是自言自语地说："不让他们尝尝，他们怕是一辈子也不会喝到这茅台酒呀！"为了不惊扰县里和镇上的同志，父亲与女儿春水将纸箱子绑在自行车上，从县城的家里骑往二十里外的敬老院。到了敬老院，父亲熟门熟路地挨门给老人拜年、送礼物，最后拿出那两瓶茅台酒递给院长："晚上，你代我敬老人们一杯。"在顶着西北风往回骑车的路上，春水想着敬老院里那些眼花耳背、反应迟缓的老人问父亲："他们都知道你吗？"父亲若有所思地摇摇头，"没儿没女的，虽说吃穿不愁，也够寂寞的。只要他们能多感到些温暖，咱们就没有白来。"

这一年，父亲的长篇小说《苍生》获得了"北京庆祝建国 40 周年、北京和平解放 40 周年文艺作品征集评奖"的文学优秀作品奖，得到奖金 1500 元。父亲没有把这笔钱存入银行，也没有自己花掉，而是用它们购置了敬老院的老人们最需要的东西：套服、内衣、毛巾、鞋袜、收音机以及一台组合式收录机。父亲把这些物品送到敬老院，为老人们穿好套服，看着他们像孩童一样兴高采烈，高兴地说："五保老人把青春和汗水都献给了社会主义建设事业，养育了我们这些不是后代的后代，现在他们老了，理应受到人民的尊敬和关心。我拿出作品奖这点钱，是微薄的，只表示一下心意，因为我并不富有。我希望社会各界都能够养成一种'尊老敬老'的良好社会风气。"

当然，父亲送给老人们的食品也好，用品也罢，也不完全都是自己掏钱购买的，也有着一些人"想方设法"送给他的"礼物"。

有一年刚过完春节，一个当地的个体户趁父亲外出不在，送来了一些水果和白酒。父亲回来后看到这些东西，心中十分不是滋味，马上给那个人写了一封信。浩然在信中写道：

> 看在乡亲的面子上，你的礼物我收下了，你的心思我明白了，你的目的也同时达到了。所以，请以后不要在我身上再费心；你认为有必要的时候，可以到我家或镇政府坐坐、聊聊，但像今天这样的举动不能再重复。……我明日抽空把你的礼物如数送给敬老院。那里居住着的孤寡老人们，虽然不是英雄模范，也不是曾经显赫一时的、有地位的大人物，但他们一生都默默地劳动，苦熬岁月，把青春和智慧都掏给了段甲岭这块土地，曾经用汗水种植了难以计数的五谷，养育了并不是他们骨肉的段甲岭的后代，创造了今天，支援了国家社会主义建设。因此，我想我这么做，你不会有意见的吧？在同一座山前、同一块土地上活过来的我们乡亲中那些穷者、老者、弱者，才是我们有钱或有力的人应该惦记、同情、关心和伸出温暖的援助之手的。

据说，那个个体户看到父亲写给他的信后受到教育，对敬老院也有所资助。

1991年底，父亲为段甲岭敬老院题词："敬老爱老养老，天道地道人道"。这幅题词被镌刻在敬老院大门的两侧。

在已经进入老年社会的今天，希望能有更多的如父亲这样的人，敬老爱老，尽自己的微薄之力给老人们送些温暖，让老人们能够在幸福安逸的生活中，安度自己的晚年。

后　记

经过两年多时断时续的写作，终于完成了这部书稿。感谢团结出版社给予了它出版的机会，使它得以同读者见面，给喜爱和研究父亲浩然的人一些真实和比较翔实的资料。特别要感谢副社长赵广宁同志，他不仅是我出版的第一部书《曾经的艳阳天——我的父亲浩然》的责任编辑，而且也是这部书的责编，这两部书里也都流淌着他的心血和汗水。

当我在电脑上敲上本部书稿最后一个字的时候，也没有弄清它到底属于什么体裁。属于回忆录吗？应当不是。回忆录应当是作者自身所参与过的以往的事情，而这部书所写的内容显然不是；是纪实文学吗？似乎也不完全是。因为按照一般的说法，纪实文学是可以有虚构成分的。我可以负责任地讲，这部书的所有内容，没有丝毫的文学上的想象，更没有任何虚构，其全部资料都来自于父亲当时的日记及与友人间的书信等文字资料。凡是拿捏不准的，或有疑问的资料，要么没有采用，要么就把相互间有些矛盾的说法全都采用，由读者自己去判断正误。

由于没有任何虚构和想象，加上毕竟是从过去有限的文字资料上选取材料而非亲历，而且写作的水平也有限，没有加上一些活灵活现，能更加吸引人的虚构，因而在内容上就会显得单薄一些，有些欠丰富，在可读性上就会大打折扣。如果是父亲浩然亲自来写，一定会写得很生动、很鲜活，让更多的读者喜欢，在可读性上也会更加吸引人。因而就请读者在读这部书的时候，不要把它当作文学作品，只当做一些资料来各取所需。

只有真实的作品才有可能打动读者，引起读者的共鸣，不知读者看到这部书后的感受到底如何，而作为笔者的我，在翻阅某些资料撰写某些篇章的时候，是含着眼泪，被深深打动的。

此外，在父亲的一生中，结交了许多朋友，绝不仅仅是书中所写的这几十位。

只因为资料少，或虽有资料，却不知该从何处落笔等原因，许多该写的人与事却没有写出来，只能在此对那些父亲的朋友们表示歉意了。

希望这部书能对读者和研究者有所作用和帮助，并提出批评和改正意见，以便我在下一部《父亲浩然和他的亲人们》的书稿中有所改进，使读者能更喜欢，对研究者能有更多的帮助。

2018 年是父亲去世十周年，愿这部书的出版能作为一个纪念，而今天又是父亲浩然 85 周年诞辰纪念日，在这一天完成这部书稿的后记，也算是一个纪念吧。

最后，再次对团结出版社和责编赵广宁及张茜表示感谢！

2017.3.25